中国历史地理评论

钟 翀　林 宏 ◎ 主编

复旦大学出版社

前　言

本书为上海师范大学历史地理研究中心全体同仁近三年来的代表性研究成果以及近年来本教研室培养的部分博士与硕士研究生、入站博士后的毕业论文或优秀论文的选萃汇编，所选文章的收稿时间截止于2019年年初。

如学界所知，我校在历史地理研究方面具有悠久的传统，早在1935年，张家驹教授就在《禹贡》杂志发表了历史地理名作《宋代分路考》，此后又发表《宋代社会中心南迁史》，最早提出宋代中国社会中心南迁的学说。1980年代，我校王育民教授撰著《中国历史地理概论》上、下册和部颁教材《中国人口史》，在国内外学术界也产生了深远的影响。

自2010年设立历史地理学博士学位授予点以来，本专业以历史人文地理学为主要研究方向，并将重点设定为对历史时期中国南方地区各种文化地理现象的起源、分布、传播和变迁规律的探索与研究，尤其在城市与聚落、水利制度、宗族制度与结构、环境与人地关系、地图学史、铁道等产业经济史地等方向上，取得了一系列科研成果，同时培育了一批具有专业研究潜质的优秀博士和硕士研究生，这一特色也可以从本书选编的相关论文中得以管窥。

需要特别说明的是，本书由本专业负责人钱杭教授于2017年年底倡议编纂并联系出版，2018年底我接手专业工作之后，即会同入站师资博士后林宏老师着手继续开展编纂事宜，原拟在去年年底予以公刊,讵料此后大疫突降神州,山河失色,原先的生产和教研秩序都被打乱,以致出版一拖再拖,迁延至于今日。当然此事责任主要在我,并向诸位同人及学生谨致深深歉意。

钟 翀

2020 年 9 月 5 日

目 录

前言 ·· 1

钱 杭
《国语》"三江"及韦昭注研究 ·· 1

钟 翀
日本所绘近代中国城市地图通考 ··· 20

陈 涛
美国国会图书馆藏明刻本《江汉堤防图考》的来历及史料价值
初探 ·· 45

陈 杰
再论明清以来徽州市镇
——以区域史的视野 ··· 66

孙昌麒麟
明清金山卫城的平面格局与营造特征 ··· 80

尹玲玲
论长江三峡地质灾害后的江流与航道变迁
——以1896年云阳县兴隆滩的滑坡灾害为中心 ··························· 116

吴俊范
　民国时期太湖流域的人工养鱼业 ………………………… 138

岳钦韬
　近代铁路建设对太湖流域水利的影响
　　——以1920年代初沪杭甬铁路屠家村港"拆坝筑桥"事件为
　　中心 ………………………………………………………… 169
　中外抗衡与近代上海城市周边铁路的形成 ……………… 195
　铁路建设的"工程性影响"刍议
　　——以清末沪杭甬铁路土地征收为例 ………………… 216

姜明辉
　近代上海渔业用冰研究 …………………………………… 233

何仁刚
　河向性与非河向性：以清至民国万县、开县、云阳县的场镇分布
　　为例 ………………………………………………………… 262

蒋宜兰
　论历史时期利津县境内盐场位置变迁与海岸线的关系 … 287

王梦佳
　民国时期菱湖地方社会与"粮渔桑"农业生态平衡 ……… 303

赵　界
　宋元以来严州府城形态研究 ……………………………… 321

杨　茜

"年年刷卷作故纸"

　　——明代海盐县永安湖水利困境与地方社会探析 …………… 357

林　宏

元代海运地名"万里长滩"考 ……………………………………… 378

杨　霄

黄河北徙与政权兴衰

　　——《河流、平原、政权：北宋中国的一出环境戏剧》述评 …… 404

《国语》"三江"及韦昭注研究

钱 杭

摘 要:《国语·越语上》"三江环之"的确切含义是中国史地学上的一大公案。三国学者韦昭所注在史地学和移民史上具有重要地位。欲判定某一"三江"论是否准确或合理,其前提是在某一特定语境下确定该水系所在区域,然后才是相关江河的组合及分布态势。韦昭注反映了春秋时期吴越"三江"局部流域和整体态势的特点,大致符合事实。居民在此环境下形成的生存能力,亦为选择迁徙方向时必须具备的基本条件。

关键词:国语;三江;韦昭注;吴越移民

虽然学界关于《国语·越语》上下两篇的成文时间尚存歧义,但《越语上》距公元前473年"越灭吴"[①]较近,反映了春秋末至战国初相关人士对吴、越形势的认识,应该是没有问题的。

鲁哀公元年(前494)春,吴国在夫椒击溃越国,报了两年前兵败槜李的一箭之仇后,一鼓作气攻入越国腹地,逼使越王勾践"以甲楯五千保于会稽"[②]。为保存实力,以图东山再起,越王用文种计贿赂吴太宰嚭向吴王求和。《国语·越语上》就记载了吴大夫伍员(子胥,又称申

---

① 时当周元王四年,吴夫差二十三年,越勾践二十四年,鲁哀公二十二年。《左传·哀公二十二年》:"冬十月丁卯,越灭吴。"杨伯峻《春秋左传注》,中华书局,1981年,第1719页。俞志慧《〈国语·越语〉韦注辨正》(《古籍整理研究学刊》2006年第5期)、饶恒久《〈国语·越语下〉作时献疑》(《绍兴文理学院学报》2010年第5期)汇聚了与《国语·越语》研究史相关的材料,可参阅。

② 《左传·哀公元年》,杨伯峻注:"贾逵谓夫椒为越地,是也。……夫椒盖在今绍兴县北。……会稽山也,在今浙江绍兴县东南十二里。"第1605页。

胥)对吴王夫差欲行"和越"政策的劝谏:

> 夫吴之与越也,仇雠敌战之国也。三江环之,民无所移,有吴则无越,有越则无吴,将不可改于是矣。员闻之,陆人居陆,水人居水。夫上党之国,我攻而胜之,吾不能居其地,不能乘其车。夫越国,吾攻而胜之,吾能居其地,吾能乘其舟。此其利也,不可失也已,君必灭之。失此利也,虽悔之,必无及已。①

伍子胥认为,"三江"环状分布于吴、越地区,构成了当地居民共同的生活环境,由此导致他们具有共同的"水人"特征,因此"民无所移",不会也无法外迁他地去当"陆人",这就使得吴、越"仇雠敌战",你死我活,难以并存。

这个观点是否符合春秋时吴、越关系大势姑且不论,其"地理决定论"的色彩却十分鲜明:只要"三江环之"局面依旧,两国"仇雠敌战"及其结局,"将不可改于是"。问题是哪三条或哪几条江可当此义?"三江"究竟如何"环之"方可导致"民无所移"?细读原文,吴国君臣对此似乎颇具共识,所以就不作细节方面的展开,然而却令后人深感困惑——与《越语上》"三江环之"有关的历史疑案就此形成。

《左传·哀公元年》《史记·吴太伯世家》《越王句践世家》也记载了这个故事②,但所述伍子胥谏言中没有与"三江"有关的文字;东汉会稽人袁康、吴平的《越绝书》虽有,却基本照抄了《国语》:

> 申胥进谏曰:"……夫王与越也,接地邻境,道径通达,仇雠敌战之邦,三江环之,其民无所移,非吴有越,越必有吴。"③

对"三江环之"云云特加说明的现存最早文字,是三国时吴国丹阳

---

① 《国语·越语上》,上海古籍出版社,1978年,第633页。"上党",韦注:"党,所也。上所之国,谓中国。"

② 《左传·哀公元年》,杨伯峻注,第1605—1607页;《史记·吴太伯世家》,中华书局,1982年,第1469页;《史记·越王句践世家》,第1740—1741页。

③ 《越绝书》卷五《越绝请籴内传》,李步嘉校释本,武汉大学出版社,1992年,第112页。东汉会稽郡山阴人赵晔《吴越春秋》卷九《勾践阴谋外传》虽无"三江环之",但子胥谏言"非吴有越,越必有吴"则与《越绝书》同。周生春《吴越春秋辑校汇考》,上海古籍出版社,1997年,第148页。

人韦昭(204—273)所作《国语注》(以下简称"韦注"):

> 环,绕也。三江,吴江、钱唐江、浦阳江。此言二国之民,三江绕之,迁徙非吴则越也。言势不两立。①

韦昭同意伍子胥关于春秋时吴、越"势不两立"的总体判断,但论证过程和《国语》不同。首先,韦注以"绕"训"环"。按二字本义,"环"为"圆环","绕"为"围绕","绕"包含的区域应大于"环"。第二,基于"环,绕也"的理解,韦注认为,在"越王勾践栖于会稽之上"②的特定背景下,伍子胥所谓"三江",应该是指分布于吴、越腹地的"吴江、钱唐江、浦阳江"。第三,韦注确认被"三江绕之"的"二国之民",在吴、越间存在迁徙的事实,但迁徙方向受客观条件限制,"非吴则越",难以选择。

仔细体会上述三层含义,韦注与伍子胥所谓"有吴则无越,有越则无吴"已有相当的距离;结论虽然也指向两国政治上的"势不两立",但因为用区域间的"迁徙"替换了"民无所移"的全称否定判断,所以韦注的实际作用之一,会让后人对被"三江绕之"的吴、越两国居民的迁徙方式产生浓厚兴趣。

韦注认识到环境对人们选择迁徙方向的限制,这一点在中国古代移民运动规律的研究史上具有重要意义。所谓移民运动规律,包含"什么条件会引起人口外迁,哪些人会外迁,一般迁到哪里去,什么季节迁移的人最多,单身迁移的多还是举家迁移的多,什么地方会吸引移民,吸引哪些人,什么条件适宜移民定居,官方的态度会起什么作用,土著的不同态度会有什么不同结果"③等。韦注当然不可能涉及这么多内容;他关于"迁徙非吴则越"的概括,也难以涵盖春秋时吴、越居民"迁徙"的全部特征,但韦昭能超越政治议题的局限,展现出人文地

---

① 《国语·越语上》,第633页。钱"唐"江即钱"塘"江,《汉书·地理志上》"会稽郡……钱唐",王先谦《补注》:"秦县……隋以前皆作钱唐,至唐,以字国号,加'土'为'钱塘'。"《汉书补注》,上海古籍出版社,2008年,第2510页。本文称"钱唐"或"钱塘",均据所引原文。

② 《国语·越语上》,第631页。

③ 葛剑雄《中国移民史》第一卷《导论》,福建人民出版社,1997年,第37页。

理学的关怀,却可推动以下讨论——韦注对"三江"的认定在《越语上》的特殊语境下是否合理?"三江绕之"在江河局部流域和整体分布上表现为一种怎样的态势?被"三江绕之"的吴、越居民一旦迁徙,如何能"非吴则越"?

一

《越语上》故事的发生与韦昭作注间隔约七百二十年,跨越了春秋、战国、秦、西汉、新莽、东汉、三国吴国等重要时代;但与"三江环之"具有直接关系的事件和时段只是春秋末年的吴、越争战(前494),这是判断韦注正确与否最主要的时代背景,而不应该是此前、更不应该是此后的别的时代。

"三江"所指究竟为何,因语境不同,论者时代不同,所指江数虚实不同,难以一概而论①。不仅江名会有不同组合,就是"三江"干流、支流合成之"水系"所在方位及涉及区域,也可作不同的认定。在"三江"学术史上,有关"三江"水系具体位置的讨论,主要有以下几个观察点。

一为太湖流域的苏南地区,这是为解释《尚书·禹贡》"三江既入,震泽厎定"②直接相关的"三江"。主要文献有《周礼·职方氏》的"东南曰扬州……其川三江"③;《史记·货殖列传》"(吴)东有……三江、五湖之利"④;《汉书·沟洫志》:"于吴,则通渠三江、五湖"⑤;东晋庾阐(字仲初)

---

① 谭其骧主编《清人文集地理类汇编》第四册(浙江人民出版社,1987年),收清代学者有关"三江"问题的专题讨论近三十篇,浙江、浦阳江等相关问题讨论十五篇,可参见。
② 《尚书·禹贡》,孔安国传,孔颖达正义,阮元校刻《十三经注疏》,中华书局影印本,1980年,第148页。
③ 〔清〕孙诒让《周礼正义》卷六三《夏官·职方氏》"其川三江":"诒让案:三江者,北江、中江、南江也。……三江之说,以《汉志》最为近古可信。"中华书局,1987年,第2641、2643页。北江、中江、南江问题极多,说详赵一清《水经注释》卷二八《沔水下》(光绪刊本,第25—27页)、陈桥驿《郦道元评传》第十章《〈水经注〉的错误和学者的批评》(南京大学出版社,1994年,第248页)。对此笔者拟另文专论,这里暂不展开。
④ 《史记·货殖列传》,第3267页。《史记·河渠书》亦记:"于吴,则通渠三江、五湖。"第1407页。
⑤ 《汉书·沟洫志》,第1677页。

《扬都赋注》的"三江"①,《汉书·地理志》"三江既入"唐朝颜师古注②;《宋史·河渠志六》"自太湖距海,有三江"③,等等。这一视角所涉江河水系,分布在吴地核心区域,或经由吴地入海,不涉及浙江以南、以东地区。

二为苏南、浙南、浙东地区。前引《越语上》韦注、《越语下》范蠡谏越王"与我争三江五湖之利者,非吴耶"④等等,是其代表。由于伍子胥是在"吴王夫差败越于夫椒……遂入越……使大夫种因吴大宰嚭以行成"⑤的背景下专论对越战略,作为宏观论据之一的"三江",自然应涉及吴、越核心区域。《左传》记伍子胥言:"句践……与我同壤",杨伯峻注:"共五湖三江,今之浙江、江苏同壤"⑥,也反映了"三江"为吴、越所"共"的合理性。韦注认为"三江"指吴江(又称吴淞江、松江)、钱唐江、浦阳江,无论所列江名及组合存在多少问题⑦,但"三江"的所在方位,无疑符合《越语上》的语境。明末清初江苏吴江人朱鹤龄(1606—1683)所谓"'三江环之'者,本言三江控带吴、越之境"⑧,也反映了同一认识。

东汉会稽郡上虞人王充(27—97?)在《论衡·书虚篇》中,提供了两组江名。其中一组也涉及吴、越两地的三条大江:

> 有丹徒大江,有钱唐浙江,有吴通陵江。⑨

---

① 〔北魏〕郦道元《水经注》卷二九《沔水》:"庾仲初《扬都赋注》曰:今太湖东注为松江,下七十里有水口,分流东北入海为娄江,东南入海为东江,与松江为三也。"陈桥驿校证本,中华书局,2007年,第686页。
② 《汉书·地理志上》"三江既入",颜师古注:"三江,谓北江、中江、南江也。"第1528页。
③ 《宋史·河渠志六》,中华书局,1997年,第2385页。
④ 《国语·越语下》,第657页。
⑤ 《左传·哀公元年》,杨伯峻注,第1605页。
⑥ 《左传·哀公元年》,杨伯峻注,第1606页。
⑦ 〔清〕洪颐煊(1765—1837,浙江临海人)《筠轩文钞》卷三《浙江浙江考》:"《汉志》钱唐下不载浙江之名,《水经》亦有南江,无浙江,盖汉儒本以南江为浙江,故不重出其名。……浙江在汉末已渐湮塞,韦昭注三江,谓吴松江、钱唐江、浦阳江,已不知浙江之名。至郭璞注《山海经》、郦道元注《水经》,寻求不得,反以浙江当浙江。……今之钱唐江,并非汉人所言之浙江。"《续修四库全书》集部1489册,第571页。《清人文集地理类汇编》第四册第233页误"汉人"为"汉水"。
⑧ 〔清〕朱鹤龄《愚庵小集》卷一二《〈禹贡〉三江辨》,《文渊阁四库全书》本。
⑨ 黄晖《论衡校释》卷四《书虚篇》。通陵江位置不详,黄晖"或疑为'广陵江'之误"。中华书局,1990年,第183页。

"丹徒大江",指位于吴郡丹徒县以北的长江;"钱唐浙江",即秦始皇三十七年(前210)出游"至钱唐,临浙江"者①;"吴通陵江",指位于吴郡名"通陵"之江。这组江名,分属二吴一越,是王充在吴、越两地探寻何处有可能发生"吴王杀子胥投之于江"的结果,语境不同于《禹贡》及《越语上》,况且王充并未概称其为"三江",故可不论。

在"三江"研究史上,除了吴地、吴越两大区域外,还有纯粹的越地"三江"。王充《论衡·书虚篇》:

> 浙江、山阴江、上虞江皆有涛。三江有涛,岂分橐中之体,散置三江中乎?……吴、越在时,分会稽郡,越治山阴,吴都今吴。余暨以南属越,钱唐以北属吴。钱唐之江,两国界也。山阴、上虞在越界中,子胥入吴之江,为涛当自止吴界中,何为入越之地?②

《论衡校释》的作者黄晖认为"山阴江即今钱清江"③。但据唐代浙江长兴人徐坚(660—729)《初学记》称:"凡江带郡县因以为名,则有丹徒江、钱塘江、会稽江、上虞江、广陵江、郁林江、广信江、始安江、牂牁江、成都江"④,山阴江自应近山阴县,或即指会稽江⑤。上虞江,源出剡溪,为曹娥江支流。这两条江与浙江一起,构成了越地"三江"。余暨,秦朝会稽郡属县,西汉、东汉二朝仍名,三国时吴国孙权于黄武年间(222—229)改"永兴"⑥,唐玄宗"天宝元年八月二十四日,改为萧山县"⑦。以上"三江"一县,全都位于越国腹地的浙东萧绍平原。

---

① 《史记·秦始皇本纪》,第260页。
② 黄晖《论衡校释》卷四《书虚篇》,第183—184页。
③ 黄晖《论衡校释》卷四《书虚篇》:"山阴江即今钱清江。《清一统志》曰:'浙江绍兴府钱清江在山阴县西北四十里。'上流即浦阳江。"第183页。
④ 〔唐〕徐坚等《初学记》卷六《地部中·江第四》,中华书局,1962年,第124页。南朝刘宋人沈怀远《南越志》:"广信江、始安江、郁林江,亦为三江,在越也。"同上引书,第123页。
⑤ 《汉书·地理志上》:"会稽郡……山阴,会稽山在南,上有禹冢、禹井,扬州山。越王勾践本国。"第1591页。
⑥ 《水经注》卷四〇《渐江水》:"汉末童谣云:'天子当兴东南三余之间',故孙权改曰永兴。"陈桥驿校证本,第944页。
⑦ 〔宋〕王溥《唐会要》卷七一《州县改置下·江南道》,中华书局影印本,1955年,第1273页。唐玄宗天宝元年,公元742年。

由于越地"三江"水系范围小于《越语上》及韦注指明的吴、越范围,两者显然无关。

因此,欲判定某一"三江"论之是否准确或合理,其前提是在某一特定语境下确认该水系所在区域,然后才是相关江河的组合和分布态势;若违反这一顺序,必定南辕北辙,陷入混乱。如唐代苏州吴县人陆德明著《经典释文·尚书音义》:

> 三江,韦昭云:"谓吴松江、钱唐江、浦阳江也。"《吴地记》云:"松江东北行七十里,得三江口,东北入海为娄江,东南入海为东江,并松江为三江。"①

唐代河南沁阳人司马贞《史记·夏本纪》"三江既入"《索隐》:

> 三江谓松江、钱唐江、浦阳江。今按,《地理志》有南江、中江、北江,是为三江。其南江从会稽吴县南东入海。中江从丹阳芜湖县西南,东至会稽阳羡县入海。北江从会稽毗陵县北,东入海。②

陆德明、司马贞用吴、越"三江"释吴地"三江",就是混淆了不同语境下两个不同的地理范围。时代稍晚于陆德明的山东临沂人颜师古和张守节(籍贯不详)则知道划分区域边界。颜师古《汉书·地理志》注已见上引,此不赘述;张守节《史记·夏本纪》"三江既入"《正义》:

> 诸儒及《地志》等解"三江既入"皆非也。……按,五湖、三江者,韦昭注非也。其源俱不通太湖,引解"三江既入",失之远矣。③

张守节认识到,如果在解释《禹贡》"三江既入"时以韦注中"其源俱不通太湖"的"三江"为证,就是张冠李戴。很明显,"失之远"者,本非注《国语》的韦昭,而是引韦注解《禹贡》的"诸儒"。就"三江"研究史而言,唐人陆德明、司马贞尤其是陆德明,似要为搞混两个不同语境下的"三江"所在区域负责。

---

① 〔唐〕陆德明《经典释文》卷三《尚书音义》,上海古籍出版社影印宋元递修本,1985年,第155页。
② 《史记·夏本纪》,第58页。
③ 《史记·夏本纪》,第59页。

清代学者对这个乱局的存在及区别不同地理范围的必要,有了清楚的认识。浙江德清人胡渭(1633—1714)说:

> 三江亦当从韦解。然此但可以解《国语》耳。禹合诸侯于会稽,事在摄位之后。治水时,浙江并未施功,安得以此为《禹贡》之三江乎?①

江苏武进人杨椿(1677—1753)说:

> 韦昭舍大江而言他水,而愈失其指。②

浙江乌程人董增龄(1780—?)说:

> (《国语》)言环吴、越之"三江",与《禹贡》左合汉为北江、右会彭蠡为南江、岷江为中江,固属风马牛不相及也,即与庾仲初《扬都赋》松江、东江、娄江为"三江"者,其义亦别。③

概言之,文献中以《禹贡》为代表的"三江"说,所指为吴地水系;以《越语上》韦注为代表的"三江"说,所指为"于吴境入海……又兼涉越境"④的吴、越水系。如果不是因为存在这一重大区别,一个出身于吴国丹阳、史称"良才"的著名学者⑤,显然没有必要、更不会把远在越地的钱唐、浦阳两江,硬拉到吴地"震泽"的边上。

二

确定了"三江"所在区域后的一个大问题,自然就是江名。前文已

---

① 〔清〕胡渭《禹贡锥指》卷六《三江既入,震泽厎定》,邹逸麟整理,上海古籍出版社,1996年,第161页。
② 〔清〕杨椿《孟邻堂文钞》卷七《三江论》,《续修四库全书》第1423册,上海古籍出版社,2002年,第89页。
③ 〔清〕董增龄《国语正义》卷二〇《越语上》,《续修四库全书》第422册,第319—320页。
④ 〔清〕孙诒让《墨子间诂·非攻中》,中华书局,1986年,第126页。
⑤ 《三国志·吴书·韦曜传》:"曜在吴,亦汉之史迁也。……昔班固作《汉书》,文辞典雅,后刘珍、刘毅等作《汉纪》,远不及固,绪传尤劣。今《吴书》当垂千载,编次诸史,后之才士论次善恶,非得良才如曜者,实不可阙不朽之书。"裴注:"曜本名昭,史为晋讳,改之。"中华书局,1982年,第1460—1464页。

经指出,也许出于不言自明或其他原因,《国语》没有指明何为"三江",只有一个对其分布状态的大致形容——"环之",这就引起后代学人普遍好奇,不断追问。三国时韦昭所注,即反映了以吴、越为范围落实"三江"之名的重要努力。

在不同时期的《国语》传本中,韦注"三江"的组合亦有不同。清代士礼居翻刻的北宋明道本韦注"三江"为"吴江、钱唐江、浦阳江";明代翻刻的北宋宋庠本(又称公序本)韦注"吴江"则为"松江"。近人徐元诰著《国语集解》,对《越语上》"三江"另有特别的处理:

> 三江,宋庠本《注》作"松江、钱塘、浦阳江"。《补音》又出"浙江"①,是又以宋庠本钱塘作"浙江"矣。明道本《注》作"吴江、钱唐江、浦阳江"。《水经注》引郭璞曰:"三江者,岷江、松江、浙江也。"胡渭谓:"以此当《国语》之三江,则长于韦矣。"今据以订正。岷江为长江上游,正环吴境,不得独遗之。松江首受太湖,经吴江、昆山、嘉定、青浦等县,至上海县合黄浦入海,亦名吴松江。浙江又名钱塘江,发源安徽黟县。浦阳江发源浙江浦江县,然合流之后,同至余姚县入海。是言浙江已包浦阳,不得分而为二。②

徐氏评论韦注得失,基于两晋郭璞(字景纯,今山西闻喜人,276—324)及清代胡渭所言③,自为一家之言,无可厚非,但"据以订正"、更据以改正韦注,却犯了擅改原本之忌。类似做法,已见于唐代徐坚《初学记》转引的一句"又韦昭说,岷江、松江、浙江,亦悉在吴也"④,而《国语》

---

① 唐人旧本、宋庠补葺《国语补音》卷三《越语上》:"《注》浙江,之列反。"湖北先正遗书本,收入《丛书集成续编》第23册,上海书店出版社,1994年,第122页。《四库全书总目》卷五一《国语补音》提要:"宋时相传有《音》一卷,不著名氏,庠以其中鄩州字推之,知出唐人。然简略殊甚,乃采《经典释文》及《说文》《集韵》等书,补成此编。"中华书局,1965年,第461页。
② 徐元诰《国语集解》,王树民、沈长云点校,中华书局,2002年,第568—569页。
③ 〔北魏〕郦道元《水经注》卷二九《沔水》:"郭景纯曰:'三江者,岷江、松江、浙江也。'然浙江出南蛮中,不与岷江同,作者述志,多言江水至山阴为浙江。"第687页。〔清〕胡渭《禹贡锥指》卷六《淮海惟扬州》:"(郭璞语)当《国语》之三江,更长于韦。何也?《汉志》毗陵县季札所居,北江在北。是岷江正环吴之境,而韦独遗之。郦(道)元云浙江于余暨东合浦阳江。是浦阳、钱塘浑涛入海,而韦强分为二,故以岷江易浦阳较长也。"第162页。
④ 〔唐〕徐坚等《初学记》卷六《地部四·江第四》,第123页。

的两个宋代传本却未作附和，说明人们对基本事实和考证底线一旦在乎，还是可以坚守的。以"岷江、松江、浙江"释吴越"三江"，以及胡渭所谓"以岷江易浦阳较长"，严格说来都不能成立。因为这里涉及对《国语》原文"三江环之"，尤其是"环"字的准确理解。

"岷江为长江上游"，在今四川、湖北省境内，若称其"正环吴境"，与吴地具有直接相关性，显然过于勉强，与春秋时代的越地距离更是遥远。至于江西九江以下各段江水，虽为形成下游各水系的主源，却不可能导致吴、越"民无所移"的后果。相比之下，前引胡渭《禹贡锥指》所说"三江亦当从韦解……可以解《国语》耳"之说，则值得重视，因为他清楚意识到了《越语上》伍子胥谏言的具体语境。然而还是这位胡渭，却又有"以岷江易浦阳较长也"的高论，令人匪夷所思。同一位作者在同一部著作中，就同一个论题竟得出如此不同的结论，实属罕见。这说明对清人史地研究成果的评价也要实事求是，不能盲从。

因此，认定岷江"正环吴境"，或"以岷江易浦阳较长"等等，显然是对春秋吴、越"三江"问题的误判；而若追根寻源，则必指向《越语上》"三江环之"所用的"環"（环）字。

关于"環"（环）字，主要有以下两种理解。

第一，圆环状。东汉许慎（58—147）《说文解字》"環"："璧，肉好若一谓之環"；段注："環，引申为围绕无端之义。"[①]按此理解"民无所移"的原因，即在于吴、越之地受到"三江"紧密无缝的包围。然而足当或略当此任的"三江"何在？吴国从宁镇丘陵发展到长江三角洲平原后，初都蕃离（一作梅里，今江苏锡山东南），后迁于吴（今江苏苏州），疆域有今苏、沪大部及浙、皖一部，周敬王十四年（前506）吴王阖闾一度击败楚国，攻入郢都；夫差时又战败越国，北上与晋国争霸，势力扩张至淮河流域和鲁南。越国建都会稽，春秋末年与吴国争战，周敬王二十

---

① 〔清〕段玉裁《说文解字注》一上《玉部》，上海古籍出版社，1981年，第12页。《尔雅·释器》："肉、好若一谓之环"，郭璞注："孔边适等。"〔清〕郝懿行《尔雅义疏》中之二《释器》："肉好若一，其孔及边肉大小适等，曰环也。"上海古籍出版社，1983年，第706页。

六年(前494)几乎亡国,周元王四年(前473)反败为胜,灭亡吴国①。全盛时的越国,疆域达鲁东南、苏北运河以东、苏南、皖南、赣东、浙北,灭吴后还曾迁都琅琊(今山东胶南市西南)。环顾吴、越四周,即便按两国最小疆域计(即前引王充所谓"余暨以南属越,钱唐以北属吴。钱唐之江,两国界也"),亦难以想象有无缝圆环状般("肉好若一"),将其完全包围起来的"三江"。这说明,现实中不存在可用"環"(环)字的"圆环"之意来形象比喻的吴、越江河。

第二,围绕状。韦注:"环,绕也",说明韦昭意识到有必要把对原文"环"字的理解,从"肉好若一谓之环"的无缝紧密包围之意,调整为包围程度与"环"略显差异的"绕"②。"環"(环)本为名词,《尔雅》入《释器》章;东汉刘熙《释名》入《释兵》章③,《说文》段注"围绕无端"为其引申义。正因为韦注以"绕"训"环",才有可能用吴、越范围内的吴江、钱唐江、浦阳江三条大江来落实"三江"之名。但是,"环,绕也"增加的信息仍然有限,仅为无缝、有缝之别。西汉蜀郡人扬雄(前53—18)《方言》:"還(还),积也",清人钱绎笺疏:

> 襄十年《左氏传》云"诸侯之师还郑而南",杜预注:"还,绕也。"《释文》云:"还,本亦作'环',户关反,徐音患。"又哀三年《传》"道还公宫",杜预注云:"开除道,周匝公宫。"《释文》与襄十年同。《荀子·成相篇》云"比周还主党与施",杨倞注:"还,绕"也。"还"与"环",古字通用,故郑注《士丧礼》云:"古文'环'作'还'。"环绕,即积聚之意也。④

---

① 以上吴、越纪事,分见于《左传·定公四年》《国语·越语下》《左传·哀公元年》《史记·吴太伯世家》。

② 《国语·齐语》"环山于有牢"韦注亦作"绕"解:"环,绕也。牢,牛羊豕也。言虽山险皆有牢牧也。一曰:'牢,固也。'"第241页。

③ 〔汉〕刘熙《释名》卷七《释兵》:"刀,到也,以斩伐到其所,乃击之也。其末曰锋,言若蜂刺之毒利也;其本曰环,形似环也;其室曰削。"李学勤主编《中华汉语工具书书库》第51册,安徽教育出版社,2002年,第479页。据王先谦《释名疏证补》订正。同上书,第51册,第572页。刘熙,北海(今山东昌乐)人,约生于160年,即东汉桓帝、灵帝年间。

④ 〔清〕钱绎(江苏嘉定人,钱大昕之侄、钱大昭之子)《方言笺疏》卷一三,中华书局,1991年,第467页。

也就是说，以"绕"训"环"，虽然撬动了"肉好若一"的圆环状严密程度，但"周匝""比周"且层层"积聚之意"则仍未改变。以此衡量韦注"三江"在吴、越范围内的分布状态，很难体会以"绕"字替换"环"字的真意。这说明，按"環"（环）字的"围绕"之意来形容模写吴、越"三江"，还是不够准确。

笔者猜测韦注以"绕"训"環"（环）的真正目的，其实不是为了证实"民无所移"，而是为了解释"迁徙非吴则越"，因此，他就不能坚持"三江"紧密无缝至"肉好若一"的圆环状（"环之"）分布，而是要突出存有纵向空隙和横向空间的"绕之"。虽然以"绕"字形容江河分布状态与"环"字一样不甚理想，但二字毕竟存在差异，否则韦昭不会多此一举。这个差异就在于，"绕"字另有比"环"更基本的意义。韦昭本人当然没有明说，但其他学者对"绕"字的理解，在提示了"绕"字含义的同时，实实在在地反映了韦注"三江"在吴、越地区的分布态势。

"绕"就是"缠"，"缠"是"绕"字最重要、也是最基本的含义。

早于韦昭者如东汉许慎的《说文》称："绕，缠也"，"缠，绕也"①，两字互训。与韦昭同时者如三国时魏国张揖的《广雅·释诂》称："綦统缭绕绸缪绐络缴，缠也"②；魏国如淳称："缴绕犹缠绕，不通大体也。"③晚于韦昭者如唐朝韩愈的《楸树二首》（之一）："几岁生成为大树，一朝缠绕困长藤。"④宋朝黄庭坚的《跋此君轩诗》称："近时士大夫罕得古法，但弄笔左右缠绕，遂号为草书者耳，不知与科斗篆隶同法同意。"⑤等等。凡以"绕"字所组之词，如营（萦）绕、缴绕、低绕、愁肠绕、圜绕、电绕、动绕、纵绕、遮绕、绕绕、盘绕、回绕、连绕、虹绕、忧绕、藤绕、散绕

---

① 〔清〕段玉裁《说文解字注》十三上《糸部》，第647页。
② 〔三国魏〕张揖《广雅》卷四《释诂》，《中华汉语工具书书库》第45册，第447页。据王念孙《广雅疏证》订正。同上书，第47册，第45页。张揖，清河（今河北清河）人，生卒年不详，魏明帝太和年间（227—233）官至博士，约与韦昭同时。
③ 《史记》卷一三〇《太史公自序》"名家苛察缴绕"，刘宋裴骃《集解》引"如淳曰"，第3292页。如淳，曹魏陈郡冯翊（今陕西大荔）人，生卒年不详。
④ 〔清〕彭定求等编《全唐诗》卷三四三"韩愈八"，中华书局，1980年，第3851页。
⑤ 〔宋〕黄庭坚《山谷题跋》卷八，《丛书集成新编》第50册，台湾新文丰出版公司，2008年，第472页。

等,无不与形容"纠缠"状的丝缠、藤缠、蔓缠、牵缠、情缠、结缠、环缠、恩缠、束缠、裹缠等意义相关①。概言之,将韦注"绕之"理解为"缠之"在语义学上完全可以成立;若以之形容江河水系与某一区域的实际关系,显然也更接近事实——"缠之",就是散漫纠缠;呈现出的,是一番"剪不断、理还乱"的状态。

韦注"三江"中的每一条江都是如此。

韦注"三江"之一是"吴(松)江"。无论认定"三江者皆出于大江"②,还是"三江皆太湖之委流"③,"吴(松)江"都在其中。如果按其实际状态视其为太湖以东的一个水系,而非仅指一条大江,则一定会对其"缠"住湖东低乡的状态留下深刻印象。北宋江苏苏州人朱长文(1041—1098)《吴郡图经续记》称:

> 松江,出太湖,入于海。……今观松江正流下吴江县,过甫里,径华亭,入青龙镇,海商之所凑集也。……江流自沪至海,凡二百六十里,岸各有浦,凡百数,其间环曲而汇者甚多,赖疏瀹而后免于水患。……松江,一名笠泽。④

明末清初江苏无锡人顾祖禹(1631—1692)对松江的流向有细致的描绘:

> 松江下七十里分流,东北入海者为娄江,东南流者为东江,并松江为三江。……自太湖分流,出吴江县城东南之长桥,东北流合庞山湖(在苏州府南二十里),又东北经唐浦(苏州府东二十五里),折而东南流为甪直浦(亦名甫里,去唐浦十余里,在昆山县西南三十六里),又东南流历淀湖(在昆山县南八十里,松江府西北七十二里),合五浦(赵屯、大盈、顾会、崧子、龙盘等五浦,详松江

---

① 以"绕"、"缠"字组词例句,参见《佩文韵府》卷四七上声《十七条·绕》,上海书店出版社,1983年,第1939—1940页;同上书卷一六下《一先·缠》,第712—713页。
② 〔清〕杨椿《三江论》,同前引书,第90页。
③ 〔清〕顾祖禹(江苏无锡人,1631—1692)《读史方舆纪要》卷一九《南直一·三江》,中华书局,2005年,第903页。
④ 〔宋〕朱长文《吴郡图经续记》卷中,江苏古籍出版社,1999年,第47—48页。

府),而入上海县境(地名宋家桥,在县西北),又东南流与黄浦合(合处在县东北三十六里),又迤逦至吴淞口(在嘉定县东南三十六里,去上海县五十余里)入于海。此松江之大略也。①

读了以上引文,再看宋朝工部官员对"吴淞江散漫"②的评价,会感到《说文》"绕,缠也"的确是一个非常重要的提示。

韦注"三江"之二是"钱唐江",即前引王充所谓"钱唐浙江",郦道元《水经注》故直称"韦昭以松江、浙江、浦阳江为三江"③。因其源远流长,故钱唐江的问题比吴(松)江多,限于论题,本文不作展开,《清人文集地理类汇编》第四册收有多篇专论,可以细细琢磨。对浙江水系之"缠"状作了最全面描述的,还是郦道元的《水经注》,尤其是他一番艰苦追索后所发的感慨,更是异常深刻:

……是所谓三江者也。故子胥曰:吴越之国,三江环之,民无所移矣。但东南地卑,万流所凑,涛湖泛决,触地成川;枝津交渠,世家分渎,故川旧渎,难以取悉。虽粗依县地,缉综所缠,亦未必一得其实也。④

韦注"三江"之三是"浦阳江",郦道元估计就是《汉书·地理志上》"会稽郡……余暨,萧山,潘水所出,东入海"中的"潘水"⑤,也是一个水系的总称,前引王充提到的"山阴江、上虞江",其实都可视为该水系的组成部分。

浦阳江源自浙东金华府浦江县、义乌县境内,曲折蜿蜒,一路向北,再折东流,最后入海。郦道元将浦阳江置于《水经注》"浙江水"下,明代嘉靖《萧山县志》对浦阳江有一个综合简介:

---

① 〔清〕顾祖禹《读史方舆纪要》卷一九《南直一·三江》,第903—904页。
② 《宋史·河渠志六》,第2385—2386页。
③ 〔北魏〕郦道元《水经注》卷四〇《浙江水》,陈桥驿校证本,第947页。
④ 〔北魏〕郦道元《水经注》卷二九《沔水》,陈桥驿校证本,第687—688页。又见卷四〇《浙江水》,第935—947页。
⑤ 《汉书·地理志上》,第1591页。郦道元《水经注》卷四〇《浙江水》:"疑是浦阳江之别名也,自外无水以应之。"第947页。

> 浦阳江又名小江(东去县四十里,东南去县一十五里,南去县三十里),其源出婺州浦江,北流一百余里入诸暨县,与东江合流。至官浦,浮于纪家汇东北,过峡山;又北至临浦,注山阴之麻溪;北过乌石山,曰乌石江;又北东至刘宠投钱之处,曰钱清江;又东入于海。今开碛堰以通上流,塞麻溪以防泛滥,而江分为二。①

清初浙江鄞县人全祖望(1705—1755)对浦阳江水系围绕、缠束浙东核心区域的历史和样态梳理得非常清晰:

> 浦阳江水发源义乌,分于诸暨,是为曹娥、钱清二江。其自义乌山南而出者,道由蒿坝,所谓东小江者也,下流斯为曹娥。其自山北而出者,道由义桥,所谓西小江者也,下流斯为钱清。曹娥之水,由诸暨纡而东,至嵊,至余姚,则已折而北,始至上虞,遂由会稽入海。钱清之水,由诸暨竟西下至萧山,反东向山阴入海。一曲一直,源流不同。然六朝皆以浦阳之名概之。……浦阳之名汉时所未有,故《班志》不录。然《班志》于浦阳东道之水,则曰柯水,而系之于上虞,即曹娥也。西道之水,则曰潘水,而系之余暨,即钱清也。《续志》则有潘水,而失柯水。其以浦阳名江也,始见于韦昭。……浦阳之名至宋、齐之间而大著,其时合曹娥、钱清二水,皆曰浦阳。谢康乐《山居赋》中所云"浦阳"皆指曹娥,李善因之。而《南史》所载浦阳征战之事,则皆指钱清。②

明中期以后,萧山县治以东的浦阳江下游主干道,从萧山、诸暨、山阴三县交界处的碛堰山改道西折,经萧山渔浦、闻堰汇入富春江,补入钱塘江。浦阳、富春、钱塘三江合流后的江道,以更加迂回曲折的状态流入杭州湾。这虽已是与韦注无关的后话,但春秋时代浦阳江流过上虞,"由会稽入海",可成为吴、越的战场,则是确实无疑的。

由吴(松)江、钱唐江、浦阳江分别构成的局部流域,以及由"三江"

---

① 嘉靖三十六年(1557)《萧山县志》卷一《地理志·山川·川》,《天一阁藏明代方志选刊续编》第 29 册,上海书店出版社,1990 年,第 54 页。
② 〔清〕全祖望《鲒埼亭集》卷三〇《记·浦阳江记》,朱铸禹《全祖望集汇校集注》,上海古籍出版社,2000 年,第 566—567 页。

在吴、越地区展现的整体态势,充分证明韦注以"绕"(缠)概括春秋时吴、越"三江"缠绕分布的特点,总体上符合事实,可以成立。

三

导致春秋时吴、越居民"迁徙非吴则越"的客观环境,就是"三江绕之",指明这一点,是韦注的最大贡献;但迁徙方向的选定及其一定时期内的规律化呈现,毕竟是客观环境与主观能力的综合结果,这就必须回到伍子胥谏言,才能完整了解。

很明显,伍子胥是将吴、越居民视为同一环境下、具有共同生存能力特征的一个族群,在"陆人居陆,水人居水"两类型中属于"水人"的类型,这个概括不仅有趣,而且准确。文化史研究可以证明,正是在春秋时期,吴、越两个不同渊源的区域文化,开始走向融合,形成了一个广义的吴越文化①。同属"水人"类型,生活习俗一定接近,甚至相同。《越绝书》:"吴越为邻,同俗并土,西州大江,东绝大海,两邦同城,相亚门户"②;"吴越二邦,同气共俗"③。在此背景下,居民"迁徙非吴则越",虽不无夸张,却在情理之中。

既是"水人",一定近水弄舟。伍子胥说"吾能乘其舟";又说"吴在北,水"④;"吴人伐越,获俘焉,以为阍,使守舟。吴子余祭观舟,阍以刀弑之"⑤;都可说明吴人的特点。在公元前525年发生的一场吴楚战役中,楚军先胜,缴获了吴国一艘著名战舰"余皇",这下大大激怒了吴公子光阖庐:

> 吴公子光请于其众曰:"丧先王之乘舟,岂唯光之罪,众亦有焉。请藉取之以救死。"众许之。使长鬣者三人伏于舟侧,曰:"我呼余皇,则对。师夜从之。"三呼,皆迭对。楚人从而杀之。楚师

---

① 董楚平、金永平《中华文化通志·吴越文化志》,上海人民出版社,1998年,第11页。
② 《越绝书》卷六《越绝外传纪策考》,第134页。
③ 《越绝书》卷七《越绝外传记范伯》,第153页。
④ 《越绝书》卷六《越绝外传纪策考》,第135页。
⑤ 《左传·襄公二十九年》,杨伯峻注,第1157页。

乱,吴人大败之,取余皇以归。①

可见舟船在吴人心目中的地位。

文献上对越国"水人"特点更有生动记载。

"三江绕之"使吴、越核心地区成为河湖密布的水乡泽国,使当地居民掌握了很高的水上和水边生活技巧。据说越王勾践曾向孔子感叹,说越人"水行而山处,以船为车,以楫为马,往若飘风,去则难从,锐兵任死,越之常性也"②。居民短袖短裤,光脚走路,也成为其他地方难得一见的装束。所谓"越人跣行"③,或"越人徒跣剪发"④,就反映了越人在多水易湿环境下养成的习惯。

越人行舟驾船的能力名扬天下,如《淮南子》所说:"越人便于舟。"⑤"越人称船为须虑"⑥,"须虑"是基于古越语发音的两个字,后来写作"舻",但发音中还保留了"须虑"的因素⑦。"称船为须虑",可能与"船头"高翘有关。有学者因此猜测:"也许古越族的船形制和华夏不同,所以汉人就专称他们的船为'舳舻'。"⑧《越绝书》佚文中有"舳舻三人"⑨,说明这种船由三人操纵。

在当时各种实用性小船中,"越舲蜀艇"⑩最为人们称道。舲、艇都是一叶扁舟,如周初越国向周王所献之舟⑪,春秋时范蠡"浮于五湖"

---

① 《左传·昭公十七年》,杨伯峻注,第1392—1393页。
② 《越绝书》卷八《外传记地传》,第196页。
③ 《韩非子·说林上》,陈奇猷集释本,上海人民出版社,1974年,第441页。
④ 〔汉〕刘向《说苑》卷二〇《反质》,赵善诒疏证本,华东师范大学出版社,1985年,第617页。
⑤ 《淮南子》卷一一《齐俗训》,刘文典集解本,中华书局,1989年,第369页。
⑥ 《越绝书》卷三《吴内传》,第75页。
⑦ 《说文解字》八下"舟部":"舻,舳舻也,从舟,卢声,一曰船头。"段注:"《方言》曰:'舟首谓之合闾。'郭云:'今江东呼船头屋谓之飞闾是也。'……此皆许所谓船头曰舻,舻、闾古音同耳。"段注,第403页。"须"读"苏",与"舳"一音之转。
⑧ 周振鹤、游汝杰《方言与中国文化》,上海人民出版社,1986年,第215页。
⑨ 《越绝书》附录一,钱培民辑《越绝书佚文》,李步嘉校释本,第367页。
⑩ 《淮南子》卷二《俶真训》,第77页。
⑪ 〔唐〕欧阳询《艺文类聚》卷七一《舟车部》引《周书》:"周武王时,于越献舟。"一作"周成王"。《文渊阁四库全书》本。

的"轻舟"①,应该都是小船,亦即东汉涿郡人高诱所说的"一版之舟"。但舲又专指一种带屋篷的小船②,越人特别能灵活掌控,甚至连商汤、周武王这样出自中原和西北的圣人,也"不能与越人乘舲舟而浮于江湖"③,可见驾驶舲舟是越人的绝技。越人之所以会具有如此高超的行舟本领,既是生存的需求,也与大禹留下的"陆行乘车,水行乘船,泥行乘橇,山行乘檋"传统有关。

从"轻舟"到装了船篷的"越舲",经历了漫长的演变,是当地居民木作、平衡、稳定、速度、驾驶、水上生活等知识经验的积累和升华。

越人不但有日用性的轻舟和舲艇,还有装载重物、必须依靠港口进行补给的各种大船,以及用大船组建的武装舰队。如"勾践载稻与脂于舟以行"④的"舟"就不会很小;如《国语》载"范蠡、舌庸率师沿海泝淮以绝吴路。……越王勾践乃率众军泝江以袭吴";"越王……舟战于江"⑤;《越绝书》提到的"戈船三百艘"⑥,以及"楼船""勾践船宫""越所害(辖)军船""大军船"等等,就不是一般的大船,而是作为战争利器的战船、舰队和旗舰了。西晋河北安平人张景阳在《七命》中提到"浮三翼",据唐朝江苏江都(或湖北江夏)人李善《文选》注,应是《越绝书》的佚文,意指三种规格不同的战船⑦,或称大翼、中翼、小翼。有学者根据各种不同记载,去伪存真,对三种战船的具体尺寸有以下大致估计:

> 大翼一艘广一丈六尺,长十二丈。中翼一艘广一丈三尺五

---

① 《国语·越语下》,第659页。
② 〔梁〕顾野王《玉篇·舟部》:"舲,小船屋也。"李学勤主编《中华汉语工具书书库》第1册,第240页。
③ 《淮南子》卷九《主术训》,高诱注:"舲,小船也,越人所便习。"第278页。
④ 《国语·越语上》,第635页。
⑤ 《国语·吴语》,第604、626页。韦昭注:"沿,顺也。逆流而上曰泝。""泝"同"溯"。
⑥ 《越绝书》卷八《外传记地传》,第196、200、201、202页。《史记·南越列传》裴骃《集解》引张晏曰:"越人于水中负人船,又有蛟龙之害,故置戈于船下,因以为名也。"第2975页。《汉书·武帝纪》元鼎五年"归义越侯严为戈船将军",颜师古注:"此盖船下安戈戟以御蛟鼍水虫之害。张说近之。"第187页。
⑦ 《文选·七命》及李注,中华书局,1977年,第1601页。唐徐坚等《初学记》卷二五《器物部·舟》"三翼":"越为大翼、小翼、中翼,为战军船。"第611页。宋洪迈《容斋随笔·四笔》卷一一《船名三翼》:"大抵皆巨战船。"上海古籍出版社,1978年,第744—745页。

寸,长九丈六尺。小翼一艘广一丈二尺,长五丈六尺。①

如此规模的战船,对春秋时代生活在西北、中原的人们来说,完全是无法想象的。

以上虽然只是对"水人"生存能力的简单侧写,却足以说明,被"三江绕之"的"二国之民",一旦需要迁徙,即使未必"非吴则越",吴、越两地也是他们驾轻就熟、最少障碍、最快适应的首选。

(原刊于《史林》2019年第2期,本次收录略有修订)

---

① 蒙文通《越史丛考·吴越之舟师与水战》,人民出版社,1983年,第112页。

日本所绘近代中国城市地图通考*

钟 翀

摘 要：由于地理影响与历史原因，日本成为与我国近代制图业交流最多的国家，其所制中国城市地图数量之多、流传之广，都要远超其他西方列强。不过，国内普遍存在对日本测制近代中国地图的种种臆度，此类误读在客观上影响了对日绘地图资料的准确利用。本文通过对近代以来日绘我国城市地图的系统整理以及对上海、北京、南京等城市地图的个案考察，推知此类地图大多可以追溯其创作底本，该认识对研究利用而言至关重要。当然，独立施测只是近代地图文化的一个方面，日本近代制图业对于中国的影响，更多地在于制图技术的传递与近代地图文化的推广普及等方面。

关键词：日绘近代中国城市地图；地图学史；近代史；城市历史地理

近代以来，日本人的足迹不仅遍及中国沿海，而且数度深入内陆（代表性的如岸田吟香与其乐善堂的经营事业、明治初期的"派遣将校"与东亚同文书院的调查等），我国许多大都市与多数开埠港市的近代地图制作，都曾经由日人之手，而像上海、天津、大连、青岛、台北等城市，更是在其近代地图的早期测制阶段即可见到跃动的东洋身影。到了清末与民国初期，随着日本介入东亚大陆的深化、留日浪潮的兴起与日系制图商社在华业务的开设，在我国不少大中城市展开的地图测绘与刊印，均明显受其技术工艺的波及和影响。

---

* 本文为国家社会科学基金项目"日军测制中国城镇聚落地图整理与研究"（19BZS152）的阶段性成果。

从地图学史与城市史地角度而言,此类近代地图即时反映了我国城市近代化的历程,因此具有较高的史料价值。不过,由于近代以来东亚的动荡局势以及战后中日两国各自的社会背景,使得此类地图传存稀少且收藏分散,至今尚未对其进行系统整理,更缺乏地图学史方面的研究。尤其是国内学界还普遍存在着对近代以来日本之中国地图测制的种种误读,使其笼罩了一层神秘色彩,影响到了对此类资料的客观评价与有效利用。为此,笔者访查中、日各大公私藏图机构,在搜集整理千余种现存日绘近现代中国城市地图基础上,聚焦于此类地图的绘制历史,特别是通过图像资料批判,尝试确认绘制底图这一关键制图要素,意欲厘清测制与编绘之关系。本文将按上述研究思路,以近代日绘城市地图为主要考察对象,并区分近代早期、甲午战争前后、清末民初三个阶段来加以探讨(文中所提"近代",暂以近代史意义上的1840—1919年为界定)。

一、近代早期日本官方测绘的中国城市地图

日本自江户时代起就已独立发育形成颇具特色的测量术与地图文化,从测绘之精、刊印之良、运用之盛这三方面来评价,说它是西欧文化圈以外近代地图文化之"又一极"亦不为过[①]。文政四年(1821)伊能忠敬所制《大日本沿海舆地全图》测绘精确、详密,曾令初期到访的西洋人士大为惊异,同一时期以"江户图"为代表的城市地图绘制,也反映出前近代以来日本城市制图业的普及与发达。

不过,日本的近代海外开拓较西方列强为晚,加之明治初专注于欧美事务,对邻国中国的实态并未准确了解。从城市地图的角度来看,直到江户晚期、明治初期,在日本广为流传的北京地图——《北京皇城图》仍以明北京城图为底本加以制作,其地物描绘不仅时代滞后且多有想象成分[②]。

---

① [日]山下和正《江户時代 古地図をめぐる》,东京:NTT出版株式会社,1996年,第1页。

② [日]前川六左卫门制,宝历二年(1752)日本江都(即江户)崇文堂刊。此图较多见,内阁文库、京都大学图书馆等公藏机构均见藏,从北京地图在日本的绘制及传存史来看,推测此图是前近代至明治初在日本流行甚广的一种北京城图。

而像高杉晋作那样搭乘幕府首航交易船的武士(1862年来华),还有竹添进一郎那样的汉学家(1875年来华,著有《栈云峡雨日记》),都属于近代最早一批访华人士,但人数有限。因此到同治及光绪初,日本智识界也尚处于接触近代中国之初步阶段,一般日人对华认知更还是停留在古代汉诗汉文世界里。这一时期日本流行的介绍中国的书籍如《唐土名胜图绘》(1803年刊)等,其内容大多参考清中期我国方志,其中的城市描绘则以绘画为主,唯一较详细的《京师总图》与《皇城全图》,显然也是直接取材于《宸垣识略》等当时国人有关京城的地理书[①]。

庆应二年(1866),日本幕府准许一般国民自由渡航海外,明治四年(1871)缔结《中日修好条规》,与清政府建立正式邦交,翌年,即有池上四郎少佐入东北开展调查之举,这应该是近代日本在华最早有组织的实地调查。此后出现了最早一批日绘中国近代城市地图,如《清国上海全图》(1873年刊)、《清国北京全图》(1875年刊)等,甲午战争前后又绘制了宁波、福州、芝罘、广州、天津、厦门、台北、基隆等城市的地图。这类地图数量较少,但大多基于近代实测技术,绘制精度不一,且带有浓厚的官方色彩。

例如,最初的日制上海实测地图——《清国上海全图》(图1),按图上题识,是由第一任上海领事品川忠道在驻沪领馆创设之初的1872年主持编制,并于翌年在日刊印出版的。在上海近代地图史上,相比本国所制最早的近代实测上海城市地图——光绪元年(1875)由上海道台冯焌光主持测绘的《上海县城厢租界全图》[②]还要早两年,足见明治初日人对近代地图的重视与敏感已经大大领先吾邦。而北京最早的近代日制地图——《清国北京全图》则在明治八年(1875)即由日本陆军参谋部绘制刊行(图3),该图比例尺虽然只有二万分之一,但已显示出颇高的精度与详细度,系当时最为精确的北京地图之一。

此类早期日绘城市图现身于当时的中国,固然有上述的前近代以来中日交涉史背景,不过,其创作年代之早、精度之高,确实令人惊叹。那么,这些地图究竟是如何绘制而来的呢?

---

① 朱竞梅《北京城图史探》,社会科学文献出版社,2008年,第109—117页。
② 钟翀《近代上海早期城市地图谱系研究》,《史林》2013年第1期。

图 1　清国上海全图（1873 年）

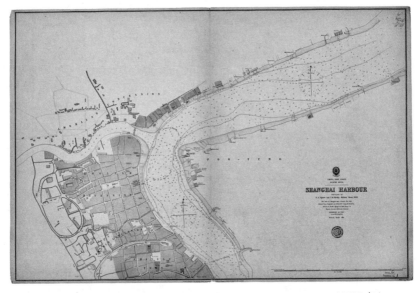

图 2　*China East Coast，Wusong River，Shanghai Harbour*（1866 年）

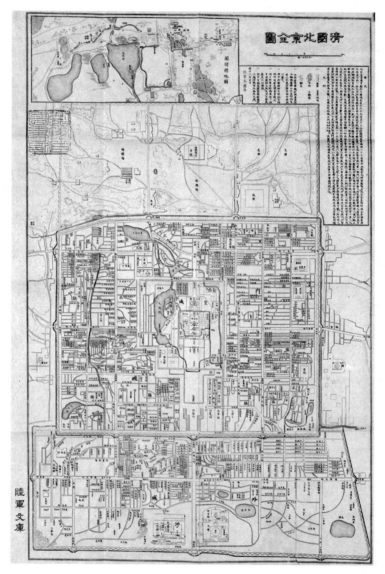

图 3　清国北京全图(1875 年)

就上述两种代表性的近代早期日绘城市地图而言,关于《清国上海全图》的创作,笔者此前根据图上题识中提及"以 1866 年上海港长、西人'ホグリー'所绘图为底图"的说明以及该图与 1866 年英国海军本部所绘之图 China East Coast , Wusong River , Shanghai Harbour

(图2)的图式、内容比对,确定后者为其绘制底图无疑①。至于《清国北京全图》的测绘,图上凡例明言:"此图因英国镌行测量图,改正轮郭、道路、山川及郊坰家屋之位置,且译其图中插语以载之。图中街衢间插字,则据《京师城内图》及《唐土图绘》等诸图。顷日,陆军少尉益满邦介归自清国,又就其所目击亲履者以订谬误。"显然,此图亦非出自日人实测,而为一典型之编绘地图。

甲午战争之前在日本刊行的清国地理书籍或军事报告之中,1882年伊集院兼雄、斋藤幹等绘制的《奉天府盛京城内外图》(图4)、《芝罘港全图》等华北城市地图,1883年美代清濯所绘《宁波府城图》(图5),1883年小田新太郎所绘《河南开封府城市街之图》《(广平、彰德)府城之略图》,1884年玉井晓虎绘制的《两江楚浙五省行路图》中所收湖州

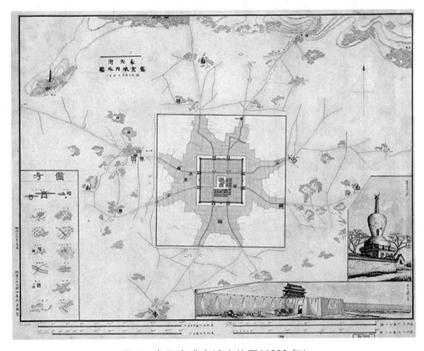

图 4　奉天府盛京城内外图(1882 年)

---

①　钟翀《近代日本所绘上海城市地图通考》,《历史地理》第 32 辑,上海人民出版社,2015 年,第 317—334 页。

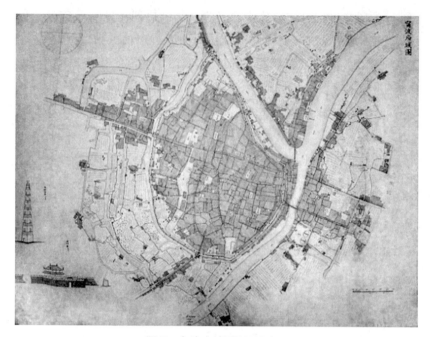

图 5　宁波府城图（1883 年）

等城地图，1888年小泽德平所绘《台北府城图》等图，均出自当时活跃于中国的军事调查甚或谍报人员之手。

这批由日本派遣将校制作的城市地图虽然年代较早，但其比例尺多为1/25 000到1/50 000，对于城市图来说属于中小缩尺，且内容表现大多较为简略。其中例外的是明治十六年（1883）二月刊行的《宁波府城图》，比例尺为1/5 000，是迄今发现最早、最精确的该城实测地图，图左下角还绘有1/250的天封塔和1/500的城楼城墙图，对历史景观复原而言极具参考价值。图左下方落款为"明治十六年二月实测制图，陆军工兵中尉美代清濯"，下钤"美代"圆章。通过现存日本国立公文书馆的档案，推知此图系明治十二年（1879）七月受日本陆军派遣的工兵（时为少尉）美代清濯所绘（图6）。

这些早期日绘城市地图的作者均有浓厚的军方背景，如伊集院兼雄系1879年受日政府差遣首次渡清，翌年以工兵中尉身份驻清访查天津、牛庄、大连湾等地状况，1881年被任命为工兵大尉，1883年年底

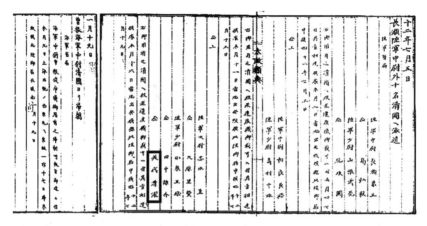

图6 《长濑陆军中尉外十名清国へ派遣》档案(1879年,选自《太政类要》)

在汉口开设药店乐善堂,该药局成为华中日本谍报机构的中心(详本文下节)①。而玉井晓虎则与《宁波府城图》的制图者美代清濯同为日军方背景的派遣人员。日本于明治十二年(1879)实施清国将校派遣制度,从此将自古以来针对中华的古地图收集工作升级为实施近代简易测量的路线图绘制事业,明治十三年(1880)之后,酒勺景信、玉井晓虎、伊集院兼雄、斋藤斡、福岛安正等派遣将校先后绘制了一批在华的旅行路线图与城市地图,并由当时的日军参谋本部编辑刊行。这批地图曾被运用于甲午战争之中,但不久以后便为质量更高的大比例尺实测图所取代,因此没有系统保存下来,目前只有部分留存在美国国会图书馆(系二战后由美军全面接收的"日制外邦图"之一部分)②。

关于这批城市图的测制过程,由于其实际使用时间较短,在号称日本近代测量"正史"的《陆地测量部沿革志》《测量地图百年史》这两种主要相关文献中均未见直接记载,仅在前书简要提及甲午战争中曾使用根据手绘原图编制的1/20万地图③。有研究者利用图上表现和

---

① [日]山近久美子、渡边理绘《アメリカ议会図書館所蔵の日本軍将校による1880年代の外邦測量原図》,[日]《地図》2008年第46辑增刊。
② [日]井田浩二《简易測量による外邦図(清国)の新たな図の紹介》,[日]《外邦図研究ニュースレター》2012年第9期。
③ 日本陆地测量部编制《陸地測量部沿革誌》,日本东京:陆地测量部,1922年,第126—131页。

同时代若干间接记录推断这批地图是"利用罗盘仪确定方位、以步测测距为主体的徒步测量法,其中的经纬度确定,主要利用了西洋人尤其是英人的海图资料。其技术水准与前近代日本著名的伊能忠敬并无很大变化,可以说是沿用了前近代日本的测量术"①。

至于《宁波府城图》,虽说图上标注声称系"作者实测",但宁波为近代海防重镇,当时的制图者美代清濯要获得地方官员允许将大约30平方公里的城区实测成图断无可能。同时代有条件开展实测的,也只有两次鸦片战争时期攻占宁波城的英军。查阅现存早期实测宁波地图,可以看到1861年6月18日,英舰遭遇号(H.M.S.Encounter)舰长丢乐德克(Roderick Dew)提出宁波防御太平军攻占的八项计划中附有宁波城图;1862年1月13日,太平军占据府城不久,英法美在甬外交官和军官在美领馆开会,图谋将整个江北岸(北止鄞镇慈界,新闸河)辟为洋人租界,该会议声明后亦附一地图。这两种地图虽然比例较小,且地物表现简略,但城市轮廓相当准确,系实测图无疑②。比较同时期日人在华地图绘制的表现,推测此图可能也是参考之前英法等国测绘的宁波城市地图,并在补充调查的基础上将之加以改进编绘成图的。

二、甲午前后日本民间的中国城市地图制作

同治末年《中日修好条规》定约之后,来华经商居留的日人渐增,到1880年代,以上海为中心从事商贸的日本人已达数百,其中就出现了岸田吟香(1833—1905)这样身兼日商、汉学家、对华谍报活动者等多重身份的人士。1878年,岸田开设贩卖眼药的乐善堂上海分店,1881年又开设印刷厂,经营铜版印刷及图书业。岸田氏前后在华经营数十年,陆续主持开办苏州、福州、汉口、北京、天津、重庆、长沙等乐善

---

① 前揭山近久美子、渡边理绘《アメリカ議会図書館所蔵の日本軍将校による1880年代の外邦測量原図》。

② 相关早期近代宁波地图尚未见系统研究,此处主要参考宁波文史学者"独立观察员的博客"文章《宁波旧影专题——外滩》(2015年10月7日),详 http://blog.sina.com.cn/s/blog_4423cedf0102vwjo.html。

堂分店,并与日本在华谍报先驱荒尾精合作,以汉口乐善堂为据点进行侦查活动。

岸田吟香在华期间,十分留意中国地理书的编纂与地图的搜集、绘制。据笔者调查,他最初涉足地图业是在1874年9月22日《东京日日新闻》上刊载《支那全图》的广告①,之后于1882年编纂《清国地志》,其中收录北京、上海、广州三种小比例近代实测系的城市图,书中另有一幅《浙江杭州省城内外图》采用绘图形式,应该是取材于晚清邦人所绘杭城绘图如清同治翁大澄绘《西子湖图》等图②。1885年,他又绘制印售《上海城厢租界全图》,这是岸田氏首次创作的单幅中国城市地图。笔者考证该图利用了此前本埠流行的《上海县城厢租界全图》(1875年刊)为底图,并参考当时其他一些西文底图,略加增补修正,然后以当时风行日本的腐蚀铜版镌刻刊行③。而明治时期在日本最具代表、最有影响的中国地图——《中外方舆全图》(图7),正是由他在1887年主持制作的。此图系一纵146厘米、横212厘米的大幅铜版印刷地图,内容十分详细,是当时日人了解中国的主要地图资料,直至1906年增订达到十六版,可见其流行之广;并且,该图的许多内容为明治时期日本教科书所采用。因此,该图收录的北京、上海、广州、武汉、南京、苏州、杭州等七大城市图,可以说是代表了同时期日本绘制中国城市地图的水平。不过,笔者经过分析推定这些城市地图应是利用当时流行的我国地图制作而成的,其中的京、沪两城之图与上节所述的编绘图一脉相承,而其他五种城市图也是各有所本,下面先以南京图即《中外方舆全图》所载《江宁省城图》(图8-1)为例来说明这些图的创作底图。

这幅《江宁省城图》虽然按图上说明是1/72 000的比例尺,但显然并非基于近代实测,而从图名与内容上看,应该是源于清中晚期邦人所绘的《江宁省城图》系列的南京地图。此类《江宁省城图》目前尚存数种版本,已知较早的如袁青绶绘本(1856年刊,大英博物馆藏)以及尹德纯重

---

① [日]杉浦正《岸田吟香—资料から見たその一生—》,东京:汲古书院,1996年,第379页。
② [日]岸田吟香《清国地誌》,东京:乐善堂,1882年,日本国立国会图书馆藏。
③ 前揭钟翀《近代日本所绘上海城市地图通考》。

中国历史地理评论

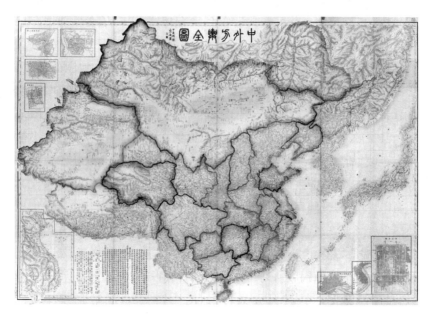

图 7　中外方舆全图(1894年增订版)

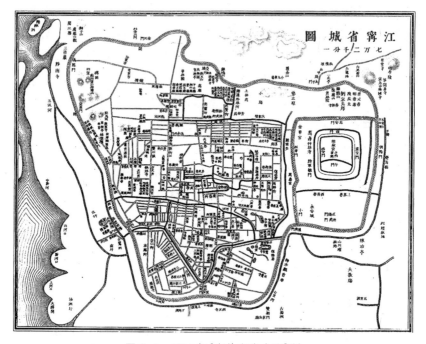

图 8-1　1894年《中外方舆全图》版

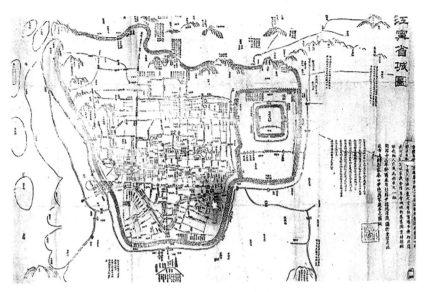

图 8-2　1873 年尹德纯绘本

图 8　《江宁省城图》的版本比较

刻本（1873 年刊，大连市图书馆藏，图 8-2），两图出自同一母本。而从现今中外多地公藏机构均收藏此图这一状况推测，此图应是当时最为流行的一类南京地图。因此，这也反映了晚清甲午前后日人的南京地图绘制，主要也还是利用了当时流行的本邦所绘南京图制作而成的。

事实上，只要一一比对晚清同光时期国人绘制的城市地图，即可发现《中外方舆全图》所载《杭州府图》《苏城厢图》《武汉城镇合图》也都是以当时各地最为流行的城市地图[①]为底图绘制的——《杭州府图》的底图应为《浙江省垣城厢全图》（图 9），而《苏城厢图》与《武汉城镇合图》也是利用同时期当地所制同名图作为底图绘制的（图 10、11）。至于《中外方舆全图》所载《广州城市全图》，笔者尚未发现明确的底图来源，但岸田氏若要获得第二次鸦片战争以后英法所绘广州实测地图或是利用同时期的《粤东省城图》系列广州图来绘制此图也绝非难事。

---

① 详细说明参见拙作《中国近代城市地图的新旧交替与进化系谱》，《人文杂志》2013 年第 5 期。

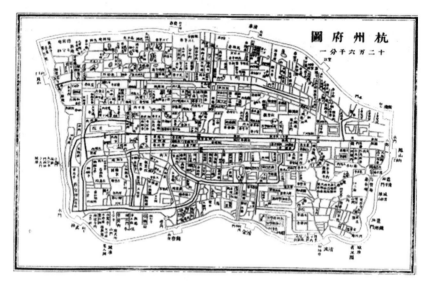

图 9-1　1894 年《中外方舆全图》版

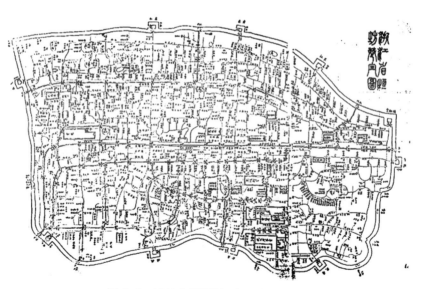

图 9-2　1878 年版《浙江省垣城厢全图》

图 9　杭州图的比对

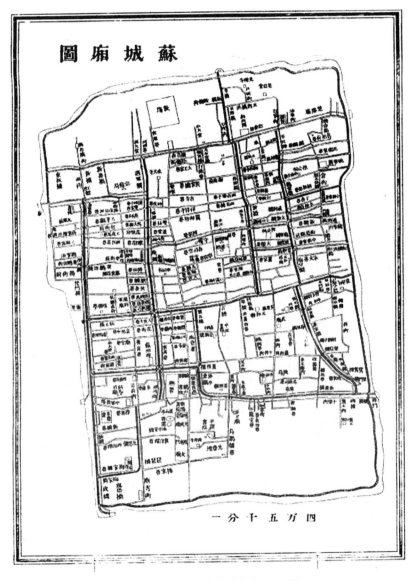

图 10-1　1894年《中外方舆全图》版

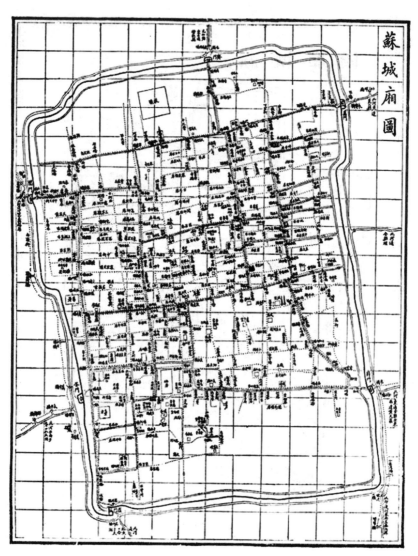

图 10-2　1888—1903 年间的《苏城厢图》

图 10　苏州图的比对

日本所绘近代中国城市地图通考

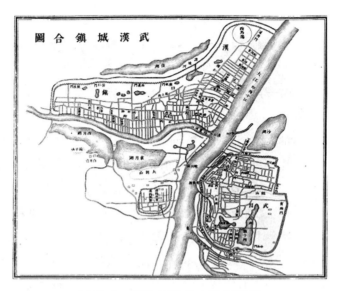

图 11-1　1894 年《中外方舆全图》版

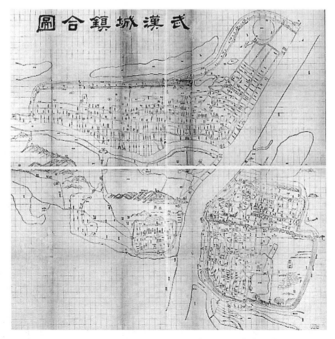

图 11-2　1884—1893 年间《武汉城镇合图》

图 11　武汉图的比对

总而言之,直到甲午战争前后,日本民间人士或书社制作的中国城市地图,主要局限于京、沪等中心大都市与部分沿海港市,数量并不算多,并且可以确认此类地图在创作过程中并未开展独立测量,而是甄选同时代英、法等国的最新测绘成果或是当时中国各地流行城市地图的基础上制作而成的汇编型地图。如以北京为例,在1875年由陆军参谋局制作的《清国北京全图》问世之后,日本民间先后制作的数种近代实测型大比例尺北京地图,目前留存的如内阁文库所藏《清国北京城全图》(1885年朝野新闻社版),还有笔者曾见东京东城书店展示的1894年东京博文堂版《支那北京市街图》(图12,图下刻度尺系笔者所加,以示比较)等北京图,内容、图式均与1875年《清国北京全图》接近,应该都是以1875年图为底本制作的,虽然精度与地物表现大致达到了同期城市图制作的较高水准,但其创作并非基于独立实施的近代测绘。并且,同时期在日本还流行着一些源自前近代日本所作、内容

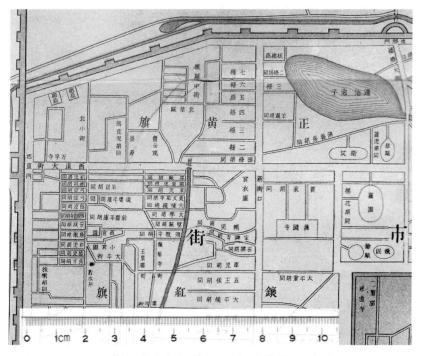

图12 《支那北京市街图》(1894年刊)的原图细部表现

表现滞后较多的绘画式北京地图,如1894年刊《清国北京顺天府皇城大内之图》①。总之,甲午战争前后在日本,精度颇高的数种北京地图与传统北京绘图参差并存的局面,应该是这一时期日本之中国地图创作与利用的实际状况。

不过,值得留意的是,明治以降日本地图业在制作工艺上的诸多进步,尤其是在近代印刷技术上,笔锋清晰的高超雕刻铜版与丝丝入扣的彩色石印套色等工艺,也在推动近代中国制图业的品质提升方面扮演了不可忽视的重要角色。例如,岸田吟香在沪开设的乐善堂于光绪七年(1881)始创印刷厂,主要经营铜版印刷及图书业,期间他以当时比较先进的腐蚀铜版技术印制了多种地图。日本文豪冈千仞曾在《观光纪游》中描写当时他于1884年所亲睹乐善堂在沪印刷工房与印制书籍、地图之状:

> 九月一日,与吟香……抵郭外一舍,群工粧制铜版诸书。书多《四书》《五经》注解,曰铜版缩小,举生私携入试场。中土未有铜版,此间所贩铜版,皆出于大阪书肆。出示铜版《地球图》,木村信卿所撰,极为鲜明。信卿刻苦此图,地名一用汉字译,每埠记航路距离,此别出手眼者。②

以乐善堂为代表的铜版精印地图,印面明晰,纸墨精良,刻画纤细入微,特别是在表达繁复细致的线状地物以及密集文字标注之时,其线条之精细"细若牛毛,明于犀角"③,几乎达到当时印刷工艺之极限。例如上文提及的1894年版《支那北京市街图》,按图上说明,该图由东京本所的山中荣三雕版,东京银座的三间石版印刷所印制,系一铜版雕版并以石印套色印制的地图,图上注记文字的字径不足2毫米,细线宽度甚至不到0.1毫米(图12),其刻线之细腻、套色之精准,均表现出制图者极高的印制水准。此项工艺对于地物与注记较为复杂的城

---

① 钟翀《旧城胜景——日绘近代中国都市鸟瞰地图》,上海书画出版社,2011年,第14—15页。
② [日]冈千仞《観光紀遊》卷四,载《沪上日记》,东京:大仓孙兵卫,1886年。
③ 〔清〕黄式权《淞南梦影录》,上海古籍出版社,1989年,第148页。

市实测平面图而言有效且实用,因此在石印技术刚刚起步、木刻尚为盛行的我国近代地图业界,也确产生令人耳目一新的效果。

三、清末民初的日绘中国城市地图

如前所述,直到甲午战争前后,日本的中国地图绘制无论规模还是范围都较为局限,至今日本公私机构传存的1880—1890年代中国城市地图,也以我国各地流行的本国所制图为主,日绘地图仅涉及少数城市,反映这一时期日人大量使用中国人绘制的地图,其本国地图业在东亚尚未发生实质性扩张。不过,在甲午之后的短短十年间,日本先后参与攻打京津并策动了日俄战争,其近代测绘及地图业也在清末至民国初这一时期经由军事、商业与学术(主要是日本教官的传授、赴日留学生的专业学习与译介)等多种途径,加速向中国渗透。

1896年,清廷与日签订《中日通商行船条约》,在天津、重庆、苏州、杭州设立日租界,此后十余年间,日商、日侨的大量涌入,亦使日绘城市地图迅速出现在北京、上海、汉口、大连、青岛等各大都会与口岸都市。不过,由于战后日本相关资料和档案的缺失,因此缺乏有关此类地图的系统整理,为把握这一时期日本绘制中国城市地图的情况,笔者从历年在中日各大藏图机构访查所得资料之中梳理出我国部分城市最早出现的日绘单幅大比例尺地图(表1)。

表1 部分城市之最早日绘近代实测地图一览

城市名	图名	刊行年月	备注
上海	清国上海全图	1873.1	日本内阁文库等藏
北京	清国北京全图	1875.4	日本陆军参谋局绘制,日本内阁文库等藏
宁波	宁波府城图	1883	美国国会图书馆藏
开封	河南开封府城市街之图	1883	小田新太郎制,美国国会图书馆藏
台北	台北府之图	1888	小泽德平制,美国国会图书馆藏
台南	台南府迅速测图	1895	"中央研究院"近代史郭廷以图书馆藏
金州	金州城之图	1895.1	上岛善重测绘

续表

城市名	图　　名	刊行年月	备　　注
宜兰	宜兰邮便电信局市内略图	1899.1	编者不详,出处详见本文注释
高雄	打狗市区改正计划图	1899.7	台湾"国史馆"台湾文献馆藏
厦门	厦门及鼓浪屿明细图	1901.9	比例尺 1/50 000,山吉盛义制
天津	清国天津新地图	1902.5	编辑兼发行者为石塚猪男藏
汕头	清国汕头市街之图	1903.12	《清国广东省汕头并潮州港情况》所收
大连	青泥洼市街全图	1904.11	后备步兵第八连队赤井德二制版
营口	营口市街图	1905.11	日军辽东兵站监部编纂
铁岭	铁岭	1905	比例尺 1/10 000,第一军参谋部制
沈阳	满洲奉天城略图	约1905	日军奉天军政署
丹东	安东县新市街附近地形图	1906.6	日军安东县军政署
长春	市区改正长春市街全图	1908.4	财藤胜藏制作,中国国家图书馆藏
汉口	汉口全图	1909	汉口日报社编纂
南京	南京全图	1910.6	上海日本堂书店印制
青岛	青岛新市街图	1914.12	青岛高桥写真馆发行
济南	济南府	1915.9	载冈敬一编纂《济南》

表1虽非此类地图的完全整理,其中部分资料也有修正余地,但立足于一个基于较大数据量的现存资料调查,可以说在统计学意义上反映了近代以来日本制图业步入中国的面相,仔细分析表1可观察到以下特点。

首先,从最早的日绘中国城市地图及其制作年代来看,此类地图的出现具有显著的地域性与明确的创作径路,从区域上看其创作主要集中在华北、长江流域、南满、台闽这四个区域,这当然与时局的变化密切相关,台湾与东北南部自不待言,华北地区以天津、青岛为跳板深入腹地,长江流域则自上海、南京沿江上溯这两条路线也是十分明显的。

不过,对于日制近代地图,国内普遍存在着种种臆测,有时还被蒙上一层神秘化甚至神化色彩,这已成为相关研究中的突出问题。如近年来广为流传的"清末民初,日本曾派遣大批人员到中国进行地理测绘,……至抗战爆发,我们才惊奇地发现,日军使用的地图竟然比我们自己的地图精确何止数倍"等种种传闻,其实远非实情,本文限于篇幅暂不详论①。仅就近代的大比例尺城市地图而言,表1之中,仅台湾与东北的台北、台南、高雄、宜兰、金州、大连、铁岭、厦门等图可以确认是日人测制②,而其他的多数城市,除了本文前述京沪等城市之外,例如表1中1902年石塚猪男藏编制的《清国天津新地图》(图13-1),虽然是日本最早公开刊印的大比例尺天津城市地图,但此前笔者已判定此图直接利用了英国工程师德雷克(Drake,N. F.)测绘的 *Map of Tientsin*(1900年刊,图13-2)制作而成,后者今藏于美国普林斯顿大学图书馆,系在天津最先采用近代实测技术绘制的大比例尺城市平面图③。

又如,上海日本堂书店1910年出版的《南京全图》,此图既为外埠所制,以当时日人在宁情状,不具备在当地实测的可能。而从具体的地物表现(如玄武湖中四个洲岛、城中的等高线等)分析,也与南洋陆地测量司1905年所测二万分之一的《南京北部》《南京南部》两图最为接近④,推测是利用了这种实测图,并加绘地物更新的内容(如1908年开辟的草场门、长洲通往玄武门的湖堤等)而成的。

---

① 此传言网上流传甚多,如西陆网《对中国最了解的居然是日本人! 从清朝开始进行测绘》等,详 http://pic.xilu.com/20160622/1000030000011407_16.html。关于日军侵华的地形图制作,最近在上海交通大学历史系与台湾"中央研究院"研究等地,相关整理工作已经起步,例如前者在对图例、地图版本的分析中,发现绝大多数地图实际都盗印自民国初国民政府内政部及国防部的测绘地图。详胡若清《上海交大发布历史地图信息系统,首批收录民国地图四千余幅》,载澎湃新闻 2016-10-27,http://www.thepaper.cn/newsDetail_forward_1550323。

② 此类日本在华独立施测的城市地图以台湾最为普遍。日据时期,殖民政府自1898年起历时六年多测绘完成覆盖全台的大比例尺地图——《台湾堡图》,并以此为契机测制全岛各城市的实测地图。例如表1中的《宜兰邮便电信局市内略图》(载陈志梧《空间之历史社会变迁——以宜兰为个案》,台湾大学土木研究所博士学位论文,1988年)出现在《台湾堡图》测绘期间也并非出于偶然。至于表1中的厦门图,其比例尺1/50 000,还不能说是大比例尺城市地图。

③ 钟翀《〈天津城厢形势全图〉与近代早期的天津地图》,《历史地理》第27辑,上海人民出版社,2013年。

④ 朱炳贵《南京古代地图的整理研究与图集编制》,《现代测绘(江苏省测绘地理信息学会2014年学术年会论文集)》,2014年增刊,第102页。

日本所绘近代中国城市地图通考

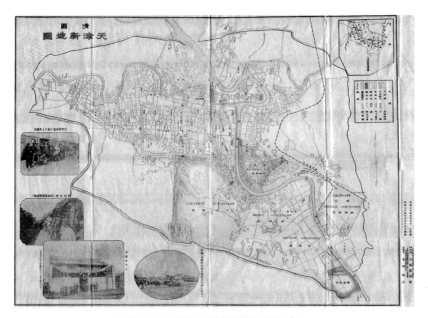

图 13-1　清国天津新地图（1902 年）

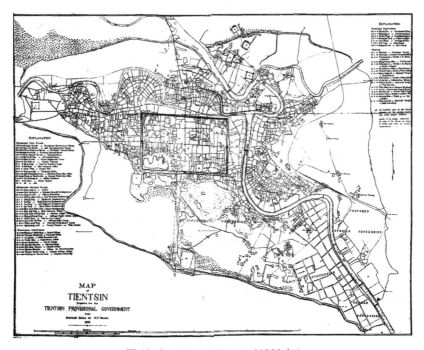

图 13-2　*Map of Tientsin*（1900 年）

再以同时期日绘上海地图为例，日俄战争前后，日人大量来沪营商，投资办厂，其人数已达近万之多。日侨的聚居为商旅用途的上海地图制作开辟了市场；因此，在1905年岸田吟香离世后数年间，受到沪上日本人地图市场与日本国内制图业溢出效应的双重推动，先后出现了多种日系书社创作的上海地图。不过，追溯此类日绘地图的创作母本可以发现，其制图方式仍然是利用当时最新城市测绘成果而制作的编绘地图。例如，新智社于1905年编辑的《新撰实测上海舆地图》，此图图式特点与稍早流行的北华捷报社所制1904年修订版英文上海地图 A map of the foreign settlements at Shanghai（法国国家图书馆藏）十分接近，故推断应是以北华捷报社所刊图为母本编绘而成；又如日本堂书店1908年初版的《最新上海电车路线图》，显然也是利用了此前一年由北华捷报社刊印的 A map of foreign settlements at Shanghai，因此可以说，这些日制地图并不以独立测绘擅胜，而是以快速吸收西方测制新成果与及时更新地图内容为优势的[①]。

综上所述，直到近代末期的清末民初，日本的中国城市地图制作，主要仍以依据西方列强或国人所测地图为底图的编绘图为主，仅在台湾与东北南部等地有条件开展测绘作业，其制图方式推测是由编绘图逐渐向着直接施测的实测图转变。毕竟，近代测量规范性和准确性的严格要求，使得开展测绘之时不仅需要具备人员、技术与仪器等条件，施测空间内的自由移动、地方政府的支援乃至后勤保障也必不可缺。因此，所谓"派出千余人潜入中国各地进行偷测盗测，且日制地图要比中国军用地图还要精准"的传闻难以简单成立。不过，在这一时期，以大阪的十字社、上海的日本堂与至诚堂、济南的文海堂、大连的满洲日日新闻社、青岛博文堂等为代表的日系书社或制图社开始异常活跃地介入到了当地的商用城市地图的绘制与发行业务之中，以至此后不久直到抗战结束的相当长时间内，在奉天、大连、青岛等许多城市，日本制图业大大超越国人的城市图测制，甚至出现了垄断城市地图的制作和销售的局面。

---

① 前揭钟翀《近代日本所绘上海城市地图通考》。

结　语

本文考察表明,近代以来由日本实施的中国城市地图制作,通过与同时代本国及英、法等国所作地图的比对,尤其是对此类地图创作底本的追溯,可以确认其大多并未实施独立测量,而是在吸收利用同时代近代测绘成果的基础上,通过一些补充调查并加以综合改进(如突出对日系机构与商社的标示等)而制作的编绘型地图。此一判断关系到日绘近代中国地图的客观评价与准确利用,因此应在今后的研究之际对此类资料采取慎重甄别的态度。

基于三角测量技术的近代测绘,固然是近代地图的显著特征,不过近代的地图文化,还应包括制图规范的确立、近代地图印刷技术的发展、地图的利用意识与利用推广等诸多丰富内涵。因此,从我国近代地图文化的发展历史来看,更应留意的是近代日本地图意识的发达、日本制图业对吸收新成果的重视、调查更新的即时等方面。例如在有些中国城市,这一时期日本的城市实测图创作甚至还领跑于本地制图业者,此种情况真切反映了其地图意识的先行态势;此外,近代日中之间绘制工艺的技术传递、以商务印书馆为代表的中日制图业的资本流动,也使得日绘城市地图在近代中国制图业的品质提升与地图文化的普及上都扮演了不可忽视的重要角色。目前这些方面的探讨很不充分,有待于今后的研究中予以一一解明。

(2017年2月15日初稿,同年3月14日修订,本文原刊《都市文化研究》2017年第2辑,本次发表又做了增补与修改)

本文为2019年度国家社会科学基金项目"日军测制中国城镇聚落地图整理与研究"(19BZS152)、2015年度国家社会科学研究基金重大项目"外国所绘近代中国城市地图集成与研究"(15ZDB039)的阶段性研究成果。

A thorough Survey of the Chinese Modern City Maps Delineated by Japanese

ZHONG Chong

(Research Center for Historical Geography, Shanghai Normal University, Shanghai 200234)

Abstract: Japan became the country that kept closest communications with China on cartographical industry due to geographical infections and historical factors. It is because that Chinese modern city maps delineated by Japanese had large amount and circulated widely, far more than that made by other countries, conjectures, even mysterious mask were made on this kind of maps. This misunderstanding would affect the exact utilization of those maps. Based on systematical city maps delineated by Japanese, especially some case studies, such as the city maps of Beijing, Nanjing and Shanghai, the author believe that most of Chinese modern city maps delineated by Japanese have their own original version, which is an important material criticism in research for the full use of the maps. Meanwhile, apart from independent measurement which is just one part of the culture of modern maps, more importantly, the influence of Japanese modern cartographical industry on Chinese lies on the spread of cartographical technics, the capital exchange of cartographical publishing industry, the promotion and popularization of modern culture of maps, etc. Those topics concerned the comprehensive understanding and objective evaluation of Chinese city maps delineated by Japanese.

Keywords: the Chinese Modern City Maps Delineated by Japanese; history of cartography; modern history; urban historical geography

美国国会图书馆藏明刻本《江汉堤防图考》的来历及史料价值初探

陈　涛（导师：钱杭教授）

摘　要：美国国会图书馆所藏明刻本《江汉堤防图考》，为海内外孤本。是书成于明隆庆二年(1568)，图考并重，内容丰富，详述明隆庆年间长江中游地区水利堤防形势及治理过程。该书在清代、民国初年几经辗转，于1923年前后入藏美国国会图书馆。冀朝鼎《中国历史上的基本经济区与水利事业的发展》一书曾引用其内容，并作了简要介绍，由此引发了国内学界对此书的种种推测。此书是了解明中期长江中游段河道变迁、堤防工程、治江策略和堤防管理的重要文献资料，是目前所知现存最早的一部反映明中叶及以前长江中游地区水利堤防形势的水利专著和图集，对于长江水利史及中国古代地图学史的研究具有重要价值。

关键词：《江汉堤防图考》；水利史；地图学史；价值

引　言

美国国会图书馆藏《江汉堤防图考》（以下简称《图考》），系明隆庆年间由时任湖广按察司副使施笃臣和荆州知府赵贤二人合作编辑完成的一部反映明代湖广地区堤防水利的著作。此书刊印后流传不广，至民国时期入藏美国国会图书馆，其后虽有旅美中国学者发现并利用此书，但一直未被学界熟知。近三十年来，有关此书的价值不时地被水利史、历史地理学和地图学史研究者所谈及，并引发了对此书的种种推测①。

近年来，随着图书馆数字化技术的广泛利用，古籍文献资料在保存和公众开放上更加便利的同时，也为学者开展深入研究创造了条件。2012年前后，世界数字图书馆的合作方美国国会图书馆在互联网上发布了《图考》一书的电子版②，使得这一珍贵文献能被公众广泛利

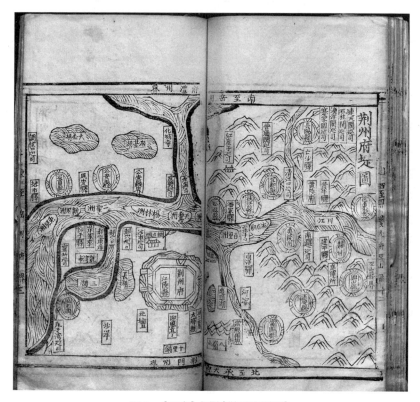

图 1 《图考》书影《荆州府堤图》

---

① 《图考》自1923年被美国国会图书馆收藏后，20世纪30年代留学美国的中国学者冀朝鼎在研究中曾参阅此书，并引用了其中的两幅图像；1939年，版本目录学家王重民受邀赴美整理馆藏中国古籍善本编目时曾发现此书，并作了简单提要，之后学界对此书内容和价值的推测基本都源于此，详见后文。

② 见世界数字图书馆网站，网址：https://www.wdl.org/zh/。世界数字图书馆网站（The World Digital Library）于2009年4月21日在联合国教科文组织（UNESCO）总部所在地巴黎正式启用，在互联网上以多语种形式向全球读者免费提供源于世界各地文化的重要原始材料，包括珍贵的图书、地图、手抄本、影片与照片等，美国国会图书馆是重要发起者及典藏单位之一。

用。《图考》在网络公布以来,目前仅有学者从地图艺术史角度对《图考》中水纹的绘制技法作过简单描述[1],就《图考》一书的来历及其学术价值还缺乏深入的探索和研究。笔者将在前人考察的基础上,进一步考证此书的编纂背景、流传和再发现过程,并对其在长江水利史与中国地图学史中的价值试作讨论,希望能引起学界对这部珍稀文献的关注和重视。

一、《图考》的作者及编纂背景

《图考》成书于明隆庆二年(1568),卷上署名青阳施笃臣辑,汝南赵贤校。

施笃臣(1530—1574),字敦甫,号恒斋,安徽青阳人。嘉靖三十五年(1556)进士,初授工部主事,迁升员外郎。四十五年(1566)晋升湖广按察司副使,兼理治江汉地区水利,任间治理水患,加筑堤防,亲赈灾民。嗣后迁江西参政观察使、右布政使,山东布政使,官至顺天府尹,卒于官。生平建白、奏记,万言立就,而根本经术,练达时宜,朝士咸服其才敏[2]。

赵贤,万斯同《明史·赵贤传》载:

> 赵贤,字良弼,汝阳人。甫冠举,嘉靖三十五年进士,除户部主事,出监临清仓,治辽东饷,皆励清操。历荆州知府,大水民饥,贤遍行村落,计口给赈,已而筑堤捍水,疏渠溉田,既免于患,反获水利,民深德之。……隆庆二年,进湖广参政,仍守荆州。六年,累迁右佥都御史,巡抚湖广,画便宜十事上之,已复奏行救荒四事。时张居正综核吏治,诸司无敢废惰,贤于巡抚中最号称职。[3]

---

[1] 郭亮《疆域的轮廓:佛兰芒地图学派与晚明舆图交流初考》,《文艺研究》2013年第10期,第128页。

[2] 乾隆《江南通志》卷一四八《宦绩》。

[3] 〔清〕万斯同《明史》卷三一二《赵贤传》,《续修四库全书》卷三二九《史部·别史类》,上海古籍出版社,2002年,第427页。

"江水之患,全在荆州一郡。"①长江自三峡出,进入江汉平原,江水流速减缓,河床容易淤积,江道改徙无常。自宋代开始,两湖地区耕牧渐繁,垸田成为当地农耕的主要经济形态,荆江河段堤防修筑也开始兴起。明中期以降,两湖地区水患加剧,长江干流两岸堤防"岁久垂坏",形势危急。荆江大堤一旦决口,则江汉平原江陵、潜江、监利、沔阳、荆门等州县将一片汪洋。如《图考》卷首施笃臣自序所言:"自嘉靖庚申岁(1560)以前,水灾未甚,而古堤尚固,其地势犹可图勘,惟迩来岁遭巨浸,波涛千里。"②嘉靖四十四年(1565),赵贤起任荆州知府,正值荆州一带水患严峻。康熙《荆州府志》载:

> 隆庆丁卯年(1567),郡大水,居民溺死者无算,处阜者缘树升屋,等于巢居。(赵)贤督每师各以舟济之,复人受以廛,而发粟数百石以活其命,计不下数万人。冬,增筑堤防,民赖其利。……明年,江水溢,会大霖,雨水加迅,势若吞堤者,黄滩将溃,贤于其处止车,愿以身为万民请命。顷之,水稍缓,堤立,民以为神,语载江防书中。贤睹水害,益重民瘼,欲开古穴口以杀江流,疏凡再上,下其议于台省,诸臬司各报可而不果行,民咸惜之。故至今称循良者必首徐赵云。③

荆江段的水利堤防历来受朝廷的高度重视,赵贤赴任荆州后即采取一系列措施开展抗洪救灾,修筑堤防。之后不久,朝廷又将曾在工部都水清吏司任职的施笃臣调为湖广按察司副使,兼理荆州一带的水利④。在《图考》自序中,施笃臣提到自己"滥列监司,亦得以殚心协力奔走其间,凡三阅岁矣。……笃臣乃属之各郡县有司将江、汉、洞庭三水分合之原,及堤防穴口兴废之故,与修筑护守堤垸之事宜俱图而志之,类成一帙,总目之曰:江汉堤防图考,盖以便后之观风者采焉"⑤。

---

① 《江汉堤防图考》卷首《江汉堤防图考记略》。
② 《江汉堤防图考》卷上《荆州府堤考》。
③ 康熙《荆州府志》卷二四《名宦》。
④ 光绪《青阳县志》卷五《制诰》。
⑤ 《江汉堤防图考》卷首《江汉堤防图考记略》。

在卷下的《堤防修筑总考》中,亦言"笃臣会集荆州守赵贤、岳州守李时渐、承天守何子寿、襄阳守陈洙,备考古人营度之法,而参以土俗布置之宜,逐一条议"①。在明代,长江中游地区水患和堤防工程非限于荆州一府,而涉及周边岳州、常德、承天等府,不同政区各自修堤,未能全盘考虑,利益之争频发,各府州县甚至以邻为壑,祸水外引。施笃臣从省级层面协调整个长江中游地区的水利事务,统筹兼顾,组织各县协修堤防,完善岁修制度。

此外,用绘制地图来说明河工水利工程,在明清两代基本上成为水利著述的规矩,河臣往视治河工地还奏,也必须"因绘图以进"或"具图以闻"②。因此,施笃臣会同各府县官员,将各地的堤防修筑防守方略汇总,编成《图考》,上呈朝廷。隆庆三年(1569),时在内阁任职的张居正收到呈送的《图考》后,在回复施笃臣的信中说道:

> 辱示江汉地图,公轸念民患,加惠荆人,甚厚甚厚。堤工告成,地方百世之利也。仆为邑子,谊常纪述,重以汝泉公之命,岂敢以不文辞。时下薄冗,稍俟从容,即勉成请教。③

信中提到的"江汉地图"应该就是上年编成的《图考》一书,汝泉公即赵贤。施笃臣也因治江颇有成效,于隆庆三年升任江西布政司右参政。

二、《图考》的流传

(一) 明代传抄与湮没

《图考》成书于隆庆二年(1568),之后不久其内容就被万历《湖广总志·水利志二》传抄,但后者并未注明来源,而明中后期及清代各类著述中也未提到《图考》的相关信息,所以长期不为人熟知,以至于后世治两

---

① 《江汉堤防图考》卷下《修筑堤防总考》。
② 李孝聪《中国传统河工水利舆图初探》,《邓广铭教授百年诞辰纪念论文集:1907—2007》,中华书局,2008年,第794—818页。
③ 〔明〕张居正《答施兵宪》,《张居正集》第2册《书牍》,湖北人民出版社,1994年,第64页。

湖地区及长江水利史学者多参考万历《湖广总志·水利志二》和摘录其书而成的顾炎武《天下郡国利病书·湖广下》，而不知有《图考》。

万历《湖广总志》全书九十八卷，明徐学谟纂修。从万历二年（1574）开始到万历四年（1576）刻成，历时前后仅两年左右，可谓速成。所以在纂修时，基本是承袭旧稿，对重要的资料进行辑录①。其中的《水利志二》几乎是全文征引成书不久且内容丰富的《图考》一书，只是适当作了删削，今日所见万历《湖广总志·水利志二》仅为《图考》内容的一部分。然仔细对比两书内容发现，《图考》中与施笃臣有关堤防修筑功绩方面的信息全部被删去，笔者推测其中缘由大概与这两部书的编修者有关。万斯同《明史·徐学谟传》载：

> 明年（隆庆二年），（徐学谟）进湖广副使。侍郎洪朝选即讯辽王宪𤊟，学谟独明王不反，与同事施笃臣议不合。御史雷稽古以风闻，劾罢之，巡抚汪道昆等言所劾非实，乃得白。②

徐学谟与施笃臣曾为同事，因辽王朱宪𤊟谋反一案两人立场不同出现不合，进而徐学谟被弹劾而罢官，其后虽得清白，但此事对两人关系必有影响。施笃臣去世于万历二年（1574），而此时正值徐学谟开始主持纂修志事，无论是出于总纂官徐学谟的授意，还是《水利志二》实际编修者的"揣测"上意所为，《水利志二》在编纂时，有意删除了施笃臣于隆庆年间在湖广境内治水事迹，并且对于《图考》只字未提。《图考》在后世未能广泛流传和长期湮没，大概与施笃臣生前的这位"政敌"有关。

（二）清代、民国递藏

根据《图考》一书中的藏书印可大致了解此书在美国国会图书馆收藏之前的归属。《图考》全书共三册，分卷首、卷上、卷中、卷下四部分。

第一册卷首，书名下方依次为阳文方印"扫尘斋积书记"、阳文

---

① 徐孝宓、刘昌润主编《湖北省地方志考略》，吉林省地方志编纂委员会、吉林省图书馆学会，1988年，第17—18页。

② 〔清〕万斯同《明史》卷三一二《徐学谟传》，《续修四库全书》卷三二九《史部·别史类》，第430页。

方印"伍氏图书"、竖长方阳文朱印"如入芷兰之室""资生"。卷末依次为阴文方印"礼培私印"、阳文方印"杜诗与言",左侧阴文方印"伍福字诒堂"。

第二册卷上末阳文方印"娱老诒堂残书破画"。

第三册卷中首页有阳文方印"杜诗与言",卷下末依次为阴文方印"家在野城西畔"、阳文方印"伍氏图书"、阳文方印"娱老诒堂残书破画"。

从上述印章钤盖情况来看,此书的收藏主要经过伍福和王礼培之手,且从两人的生活年代及藏书印钤盖的习惯可以看出伍福收藏此书早于王礼培。

首先是伍福的"伍氏图书""娱老诒堂残书破画""伍福字诒堂"三印。伍福(生卒年不详),字诒堂,江南江宁(今南京)人。清代鉴赏家、书画家,精于鉴别,擅长书法绘画,工山水[①]。关于伍福的生平记述很少,不过引起世人关注的是其曾经收藏过传世书法名卷黄庭坚书《砥柱铭卷》,并且在卷末书有题记[②]。通过两者比较发现,《图考》中的"伍氏图书"印和"伍福字诒堂"印与《砥柱铭卷》中同名两印图案相似,应属同一藏家(图2)。另外《图考》中另一方印"娱老诒堂残书破画"和《砥柱铭卷》中的"娱老怡堂乐饥之品"都用了"娱老诒(怡)堂"这一称呼,与伍福的字号"诒堂"有关(图3)。因此可以肯定《图考》曾为伍福收藏。

图2　左图为《图考》卷首"伍氏图书"印和卷上"伍福字诒堂"印,右图为黄庭坚书《砥柱铭卷》中"伍氏图书"印和"伍福字诒堂"印

---

① 赵禄祥《中国美术家大辞典》上卷,北京出版社,2007年,第369页。从黄庭坚《砥柱铭卷》所附伍福题记内容推测其大致生活在清道光前后。

② 〔宋〕黄庭坚《砥柱铭卷》,《顶级书画名家杰作复制精选》第2辑《黄庭坚》,四川美术出版社,2015年。

图3　左图为《图考》卷下末"娱老诒堂残书破画"印,右图为黄庭坚书《砥柱铭卷》中"娱老怡堂乐饥之品"印

其次是王礼培的"礼培私印""扫尘斋积书记"两方藏书印。王礼培(1864—1943),字佩初,号南公,别署潜虚老人,湖南湘乡人,是近代湖南著名的图书收藏家。好收藏古籍善本,其精善之本除宋元本外,尤以明清抄校本及稿本为罕秘,编有《复壁藏书目录》,著录抄本秘册善本达325种,968册。藏书楼曰"扫尘斋",盖有"湘乡王氏秘籍孤本""复壁藏书""扫尘斋积书记""礼培私印""礼培"等朱、白文印章,由于生活漂泊,王氏的藏书楼分别置于上海、长沙、湘乡三地。民国时期,由于战乱和经济压力,其藏书流散各地①。

(三) 入藏国会图书馆

美国国会图书馆收藏中文书籍,可追溯到1869年清朝同治皇帝的赠书,其后陆续增加,至民国时期,其中文收藏品有了较大规模的发展,为此还专门成立中文部(后称亚洲部)。对于《图考》入藏国会图书馆的时间,王重民《美国国会图书馆藏中国善本书录》并未提及。而旅美的中国学者冀朝鼎在1934年之前一段时间就曾在国会图书馆阅读过此书。笔者查阅在此之前的美国国会图书馆的年度报告,终于在《国会图书馆馆员年度报告:1923》(*Report of the Librarian of Congress, 1923*)中找到《图考》的收藏记录。关于《图考》的收藏信息,施永格(Dr. Walter T. Swingle,1871—1952)在报告里提到:

去年我异常欣喜地得到一部明代地理著作——《江汉堤防图

---

① 郑伟章、姜亚沙《湖湘近现代文献家通考》,岳麓书社,2007年,第197—202页。注:《复壁藏书目录》收录书目数量另有341部、986册之说,见湖南图书馆编《湖南古旧地方文献书目》,岳麓书社,2012年,第282页。

考》,三册,施笃臣辑,根据作者自序所言,此书完成于隆庆二年(1568)。这是一部关于长江、汉江、九江的防洪工程研究的著作,其中配有大量的地图用以说明这三条河流的河道及在洪水到来时容易被淹没的沿线村镇。此书在明版书中是上乘之作,字体大而清晰,装订为三卷。①

施永格是美国农业部的一名植物学家,1913年至1937年间,为美国国会图书馆收集购买了一万册左右的中文和日文书籍。显然,施永格对这部地理文献的获得感到异常欣喜,称其为"上乘之作",但他从何人手中购得此书并未细说。施永格在中国收购书籍时,曾得到张元济等版本目录学学者的帮助。1918年秋,施永格曾到商务印书馆拜访张元济,商议代办购书事宜。此后数年,两人交往密切,张元济在日记里多次提到施永格,并一直积极协助他在中国搜集有关书籍②。而差不多与此同时,张元济与藏书家王礼培也有密切交往。1917年10月,迫于经济压力,旅居上海的王礼培造访张元济,携旧书求售,两人成为好友,期间版本目录学交流和图书流转成为重要主题③。由此可以推测《图考》大概就是这一时期通过张元济之手转给施永格,被美国国会图书馆收藏。

三、《图考》的再发现

《图考》入藏美国国会图书馆后不久,就有中国学者注意到此书并

---

① *Report of the Librarian of Congress*,1923,Washington:Government Printing Office,1923,p.173.
② 张元济《张元济日记》,商务印书馆,1981年,第440、441、443、444、491、531、615、666、794页。
③ 易新农、夏和顺《近代藏书家王礼培》,岳麓书社,2015年,第75—80页。在王重民所整理的国会图书馆藏中国善本书中,还包括以下王礼培旧藏:《震泽编》八卷四册一函、《国史经籍志》六卷五册一函、《程端明公洛水集》二十六卷卷首一卷八册。见王重民辑录、袁同礼重校《美国国会图书馆藏中国善本书录》,广西师范大学出版社,2014年,第369、430、881—882页。以上四种均未见于王氏所辑《复壁藏书目录》。王礼培本人对当时欧美学界在中国搜集书籍的现象有所描述,尝作诗云:"频年欧美尚搜书,肯费千金买劫余。障日红尘京厂路,不嫌赁保混沮洳。"湖南船山学社编《船山学报》第四期,湖南船山学社印行,1934年,第36页,见湖南船山学社编《船山学报》4,湖南师范大学出版社,2009年,第2390页。

展开研究。20世纪30年代留学美国哥伦比亚大学的中国经济学家冀朝鼎,在撰写其博士论文 Key Economic Areas in Chinese History: As Revealed In The Development of Public Works For Water-control(中文译名《中国历史上的基本经济区与水利事业的发展》,以下简称《基本经济区》)时,就曾参考《图考》内容,并在文中引用《图考》中的两幅堤图,分别是卷中的《华容县堤图》和卷上《松滋县堤图》局部。20世纪80年代以后学界关于《图考》的认识和推测,多源于《基本经济区》一书的引用和介绍。

1936年,冀朝鼎的著作在英国由乔治·艾伦和昂温有限公司(George Allen Unwin LTD)首次出版,在序言中,作者提到其书除了某些无关紧要的改动之外,按照实际情况来说,写成于1934年4月,然后写道:"作者愿向华盛顿国会图书馆全体工作人员,特别是东方部主任Dr Arthur W. Hummel(中文译作恒慕义)以及他的几位助手表示诚挚的谢意,他们使作者得以利用馆内丰富的藏书,实际上还为作者提供了查阅资料方面的条件。"①由此可以得知冀朝鼎与当时任美国国会图书馆东方部主任的恒慕义熟识,在1934年之前的一段时间,就在美国国会图书馆看到《图考》一书。在书末的参考文献部分,作者对《图考》作了简单介绍,写道:

> SHIH TU-CHEN, *Kiang Han Ti-Fang T'u K'ao*. (Atlas and Notes on Dikes on the Yangtze and Han Rivers.) 3chüan. Published in 1568. The book contains a very interesting long introduction on the question of flood-control in the Yangtze valley. About two pages of notes are attached to each map in the series.②

---

① Ch'ao-ting Chi, PH.D, *Key Economic Areas in Chinese History: As Revealed In The Development of Public Works For Water-control*, New York: Paragon Book Reprint Corp, 1963, 2nd edition, foreword. 恒慕义,1928年至1949年间任亚洲部(后改称东方部)主任,是亚洲部的创始人,他与施永格两人先后多次前往中国搜集购买书籍。

② Ch'ao-ting Chi, PH.D, *Key Economic Areas in Chinese History: As Revealed In The Development of Public Works For Water-control*, New York: Paragon Book Reprint Corp, 1963, 2nd edition, p.154.

冀氏的这本名著以英文版出版以后,首先受到欧美学界的关注,在30年代的中后期开始受到国内学者的注意,引发了热烈的讨论①。1939年,日本学者佐渡爱三将其译为日文在东京出版,名为《支那基本経済と灌漑》,其中正文部分将《图考》书名译为"揚子江及び漢水の堤防の附圖及び註釋",书后参考文献中译为"江汉治防通考"②。此后国内有多名学者对此书进行翻译,1977年,武汉水利电力学院科技情报资料室主编的《水利电力科技资料》专刊登载了由水利学者朱诗鳌翻译的冀著初稿,朱氏将参考文献部分的《图考》内容翻译为:

>史度震:《江汉堤防图考》,3卷,1568年刊行。本书包括了一篇很有趣的关于长江流域防洪问题的长篇引言。本套书中每一幅地图都附有大约两页的注释。③

值得注意的是,这本名著最初被引进翻译过程中,译者对于《图考》这部文献的著者和书名似乎并不熟悉,这显然与《图考》长期被湮没有关,不必对译者苛责。在这部中译本初稿中,《图考》的作者被音译为"史度震",而书名却有两种,参考文献部分书名被译为"江汉堤防图考",而在正文中的书名被译为"长江与汉水堤防图集"④。此后,朱氏又将译稿重新修订,于1981年由中国社会科学出版社出版发行。在1981年第一版的译文中,《图考》的书名被统一为"江汉堤防图考","史度震"在页下注明为音译⑤。

---

① 杨辉建《"基本经济区"分析理路的学术史回顾》,《中国社会经济史研究》2013年第4期,第93—102页。

② 冀朝鼎著、[日]佐渡爱三译《支那基本経済と灌漑》,东京:白扬社,1939年,第159、167、195页。译著中第167页《图考》译名略有差异,为"揚子江及び漢水の堤防圖及び註釋"。

③ 冀朝鼎著、朱诗鳌译《中国历史上的基本经济区与水利事业的发展》,见武汉水利电力学院情报资料室编《水利电力科技资料》1977年第6期。

④ 按:"史度震"以及"长江与汉水堤防图集"的译法此后被广泛转引,如关庆滔《江汉平原江湖历史变迁与水利事业的发展》,《湖北水利志通讯》1983年第5—6期,第30—36页;《中国测绘史》编辑委员会编《中国测绘史》第2卷,测绘出版社,1995年,第512页;黄懋胥编著《中国工程测量史话》,广东省地图出版社,1996年,第95页;喻沧、廖克编著《中国地图学史》,测绘出版社,2010年,第229页。

⑤ 冀朝鼎著、朱诗鳌译《中国历史上的基本经济区与水利事业的发展》,中国社会科学出版社,1981年,第125页。

随着《基本经济区》一书在国内的译介和广泛播传,有关《图考》内容及史料价值引起了有关学者的关注。1996年,在黄懋胥编著的《中国工程测量史话》中,曾提到《江汉堤防图》,并作了说明:"明隆庆二年(1568年)史度震将施测的堤心图刊印《长江与汉水堤防图集》(简称《江汉堤防图》)。江汉堤防联成一起之后,经过沿江两岸详细的测量,以绳尺量取各点的距离和罗盘定向,施测其堤防的高下,使成为一条荆江大堤,并编制成图。"①这里关于《图考》内容及编纂背景的介绍,显然是受朱诗鳌所译《基本经济区》早期版本的影响,但文中对《图考》中堤防图的测绘方法的介绍,笔者目前尚未考察出其来由。

尹玲玲在对两湖平原地区水利著述的研究过程中发现,对于学界所熟知的顾炎武《天下郡国利病书》第二十五册"湖广下"一文,实则是对万历《湖广总志·水利志》卷二的原文抄录。而万历《湖广总志》的纂修者徐学谟并非水利专家,因此推测万历《湖广总志》中的两卷《水利志》必另有精通堤防水利者参与纂修,或参考此前已经成书的水利专著而成。根据此前冀著对《图考》的简介,尹氏觉察到《图考》可能是万历《湖广总志·水利志》的重要资料来源之一②。

另一方面,《图考》也通过版本目录学的介绍逐渐被国内学界所知。1939年,版本目录学家王重民受美国国会图书馆东方部(今亚洲部)之邀赴美,从事馆藏中国古籍善本的编目整理时也发现此书,并作了提要:

> 《江汉堤防图考》三卷,三册(国会),明隆庆间刻本,八行十八字(20×13.5)。
>
> 原题"青阳施笃臣辑,汝南赵贤校"。笃臣字敦甫,青阳人。嘉靖三十五年进士,官至顺天府尹。是书专记湖广境内堤堰。按江、汉、洞庭,汇集湖广,因有水乡之称。嘉靖间,三院严饬修筑堤防,命笃臣监司其事,凡所修筑,一一为图,而系之以说。卷下《四

---

① 前揭黄懋胥《中国工程测量史话》,第95页。
② 尹玲玲《明代湖广地区重要水利史料——万历〈湖广总志·水利志〉简介》,《历史地理》第16辑,上海人民出版社,2000年,第332—334页。

考》《一论》，则其经验良言也。卷内有"扫尘斋积书记""礼培私印"等印记。自序，隆庆二年（一五六八）。①

王重民从美国带回的《美国国会图书馆藏中国善本书录》手稿因种种原因并未及时在国内出版，留存在美国的手稿经袁同礼整理后于1957年在美国华盛顿出版，1972年台北文海出版社又据以影印出版，但这两版书录在当时的大陆甚少见到。直到1983年，由上海古籍出版社出版的《中国善本书提要》，才将王重民所编《美国国会图书馆藏中国善本书录》内容纳入，《图考》一书的信息被列入《中国善本书提要》史部地理类水志部分。其后，水利水电科学研究院编写的《中国水利史稿》（下册）所附"常见水利文献一览表"中收录了《图考》一书信息，并且注明了其收藏在美国国会图书馆②。而《基本经济区》一书中文版在1998年再次重印时，参考文献部分《图考》的作者被修正为"施笃臣"③。

纵观近三十年来国内学界对《图考》的再发现和认识，因条件所限而未能见到其真面目不得不说是一个遗憾，而不同学科间，如文献学、水利史、历史地理学、地图学史等学科间交流不畅也是造成《图考》不被熟知且出现异名的又一因素。由此也可以看出在学术的探索过程中，《图考》一书所体现的多学科研究价值一直未被忽视。

四、《图考》的内容

卷首部分有《江汉堤防图考记略》一文，概括长江中游地区长江、汉江、九江三水山川河流大势，区域水利形势，明以前堤防修筑概况，

---

① 王重民《中国善本书提要》，上海古籍出版社，1983年，第211页。另见王重民辑录、袁同礼重校《美国国会图书馆藏中国善本书录》，广西师范大学出版社，2014年，第358页。据《美国国会图书馆藏中国善本书录》书前出版说明介绍，王重民的编目工作在1942年年底结束，形成《国会图书馆藏中国古籍善本书录》初稿，之后经袁同礼重校、抄写订定并题签书名后，于1957年在美国华盛顿首次印行。2014年版《书录》据1957年版《书录》影印，此两版《书录》在出版时删除了原书版框尺寸等内容，而1983年出版的王重民所著《中国善本书提要》中提要内容保留了原书版框尺寸等内容。
② 水利水电科学研究院编《中国水利史稿》下册，水利电力出版社，1989年，第503页。
③ 冀朝鼎著、朱诗鳌译《中国历史上的基本经济区与水利事业的发展》，第125页。

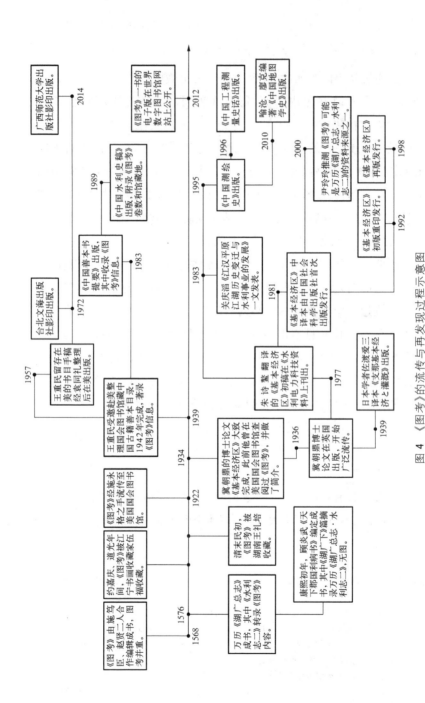

图4 《图考》的流传与再发现过程示意图

明中叶以前水利形势恶化和堤防修筑,以及《图考》编制的背景,之后凡例部分介绍了全书内容编排顺序。

卷上、卷中部分为目录、地图和考文部分。据初步统计,《图考》收录地图共计三十幅(切分为五十四幅),其中总会图一幅(分为三幅),三江堤图三幅(各切分为三幅)、府堤图六幅(一或切分为二幅)、县堤图二十幅(共切分为三十四分幅)。全书所附地图全部从右向左视读,大致方位为上南下北、左东右西,为无控制网格及准确比例尺的示意性地图,各图的绘制范围有所差异。从湖广江、汉、九江三水总会之图到各县堤图,其尺度不断扩大。按图幅及所涵范围,大致可分为省域尺度、流域尺度、府域尺度、县域尺度四个层级。

表1 《江汉堤防图考》所附地图及层级

层级	省域	流域	府域	县域
图名	湖广江汉九江三水总会之图(3)	川江总会堤图(3)	荆州府堤图(1)	枝江县堤图(1) 松滋县堤图(2) 江陵县堤图(2) 公安县堤图(2) 石首县堤图(2) 监利堤图(2)
		汉江总会堤图(3)	郧阳府堤图(1)	
			襄阳府堤图(1)	襄阳县堤图(3) 宜城县堤图(1)
			承天府堤图(1)	钟祥堤图(3) 京山县堤图(2) 景陵县堤图(2) 荆门州堤图(2) 潜江县堤图(1) 沔阳州堤图(2) 汉川县堤图(1)
			汉阳县堤图(2)	
		九江总会堤图(3)	常德府堤图(2)	武陵县堤图(1) 龙阳县堤图(1)
			岳州府堤图(2)	巴陵县堤图(1) 华容县堤图(1)

省域尺度。湖广行省河渠溪涧诸水尽会流于江、汉、九江三水之内,至武昌三水复合为一,故有三水总会图考①。其图幅范围北至郧阳府上津县,即以汉江始入湖广省为北界;南至郴州府桂阳州、桂阳县等地,包含湘水上游之耒江流域;西起长江沿线之夔州府境,清江上游的施州卫,沅水上游的镇远卫;东达黄州府境的蕲州一带,大致涵盖明

---

① 《江汉堤防图考》卷首《凡例》。

中期整个湖广行省的范围。

流域尺度。三水总会图考不能详载堤防始末,故江、汉、九江三水又各自为图考①。

府域尺度。流域之下,又以各江流堤防要害处所属府域为单位,一一绘图考释。共有府堤图六幅,由于各地堤防形式不同,每幅堤图的尺度范围各有不同,如荆州府堤图图幅范围包含其所属枝江、松滋、江陵、公安、石首、监利等县。但也有例外,如襄阳府堤图仅绘襄阳府城附近水利堤防形势,而襄阳县(襄阳府所属附郭县)堤图范围包含整个县境内汉江的堤防形势,府堤图包含在县堤图之内。

县域尺度。由于各府堤图不能详细载明该府属县堤防情况,故在各府堤图之下,凡县有堤防者,又各自为图,以便查阅。县无堤防而有水患者图之,盖以当江水泄流之地也,故汉阳县亦为一图。各府、县堤图按流域划分,在一省境内从上游到下游依次列出。

综合不同层级地图,其大致描绘明代湖广行省境内与堤防有关河道的源流与走向,并画出了河中沙洲,沿岸的山脉、湖泊等自然地理要素,和各种沿岸堤防设施、垸田、城邑、驿站、河泊所、巡检司、市集、寺庙、名胜等人文地理要素。

在每幅地图之后,都附有一篇考文,如"湖广江汉九江三水总会之图"后附"三江总会堤防考","川江总会堤图"后附"川江堤防考","荆州府堤图"后附"荆州府堤考","枝江县堤图"后附"枝江县堤考"。堤图、考文一一对应,详述所对应区域水利堤防形势、要害和堤防修筑情况。

卷下四考一论,依次为《修筑堤防总考》《护守堤防总考》《开穴口总考》《浚淤河总考》《总论》五篇。

《修筑堤防总考》。施笃臣汇集各地守官,考古人营度之法,而参以土俗布置之宜,逐一条议,总结出堤防修筑"可经久而通行者"经验十条,曰:审水势、察土宜、挽月堤、塞穴隙、坚杵筑、卷土埽、植杨柳、

---

① 《江汉堤防图考》卷首《凡例》。

培草鳞、用石甃、立排桩①。

《护守堤防总考》。堤防建成后的日常维护也被时人重视,甚至将水患比之以西北边防,修筑堤防如同修筑边墙,称"防虏者修筑边墙于春夏,盖以御秋冬之虏马之驰突也。防水者修筑堤塍于秋冬,盖以御春夏洪水之冲激也"。根据各处堤防决口的成因,提出了堤防防范护守之计四条:立堤甲、豁重役、置铺舍、严禁令②。尤其是"堤甲法"的制定,从制度和法律上完善堤防的维护和管理,实属首次。

《开穴口总考》。荆江两岸南宋时有所谓"九穴十三口",在汛期可以分流汉江和洞庭湖,以调蓄荆江段洪水压力。南宋后期到元时期,关于塞穴、开穴已有争论,到了明中期,"十三口湮尽,名亦不可复考",九穴中也"惟虎渡、郝穴二处独存"③。施笃臣等人不免叹息,欲开古穴口以杀江流,恢复旧时的"九穴十三口"。为此,赵贤"疏凡再上,下其议于台省,诸臬司各报可而不果行,民咸惜之"④。

《浚淤河总考》。黄河三水七沙,汉江水沙对等,长江七水三沙,而洞庭九江皆清流。而含沙量大的河流,淤积速度更快,受地势影响,汉江在襄阳、承天府一带淤积严重,河道改徙无常,汉江堤防修筑与维护必须与河流清淤相结合。考文提出了疏浚建议,但仍感叹地方"小民"只顾眼前或自身利益,不愿兴工,提醒官府谨慎对待。

《总论》。湖广行省地方广阔,物产丰饶,在整个国家的经济中占有重要地位。面对严峻的水患形势,在地方官员眼中,湖广地区的水患预防,"莫急于修决堤、浚淤河、开穴口。其首务盖有二焉:一曰明职掌,以便责成。二曰处钱粮,以裕工料"⑤。面对治江过程中遇到的机制不畅、经费不足等问题,文中建议江防事务应效仿黄河、漕河管理

---

① 《江汉堤防图考》卷下《修筑堤防总考》。"十条"内容的整理归纳对后世长江堤防修筑影响很大,此前已有学者对此进行评述,内容引自于稍后的万历《湖广总志·水利志二》,见周魁一、程鹏举《荆江大堤的历史发展和长江防洪初探》,《长江水利史论文集》,河海大学出版社,1990年,第11页。
② 《江汉堤防图考》卷下《护守堤防总考》。
③ 《江汉堤防图考》卷下《开穴口总考》。
④ 康熙《荆州府志》卷二四《名宦·赵贤》。
⑤ 《江汉堤防图考》卷下《总论》。

体制,预备钱粮经费。

五、《图考》的史料价值

传统中国以农业立国,以"治水国家"和"河川之国"闻名于世。宋以后,江汉平原开发加剧,逐渐成为元、明、清时期全国最显著的基本经济区之一。冀朝鼎的《基本经济区》一书在考察各地基本经济区形成过程中,认为水利工程技术的发展程度是经济发展程度的一项重要指标,水利工程技术趋于成熟也意味着区域经济开发基本成熟,两湖地区堤垸水利的发展在长江中游区域开发进程中具有举足轻重的地位。而冀著在文中引用了《图考》的两幅《堤图》也足见其对于这部文献的重视。

对于两湖地区出现的水利文献,梅莉等在《两湖平原开发探源》一书中认为今天所能见到的反映两湖平原水利治理思想的专门著作在清道光以前基本没有,以后陆续问世。对于出现年代较早的一类地方水利志等篇,仅被归为"一些散论"[1]。之后尹玲玲对万历《湖广总志·水利志》进行系统研究,肯定了其在两湖地区水利文献中的价值[2]。而目前来看,万历《湖广总志·水利志》仅是《图考》内容的部分摘录,其价值远不如后者。《图考》是对明中期以前两湖地区堤防水利实践经验的一次系统性总结,表明这一时期两湖地区堤防水利治理思想已大致趋于成熟。

根据学界目前对中国古代传统水利舆图的整理研究,在传世的长江舆图中,年代最早的可能是收藏在美国首都华盛顿赛克勒艺术博物馆南宋时期绘制的长江万里图,但是早期的长江舆图并没有表现水利工程。而表现长江水利工程的舆图主要是描绘荆江河段的防洪工程图,其出现的时代也主要是清中叶以后,与长江中游河道的变迁有关。

---

[1] 梅莉、张国雄、晏昌贵《两湖平原开发探源》,江西教育出版社,1995年,第279页。
[2] 尹玲玲《明清两湖平原的环境变迁与社会应对》,上海人民出版社,2008年,第132—141页。

之前已发现出现较早的反映长江水利工程的地图是美国国会图书馆庋藏的清乾隆年间《湖北省抢修长江、汉水堤工图》①。而《图考》附有三十幅反映明中期湖广行省境内的江河水利堤防图,当是目前国内外所见现存最完整的明清时期区域防洪堤工图集。由此,有关长江水利工程舆图出现的时间可以提前到明中叶,其在中国水利史和地图学史上的价值不言而喻。

此外,《图考》为后世两湖地区水利志书的编纂提供了参考,成书稍晚几年的万历《湖广总志·水利志二》大规模转录《图考》内容,并摹绘了《图考》中三幅江河总会堤图②。而后世著名的水利著述如顾炎武《天下郡国利病书·湖广下》、康熙《湖广通志·水利志》等又转录万历《湖广总志·水利志二》内容,其编纂体例、图考结合的手法对后世两湖地区水利类著述的编修产生了重要影响。

 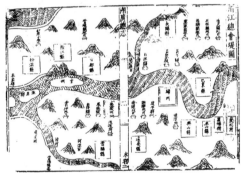

图 5 《江汉堤防图考》与万历《湖广总志·水利志二》
所附《川江总会堤图》局部比较

注:万历《湖广总志·水利志二》所附三幅堤图(川江总会堤图、汉江总会堤图、九江总会堤图),系摹绘《图考》所附同名堤图而来,内容基本一致,后者在绘图手法上略有差异,如图中对府、州、县一类的城池改圆环为方框,省去城门,水纹由原先的鱼鳞状简化为短线波纹,驿站等一些建筑物省去方框,改以建筑简图标识,堤防由加粗黑线条简化为普通线条。

---

① 前揭李孝聪《中国传统河工水利舆图初探》,《邓广铭教授百年诞辰纪念论文集:1907—2007》,第 794—818 页。按照水利工程的内容来区别,李孝聪将中国古代传统水利舆图大致分为黄河河工图、运河工程图、荆江防洪堤工图、水利泉源图和各地州县的河工图等一些类型,荆江防洪堤工图也称长江水利工程图。

② 《四库全书存目丛书》史部第 195 册,第 135 页。

63

六、结　语

《图考》自成书以来，长期处于湮没状态，到20世纪初流传至美国国会图书馆以后，因种种限制长期不为学界所熟知。冀朝鼎《基本经济区》一书对《图考》的介绍及地图的引用，给后续研究者无限的遐想。随着两湖地区水利史研究不断的深入，其内容初现轮廓。《图考》在网络公开以后，此前关于《图考》内容的推测和误解也得到证实和纠正，而目前已有的与《图考》相关研究成果也比较单薄，可以说只是揭开了其内容和价值的"冰山一角"。

古代河渠水利舆图相对真实地反映了即时性的河渠水利工程及其沿河流域的自然环境与人文景观，具有重要的史料价值。目前学界对于这类古地图的系统研究和利用逐渐重视起来，但仍具有较大的学术研究空间①。因此，有学者呼吁开展中国水利史研究，一定要充分利用传世的以河渠水利为主题的中国传统舆图②。

（原刊于《中国历史地理论丛》2017年第2期，本次收录时略有修订）

导师点评：

这是一篇很好的文献版本研究论文。侯甬坚老师给的评价是："文章论述严谨，资料可信，言之有据，对长期湮没无闻的明代《江汉堤防图考》一书流传过程的探究尤为精彩，可补以往史界之阙。而对美国国会图书馆收藏是著的描述，也可谓对新的史料有所发掘和利用。"

---

① 近年来有关国内外中国古代河工舆图的整理和研究取得了一系列成果，如李孝聪《欧洲收藏部分中文古地图叙录》，国际文化出版公司，1996年；李孝聪《美国国会图书馆藏中文古地图叙录》，文物出版社，2004年；刘铮云、林天人《治水如治天下——院藏河工档及河工图展》，（台北）故宫博物院，2004年；郑永昌、宋兆霖《水到渠成——院藏清代河工档案舆图特展》，（台北）故宫博物院，2012年。在专题研究上，多集中在黄河工程图和运河工程图方面，相关研究可参见李孝聪、席会东等人成果。

② 李孝聪《黄淮运的河工舆图及其科学价值》，《水利学报》2008年第8期，第947—954页。

这是对论文学术价值的肯定,本人深有同感。此外,能把"《图考》的流传与再发现过程"用图4表现出来,也显出作者思路的完整和逻辑的清晰。文献的版本目录学是史学研究的重要组成部分,既是基本功,又是孕育创新的温床,作者在这方面付出的艰苦努力一定会取得加倍的回报,看看古史辨派走过的道路就可以坚定自己的信心。希望作者在今后的研究中对所有支撑某类核心观点的核心资料,都能有这样一种科学的批判精神。

再论明清以来徽州市镇
——以区域史的视野

陈　杰（导师：钱杭教授）

摘　要：明清时期,徽州市镇的兴衰发展轨迹与同时期国内其他地区的市镇类似。但由于受山区地理环境与区域经济结构的影响,徽州市镇的地域分布、发展状态以及市场形态有其自身的特点。徽州市镇多沿河而兴,以中小型市镇为主,流通功能突出,市场发育程度相对较低。以区域史的视野考察徽州市镇兴起、发展与变迁的过程,可以窥探明清以来徽州区域社会的整体发展变迁。

关键词：明清以来；徽州；市镇；地域分布；发展变迁

一、引　言

市镇①作为商业聚落实体,是区域史研究的一个较好切入点,诚如任放所言:"市镇作为沟通城乡关系的商业实体,是我们观察基层社会的独特窗口。"②在区域史的视野下,市镇是区域社会、经济和文化发展的载体,其发展情况(数量增减、地域分布的变动、市镇结构及形态的变迁)反映了市镇背后整个区域社会的发展变迁;同样,考察某一区域的市镇也应该将其置于该区域的整体脉络中,在区域整体史的视野下

---

① 学界关于"市镇"概念的界定尚有争议,本文所研究的市镇,是指明清时期徽州地方志中记载的被称为"市"或者"镇"、亦有被称作"街"或"村"、亦有直接为其地名的商业聚落。

② 任放《近代市镇研究的方法论》,《清华大学学报》(哲学社会科学版)2006年第3期,第50页。

对其进行研究,观察区域社会经济的发展变迁在市镇这一载体上的演绎。明清时期,徽州市镇较之前期有了新的发展,这主要表现为市镇数量的增多、市镇规模的扩大以及市镇商业趋向繁荣等方面。目前,学界对于明清时期的徽州市镇虽有论及[1],但由于史料欠缺,而以往研究者较少对相关史料进行系统梳理及考证,导致在论及明清时期徽州市镇数量时出现了一些模糊认知,影响了对明清时期徽州市镇的总体研究。本文在系统梳理明清徽州方志中市镇资料的基础上,努力发掘其他相关史料,以区域史的视野,对明清时期徽州市镇的数量、地域分布、类型和发展状态展开研究,并对明清以来至民国时期徽州市镇的发展变迁及其影响因素进行深入考察。

二、明清时期徽州市镇发展概况

日本学者斯波义信曾指出:"宋代徽州的商业路线沿途已经出现许多集市和贸易点,并且已经有六个较大的市镇,其中以制造漆器的歙县岩寺镇较闻名,其他市镇大都是交通要道上的一些小贸易点或歇脚点。"[2]明清时期,徽州市镇的发展首先表现为市镇数量的增多。

(一)明清时期徽州市镇的数量

目前,学界在论及明清时期徽州市镇数量时,大多引用并采信《徽州地区简志》中所载的"街市53个"之说。如张海鹏、王廷元主编的

---

[1] 杨春雷《试论明清徽州市镇与社会转型——兼与江浙市镇比较》,《安徽史学》1996年第4期;唐力行、申浩《差异与互动:明清时期苏州与徽州的市镇》,《社会科学》2004年第1期;朴元熇《明清时代徽州的市镇与宗族——歙县岩镇和柳山方氏环岩派》,《上海师范大学学报(哲学社会科学版)》2005年第1期;陶荣《近代杭徽公路的开通与徽州市镇社会近代化》,《黄山学院学报》2009年第2期,第19—24页;王振忠《湮没的古镇》,《读书》2010年第6期,第108—121页;王振忠《新安江》,江苏人民出版社,2010年;梅立乔《明清徽州城镇初探》,安徽大学历史系硕士学位论文,2003年;梅立乔《明清徽州商业市镇的发展》,载吴春梅主编、王鑫义等《安大史学》第三辑,安徽大学出版社,2008年,第41—45页;何建木《商人、商业与区域社会变迁——以清民国的婺源为中心》,复旦大学博士学位论文,2006年。

[2] [日]斯波义信《宋代徽州商业的发展》,刘志伟译,叶显恩校,《徽州社会经济史研究译文集》,黄山书社,1988年,第232页。

《徽商研究》一书认为："徽州6邑，在明代以前，除府治所在地歙城以外，比较大的市镇极少。明代中后期以后，乡村市镇兴起，据有关志书记载，到了清代嘉庆时期，府属各县计有市镇53个……"①再如杨春雷在讨论明清时期徽州市镇密度时，也采信此说，以"53个街市"为基数来计算明清时期徽州的市镇密度②。唐力行、申浩在考察明清时期徽州市镇与苏州市镇的差异时，也引用了"街市53个"之说，并采用了杨春雷以"53个街市"为基准而计算出的"徽州市镇密度"③。然而，在1989年版的《徽州地区简志》中，以上论者所引用部分的原文为："清嘉庆年间(1796～1820)，街市贸易较为兴盛，全区有街市53个。除县城和府城外，较大的街市有渔亭、屯溪、五城、岩寺、深渡、镇头、历口等……"④首先，引文中所载"全区有街市53个"中的"全区"是指编写《徽州地区简志》时"徽州地区"所领辖的"屯溪、黄山二市和绩溪、旌德、歙、休宁、黟县、祁门、石台七县"的"二市七县"⑤，还是指清嘉庆年间徽州"一府六县"，单从字面理解，尚不可知究竟是指前者还是后者。在前引《徽州地区简志》接下来关于农村庙会集市的记述中，出现了旌德县的旌阳"蓑衣箬帽会"，可见当时《徽州地区简志》所记载的"全区"并非徽州六县，而是当时"徽州地区"所管辖的"二市七县"。而前文所述几位论者在引用时，将《徽州地区简志》原文中的"全区"替换成"府属各县"或"徽郡"，这样关键词的替换，一则不能真实反映引用资料的原貌，二则更不能作为明清时期徽州市镇数量的有效论据。其次，上述论者除了张海鹏、王廷元外，在引用《徽州地区简志》的前述引文时还将引用部分的语序前后倒置，让人产生歧义。引文原文为"……全区有街市53个。除县城和府城外，较大的街市有……"，这里53个街市显然是包括县城和府城内的街市的，而前述论者在引用时则更改为

---

① 张海鹏、王廷元《徽商研究》，安徽人民出版社，1995年，第200页。
② 杨春雷《试论明清徽州市镇与社会转型——兼与江浙市镇比较》，《安徽史学》1996年第4期，第25页。
③ 唐力行、申浩《差异与互动：明清时期苏州与徽州的市镇》，《社会科学》2004年第1期，第87—88页。
④ 安徽省徽州地区地方志编辑委员会《徽州地区简志》，黄山书社，1989年，第142页。
⑤ 安徽省徽州地区地方志编辑委员会《徽州地区简志》，第50页。

"除府县城外,徽郡计有街市53个",这样一变,让读者的感觉是:这里的53个街市是不包括县城和府城里的街市的。最后,街市和市镇作为商业交易的聚落和场所,它们的具体内涵还是有区别的,一般说来,市镇要比街市市场发育成熟,等级高,规模大,市况也更加繁荣。总之,笔者认为在确定明清时期徽州市镇的数量时,仅仅根据1989年版《徽州地区简志》中简单一句的数字记录,是不能说明问题的。故笔者认为,上述论著中认为明清时期徽州市镇数量为53个的观点是错误的,不能以此为基础展开诸如计算明清时期徽州市镇密度、判断明清时期徽州市镇发展水平等研究和讨论。

查阅徽州方志,令人遗憾的是,其关于明清时期徽州市镇的记载甚少,不像江南等地的方志那样有专门的"市镇""镇市"或"集镇"条目对其境内市镇的名称、数量、分布等信息有较为详细的记载,这使得明清时期的徽州市镇研究缺少必要的史料基础。爬梳徽州方志,在明代的徽州方志中,弘治《休宁县志》记载当时休宁县有镇市四个,分别为五城镇、万安街、屯溪街和临溪街①;而嘉靖《徽州府志》则记载休宁县的"市"除了县城的七处之外,乡村市镇只有凤湖街、万安街和屯溪街三处②。嘉靖《徽州府志》记载彼时歙县的市镇有三处,其为岩镇街、渔梁坝街、大溪桥街;而据该志记载,婺源县市镇只有一处,祁门、黟县、绩溪三县未见记载③。至清代,据康熙《徽州府志》记载,这一时期休宁县有市镇九处,歙县市镇仍然是三处,婺源县一处,祁门、黟县和绩溪县三县未见记载④。此外,乾隆《绩溪县志》记载绩溪县有"市镇五"⑤,道光《休宁县志》记载休宁县的市镇仍是九处,并明确指出它们"在乡"⑥。显而易见,清康熙《徽州府志》记载的婺源县市镇仅一个,以及明嘉靖《徽州府志》对祁门县、黟县和绩溪县三县市镇记载的缺失,没

---

① 〔明〕程敏政纂修,欧阳旦增修《(弘治)休宁志》卷五《镇市》,明弘治四年刻本。
② 〔明〕何东序修,汪尚宁等纂《(嘉靖)徽州府志》卷一《坊市》,明嘉靖四十五年刊本。
③ 〔明〕何东序修,汪尚宁等纂《(嘉靖)徽州府志》卷一《坊市》。
④ 〔清〕丁廷楗、卢询修,赵吉士等纂《(康熙)徽州府志》卷一《坊市》,清康熙三十八年刊本。
⑤ 〔清〕较陈锡修,赵继序等纂《(乾隆)绩溪县志》卷一《城记》,清乾隆二十一年刻本。
⑥ 〔清〕何应松修,方崇鼎纂《(道光)休宁县志》卷一《坊市》,清嘉庆二十年刊本。

有反映明清时期徽州市镇发展的实际状况。此外,还必须指出的是,由于方志编纂的史料来源不同以及编纂者修志态度和学术水平的差异,导致方志中关于徽州市镇的仅有记载仍存在诸多遗漏。如明清时期歙县的重要水陆码头深渡镇在歙县志和徽州府志关于市镇的记载中未见记载,同样漏载的还有黟县的渔亭镇,婺源县的太白、江湾镇等重要市镇。

在徽州方志之外,笔者发现清末光绪年间《安徽舆图表说》这部文献对徽州六县市镇情况的记载最为详细[①]。它记载徽州六县市镇的数量分别是:歙县十一处,休宁县十三处,婺源县十六处,祁门县二十处,黟县七处,绩溪县七处,总计七十四处。综合上文揭示的徽州市镇数量信息可知,明代徽州六县见于方志记载的市镇不足十处,至清末光绪年间增长至七十余处,考虑到方志中的漏载情况,仍可见明清两代徽州市镇的数量增长较为迅速。

(二)明清时期徽州市镇的地域分布

有学者在进行江南市镇分布研究时指出,江南市镇的分布,既受到水陆交通线的限制,又受到各地经济结构的影响,基于各地不同的地理条件、不同的经济结构而呈现出了不同的特色[②]。与江南市镇相比,徽州市镇的地域分布受地理环境的影响更加明显。

受山区地理环境影响,水运成为最主要且相对便利的交通方式,明清时期的徽州市镇多依河而兴。晚清安徽官修政书《皖政辑要》所载的"全省商路"指出:"徽河一名新安江,起黟县之鱼亭,过休宁之屯溪,至歙县之街口,以达于浙江之淳安,其下游为钱塘江。祁河一名大洪水,起祁门县城,西南流至倒湖,达江西之景德。婺河起江湾,西南流过婺源城,至太白达江西之乐平,又东流会祁河,过饶州入鄱阳湖,此徽境通浙通赣之航路也。"[③]明清时期徽州境内的主要市镇大都分布

---

① 李甜在考察清代宁国府市镇变迁时也以《安徽舆图表说》为主要史料,见氏著《明清宁国府区域格局与社会变迁》,复旦大学出版社,2016年,第65页。

② 范金民《明清江南城市文化研究举要(1976~2000年)》,《人文论丛》(2003年卷),武汉大学出版社,2003年,第482—484页。

③〔清〕冯煦主修、陈师礼总纂《皖政辑要》,黄山书社,2005年,第850页。

在徽州"通浙通赣"的航路沿线,屯溪、街口、渔亭、倒湖、清华、武口、太白等市镇都处于通往浙江的新安江及通往江西的大洪水、婺河河道及其支流的交汇处。

上文所述的是徽州市镇的整体分布状况,各县县域内部的分布情况如下。

歙县。据《新安志》载,南宋时期歙县"镇,旧有三。岩寺镇,在县西二十五里;新馆镇,在东三十里;街口镇,在南百里"①。明中叶徽商兴起,新安江水路上的渔梁镇和深渡镇作为重要的码头发展起来,与街口镇一起成为歙县境内新安江河段三大水上交通中转站,亦是重要市镇。据《安徽舆图表说》记载,清光绪年间歙县有镇市十一处,具体分布为:

> 竦口镇,县东北三十里;深渡镇,县南五十里;小川口镇,县东南七十里;街口镇,县东南一百里;熊村镇,县南十五里;王村镇,县南三十里;昌溪镇,县东南六十里;岩寺镇,县西二十里;富堨镇,县西北十五里;潜口镇,县西北三十五里;昉溪镇(即芳村),县北一百里。②

休宁县。对比徽州其他各县,明清徽州方志对休宁县市镇的记载相对详细。前揭弘治《休宁县志》记载:"五城镇,在县南五十里,接婺源五岭;万安街,在县东五里;屯溪街,在县东南三十里;临溪街,在县南三十里。"③道光《休宁县志》记载得更详细:"万安街,县东五里,长三里;旧市街,县东七里,旧志长二里;屯溪街,县东三十里,镇长四里;凤凰街,县西二里,旧志长一里;蓝渡街,县西十三里,长一里;当坑街,县西四十里,长一里;上溪口街,县西五十里,长二里;五城街,县南五十里;临溪街,县东南三十五里,长十里余。"④这里不仅交代了市镇的方位,还记载了其规模。据《安徽舆图表说》记载,清光绪年间休宁县有镇市十三处,其分布情况为:

---

① 《淳熙新安志》卷三《镇寨》,《宋元方志丛刊》,中华书局,1990年,第7633页。
② 〔清〕佚名《安徽舆图表说》卷二《徽州府》,清光绪二十二年刊本。
③ 〔明〕程敏政纂修,欧阳旦增修《(弘治)休宁志》卷五《镇市》,明弘治四年刻本。
④ 〔清〕何应松修,方崇鼎纂《(道光)休宁县志》卷一《坊市》,清嘉庆二十年刊本。

>万安街,县东十五里;梅林镇,县东二十里;屯溪镇,县东三十里;黎阳镇,县东三十里;率口镇,县东四十里;龙湾镇,县南五十里;下溪口镇,县南五十里;五城镇,县南五十五里;山斗镇,县南六十里;上溪口镇,县西南五十里;和村镇,县西南五十里;龙源镇,县北十五里;蓝田镇,县北四十五里。①

婺源县。明清徽州方志关于婺源县市镇信息记载极少,在明清时期的史料中,目前仅见清光绪年间《安徽舆图表说》对其市镇有记载。据载,清光绪年间婺源县有市镇十六处,分布情况为:

>武口,县东十里;古坑,县东四十里;汪口,县东五十里;江湾镇,县东七十里;中平镇,县东七十五里;大畈,县东八十五里;玉坦,县南四十里;五福镇,县南五十五里;浮沙,县西南五十五里;太白镇,县西南六十五里;严田镇,县西七十里;游汀,县西八十里;项村镇,县西一百里;西湾,县西一百十里;沱口,即沱川,县北六十里;清华镇,县北六十里。②

绩溪县。乾隆《绩溪县志》记载绩溪县有"市镇五",其分布为:"河东市,县东一里;华阳镇,南三里;龙塘镇,南十五里;临溪市,南二十里;镇头,西北三十里。"③根据《安徽舆图表说》记载,绩溪县有镇市七处,其具体分布状况为:"河东市,县东一里;堪头镇,县东北七十五里;龙塘镇,县南十五里;临溪市,县南二十里;宅坦,县西三十里;镇头,县西北三十里;濠寨,县西北三十五里。"④

明清时期的徽州方志关于黟县、祁门二县市镇的记载同样欠缺,目前所见的记载仍然是清光绪年间《安徽舆图表说》中的记录。根据记载,在清光绪年间,黟县境内的市镇分布状况为:"西递村,县东十里;石山街,县东南十里;渔亭镇,县南三十里;江村,县西南十七里;黄村,县西二十里;西武镇(即五岭铺),县西南三十里;宏村,

---

① 〔清〕《安徽舆图表说》卷二《徽州府》。
② 〔清〕《安徽舆图表说》卷二《徽州府》。
③ 〔清〕较陈锡修,赵继序等纂《(乾隆)绩溪县志》卷一《城记》,清乾隆二十一年刻本。
④ 〔清〕佚名《安徽舆图表说》卷二《徽州府》。

县北十五里。"① 计七处。祁门县境内有市镇二十处,其具体分布为:"花桥镇,县东十里;金子牌,县东二十里;双溪流镇,县东二十五里;塔坊镇,县南三十里;阳坑(即阳源),县南三十五里;查湾,县西南八十里;倒湖镇,县西南九十里;渚口,县西南六十里;小路口,县西三十里;伦坑,县西八十五里;闪上镇,县西一百里;历口,县西北六十里;马口,县西北九十里;下箬坑,县西北九十里;上箬坑,县西北一百里;东园,县西北三十里;沙湾,县北十五里;枫树街(即枫林街),县北三十里;大坦,县北三十里;柏溪镇,县东北三十里。"②

(三)明清时期徽州市镇的类型与发展状态

关于明清时期市镇类型的划分,学界通常根据市镇的经济功能,把市镇分为三大类型。其一,专业型市镇,为具有手工业商品生产功能的专业市镇;其二,商品流通型市镇,为一定区域范围内商品的集散地;其三,交通型市镇,为水陆交通枢纽。还有学者从市镇的历史沿革、地理环境、人口规模、经济功能等方面进行考察,将市镇划分为更多不同的类型③。其实,绝大多数的市镇是复合型。专业市镇之所以能吸引区域内原材料和手工业者及其他劳动力积聚该处进行专业产品的生产,往往是因为该地交通便利,商业发达,也因此吸引外地商人到此进行交易,从而成为专业市镇和商品的集散地。商品流通型市镇也往往位于水陆交通便利之处,因为便利的交通是市镇商品集散畅通的基本条件,也可称其为交通型市镇。所以,一般情况下市镇都是复合型的,只不过相对功能突出而已。当然,也不排除因特殊原因而兴起的专门市镇,如明代以来随着齐云山道教的兴盛,齐云山山脚下的小村落岩脚村"因教成市",发展成为长约一里的沿河街市,街上店铺林立,除了杂货店外,多为饭店、客栈等服务性行业,每逢"香汛",生意格外兴隆④。

---

① 〔清〕佚名《安徽舆图表说》卷二《徽州府》。
② 〔清〕佚名《安徽舆图表说》卷二《徽州府》。
③ 任放《明清长江中游市镇经济研究》,武汉大学出版社,2003年,第118—140页。
④ 休宁县地方志编纂委员会编《休宁县志》,安徽教育出版社,1990年,第57页。

明清时期，徽州的市镇多为商品流通型市镇，转运外来商品、输出本地土特产品和原料是其基本功能，同时也是一定区域范围内的水陆交通枢纽。如歙县的渔梁镇为明清时期徽州重要的米粮市镇，"商贩粮食聚集渔梁坝为市"①；渔梁镇的集散功能还辐射到周边地区，绩溪县的部分木材经登源、扬之水水运至渔梁中转；"临渔航道"（绩溪县临溪镇到渔梁镇）通航条件下可通行十吨木船，1935 年后河砂淤积加剧，又失于疏浚，只可春夏季通行小木船②。再如深渡镇，歙县南乡的出产和民用货物大都从该镇销售和购买，人称"深渡担"，深渡不仅是整个歙南的商业中心，也是新安江流域徽、浙水上运输通道的重要码头和商埠③。再如黟县的渔亭镇，"远商近贾或肩与之劳，或取水道船载，每每辐辏云集，桅樯如林"，山区的茶叶与木材、江西的瓷器、浙江的食盐、苏杭的丝绸和上海的百货等通过水路由渔亭中转各地④。渔亭镇有"七省通衢"之称，在传统社会是徽州境内一个重要的商埠和水陆交通咽喉，直至 20 世纪 30 年代，黟县、祁门、太平、青阳、石台、东流、婺源等县与屯溪、浙江之间的物资交流，仍均经渔亭落行中转⑤。再如婺源县的太白镇，临婺水与梅源水交汇处，为入赣、浙必经之地，且为休宁、祁门两县与江西东部交通要道，昔在此设局抽厘，以进口为大宗，如米、麦、杂粮、高麻、杉木、南竹纸，颇多来自江西；洋油、糖类、洋货则多来自上海，运销本地各镇及邻邑⑥。徽州境内其他的市镇如休宁县的屯溪镇、万安镇、上溪口镇，绩溪县的临溪镇，祁门的历口镇等都是县域内甚至是更大区域范围内的商品流通的中转站。

明清时期徽州的专业市镇则寥寥无几，清中叶以降，随着茶叶外销贸易的兴盛，休宁县的屯溪镇和祁门县的历口镇分别以生产加工绿

---

① 〔明〕傅岩《歙纪》卷五《纪政绩·事迹》。
② 参见绩溪县地方志编纂委员会编《绩溪县志》，黄山书社，1998 年，第 320 页。
③ 方少求《古徽州的商业重镇——深渡》，歙县政协文史资料委员会编《歙县文史资料》第 5 辑，1997 年，第 65—71 页。
④ 曹伟宏《渔亭上丰盐店街和福生盐号》，黟县政协文史委员会编《黟山文史》首辑，1997 年，第 123—125 页。
⑤ 徽州地区交通志编纂委员会编《徽州地区交通志》，黄山书社，1996 年，第 175 页。
⑥ 李絜非《婺源风土志》，《学风》1933 年第 9 期，第 64 页。

茶和红茶而名噪一时。明清时期,徽州境内的市镇多为中小型市镇,其规模普遍不大,如前揭道光《休宁县志》所载,屯溪街"镇长四里",其他市镇只有二三里,甚至一里的规模。当然,明清时期的徽州也有像江南市镇中那样人口过千甚至上万的大镇、巨镇,但为数极少。如歙县岩镇,宋代立镇,明中叶发展成为"鳞次万家,规方十里,阀阅蝉联,百昌辐辏"的大镇①。

三、清中叶以降徽州市镇的发展变迁

明中叶至清中叶的三百余年间,随着徽商的崛起,徽州也发展成为富甲一方的商贾之乡。然而,自清道光中叶以降,由于徽商逐渐失去了原有的商业优势,盛极一时的徽商开始衰落。关于徽商衰落的原因,近人陈去病在其《五石脂》中曾说:"徽郡商业,盐、茶、木、质四者为大宗。茶叶六县皆产,木则婺源为盛,质铺几遍郡国,而盐商咸萃于淮浙。自陶澍改盐纲而盐商一败涂地,左宗棠增质铺岁月而当商几败,及今茶市既不改良,而连岁之亏耗不可胜数。然徽人谓曾国藩驻师祁门,纵兵大掠,而全郡窖藏一空,故至今谈湖湘者尤为切齿。"②徽州作为徽商桑梓之地,随着徽商的衰败也走向了衰落,特别是太平军与清军在徽州长达十余年的厮杀给徽州造成了史无前例的破坏。徽州地处皖、浙、赣三省交界处,战略地位特殊,"大抵浙江未陷之先,贼欲由徽以图窜浙之路,故徽之受害烈。浙江既陷之后,贼欲扰徽以缀攻浙之师,故徽之战事尤烈"③。

由于徽州市镇主要分布在交通沿线,战略地位突出,因此在战争中成为交战双方争夺的主要目标,所受破坏不言而喻。在战乱中,市镇成为交战双方争夺的重要目标,成为主要战场。咸同兵燹之后,曾经的商业重镇岩镇据说被大火烧掉了一半的店铺。在长达十年的战

---

① 〔清〕余华瑞《岩镇志草》元集《原始》,《中国地方志集成·乡镇志专辑》第27册,上海书店出版社,1992年,第103页。
② 陈去病《五石脂》,江苏古籍出版社,1999年,第326页。
③ 庄建平主编《近代史资料文库》第5卷,上海书店出版社,2009年,第543页。

乱中,由于徽州本土遭受沉重破坏,徽州的商业经济几乎陷入瘫痪,徽州市镇也遭受了前所未有的破坏。

随着徽商式微,特别是太平军战乱的破坏,徽州本土走向衰落,徽州市镇的发展也经历了一个变迁的历程。除了因战乱和经济衰退而导致的市镇商况整体萧条外,由于经济形势的变动以及市场转移而导致的市镇兴衰更替也成为此时一种重要现象。清中叶以前,休宁县的市镇分布格局前文已详述;至清末民初,休宁县的市镇格局和市场发生了较大变化。据新修休宁县志追溯,这一时期的主要变化是:"以前的凤凰街、旧市街、蓝渡街和铛坑街逐渐衰落。东乡的屯溪街作为通往江浙水陆码头,为徽州六邑贸易枢纽,商贾云集,百货辐辏,繁荣景况超过县城。五城街因水运不及龙湾便利,市场转移到龙湾(包括对岸下溪口)。上溪口居县境西南,为通婺源孔道,商业尚盛。北乡的蓝田,是黟北、休北物资集散地,有夹源水直通县城,下达屯溪,所以店铺很多。万安街距城五里,在公路运输尚不发达的时代,是水陆两路通往屯溪和徽州府城的必经之路,商业亦较兴隆。"①这与民国时期经济调查所获得的信息一致,1935年实地调查所记载的休宁县之商业状况为:

> 休宁全县商店,约共一千二百余,屯溪占其半,为全县商业之枢纽,亦即徽州六邑商业之中心也。屯溪以外,次为城区,万安两处,一则商店约一百五十余家,一则百余家。上溪口居县境西南,为通婺源孔道,商业尚盛,约有商店六十余家。和村与上溪口密接,约有大小商店五十家,龙湾、五城乃由五岭入婺要道,各有商店四五十家。蓝田为北乡贸易场所,约有三十家。闵口、长干塝为木商萃集之区,多木板行。其他各地,均无特殊情形。②

交通方式的变革对市镇变迁的影响也较为深刻。至民国时期,随着徽州公路的开通,以往沿河而兴的市镇受到了冲击。以歙县为例,

---

① 休宁县地方志编纂委员会编《休宁县志》,安徽教育出版社,1990年,第241页。
② 建设委员会经济调查所统计课编《中国经济志·安徽省休宁县》,杭州建设委员会经济调查所,1935年铅印本,第511页。

据《中国经济志》记载:"歙县在公路未通前,商业市场均在河道两岸,如深渡、街口、渔梁、篁墩、岩寺、上丰、富褐等处是也。其中以深渡为最发达。近年来公路四达,形势改变,商业市场也因之转移,商货之输出与输入,亦因交通而生影响。全县商业以深渡居首位,城梁(城区渔梁)次之,岩寺、三阳坑又次之。其他如上丰为水果市场,朱家村为木业、盐业之堆栈地,西乡各地为米市集中地,南北两乡为茶板集中地,北乡双沟为石灰集中地。"①可见,民国时期歙县的商业市场格局因公路运输的兴起和水路运输的衰落而与传统时期发生了较大的变化,市镇也随之发生了较大变迁。

咸同兵燹后,虽然徽州市镇整体上衰落了,但个别市镇得益于茶业外销和制茶业的推动却有了较快发展,如休宁县的屯溪镇和祁门县的历口镇分别发展成为徽州府和祁门县的中心市镇。它们辐射的区域超越了徽州府域和祁门县域的范围,成为皖南以及毗连的江西浮梁县等地的茶叶及相关产品的集散地。前揭《安徽舆图表说》记载清末光绪年间祁门县有市镇二十处,为徽州六县市镇数量最多的县域。这应该也是得益于此一时期祁门红茶业的发展,特别是祁门县作为周边红茶产区的产业中心所带来的产业集聚效应的结果。

必须指出的是,虽然因茶叶外销贸易的推动,休宁县的屯溪镇和祁门县的历口镇得到了较快的发展,但缺少近代其他产业的协助,随着茶叶贸易的衰落,它们的发展也没有足够的后劲和持续优势。这是因为地方的经济结构限制了它们的发展和转型。一般来说,一个地方的物产可以反映一地的经济结构,晚清徽州知府刘汝骥的《陶甓公牍》中记录了其任内所举办的屯溪物产会。根据该资料列举的参会产品,我们可以得知晚清徽州的物产种类,进而可以管窥当时徽州的经济结构。查看物产会参展的获奖产品可知,时至清末,徽州所出产的产品只是初级的制成品②。与同时期江南地区和其他经济发展较先进的地

---

① 建设委员会经济调查所统计课编《中国经济志·安徽省休宁县》,第419页。
② 〔清〕刘汝骥《陶甓公牍》卷一《示谕·物产会颁发奖品示》,《官箴书集成》第10册,黄山书社,1997年,第469—471页。

区比较,徽州地区的近代工商业尚未起步。由此可知,徽州地方经济结构的束缚,是徽州传统市镇不能像江南市镇那样转型为近代工商业、产业市镇的重要原因之一。

四、余 论

有学者指出:"广土众民的传统中国,各地社会经济与人文风俗都存在着极大的差异。譬如,在徽州,很难找到华南各地那种定期集市的记录,这可能与十户九商的徽州社会密切相关——从来往书信等资料来看,几乎全部的日常生活必需品通常都由外埠经商的家人寄回徽州,以至于俭啬的徽州人几乎不需要一般农村那样的定期集市。"[①]笔者认为,传统时期徽州地区存在的这种寓外徽商及旅外徽州人将日常生活用品从外地寄回徽州本土的物资流通,不可能代替市镇在徽州地方社会所发挥的商品流通与交易这一基本功能。

纵观徽州市镇兴起、发展和变迁的历程,明清以来徽州市镇的兴衰呈现出如下特征。

首先,由于徽州地处山区,徽州市镇兴起于水陆交通沿线,多沿河而兴。徽州市镇兴起的时间与徽商兴起的时间一致,徽州市镇的兴废、地域分布及其发展变迁与明清以来徽州区域社会的整体发展脉络存在内在的一致性。

其次,明清时期,徽州市镇的发展状态多为中小型市镇,市场发育程度相对较低,市镇物流主要为山区特产(木材、茶叶、山货等)出口及外来米粮、食盐及其他生活必需品的进口。

最后,清中叶以降,徽州市镇的变迁主要有二,一是屯溪镇作为

---

① 王振忠《明清以来徽州村落社会史研究——以新发现的民间珍稀文献为中心》,上海人民出版社,2011年,第180页。胡适先生也曾说:"正因为我乡山区粮食产量不足,我们徽州人一般都靠在城市里经商的家人,按时接济。接济的项目并不限于金钱,有时也兼及食物。例如咸猪油(腊油),有时也从老远的地方被送回家乡。其他如布匹、棉纱,等等,在城市里购买都远比乡间便宜,所以也常被送返家中。"见胡适口述、唐德刚译注《胡适口述自传》,华东师范大学出版社,1993年,第15页。

"茶务都会"和徽州中心市镇的形成,二则是晚清民国时期徽州传统市镇步入近代之后所呈现出的历时性变化。

总之,市镇作为商业聚落实体,是考察区域社会经济发展状况的窗口,市镇的兴起、发展和变迁反映了整个区域社会经济的发展变迁。明清以来徽州市镇的兴起、发展和变迁同样是明清以来徽州区域社会发展变迁在商业聚落形态(市镇)上的反映。

(原刊于《江南大学学报(人文社会科学版)》2015年第6期,本次收录时略有修订)

导师点评:

作者对徽州市镇的发展状态和发展程度已有长期的关注,积累了大量新旧地方资料。本文在唐力行、范金民、王振忠等前辈学者的基础上,展开了新的研究视角。经过认真解读文献和深入的对话,虽然还未能另立系统新说,但对已形成的某些定论提出了自己的观点,并且有所补充、修正和深化。作为勇敢进入"显学"领域的后学,这一努力值得赞赏,态度也值得称道。另外,作者没有排斥或抵触新编地方志的史料价值,这显然是相当明智的选择。近几十年来,县以上行政单位投入大量人力物力,广泛动员经济学者、社会学者、史学工作者、地学工作者通力合作,对当地农、林、牧、副、渔、工、矿、交通、人口、民族、风俗、制度、职官、文化、教育、人物、古迹等等作了全面调查和叙述,在改正假话、去掉大话、充实空话、填补空白方面做出了明显成绩,应该正面评价,充分利用。

明清金山卫城的平面格局与营造特征

孙昌麒麟(导师:钟翀教授)

摘　要:金山卫城自明洪武建城起,历经清雍正立县、嘉庆迁县以及近代兵燹、日军登陆等重大事件,城市格局几经变迁,城内外水系、桥梁、街道、建筑均受影响,而其城市形态要素的演变背后隐藏着这座卫所军城的城市性格。金山卫城在营造上具有鲜明的"厌水性"特征,从而有别于江南一般城市的亲水性格,反映了政治军事因素对城市构建的主导性,此种特性在两浙沿海卫所军城中具有普遍意义。

关键词:金山卫城;卫所城市;厌水性;江南城市

引　言

卫所城是基于明代卫所制度而产生的军事型围郭城市,该类城市在沿海地区数量众多,分布广泛,是我国传统城市体系中的一大类型。明清鼎革之后,卫所制度逐渐消亡,各地的卫所城市走上截然不同的道路,有的湮废荒灭,如桃渚所(今浙江临海东)、隘顽所(今浙江温岭南)等;有的转型发展为近现代的城镇,甚至成长为一县之首,如金山卫(今上海金山)、吴淞江所(今上海宝山)、三山所(今浙江慈溪)等。

今日东南沿海地区的许多县级城市均与卫所城市渊源相关,理清这些城市的形态特征与历史脉络,有助于追寻当今东南沿海城镇体系的形成过程。金山卫城位于浙沪交界处,是明代两浙沿海地区规模最大、驻扎武官级别最高的卫所城市,针对该城的平面格局及其演变的考察颇具研究价值。近年来,学界对卫所城市的关注度不断升高,从大区域范围的整体研究到单个卫所的个案研究,各项成果缤彩纷呈。不过以历史地理学的视角,具体而微至上述区域内的个案研究尚且不多[①]。为此,本文尝试以传统文献和地图相结合的方式,对金山卫城进行长时段形态变迁的观察,复原金山卫城的城市历史景观,进而探究此类卫所城市的特质,观察其城市功能的变化。

一、研究理论和资料简述

自英国城市史地学者康泽恩建立起城镇形态研究的基本框架以来,他所倡导的使用地图与文献相互参证、全过程演绎城镇形态变化的分析方法,已逐渐成为城市历史形态研究的基本手段之一[②]。受此启发,本文将利用近代大比例实测地图和方志等文献材料,梳理该城市的基础景观要素,多时段重建城市平面格局,在此基础上通过时间层比较,揭示城市平面历时变化过程,分析其营造特征,并检视其在形态发生学意义上的本底。

金山现存的方志有明正德《金山卫志》(以下简称《正德金志》)和清乾隆、咸丰和光绪三本《金山县志》(以下分别简称《乾隆金志》《咸丰金志》《光绪金志》),这四部方志支撑起本文对金山卫城复原的主要数据。此外,松江府和华亭县等地的地方史志资料也对复原研究有所帮助。

《正德金志》是署都指挥佥事张奎主修,正德十二年(1517)刻板,利用了成化年间都指挥同知郭鋐主修的未竟稿。不过需要指出的是,虽然《正德金志》是现存最早、也是目前所知成文最早的金山方志,但

---

① 如李孝聪在《明代卫所城选址与形制的历史考察》中对部分卫所城的形制作了归纳,详见李孝聪所著《中国城市的历史空间》(北京大学出版社,2015年);又如笔者的《江南沿海卫所城市平面形态比较及分类探析:基于旧日军大比例尺实测图的考察》一文,利用近代高精度的军用地图对两浙沿海二十多座卫所城的形态进行了比较研究,参见《都市文化研究》第14辑,上海三联书店,2016年。

② 康泽恩的城市形态学研究理论可见其著作《城镇平面格局分析:诺森伯兰郡安尼克案例研究》,中国建筑工业出版社,2011年。

无论是正德还是成化，距离金山卫筑城的洪武年间都已相隔久远，其所记述的金山卫城的形态，是否就是洪武间的形态尚需审慎对待。

清代的三种方志分别是乾隆十六年(1751)知县常琬、咸丰十一年(1861)钱熙泰和光绪三年(1877)知县龚宝琦主修。其中咸丰《金山县志》是钱熙泰利用道光年间姚汭的稿本修订而成，兼之未刻板，所以今只存残本。

另外，自金山立县，金山卫城就一直分属两县，城之东、北部分属华亭县，因此清代金山卫城的形态，还得借助于华亭的方志才可窥知一二。如，乾隆《华亭县志》(以下简称《乾隆华志》)和光绪《重修华亭县志》(以下简称《光绪华志》)就补充了城内不少的街巷和桥梁信息。

图资料方面，描绘城市内部结构的传统舆图在乾隆和光绪两部县志中都有(以下分别简称《乾隆金图》《光绪金图》)，光绪《重修华亭县志》也绘有《卫城图》(以下简称《光绪卫图》)。三图都绘有河道、桥梁及部分府衙祠庙等地物，只是略有变形严重、画风写意等问题。三图中以《光绪金图》最为简略，其他两幅图所记信息尚算丰富，独《光绪卫图》绘出城内街道，价值颇高。另外，晚清翁淳编集的《金山卫庙学纪略》中收有一幅《金山卫城文庙旧图》(以下简称《万历金图》，见图1)，传为明万历时所绘①。

实测地图有旧日本军方于20世纪中叶利用航拍绘制的《金山卫城》(以下简称《日制金图》，见图2)②，两万五千分之一比例尺，可见城墙、街道、河道及村落等标识，但内容丰富度有所欠缺，加之时间久远，图文本身也比较漫灭。

当代所修的《金山县地名志》对历史地名的调查颇为用心，而且书内地图也很细致。如《金卫乡图》(1∶25 000)可用来填补城内地名；另一幅《西门(镇)图》(以下简称《地名志镇图》)是实测图，内容详尽，对城西部的地名地物定位有极大帮助；加上《上海石油化工总厂图》(1∶22 000)也为实测图，对整座金山卫城都有简略标绘。此外，还有《金卫志》中

---

① 〔清〕翁淳《金山卫庙学纪略》，清光绪九年(1883)刻本，上海师范大学图书馆藏。
② 《中国大陆二万五千分の一地図集成》，东京：科学书院，1989—1992年。

明清金山卫城的平面格局与营造特征

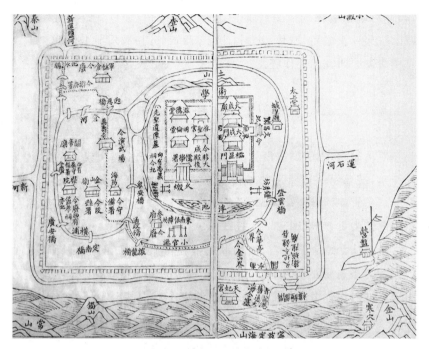

图 1 万历《金山卫城文庙旧图》

图 2 日军制《金山卫城》图

1991年实测的《西门镇图》(以下简称《金卫志镇图》),可做参证。此四幅图拼接校正之后,城墙、水系、十字街和部分桥梁等地物高度吻合,可作为复原研究的工作底图。

二、金山卫城平面格局的复原分析

明清时期,中国城市最为显著的标志莫过于城墙。或许在明前期的江南,城墙这一要素还非城市所必需,如上海等许多城市在立县后的相当长时间内就未建城墙[①]。然而迈入明中后期之后,城墙逐渐成为中国城市重要的"图腾"[②]。

虽然从大量个案来看,城墙并不能完全限定城市的形态和规模,但作为一条有形的界线,用它来框定城市的核心区,应该不会有太大出入。城门作为城内外交通的节点,约束了城内甚至是城外主干道的布局,进而影响城市其他地物的分布。可以说,一套完整的城墙体系对城市平面的形态有着至关重要的影响。

以城墙为切入点,可以勾勒出城市的形态规模,获取一个示意性的城市复原轮廓。而更进一步的工作,则是通过现存方志、地图等数据,取得尽可能多的城市内部地物数据,补充进这个复原模型,使之具象化,并能体现出在时间维度中的流动变化。限于历史数据的留存情况,目前尚难以将对象城市完全分割为康泽恩分析中的地块来讨论,为此,笔者提炼出城墙、河道、桥梁、道路和建筑等要素,通过对五要素的复原构建出这座卫所城市的历史平面格局。

(一) 城墙

据《正德金志》的记载,金山卫城是洪武十九年(1386)安庆侯仇成

[①] 江南筑城的研究可见冯贤亮《城市重建及其防护体系的构成:十六世纪倭乱在江南的影响》,《中国历史地理论丛》2002年第1期。

[②] 据成一农《古代城市形态研究方法新探》:"明代中叶,尤其是正统十四年土木堡之变后,全国逐渐展开了筑城活动……一直持续到了清末。"社会科学文献出版社,2009年,第245页。又,鲁西奇在《中国历史的空间结构》(广西师范大学出版社,2014年)一书中,阐述了城墙作为威权象征的特质。

所筑,土城,方城,周长十二里三百步多。四座陆门,门外有瓮城,另有一座水关。城门之上各有门楼,东西南北四楼分别名为"瞻阳""迎仙""拱宸""镇溟",南北两座门楼又别称"镇海""拱北"。至《咸丰金志》则记录南门楼又别称"南安",西门楼别称"凝霞",城门与门楼同名。水关初应有两座,咸丰《金山县志》曰有南北两座,南水关淤塞;又《乾隆金志》卷首《城池图》中绘有南水关,但标明"今塞"。并且在《正德金志》上卷一《城池》和《乾隆金志》卷二《城池》的正文中都只记述卫城仅有一座水关。北水关即今城西北河道与护城河交汇处南侧。南水关位置即小官浦入城处,《正德金志》下卷一《水类》"小官浦"条下称,在正统年间,都指挥佥事盛琦下令平河,疑即此时塞南水关。

四个城角都有角楼,角楼与门楼之间又有八座腰楼。门楼、角楼和腰楼之间又建造有箭楼,共四十八座。瓮城之上又有所谓金汁楼二座。

永乐年间,都指挥使谷祥改为砖城,又加高加宽城墙。《乾隆金志》定谷祥在永乐十五年(1417)修城。成化三年(1467)起又改砖为石,进一步加强了金山卫的防御能力。之后历有修缮,但规制没有大的改变,基本维持了筑城时的形态。民国十一年(1922)开始拆城,至中华人民共和国成立初东门城墙尚存,其他地段后只剩土墙,后又逐渐全部拆清,仅留护城河[①]。今日在原南门位置有重建的门楼,聊以述古。

(二)河道

今金山卫城除护城河,及城内西北处连接北城河的一小段河流以外,已几无河道残留。城外连接护城河道的水系有老龙泉港,分为两股水道,均在原东门北侧接入护城河。此外,城东北角有旧港河,城北有卫山河,城西北角有张泾河,原西门南侧有黄姑塘等水系接入护城河。以上诸河,除卫山河外皆可追溯至明清时期。

查《正德金志》,其时城内主要水系有小官浦、横浦、运河、小官港和仓河,城外有新运盐河、旧运港和新河。该志将小官浦列为城内河道,实误,此河应为城外河道。《万历金图》显示城内有两条环状水系,分别从

---

① 《金山县地名志》,汉语大词典出版社,1992年,第496页。

西北、东南两处连接外城河,城外水系为四道。图中未标"运河"之名,无旧运港,其他水系则都已绘出并标示河名。《乾隆金图》标出城内外河道及名称,并且配有简略文字说明,但在《乾隆金志》卷一中称,横浦、小官港、仓河及城外小官浦已湮灭。《咸丰金志》中未记载水系情况。至《光绪金志》对水系情况也仅在卷五《山川志上》中记录了城外的新运盐河、新河和青龙港,对城内水系没有提及;并注明青龙港早已淤塞,"今其故道几不可考矣"①,青龙港实即小官浦。书中的《光绪金图》的标识略为简单,只标示了城外四条水系的河名,城内水系名称未标示,并且相较《乾隆金图》省去了不少支小河道。三图的城内水系格局基本相同,城外水系都为青龙港、运石河、新运盐河和新河,无旧运港。

从上述方志中的信息看,城内河道处于不断萎缩湮灭的状态。实际却并非如此,且不说乾隆之后的三部方志里记载大量桥梁,即使在书中"河道"卷外也有直接记录河名的地方。如《光绪金志》卷六《桥梁》中的"迎恩桥"条下就有"跨仓河"②一句,显然此时的仓河依然是流水不腐。《日制金图》里,城内水道尚比较完整,基本可以同乾隆、光绪两志中的图相对应,而且标绘得更加精准,但墨漫纸洇,多有辨识不清之处。《地名志镇图》和《金卫志镇图》重点表示的是城西部地区,图上河道清晰繁密。因此,可认定城内水系虽时有湮灭,但也常疏浚排淤,在时通时塞的交替中,一直延续到20世纪90年代之后。

以下将细述以上河道的源变和如今复原的位置。

1. 横浦,又名南运河,即古横浦。

《正德金志》下卷一《水类》"横浦"条:"卫治前东流,折而南至总督府前小渠。即古横浦,俗呼为南运河。其在右所大街为明刑桥,在前所大街为定南桥,皆跨浦上,并创卫时建。"③《乾隆金志》记载略同,补记此河淤塞,之后方志不载。

金山四部方志皆记卫治"居城正中"或"居卫城中",按此推断卫治在

---

① 光绪《金山县志》,《上海府县旧志丛书·金山县卷》,上海古籍出版社,2014年,第520页。

② 前揭光绪《金山县志》,《上海府县旧志丛书·金山县卷》,第531页。

③ 正德《金山卫志》,《上海府县旧志丛书·金山县卷》,第54页。

城中十字街口当属无疑。又,四志都记总督府在"卫治东南",则总督府位置大体可辨。《正德金志》对总督府所记甚详,《乾隆金志》另记嘉靖年间改为苏松参将府。查《万历金图》中有"参府",《乾隆金图》更有"旧参府基",并绘小官港从西侧南北流至"旧参府基"前转东西流,与"折而南至总督府前小渠"相符。可见总督府是横浦与小官港的交汇处,横浦的终点。明刑桥,《乾隆金志》记其正式名称为广安桥,《咸丰金志》又记其俗称西砖桥,《地名志镇图》从十字街口向西一百三十米处有桥,桥西北侧有西砖桥新村,因此定该桥为西砖桥,今已不存。定南桥,《咸丰金志》记俗称南砖桥,《地名志镇图》标在十字街口南五十米处,今日尚存。

所以,横浦河道走向是从明刑桥起,过桥(即十字街西街)向南约五十米,转东直过定南桥(即十字街南街),之后继续东流至城东南的总督府处,通过"总督府前小渠"与小官港相接,大体为西北东南走向。河道的具体复原定位方面,依靠如今城内稀存的古迹之一——定南桥,便可倒推其他段河道的位置。这座定南桥重建于道光十四年(1834),桥下河道已被侵占建屋,由于是处于十字街之南街的干道上,应与建城时初建的位置相同无变动。据历代地图,横浦在明刑桥北接运河,南端汇入小官港,该河是十字街南,尤其是东南的主要河道之一。据《地名志镇图》《金卫志镇图》,定南桥西至明刑桥段的河道清晰可辨,易于复原。《日制金图》此处虽已墨淡,但仍依稀有痕。桥东段则据《日制金图》勉强可认,图中有一水曲处同《乾隆金图》"旧参府基"处水道相似,从中可知定南桥东段水道自乾隆以来走向未变,及其在今日地块中的确切位置。

另,《金山县地名志》:"横浦河,在金卫乡。原为古浦东、横浦两盐场界河。河袭古盐场名。"① 今城西北角外五百米处有横浦港,疑与城内原为一河,即所谓古横浦,筑城后隔断。

2. 运河,又名西运河、中心河、穿心河。

《正德金志》下卷一《水类》"运河"条:"自北水关迤南,至明刑桥止。俗呼为西运河。跨河有垂虹、落照、映月、沉星四木桥,皆创卫时建。"②

---

① 前揭《金山县地名志》,第299页。
② 前揭正德《金山卫志》,《上海府县旧志丛书·金山县卷》,第54页。

《乾隆金志》卷一《山水》称:"今中心河即运河之旧,可通舟楫。"①至《地名志镇图》标为穿心河,并有映月桥,在西砖桥北约一百五十米处。四桥在《乾隆金志》中已记为"今废",独映月桥在《光绪金志》中记于道光十四年(1834)重建。

今城内西北小河是运河旧道,与护城河交汇口(今护城河与西静路交汇处)的南侧即北水关旧址。以该河道尽头向东南偏南划一条延伸线,横穿过映月、明刑两桥,两桥之间即是运河旧道,比对《日制金图》《地名志镇图》等图,此位置确有河道,即在今古城路(原名穿心路)东的居民小区东侧与古城路平行而过,这段河岸立有"侵华日军杀人塘碑"。田野调查中,当地老人也能准确指出这段河道位置。以下河道则南越明刑桥与横浦交汇,呈南北流向,是城西北主干河道。北端过北水关连接新运盐河。

3. 小官港。

《正德金志》下卷一《水类》"小官港"条:"小官浦支流也。自海通南城河为浦,迤西而北在城者为港。左所大街有通政桥,英烈侯庙有小官桥,并跨小官港上。"②《乾隆金志》记其河塞,后志无载。

显见该河分为两部,城外为浦,城内为港。通政桥,《乾隆金志》称其在县署东,清县署即明卫治。《光绪金志》补记该桥俗名东砖桥。按明刑桥、定南桥别称西砖桥、南砖桥,推测东砖桥也应在十字街东街之上。查《光绪卫图》,确标通政桥在东街之上。

据历代地图,小官港应从城东南处通过南水关外与小官浦相连,从南水关向北与横浦相交,继续往北过通政桥(即十字街东街)。实际据上文推断,南水关于明正统年间已淤塞,小官港、浦两河当不相连。小官港为南北向,是城东重要河道,也是小官镇核心区域。

4. 仓河。

《正德金志》仅记其在"军储仓东南"③。《乾隆金志》记其河塞,后

---

① 〔清〕常琬修,焦以敬纂《(乾隆)金山县志》,《上海府县旧志丛书·金山县卷》,第123页。
② 前揭正德《金山卫志》,《上海府县旧志丛书·金山县卷》,第54页。
③ 前揭正德《金山卫志》,《上海府县旧志丛书·金山县卷》,第54页。

志无载。

  金山卫城内有军储南仓,洪武二十四年(1391)造①,即今旧仓基,所以仓河的出现不晚于是年。《光绪卫图》中文字称仓河"今已细流",不再有通航功能。按各图,仓河自运河接出,一直向东过十字街北街,继续向东接入小官港等河。在《地名志镇图》中,此河被明确标出,大体位置是西段在今板桥西路南侧,东段在路北侧。河道为东西走向,是城北干流。

  5. 小官浦,又名青龙江、青龙港。

  《正德金志》下卷一《水类》"小官浦"条:"在卫南海上,旧与柘湖通,凡蕃舶悉从此来往,后湖湮。卫既筑城于篠馆镇,置闸海口,闸傍有天妃庙,卫巡海船四十艘由此入。正统间,盛总督奏易以马,令军奋土塞之。今闸废,庙尚存。"②《乾隆金志》已改称青龙江,"青龙江,城濠东南青龙港,即江口昔时出海处,因筑海塘而塞"③,江口即指太湖三大宣泄水道之一的东江入海口。同条并引《图经》,将孙权在青龙镇筑青龙战舰的传说移植于此,并与宋元时青浦青龙镇相混。小官浦则被置于"县城内外旧志存考诸水"条下,查考历代地图,青龙江和小官浦为同一河流,《咸丰金志》也持此说。考盛总督是正统七年(1442)任金山卫都指挥佥事的盛琦。

  小官浦原为大浦,附近港浦多汇流于它入海,《宋史·河渠志》就记载了秀州境内四大湖泊"自金山浦、小官浦入于海"④。又如《正德金志》记鳗鲡港、旧运港、徐浦塘三水曾都汇流小官浦入海。筑城之后小官浦被拦为内外两段,城外尚作为金山卫城的河港使用,在正统年间填平。小官浦位置大约在今城东南城河至沪杭公路,南北走向。

  6. 新运盐河,又名西运盐河。

  《正德金志》记新运盐河"在里护塘南,自卫城北至张堰"⑤,正德

---

① 前揭正德《金山卫志》,《上海府县旧志丛书·金山县卷》,第20页。
② 前揭正德《金山卫志》,《上海府县旧志丛书·金山县卷》,第54页。
③ 前揭乾隆《金山县志》,《上海府县旧志丛书·金山县卷》,第121页。
④ 《宋史·河渠志》,中华书局,1977年,第2413页。
⑤ 前揭正德《金山卫志》,《上海府县旧志丛书·金山县卷》,第54页。

《松江府志》记其至张堰后,西接张泾。正德《华亭县志》并记该河"初在查山东,后以风涛之险改浚于此。人呼其东为旧河"①。《乾隆金志》所记略同。考《万历金图》新运盐河自北水关接入城内运河。今日该河道已不存,据《金山县地名志》,该河于1958年冬被并入张泾河,河道改由城西北角接入西城河。

7. 旧运港,又名运盐河、旧河、旧港。

旧运港即《乾隆金志》"新运盐河"条中所称之"旧河"。《正德金志》下卷一《水类》"旧运港"条载:"张泾堰东南,一名运盐河。旧通海、小官浦,接小官镇,有盐场,故名。既设卫,徙盐场于城西,通卫西新河,遂名此为旧。今浅,梅雨作,复可通舟。"②可见此河原接小官浦,是小官盐场对外的最重要水道,筑城后断为两节,不复与城内的小官港相连接。运盐水道更改后,此河道重要性逐渐下降,至正德时河床已是淤浅,勉强通航。《万历金图》《乾隆金图》《光绪金图》和《光绪卫图》都在小官港东绘有一条南北向无名河道,并且南流入小官港,疑即为旧运港在城内的故道。

今日旧港河从城东北角接入东城河,近城处河道狭小。

8. 新河。

《正德金志》未单独条列该河,只在"新运盐河"条中提及(见上文),称该河因筑城后,小官盐场西迁至横浦盐场,遂为运盐要道。《乾隆金志》指其"直达城濠"③,《光绪金志》记其"西受平湖之黄姑塘水"④,今日此河仍存,即称黄姑塘,由西门南侧接护城河。《乾隆金图》《日制金图》和《地名志镇图》等图都在横浦过西街东转处至西城墙处绘有一段无名河道,疑为筑城前新河故道,筑城后截断。

9. 运石河,又名东门塘。

此河《正德金志》无载,《万历金图》中始绘出,在城东门北侧接入

---

① 〔明〕聂豹修,沈锡等纂《(正德)华亭县志》,《上海府县旧志丛书·松江县卷》,上海古籍出版社,2011年,第99页。
② 前揭正德《金山卫志》,《上海府县旧志丛书·金山县卷》,第54页。
③ 前揭乾隆《金山县志》,《上海府县旧志丛书·金山县卷》,第120页。
④ 前揭光绪《金山县志》,《上海府县旧志丛书·金山县卷》,第520页。

护城河,其他三幅方志图同样绘出。《乾隆华志》卷四《水道考》"乡界泾"条:"但至运石河西,达金山卫北水关。"说明运石河确接入金山卫护城河。《金山县地名志》:"系筑海塘时为运石而开,故名。"又"1977年冬,龙泉港自河缺口改道向南,直抵运石河后,此段成为其支流,遂名老龙泉港"①。即今东门北侧接入城河的老龙泉港南股水道,而同样接入东城河的北股水道开挖于2009年。

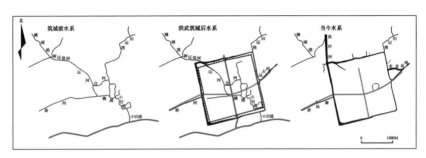

图3 金山卫城水系变迁图

根据上文考证,明清时期金山卫城内外先后出现过九条主要水系,城内四条,城外五条。除仓河、运石河外,其他七条都在筑城之前既已出现,仓河至晚在洪武二十四年(1391)开挖,八条河流都汇入小官浦出海。筑城之后,旧运港与新河被城墙截断,不复与城内相通。正统年间小官浦也被填埋,南水关大致同时填塞,城内外联通水路仅剩新运盐河。正德至万历间,新挖运石河。至此这个格局一直保持到20世纪中叶《日制金图》时期。

通观金山卫城内外水系,可分为市镇、盐运两类。这一划分并非是类型上的分门别类,而只是从河道使用功能角度的简单归纳。

市镇型河道,功能多样,大多是直接服务于聚落的城市需求,例如生活用水、排污、交通等。河道本身与街区融为一体,成为市镇景观。**盐运型河道**则功能单一,凸显长途盐运的对外联络需求,是市镇型河道蜿蜒出城之后的延伸。两者的区别,就如同城内"街道"和城外"公路"一样,所以基本可用城区固结线(即城墙)作为两者区分。

---

① 前揭《金山县地名志》,第290页。

市镇型河道首推小官港,沿岸是该地最早的市镇聚落,这类沿河生发出来的街道是江南市镇最传统的景观形态。城内水系,由小官港、横浦、运河和仓河合围而成,将筑城后最核心的地段——十字街围在中间,两者间保持一定距离,表现出与江南沿河市镇截然不同的城市性格。

自小官港溯游而上,原为旧运港,以外运小官盐场的盐货为主要功能;后改道西北接横浦、运河,通城外新运盐河。小官场西迁后,又有新河承担运盐功能。由此可见,这区域除了市镇河道外,所见大河基本都是为运盐而生,反映了此地早先的经济特色。

小官港下游的小官浦是这一区域水系的主出海口,兼作为河港,人为填平后遂转废弃。放之大背景之下,即可发现每次筑海塘之后,塘内港浦出海口多被海塘堵塞,以致出水不畅,河道淤积,甚而影响城镇发展。海口的堵塞造成金山卫城虽处海边,却无法出海,水路通道转向北入黄浦江。所以筑城之后仅留北水关新运盐河沟通城内,城西的新河沿护城河北上入新运盐河,不再有入城的需求。旧运港因早先已废弃,盐运功能并不强大,所以筑城后也被截断。城内外水系相通性大大减少,反映了金山卫城对外联络需求欲望的降低,实质是城市制盐经济的衰落。

城内核心街区与河道走向关系疏远。内外水系联系微少,暗示对外联络方式并非依靠水路为主。这些现象都在表明金山卫城与江南传统城市亲水性格存在差异,其本身带有的是"厌水性"的城市性格。本文将在第六章第一节中,详细讨论这一特性。

(三)桥梁

桥梁"是连通河流与街道的枢纽,人流、物流的集散地",樊树志将其喻为"江南市镇的灵魂"①。作为水陆交通的交汇,桥梁对空间聚焦的意义不言而喻。本节试通过桥梁位置来确定水路与陆路两者的相对关系,从而进一步厘定城区的格局样貌。

金山卫城除坐落在四城门之外、跨护城河的四座吊桥,城内见于

---

① 樊树志《江南市镇:传统的变革》,复旦大学出版社,2005年,第474页。

记载的桥梁共有二十四座。《正德金志》未单独条列各桥,但散见全书的桥梁有十座,大多明记为筑城时所修,以之正可推断筑城之初的街区规模。之后出现的《乾隆金志》是各部方志中对桥梁记录最为完备的一部,其中未见于《正德金志》的桥梁有十座,这十座桥中不乏《正德金志》所漏记者。成书于乾隆后期的《乾隆华志》中又有三座桥梁是未被上述两部方志记载的。《万历金图》所绘桥梁甚多,其中一座名为"滚龙桥"的桥梁不见于各方志。也就是说,文献记载的金山卫城内所有桥梁至迟在乾隆后期已全部出现。剩余咸丰、光绪两部金山方志对城内桥梁的记载有所疏漏,或是说明桥梁规模处于萎缩状态。《光绪华志》卷一《桥梁》篇指自乾隆以来有六座桥梁"无考",正印证了桥梁是在萎缩。《光绪卫图》中有文说城内河道"惟运河自北水关南行,入金山境,过广安桥折东,至定南桥可通舟楫,余并湮"①。也可证河道淤浅之事。金山卫城桥梁具体情况,见下表:

表1 方志中所载金山卫城桥梁表

桥　名	别　名	修筑时间	位　置	正德金志	乾隆金志	乾隆华志	咸丰金志	光绪金志	光绪华志
广安桥	明刑桥、西砖桥	洪武十九年	跨横浦,在西街,县署西	下卷一	卷一六		卷四	卷六	
定南桥	南砖桥	洪武十九年,道光十四年重建	跨横浦,在南街,县署南	下卷一	卷一六		卷四	卷六	
垂虹桥		洪武十九年	跨运河	下卷一	今废,卷一六				
落照桥		洪武十九年	跨运河	下卷一	今废,卷一六				
映月桥	翁家桥	洪武十九年,道光十四年重建	跨运河	下卷一	今废,卷一六			卷六	
沉星桥		洪武十九年	跨运河	下卷一	今废,卷一六				

---

① 〔清〕杨开第修,姚光发等纂《(光绪)重修华亭县志》,《上海府县旧志丛书·松江县卷》,第741页。

续表

桥 名	别 名	修筑时间	位 置	正德金志	乾隆金志	乾隆华志	咸丰金志	光绪金志	光绪华志
通政桥	东砖桥		跨小官港,在东街,县署东	下卷一	卷一六	卷一		卷六	卷一
小官桥			跨小官港	下卷一					
杨家桥		永乐十六年前	跨小官港,在通政桥南	下卷二	卷一六	卷一			无考,卷一
横浦桥*				下卷二					
滚龙桥		见于《万历金图》							
迎恩桥	北仓桥	嘉庆二十二年重建	跨仓河,在北街,县署北		卷一六		卷四	卷六	
仓桥	茅家桥		跨仓河,在迎恩桥东,旧仓基南		卷一六	卷一	卷四	卷六	卷一
西马桥			跨横浦,在定南桥东南,旧南察院基西		卷一六		卷四	卷六	
东马桥			跨横浦,在西马桥东		卷一六		卷四	卷六	
众安桥			跨小官港,在篠馆街,通政桥北		卷一六	卷一		卷六	卷一
登云桥			在篠馆街,文庙东		卷一六			光绪金图	卷一
青龙桥			在东街,登云桥南		卷一六			光绪金图	卷一
宏仁桥	府桥		在青龙桥南,旧参府基东		卷一六				无考,卷一
通济桥			在宏仁桥南		卷一六		卷四	今圮,卷六	
兴胜桥	兴圣桥		在通济桥东北		卷一六	卷一			无考,卷一
步月桥*						卷一			无考,卷一

明清金山卫城的平面格局与营造特征

续表

桥　名	别　名	修筑时间	位　置	正德金志	乾隆金志	乾隆华志	咸丰金志	光绪金志	光绪华志
慧日桥*						卷一			无考，卷一
小塘桥*						卷一			无考，卷一

注：*表示未能复原位置的桥梁。

传统舆图绘制风格自由，图上地物的选择标准随性，不求精度，使各幅地图比照存有一定困难。不过若利用拓扑学"相对位置稳定"的概念，将传统舆图做几何处理，再进行比较则便利许多（见图4）。从下图中，万历、乾隆、光绪三个时段内的水系和主要桥梁的位置关系清晰可辨。《乾隆金图》《光绪金图》和《光绪卫图》三图只记录主要桥梁，配合文字资料，大多可对其进行精确定位。《万历金图》共记录十五座桥梁，其中七座有名称，图中滚龙桥和仓河西段两座桥都只在此处有记载，其他资料中尚未见到。运河之上四座桥，按《正德金志》记载，分别是垂虹、落照、映月、沉星四桥。以《正德金志》记载桥梁的习惯，是从上游至下游记载。如横浦上的桥明刑（即广安桥）在前，定南在后；小官港上的是先通政桥，再小官桥。所以垂虹等四桥当是按运河流向排布。道光年间重修的映月桥在仓河口南，按理映月桥南还应有沉星桥，《万历金图》中仓河南却只有一座桥，仓河北却有三座，因而对此图尚且存疑，或许翁淳描摹有误。滚龙桥与登云桥下游两座桥梁，不知其名，不

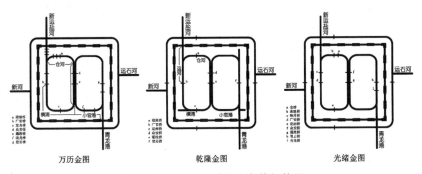

图4　传统舆图中桥梁分布的拓扑图

过各方志中,这两段河道上都有桥梁数座,或就是其中某两座。

桥梁位置的复原定位以图文结合的方式进行。

《正德金志》在下卷一《水类》篇中对桥梁随河而记的书写习惯,紧密结合了桥梁同所跨河道的关系,便于定位。道光十四年(1834)重建的定南桥今日尚存。广安和映月两桥依靠《地名志镇图》等资料可精确定位,已在上文河道复原中确定其位置。据《金山县地名志》,映月桥接小官街[①]。垂虹、落照二桥依靠《万历金图》推测其大概位置,沉星桥在映月、广安之间。跨横浦、运河的这六座桥都位于城西,密度明显高于其他区域;再则,这六座桥并记为"创卫时建"[②],显见筑城之初,十字街西侧街区的规模较他处要来得繁荣。这其中跨运河的四座桥,在《乾隆金志》被记载为"今毁",而且直至清中后期才恢复一座映月桥,或是说明正德至乾隆间,城西北街区发生萎缩。

《正德金志》中未记建桥时间的通政桥,因处于十字街东街之上,筑桥时间也当是创卫之时,所跨河道是小官港。《乾隆金志》始出现的青龙桥,在唯一绘有城内道路的《光绪卫图》中处在通政桥东的东街之上,跨城东无名河道(即前文考证为筑城前旧运港之河道),即是说此桥也是创卫时筑。《光绪华志》不仅对应《光绪卫图》记青龙桥在"大街上"[③],另还称《万历金图》中滚龙桥即是青龙桥。此说甚误。第一,图中滚龙桥位于小官港西侧水道,而青龙桥位置是在小官港东侧水道;第二,《乾隆金志》谓青龙桥"在登云桥南"[④],《万历金图》登云桥南正有一座未记名桥梁,与图中滚龙桥无干;第三,"滚龙"二字做桥名亦是常见,并非金山卫特有,松江城内就有滚龙桥[⑤],所以"滚龙"二字也不当是"青龙"的鲁鱼亥豕。同处十字街的迎恩桥,位于北街,跨仓河,所以应与仓河同时出现,即洪武十九年(1386)至二十四年之间。《咸丰金志》记该桥

---

① 前揭《金山县地名志》,第199页。
② 前揭正德《金山卫志》,《上海府县旧志丛书·金山县卷》,第54页。
③ 前揭光绪《重修华亭县志》,《上海府县旧志丛书·松江县卷》,第755页。
④ 前揭乾隆《金山县志》,《上海府县旧志丛书·金山县卷》,第270页。
⑤ 正德《华亭县志》、乾隆《华亭县志》、光绪《重修华亭县志》等方志都记载城内有"滚龙桥"一座。

俗称"北仓桥",《金卫志镇图》中北街跨仓河处有北仓桥,位置可寻。

以上九桥是《正德金志》明确记载为"创卫时建",或处于十字街上,可确知是"创卫时建"的桥梁。

其他见记于《正德金志》的有小官桥、横浦桥和杨家桥三座桥。跨小官港的小官桥是小官镇的旧物,建桥时间不会晚于筑城,《万历金图》滚龙桥下游无名桥或即是小官桥。小官桥的消失时间应在乾隆之前,一个原因是《乾隆金志》未记小官桥。再者,小官港是金山、华亭两县边界,按理记录桥梁甚全的《乾隆华志》《光绪华志》都该记录此桥,但两书都未见记。杨家桥见于《正德金志》下卷二《军功》,永乐十六年(1418),倭寇入城,指挥同知侯端战于此,是桥建筑不晚于此年。《光绪华志》记录该桥无考,说明此桥于光绪前消失。《乾隆金志》记杨家桥在通政桥南,所跨应同为小官港。三桥中唯有疑问的是横浦桥,《正德金志》下卷二《祠祀》"天妃庙"条:"一在卫城内横浦桥西。"[①]他处未再见记载,位置与年代都不可考。

《万历金图》所见桥名有广安、定南、通政、迎恩、滚龙、众安和登云等桥。从中可知众安、登云二桥也是明桥,筑造时间当不晚。《华亭卫图》绘两桥都在篠馆街,众安桥在西,登云桥在东。登云桥,《万历金图》绘在卫学东南,《乾隆金志》记"在卫学宫前"[②]。卫学今为军营[③],在今卫清西路学府路口西北。营房东侧有水道,按《日制金图》,这条河道就是各舆图中城东无名河道,登云桥位置在此无误。《万历金图》绘众安桥在通政桥北,清代各志也持此说,所以众安桥与通政桥同跨小官港。《日制金图》营房西北侧一水道有逶迤南下趋势,但之后大段却是淤积不见,若将此河道向南延长,正巧可相交在与各幅传统舆图中总督府前水曲处相似的水道上。因而推断这条延长线是小官港北段,那么众安桥的位置是这条线与登云桥向西延长线的交点处。图中迎恩桥以西仓河段有两座无名桥梁,未见诸其他文献,如若不是错绘,

---

① 前揭正德《金山卫志》,《上海府县旧志丛书·金山县卷》,第64页。
② 前揭乾隆《金山县志》,《上海府县旧志丛书·金山县卷》,第270页。
③ 前揭《金山县地名志》,第496页。

则有可能是刻图前后存在的便桥。

《乾隆金志》记录的桥梁中，尚有六座未讨论，分别是仓桥、西马、东马、宏仁、通济和兴胜桥。

《乾隆金志》记仓桥"在迎恩桥东，桥北旧仓基"①。所以与迎恩桥同跨仓河。《金山县地名志》记旧仓基"原址为明代金山卫军储南仓，毁于清代战火"②。位于今学府路板桥西路口西北侧。军储南仓按前文对仓河的考证中所述，建于洪武二十四年（1391），以桥名及位置来说，仓桥是军储南仓的配套工程，所以建筑也当在同时，自正德至光绪的历代方志都记录此桥，可见此桥存续的时间段。

西马桥，《乾隆金志》记其在定南桥东南、旧南察院基西，又记东马桥在西马桥东，推测两桥分居旧南察院基东西两侧。查历代金山方志，城内共有东西二察院，分别在总督府东和卫治西。唯有《光绪金志》卷七《附废署》中记有"南察院，在都指挥府左，明正统末巡按御史刘福建"③。此处实与东察院相误，《正德金志》中"察院"仅一处，文字与此相同，到《乾隆金志》始记有东、西二察院，东察院文字与此相同，足见《光绪金志》南察院的记述是误抄了前志关于东察院的记述。但在《乾隆金图》中，有绘"旧南察院基"，在定南桥东南，旧参府基西，横浦北岸，可知城内确有第三座察院——南察院，位置也大体可定。东、西马桥自《乾隆金志》被记之后，一直到《光绪金志》仍有记录。

宏仁桥，《乾隆金志》记其俗称"府桥"，在旧参府基东、青龙桥南。以此桥俗名推测，当是距旧参府基不远，由此可定该桥位置。另外，按命名来说，桥梁出现时间应早于参将府废弃时间，《正德金志》又未载，所以该桥是在正德之后建造的明桥；其消亡时间也较早，《光绪华志》时此桥已"无考"。通济桥在宏仁桥南，旧参府基是小官港与城东无名河道交汇处，以南为小官港，所以在宏仁桥南的通济桥是跨小官港。《光绪金志》记通济桥"今圮"。兴胜桥在通济桥东北，两部《华亭县志》

---

① 前揭乾隆《金山县志》，《上海府县旧志丛书·金山县卷》，第 270 页。
② 前揭《金山县地名志》，《上海府县旧志丛书·金山县卷》，第 198 页。
③ 前揭光绪《金山县志》，《上海府县旧志丛书·金山县卷》，第 541 页。

都作"兴圣桥",《光绪华志》记该桥无考,应是毁于光绪之前。

剩余三座桥梁,步月、慧日和小塘桥都见于《乾隆华志》,而在《光绪华志》中记为"无考",可知三桥都在城东、北部,具体位置则难考。

综上所述,城内二十四座桥绝大部分都可考证出其位置,今横浦、步月、慧日和小塘四桥难知其位。总体而言,城内桥梁分布区域均匀,大多是明代所建,至晚到乾隆后期已全部出现。以乾隆为界,前至正德,后至光绪,城内桥梁存续状况有明显不同。早先毁弃消失的桥梁多在城西北地块,之后则多是城东区块,所以乾隆之后城东与城南桥梁密度远大于城西北区块,这也揭示了城区的发展方向。

（四）街巷

城内街巷布局简单,以连接四座城门的十字街为主格局,划地分守。明代卫所制是将土地平均划分为块,再按人授地。如《正德金志》上卷一《场营》:"各在所分。总旗每名营屋三间,每间地一丈二尺;小旗二间;军一间。四所总旗共九十九名,计屋二百九十七间;小旗二百三十六名,计共屋地四百七十二间;军四千九百一十名,屋如之。"[①]又,康熙《嘉定县志》卷二《戎镇》中提及吴淞江所城内情形时说:"又分据营地,以一丈二尺阔、十五步深为一户,千户五户,百户三户,总小旗半之,军舍三之一。"[②]所以卫所城的街巷建筑的布局以整齐为主,这点张金奎在《明代卫所军户研究》中也有推证[③]。另有一条早于筑城前就已存在的篠馆街,这五条街构成城市道路体系的骨架。巷弄则以十字街为主干,按"所"的区域密布延展,左千户所区域有七条支巷,右千户所六条,前、后两千户所各八条[④]。这些巷子到《乾隆金志》已"今俱无考"[⑤],但多出一条"奚家巷"。《乾隆华志》则记有一条"行香巷"。其他方志则都没有记载支巷的信息。

---

① 前揭正德《金山卫志》,《上海府县旧志丛书·金山县卷》,第21页。
② 〔清〕赵昕修,苏渊纂《(康熙)嘉定县志》,《上海府县旧志丛书·嘉定县卷》,上海古籍出版社,2012年,第463页。
③ 张金奎《明代卫所军户研究》,线装书局,2007年,第323页。
④ 前揭正德《金山卫志》,《上海府县旧志丛书·金山县卷》,第21页。
⑤ 前揭乾隆《金山县志》,《上海府县旧志丛书·金山县卷》,第124页。

十字街按东西南北，分别名为东平、西靖、南安、北泰，除了以上正式名称与俗称的东西南北（门）街，还有其他名字。如前文考证河道时所引《正德金志》有关横浦、小官港两河的原文中就称"其在右所大街为明刑桥，在前所大街为定南桥"，"左所大街有通政桥"①，据此得知西街对应右所大街，南街对应前所大街，东街对应左所大街。十字街与城内千户所相对应，这种对应从侧面证明了前文提到的卫所城内讲求齐整划一，按军队编制分地筑屋管理的制度，而且也暗合明代最高军事机构五军都督府的相应位置。

根据这个"按所名街"的原则，北街理应名为"后所大街"，然而在文献中未见有此称呼，或是漏记，或是原就未有这个称呼。金山设卫之初，城内共有中左右前后五所，至洪武三十年（1397），中千户所远调松江府②。按街名对应，前左右三所分别处于城南、东、西三块区域，如此城北区域则是中、后二所。筑城之初，十字街西北运河两岸桥梁密集，可见该地繁荣盛于他处。由此看从运河至北街的城北区域承接了两个千户所是一种合理解释，运河之东至北街是中千户所，运河之西是后千户所，中千户所迁出后，所在地块空废，所以之后运河四桥毁塌之后，长时段内都未重建，直至道光年间才恢复一座映月桥。此说是否成立，仍旧存疑。

各千户所地块如何划分又是一个问题。究竟是临街两侧，还是以十字街划分区块各占一区？《正德金志》记载支巷是以"某所巷，几道"的方式书写，如"左所巷，七道"③，总共是左右前后四所巷，无中所巷。这个书写方式较为独到，与一般方志以"某城门内"或"某方位街名"等以门内大街分类的记载有明显不同，或是说明金山卫城内支巷不以大街为分类标准，那么各所临街两侧的分布方式可能性较小。又，清代城东、北属华亭县，县内包含东街和北街北端一小段，《光绪华志》记载城内支巷是抄录《正德卫志》左、后两所巷。按上述考证北街支巷不应是后所巷，而且华亭县属北街路段不长，即使北街支巷就是后所巷，也

---

① 前揭正德《金山卫志》，《上海府县旧志丛书·金山县卷》，第54页。
② 见前揭正德《金山卫志》上卷一《卫所》，《上海府县旧志丛书·金山县卷》，第16页。
③ 前揭正德《金山卫志》，《上海府县旧志丛书·金山县卷》，第21页。

不在境内,不当抄录。再则,若是以临街两侧分布,以各所方位来说,中千户所地临北街,处运河之东多无疑问,后千户所在中千户所西,则是在城西北。然而《乾隆华志》抄录了后所巷情况,说明后千户所应在城东、北处。以此说明各千户所临街两侧的分布方式似是不可能,当是以十字街划分区块的分布方式。若此,按街名对应和卫城政治中心的卫治处于十字街东北角的布局推断,十字街东南为左千户所,东北为后千户所,西南为前千户所,城西北、运河西为右千户所。

十字街原为土路,成化十二年(1476)改为砖石路面。筑城之初街心有镇海楼,后废,于正德前迁至卫治前,充作谯楼。今日的金山卫城日新月异,明清时期绝大部分的城市景观皆已不存,但十字街尚有残存。南北街除两头各有湮灭外,主体踪迹可寻,分别为老卫清路89、90弄,北双南单。西街即拓宽为今老卫清路。东街从十字街口沿卫清西路向东延伸四百五十米,再转东北方向一直伸展到护城河,此处的护城河向外略有弧度,是瓮城段城河的遗迹,北城门处有同样微地形。

篠馆街得名于横浦盐场官廨,世称小官街,今迹不存。城成后盐场衙署迁出,此地雅化为篠馆,并附以此地多箭竹而得名。这一文化意向明显的地名,显示此地在世人眼中的地位提升。原街位置是沿小官港岸边,所以走向应从城东南处一直向北延伸过通政桥;又《乾隆金志》卷四《学校》:"金山卫学,在卫城之艮隅篠馆街北。"①艮位是指东北方,可见篠馆街越过东街,在卫学前折向西;据《金山县地名志》:"接东西向的小官街的映月桥均在境内。"②那么折西后东西向的小官街位置大致与映月桥处于一线。《正德金志》下卷二《庙貌》"义勇武安王庙"条:"洪武初,横浦盐场所立,在小官镇西街。"③可证折西之后的篠馆街称为西街,那么与之相对应在小官港沿岸的小官街多半处于东岸。

《正德金志》中记录了各所区域内支巷的数量,以前文推证"按所名街"的格局,十字街东南有七条巷子,西南、西北、东北分别有八、六、

---

① 前揭乾隆《金山县志》,《上海府县旧志丛书·金山县卷》,第150页。
② 前揭《金山县地名志》,第199页。
③ 前揭正德《金山卫志》,《上海府县旧志丛书·金山县卷》,第64页。

八条。巷名多已失考,仅存一条记载,《正德金志》上卷一《坊井》:"东南保障坊,左所大街南总督府巷口。"①总督府嘉靖中改参将府,《万历金图》东南保障坊在"参府"东。因此该巷位于城东南、总督府东,从东街向南引出,属左所巷。窥一斑而知全豹,考虑卫城平地起城的背景,十字街周边按所分地的区域内原有地名本就匮乏,所以城内巷弄大体都是以卫所官衙为名。

《乾隆金志》失载明代支巷,表明在正德至乾隆之间,城内支巷似有大的变化。由明入清,可查的支巷只有奚家巷一条,最早出现在《乾隆金志》卷二《城池》:"治西北有奚家巷(隶金山),往北水门由之。"②按常理,此巷应沿运河一路向北。又《咸丰金志》卷四《仓署》:"金山卫掌印守备署,在关帝庙西奚家巷。"③关帝庙见《正德金志》下卷二《庙貌》:"在小官镇西街。"④按上文,篠馆街接映月桥,所以奚家巷南端应在映月桥附近,然后沿运河直到北水关。映月桥在《乾隆金志》记为"今圮",道光年间才重建,按此奚家巷不过运河,是沿河东岸。

(五)建筑

建筑是城市景观的重要组成,也是城市功能的直观载体,建筑的复原有利于描绘城市内理。查考明清四部方志,共摘择出近八十条建筑信息。梳理之后其中约有二十多座建筑可复原其位置,三十多座可推测出大致方位。

以下细数考证过程。

1. 金山卫治。

《正德金志》上卷二《公署》说金山卫治"居城正中,周缭以垣。……又前为谯楼"⑤,又《咸丰金志》卷四《仓署》"在卫城十字街东"⑥,据此确定卫治处于十字街口东北角,正处城市地理中心,所以本文在以下的

---

① 前揭正德《金山卫志》,《上海府县旧志丛书·金山县卷》,第 22 页。
② 前揭乾隆《金山县志》,《上海府县旧志丛书·金山县卷》,第 124 页。
③ 咸丰《金山县志》,《上海府县旧志丛书·金山县卷》,第 375 页。
④ 前揭正德《金山卫志》,《上海府县旧志丛书·金山县卷》,第 64 页。
⑤ 前揭正德《金山卫志》,《上海府县旧志丛书·金山县卷》,第 23 页。
⑥ 前揭咸丰《金山县志》,《上海府县旧志丛书·金山县卷》,第 374 页。

地物方位考证的工作中选取金山卫治作为方位原点。

金山卫治始建于洪武二十年(1387),是一个庞大的建筑群,内有架阁库、旗纛庙、经历司、镇抚厅、预备仓等一系列政府机构。雍正立县后,此地改为县署和典史署。乾隆二十四年(1759)至三十三年,县治迁朱泾时,又改为海防同知署。之后,县治短暂迁回,仍旧作为县署使用,直至第二次迁治朱泾后,衙署逐渐倒圮。

2. 中军守备署。

《咸丰金志》卷四《仓署》:"在卫城旧县署东。乾隆六年(1741),守备汪有奇建。"①《光绪金志》记其毁于咸丰十一年(1861)太平天国之乱。据《乾隆金图》,守备署在县署东。

3. 军装局。

《咸丰金志》记在守备署后,《光绪金志》记毁于太平天国之乱。

4. 演武厅。

《咸丰金志》记在县署东北小校场内。乾隆十三年(1748),参将金玮建。《光绪金志》记其毁于太平天国之乱,但在同治十年(1871)又重建。《正德金志》记载明代金山卫城有大小两座校场,都在城外,大校场在城东二里,小校场在南门外。

5. 万寿院。

金山卫最早的宗教设施,《正德金志》记始建于宋淳熙六年(1179),在卫治东北。《咸丰金志》迁治后,该寺并于朱泾东林寺,建筑遂废。至《光绪金志》,仅存后殿。根据《金山县地名志》,万寿院位置在今金卫中学处。近年,该寺异地重建,在城东北板桥西路以北,城河路以东,临东城河。

6. 仓厅。

《咸丰金志》载仓厅全称南仓军储大使署。《正德金志》记仓厅在军储南仓内,军储南仓本名广盈仓,洪武二十四年(1391)建,正统三年(1438)改名。废置年代不可考,《乾隆金图》标为"旧仓基"。今板桥西路学府路口东北角。

---

① 前揭咸丰《金山县志》,《上海府县旧志丛书·金山县卷》,第374页。

7. 军器局。

《正德金志》记在卫治西,洪武二十年(1387)建,内有提局厅等机构。考今位置应在十字街西街口附近。入清后,这个机构即废。

8. 总督府。

备倭总督府衙。《正德金志》记在卫治东南,原福建都司王胜宅邸,正统初年建。《乾隆金志》记嘉靖时改为苏松参将府,入清后废。《乾隆金图》标为"旧参府基"。

9. 察院。

有东、西、南三座。《正德金志》记东察院,在总督府东,正统末建。《咸丰金志》记西察院,在卫治西广安桥东。应处于西街北侧。《乾隆金志》时,东西察院都已废弃。南察院不考,《乾隆金图》标在定南桥东,横浦北岸,为"旧南察院基"。

10. 卫学。

《正德金志》载,在卫治东北,东西两侧分别是城隍庙和钱镠王庙,南边是道路,北边是河道。《乾隆金志》:"在卫城之艮隅篠馆街北。"①《乾隆金图》标在小官港东,仓河南。具体位置大致在今板桥西路城河路口西南。

卫学是继卫治外,又一个庞大建筑群,附含了文庙、崇圣祠、名宦祠、乡贤祠、忠义祠、儒学官署等机构。始建于正统四年(1439),乾隆三十八年(1773)裁撤,日渐坍毁,直到道光十二年(1832)起重建部分建筑。同年,大观书院在卫学旧址建立,是清末金山卫最知名的书院之一。此地一直作为文教用地,据《金山县地名志》,1954年之后该地腾清作为军营,原有建筑完全拆毁。

11. 城隍庙。

在卫学东,篠馆街上,洪武二十年(1387)建。

12. 钱武肃王庙。

即钱镠庙。本在卫学西,《光绪金志》记乾隆五十三年(1788)移建通政桥东,咸丰十一年(1861)遭毁。

---

① 前揭乾隆《金山县志》,《上海府县旧志丛书·金山县卷》,第150页。

13. 镇抚监。

《正德金志》记,在明刑桥南,卫初置时设,成化十八年(1482)重建。入清后即已不存。

14. 关帝庙。

《正德金志》记洪武初建,在簘馆镇西街,今北街西侧。《光绪金志》记咸丰十一年(1861)毁于太平天国。

15. 金山卫守备署。

全称金山卫掌印守备署。《咸丰金志》记顺治四年(1647)建,乾隆十四年(1749)裁撤,在关帝庙西奚家巷。

16. 兵马司。

明卫所机构,永乐十四年(1416)起建,四瓮城内各有一座。仅见载于《正德金志》。

17. 汛署。

有两座,分别在南门和西门。年代无考,仅《咸丰金志》有载,《光绪金志》记为"今圮"。

18. 金山营参将署。

《乾隆金志》记,原为明指挥使魏弘宣宅,在城北;顺治初改为参将署,嘉庆二十五年(1820)改为游击署。具体位置今难考。咸丰十一年(1861)毁于太平天国后未复建。

19. 上真堂。

即浦东道院。《正德金志》记在城隍庙东,元至元建,后并入松江仙鹤观,洪武三十五年(1402)后恢复。《咸丰金志》时已废。

20. 天妃庙。

《正德金志》记有两座,一座为洪武二十年(1387)建于横浦桥西,位置无考。另一座于洪武三十年(1397)建于小官浦口,历代方志都有记载。《万历金图》绘在小官浦口西岸。咸丰十一年(1861)毁于战乱,同治年间重建。

21. 火神庙。

始见于《乾隆金志》,在参府署后。《光绪金志》记迁往朱泾。

22. 三忠祠。

《光绪金志》记在大观书院西,同治六年(1867)为纪念死于太平天国之乱的三武将而建。

23. 方园。

园林。见于咸丰、光绪两志,《咸丰金志》记在城隍庙后。

24. 社稷坛、风云雷雨山川城隍坛、先农坛、邑厉坛。

四大祭坛,都是立县后于雍正四年(1726)所建,迁县后迁往朱泾。社稷坛和邑厉坛在北门外,风云雷雨山川城隍坛和先农坛在西门外。

以上二十多座建筑多是可确定其确切位置,显见城内以卫治(十字街)和卫学(小官街由南向西转角处)两地最为繁华,建筑聚集度高。原先在筑城之前小官镇核心区域之一的城东南小官港两岸仅有总督府等寥寥数个地物,这一区块似乎处在一个萎缩的状态。

下表五十多座建筑即为上文已复原位置的和另能推测大致方位的建筑列表,粗体为可复原位置的建筑:

表2 金山卫城建筑表

序号		方位	洪武	正统	正德	雍正	乾隆	嘉庆	咸丰	光绪
1	1	东北	卫治	卫治	卫治	卫治	卫治			
2	2		后千户所治	后千户所治	后千户所治					
3	3			卫学	卫学	卫学	卫学		卫学	卫学
4	4				后右所义塾					
5	5						中军守备署	中军守备署	中军守备署	
6	6						演武厅	演武厅	演武厅	演武厅
7	7		仓厅	仓厅	仓厅					
8	8		万寿院	万寿院	万寿院	万寿院	万寿院	万寿院	万寿院	
9	9		上真堂	上真堂	上真堂	上真堂				
10	10		城隍庙	城隍庙	城隍庙	城隍庙	城隍庙	城隍庙	城隍庙	城隍庙
11	11						钱武肃王庙	钱武肃王庙	钱武肃王庙	

续表

序号		方位	洪武	正统	正德	雍正	乾隆	嘉庆	咸丰	光绪
12	12	东北								三忠祠
13	13						镇海侯庙	镇海侯庙	镇海侯庙	镇海侯庙
14	14								方园	方园
15	1	东南			总督府	总督府				
16	2				东察院	东察院				
17	3		左千户所治	左千户所治	左千户所治					
18	4		忠烈昭应庙							
19	1	西南	前千户所治	前千户所治	前千户所治					
20	2				前左所义塾					
21	3				镇抚监					
22	4		保泰庵	保泰庵	保泰庵					
23	5								圆通庵	
24	6								魏家园	魏家园
25	7					干园	干园	干园	干园	干园
26	1	西北		西察院	西察院					
27	2		右千户所治	右千户所治	右千户所治					
28	3		军器局	军器局	军器局					
29	4					金山卫守备署	金山卫守备署			
30	5		义勇武安王庙	义勇武安王庙	义勇武安王庙	义勇武安王庙	义勇武安王庙	义勇武安王庙	义勇武安王庙	义勇武安王庙
31	1	东(外)			兵马司					
32	2								军装局	
33	1	南(外)			兵马司					
34	2								汛署	汛署
35	3		天妃庙							

续表

序号	方位		洪武	正统	正德	雍正	乾隆	嘉庆	咸丰	光绪
36	4	南(外)	天妃庙	天妃庙	天妃庙	天妃庙	天妃庙	天妃庙	天妃庙	天妃庙
37	5						定海庵	定海庵	定海庵	定海庵
38	6		广孝所	广孝所	广孝所					
39	1	西(外)			兵马司					
40	2								汛署	汛署
41	3		晏公庙	晏公庙	晏公庙	晏公庙	晏公庙	晏公庙		
42	4					风云雷雨山川城隍坛	风云雷雨山川城隍坛	风云雷雨山川城隍坛		
43	5					先农坛	先农坛	先农坛		
44	6					保泰庵	保泰庵	保泰庵	保泰庵	保泰庵
45	7		广孝所	广孝所	广孝所					
46	1	北(外)			兵马司					
47	2					金山营参将署	金山营参将署	金山营参将署	金山营参将署	
48	3								火药局	
49	4						北枪厂	北枪厂		
50	5			吉祥庵	吉祥庵					
51	6					社稷坛	社稷坛	社稷坛		
52	7					邑厉坛	邑厉坛	邑厉坛		
53	8						火神庙	火神庙		
54	9			梅燕轩	梅燕轩					

  金山卫的历史中,洪武建城、正统升格为总督驻地、雍正立县、嘉庆县治迁出等四个时间点,都是金山卫城建史上的关键事件,史料留存丰富。另外正德、乾隆、咸丰和光绪四个时间断面因有方志,资料也比较齐全。所以上表利用这八个时间断面,统计建筑兴废状况,尤其是记录完备的官衙资料,可以大体分析城区的变化经过。

  清代方志的话语体系中,咸丰十一年(1861)的太平天国之乱对于金山卫城是具毁灭性效果的。此外不出意料,每部方志的主修者在各

明清金山卫城的平面格局与营造特征

自的方志中,几乎都是城建的领军人物。

空间区域以十字街为区隔,划分成东北、东南、西南和西北四块区域作为比较,另外位置模棱不清的地物,以东南西北(包含城外近城处)作笼统归纳,具体的空间分析会尽量避开这些地物。

从方志中摘择出的近八十条地物,多是集中在官衙与祠庙,偶有兼涉私宅院邸等,难与如地契等翔实数据相比,所以表中将数据相对齐全的官衙标红,作为标准量分析。总共五十四条,标红的官衙机构有二十七条,正巧是半数,足够支撑分析所需的数据量。衙署机构虽不能完全代表城市规模的发展,但是却能准确反映出城市每次政治地位变动后对其的影响,所以还是可以将之作为分析城市演化的分析对象。

从表中看,可明显发现城东北地物较为繁密,符合前面所提及的卫治和卫学两个中心的情形。其他三块区域的地物大致相等。

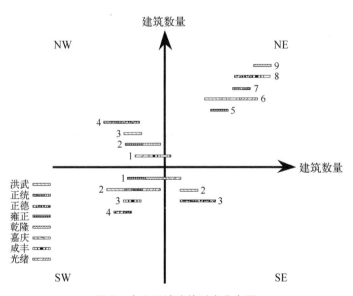

图5　金山卫城建筑时空分布图

从时间上看(见图5),八个时间点的官衙机构数量依次是7、11、18、4、7、4、8、4,正德修志对地物官衙的记录特别详细,正统、正德两

109

个时代对城内官衙有过大规模的增建或翻新。明清鼎革之后官衙数量迅速下降,即使立县之后也未见起色。究其原因,一是从换代到立县这段时期,金山卫在入清后军事地位的下降;立县之后,囿于财政等原因,官方对衙署修建也不热心,如县丞署等机构就长期未建,或租赁民居,或与立县前的府县合用。从入清后出现的衙署机构看,有中军守备署、金山卫守备署、军装局、火药局、北枪厂等,似乎军用单位比民政单位出现得更主动,可见金山卫似乎一直未能完全摆脱军事色彩的城市性格,最终还是失去了作为民政单位驻地城市的资格。

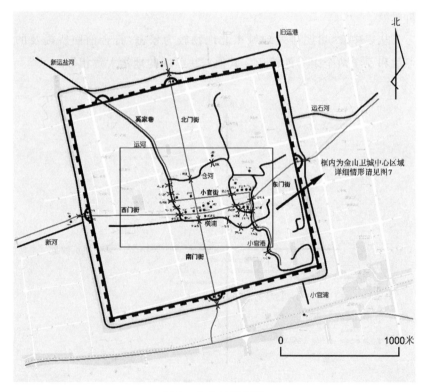

图6 金山卫复原图

注:1. 本图所表现地物是全明清时期,并未分时段,使用时需留意。
    2. 图中框内细节放大图参看本文图7。

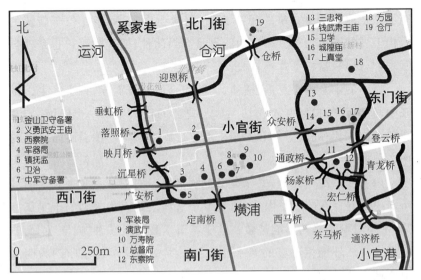

图7　金山卫城中心复原图（即图6中框内区域）

三、结语:"厌水性"的城市形态所表现出的城市性格

　　本文所考察的明清金山卫城,是一座带有军事色彩的方型城市。作为军事性格强烈的卫所型军事城市,城墙对于它来说具有极强重要性和实用性,因此相较处于同时段、同地域的城市,卫所城市的城墙修筑较早,且规划营造上更具主动性、计划性,大多是与城市一起创建的。基于这样的原因,本文将"筑城墙"作为所讨论的对象城市的"出生证明",从这一刻起,把它们作为"城市"进行描述。而在建城之前,此地则是一个以煮盐为业的滨海小镇,街道如同一般水乡城镇,是沿河道(小官浦)分布并以之为名的线状聚落。

　　城墙矗立之后,原先以盐运为主的外联水系大多被割断,除西北向的运河外,城内外大部分水系不再互通。这些水系就如同"公路"一样,是该地对外联络的主要方式。然而筑城后,盐场西迁,使本地对外

111

联络需求最大的盐运业急遽衰落,外联水系地位下降成为自然,这也表明该地原有的小官镇的经济功能(制盐业为主)逐步让位于新筑的金山卫城的军事功能。军事功能更具有封闭性,明代的军户也是独自管理,与民户、盐户等并不相关。

城内的水系由小官港、横浦、运河和仓河环流而成,将十字主街围在中间,两者的接触并不密切。这与普通的江南城市中市镇河、街并行的结构大相径庭①。不仅如此,这座卫城还主动封塞了通向河港的南水关,并填埋河港。

以上显然都在提示,主导金山卫城市形态的力量并非来自江南城市之中普遍存在的水系因素,而是肇于筑城之初人为规划的十字街格局,水系对城市格局影响甚微。这座城市呈现的是一种"向陆性"而非与周边自然环境相适应的亲水性性格。本文将这个现象归纳为明清卫所城市的"厌水性"。

"厌水性"现象表明:人为规划建造的金山卫城与周边自然环境下原生的江南水乡城市迥然不同,江南城市是由江南的集镇自然生发演变而来的,而金山卫则是国家规划营造而来的。若从城内官衙机构数量看,尽管入清之后金山卫军事地位下降,但在有清一代该城仍然是军事要地,因为即使入清后出现的衙署,也尚有中军守备署、金山卫守备署、军装局、火药局、北枪厂等机构。这似乎说明了军用单位比民政单位的建构更为主动,可见金山卫城一直未能完全摆脱其具有军事色彩的城市性格。

---

① 江南城市的河街关系可见钟翀《上海老城厢平面格局的中尺度长期变迁探析》,《中国历史地理论丛》2015 年第 3 期。

Analysis on the Plane Layout and Construction characteristics of Jin-shan-wei City in Ming and Qing Dynasty

SUN Changqilin

Abstract: Located at the border of Zhejiang (浙江) and Shanghai (上海), Jin-shan-wei City (金山卫城) was the Wei-suo city (卫所城市) in the largest scale with the military officers in the highest level stationed in the coastal area in Ming (明) Dynasty. Therefore, it is worthwhile to research its plane layout and evolution. Since established in Hongwu (洪武) Period of Ming Dynasty, Jin-shan-wei City has witnessed many important events including establishing and moving the county in Yongzheng (雍正) and Jiaqing (嘉庆) Period of Qing (清) Dynasty, respectively. The plane layout had been changed for several times which influenced water system, bridges, streets and architectures. Indicating the city's characteristics, these plane element changes can be clarified with the process to show that the Wei-suo cities located in Jiang-nan area (江南区域) have different characteristics from the original cities of the same area. As a result, the appearances of the cities are quite different. "Hydrophobe" as it is, Jin-shan-wei City is different from the general cities that are hydrophilia, which reflects the political and military elements can dominate the urban structure and this dominance has a general significance for Wei-suo cities in the coastal area of Liang-zhe region (两浙地区).

Keywords: Jin-shan-wei City; Wei-suo City; "Hydrophobe";

Cities in Jiang-nan region

本文为 2019 年度国家社会科学基金项目"日军测制中国城镇聚落地图整理与研究"(19BZS152)、2015 年度国家社会科学研究基金重大项目"外国所绘近代中国城市地图集成与研究"(15ZDB039)的阶段性研究成果。

导师评语：

本文为上海师范大学人文学院历史地理专业 2017 届硕士生孙昌麒麟的硕士论文《上海地区卫所城市形态及功能演变的研究》之一部分。明代卫所城市是中国古代围郭城市体系中的一个重要类型，其主要特征是肇始于军事型围郭城市，后逐渐兼容民政功能成为"普通"城市。明亡之后，有相当数量的卫所城并未随卫所制的消亡一并消失，而是得以存留并成为县级行政中心。

在明代，今上海地区不与府县同城的独立卫所城有金山卫、青村所（今奉贤奉城镇）、南汇嘴所（今浦东惠南镇）、吴淞江所（今宝山）和宝山所（今浦东高桥镇北）等五座，其中除宝山所城外均于后世成为县治所在。而其中的金山卫城，自洪武建城起，经历了雍正立县、嘉庆迁县、近代兵燹、日军登陆等重大事件，其城市平面格局几经变迁，城内外水系、桥梁、街道、建筑均受影响。本文研究揭示，上述地物要素的演变背后隐藏着这座卫所军城的城市性格，使得金山卫城在营造上具有鲜明的"厌水性"特征，而有别于江南一般城市的亲水性格，反映了政治军事因素对城市构建的主导性。

在本文中，作者通过对地方志及其他著述、古旧地图和近代大比例实测地图等文献材料的梳理比对，结合田野勘察等手段，以历史形态学方法，结合中国传统史料的特性，尝试以具体的地物、地块分析的思路开展对上述城市的详细复原研究。探索明清鼎革之后，作为明代痕迹遗留的军事城市内的社会变化，理清特定时代背景下的特殊类型城市的转型，并将之视为明清上海地区城市发展谱系一种类型来加以阐明。

  本文收集资料较为全面,文章叙述条理清晰,图文并茂,其主体部分曾在《杭州师范大学学报(社会科学版)》2017年第2期刊载,本次发表又做了增补与修改。

论长江三峡地质灾害后的江流与航道变迁
——以1896年云阳县兴隆滩的滑坡灾害为中心

尹玲玲

摘　要：长江三峡的高边坡失稳所导致的崩滑地质灾害常常造成壅江碍航，1896年发生于云阳县境内长江北岸的兴隆滩滑坡使得这里的江流与航道发生了很大的变迁。滑坡前后峡江过水断面对比明显，滑体推入长江，江面南移，河床由宽展变为束狭。滑坡后的峡江航道与流速也已大为不同，原来倚靠南岸的巨石耸峙江心，将河床中分为南、北二漕，江流迅急，涡流成潆，形成滩险。滑坡后的交通形势极为严峻，上、下行的客货船只都必须起驳盘滩，放空而行，并倚赖人力拉纤，虽如此，仍灾情迭现。根据历史文献中的相关地图，可将滑坡后南、北二漕的江流形势与船只上、下行的航线进行清绘和解析。1898年炸滩后，兴隆滩水势险情有所舒缓，但并未完全解决。

关键词：长江三峡；兴隆滩；滑坡灾害；航道变迁

一、引　言

滑坡壅江碍航的事件在世界各地的山区广泛存在，时有发生，造成非常严重的灾害，灾害程度远比非壅江滑坡严重，尤其是一些大型滑坡壅江事件的影响更为深远①。西南地区的区域地质环境在全世界范围内也具有典型性和独特性。历史上长江一直是沟通东西的"黄金"水道,因此,对其历史上的江流与航道变迁进行研究,其意义是不言而喻的。然而,历史上因崩滑等地质灾害引发的长江壅江碍航的情况,就目前来看,还远谈不上清晰。因此,我们有必要对此予以更多的关注和重视。

有学者曾根据已经发现和识别出的一百六十余个壅江滑坡绘制了我国滑坡壅江事件分布图,认为壅江滑坡的发育与我国的降雨分区、地形地貌、断裂分布、地震活动和地层岩性的分布密切相关,指出壅江滑坡灾害在时间上、空间上的发育分布具有一定的规律,其中川-鄂山区滑坡壅江分布区以暴雨成因的滑坡、崩塌壅江为其特色,规模则小、中、大型滑坡均有,支沟或支流上多为完全壅江,在长江上则多为不完全壅江,形成险滩,典型的有鸡扒子滑坡、新滩滑坡、黄官漕滑坡、流来观、旧县坪等②。长江三峡约以奉节为界,以西为宽谷,以东为峡谷,地质历史时期长江尚未贯通前,川江西流,峡江东流。之后,长江东西贯通,两江的续接贯通点大抵就在三峡上下。在这样的地质环境背景下,峡谷的急流险滩形势更为险峻。当然,宽谷区如出现大型甚至巨型滑坡,也会形成急流险滩。长江三峡地区的滑坡、崩塌灾害的危害十分严重,如上述鸡扒子滑坡,发生于1982年7月17日至18日,滑坡位于老云阳县城,也就是现在的云阳镇东一公里处的长江北岸,滑坡体积达1 500万立方米,其中约180万立方米的土石体推入长江,直达对岸,江床淤高30余米,形成了600米长的急流险滩,给航运带来了极大困难,经济损失十分巨大③。据估算,此次滑坡直接造成的经济损失即约合当时的人民币600多万元④。学术界对鸡扒子滑坡的

---

① 柴贺军、刘汉超、张倬元《中国滑坡堵江事件目录》,《地质灾害与环境保护》1995年第4期。
② 柴贺军等《中国堵江滑坡发育分布特征》,《山地学报》第18卷增刊,第51—53页。
③ 李玉生《鸡扒子滑坡——长江三峡地区老滑坡复活的一个实例》,《中国典型滑坡》,科学出版社,1986年,第323页。
④ 黄润秋《四川云阳鸡笆子滑坡形成机制探讨》,《山地研究》1986年第2期,第153页。

研究一直延续至今,研究成果已相当深入,广泛涉及其发育特征、形成机制、稳定性分析、滑坡整治及其工程技术应用等方方面面①。

长江三峡地区当前的地质灾害是地质时期和历史时期地质灾害发展的延续②,有些新滑坡就是老滑坡局部复活形成的,上述鸡扒子滑坡就是典型的一例③。区内明显存在三级老滑坡,从上至下是擂鼓台滑坡、桐子林滑坡和宝塔滑坡,前两个滑坡为死滑坡,宝塔老滑坡西侧复活产生了鸡扒子滑坡,目前处于相对稳定阶段④。由此可见,要想对当前的地质灾害有较为全面的了解,就有必要对历史时期的地质灾害进行全面而深入的研究,并在已有研究的基础上,对历史上长江三峡的地质灾害与航道交通展开深入的个案研究。这种个案研究,对于丰富我们对整体区域的认识具有较为重要的学术意义。上文所述造成长江不完全壅江的"黄官漕滑坡"即本文所指的兴隆滩滑坡,此前笔者已有相关研究就此次滑坡的概况、成因、生命损失以及地名与聚落演变等进行过探讨⑤。

三峡库区云阳县境内的滑坡灾害历来较为严重,本文论及的兴隆滩滑坡区位于四川盆地东部长江北岸,属长江河谷侵蚀剥蚀低山河谷地貌,无论从区域基岩地质条件、地形地貌条件还是气象气候特点来

---

① 除上述已引用者,尚有刘书伦《长江鸡扒子滑坡整治》,《水运工程》1984年第1期;万特夫《川江急流区的挖泥船——中日技术合作的成果》,《船海工程》1984年第6期;蔡廷贵《鸡扒子航道整治设计与施工》,《水运工程》1987年第12期;李日国、杨淑碧《云阳鸡扒子滑坡发育特征》,载《全国第三次工程地质大会论文选集》,成都科技大学出版社,1988年,第76—82页;马照亭、梁海华《Sarma法在四川云阳鸡扒子滑坡稳定性评价中的应用》,《地震地质》2002年第3期;李云华、李安洪《三峡库区重庆市云阳县宝塔—鸡扒子滑坡群稳定性分析研究》,《科学技术通讯》2004年第3期。

② 尹玲玲《明代三峡新滩地区地质滑坡对交通和社会的影响》,《中国历史地理论丛》2008年第4期。

③ 四川南江水文地质队、成都地质学院工程地质研究室《孔隙水压力导致滑坡复活的一个典型实例》,《地质学报》1985年第2期。

④ 四川省地质矿产局、南江水文地质工程地质大队《鸡扒子滑坡的特征和稳定性分析》,《水文地质工程地质》1984年第6期。

⑤ 尹玲玲《论清末三峡云阳县兴隆滩的滑坡灾害》,《史林》2015年第6期;《新滩·新龙滩·兴隆滩——记清末三峡滑坡灾害后的一次地名与聚落演变》,《中国历史地理论丛》2017年第2期。

说都有利于滑坡灾害的发育[①]。清末1896年九月底云阳县境内发生的这次特大型滑坡——兴隆滩滑坡所形成的古滑坡体一直以来仍不稳定,此后常因地质条件、地形地貌与降雨等多因素的组合而导致古滑坡体局部多处激活,形成兴隆滩滑坡群,如隆家湾滑坡、建材厂滑坡等,滑坡规模仍相当可观。如其中的隆家湾滑坡,位于重庆市云阳县双江镇兴隆村关爷庙至隆家湾一带,南抵长江,距云阳新县城约3公里,距老县城(云阳镇)27公里,滑坡体积达 288.8×10^4 立方米[②]。建材厂滑坡从20世纪80年代中期变形以来,滑体就处在蠕动变形中,若遇久雨或暴雨后滑体即开裂变形加剧,体积也达 153.6×10^4 立方米[③]。由此可见,导致形成这一滑坡群的古滑坡体规模之巨大。滑坡体导致峡江航道堵塞,航运受阻,造成人民生命财产安全受损。关于兴隆滩滑坡后的江流与航道变迁,以及航道整治与疏浚等,先是在历年海关贸易报告中有相应记述,之后邓少琴先生20世纪40年代在其《川江航业史》一文中有过简练的概括叙述[④],其后在其《近代川江航运简史》[⑤]及相关的航业史方面的著作中又有转录或进一步的研究[⑥]。近年来关于晚清重庆海关方面的研究对此也有所涉及[⑦]。但相对于上述发生于当代1982年的鸡扒子滑坡的研究而言,发生于清末1896年云阳县境内的兴隆滩滑坡的探讨则可以说仍有相当大的空间。因此,立基于已有的研究,并结合广泛搜集的丰富的文献资料,本文拟就此

[①]《关于重庆市三峡库区三期地质灾害防治工程非应急项目云阳县兴隆滩滑坡群建材厂滑坡(174)可行性研究阶段勘查报告的咨询评估报告》,《中国中铁二院工程集团有限责任公司三峡库区地灾防治顾问部文件》,中铁二院三峡顾问咨发〔2007〕178号。

[②] 黄斌《三峡库区隆家湾滑坡稳定性研究》,西南科技大学硕士学位论文,2009年。

[③]《关于重庆市三峡库区三期地质灾害防治工程非应急项目云阳县兴隆滩滑坡群建材厂滑坡(174)可行性研究阶段勘查报告的咨询评估报告》,《中国中铁二院工程集团有限责任公司三峡库区地灾防治顾问部文件》,中铁二院三峡顾问咨发〔2007〕178号。

[④] 邓少琴《川江航业史》,载西南实业协会编《西南实业通讯》第六卷第2期,1942年,第21—22页。

[⑤] 邓少琴《近代川江航运简史》,重庆地方史资料组,1982年。

[⑥] 王绍荃《四川内河航运史》,四川人民出版社,1989年;熊树明《长江上游航道史》,武汉出版社,1991年;王轼刚《长江航道史》,人民交通出版社,1993年;朱茂林《川江航道整治史》,中国文史出版社,1993年。

[⑦] 王文圣《晚清重庆海关研究》,四川大学博士学位论文,2009年。

次滑坡后的江流与航道变迁做进一步的深入探讨。

二、滑坡前后峡江过水断面的
　　对比：宽展—束狭

峡江地区复杂的地质地貌情况，使得人们选择一个合适的生存环境并不容易，自然环境对这一带的城市选址起着较大的制约作用，城镇选址一般都在一个相对独立的自然地理单元内①。云阳县兴隆滩滑坡所在的上岩寺(历史文献中有时又称"上崖寺")一带东侧台地自新石器时代以来即为人类居所，2003—2004年四川大学历史文化学院考古系等单位进行调查和发掘的云阳丝栗包新石器时代遗址就在此处②。

光绪二十二年(1896)，在长时间的连绵阴雨之后的农历八月二十四日凌晨，在今重庆云阳兴隆滩所在地方发生了一次特大型的滑坡。因滑坡前该处地势相对宜居，滑坡前山上山下均有民居聚落分布。上崖寺山附近上下十几里滑坡山崩，造成山下数十户居民被埋。山上山下的居民因所处地势的差异导致感受滑坡前兆的不同而遭受完全不同的命运。据当时的海关贸易报告可知，滑坡发生在长江三峡左岸距江面1500英尺高的地方，部分岸段发生了崩塌，其上300英尺的陡坡土层滑落入江中。因斜坡被改造成梯形台地并被开垦，土壤是沙和黏土，岩石是砂岩和石灰岩。这种软硬交互型岩层，在长时间阴雨的浸泡和陡坡自重力的作用下，这些松散的沙和黏土软层就沿着陡峻的砂岩和石灰岩硬层岩面大规模崩滑下来，挤入江中③。下文拟对滑坡前后的江面与江流的对比情况进行叙述，以突显滑舌入江后兴隆滩江段的环境变动。

---

　　① 尹玲玲《历史时期三峡地区的城镇水资源问题与水利工程建设》，《华北水利水电学院学报(社科版)》2012年第5期，第16页。
　　② 四川大学历史文化学院考古系、重庆市文物局、云阳县文物管理所《重庆云阳丝栗包新石器时代遗址》，《考古学报》2016年第2期，第231页。
　　③ 详见尹玲玲《论清末三峡云阳县兴隆滩的滑坡灾害》，《史林》2015年第6期，第118页。

滑坡前，文献对此地较少记载。比利时人泰勒在治滩日记中提到，兴隆滩在滑坡前，这里的河岸还是一处呈内凹状的弧形，水流也较为平缓[①]。成滩后对江流与航道造成巨大障碍的豆腐石、金子梁等巨石、石梁等此时尚位于江段南岸，江面宽阔，河床舒缓，江流平稳，航运通畅。兴隆滩滑坡后，大规模的土石崩滑入江。王淑敏先生在论文中也曾说，这里滑坡前是一处平静的名叫"龙中湾"的水湾[②]。此次滑坡上下绵延十几里，自上游的盘沱、上岩寺，一直到下游的黄官漕、大帐地方。从当前相关地名留存来看，盘沱地名未变，上、下游分别有小盘沱、大盘沱，在南岸。"黄官漕"则应即北岸的"黄瓜漕"，周魁一先生在所撰《长江三峡地区大型岩崩滑坡的历史与现状概述》一文中也确乎将此次滑坡的地点地名标为"黄瓜漕"[③]。《峡江滩险志·兴隆滩分图》中有"大荡子"地名[④]，则"大帐子山"估计即为今"大档子"，可能是海关贸易报告中的记载在音、意方面都出现了一定的偏差。"上崖寺"则应即"上岩寺"，在方音中都可念 ai。再者，20 世纪 80 年代的民俗调查与编写中，有一则关于此地"灯盏涡的来历"的传说，说是"河南岸相隔不远有大盘沱和小盘沱，河北岸有上岩寺和下岩寺，互相对称"[⑤]，这与当前地图所见也完全吻合。"灯盏涡"这一地名估计也与滑坡阻塞江流后所形成的相应的急流漩涡有关，或者就是从上述《峡江滩险志·兴隆滩分图》中所记之"东瓜漩"演变而来。由此可大致推断出滑坡体上下绵延所及的地方，上游大致自西面大盘沱对岸的上岩寺始，下游大抵东至大档子附近，上下确乎达十几里远。

---

① ［英］戴乐尔著，张黎源、吉辰译《我在中国海军三十年》，文汇出版社，2011 年，第 138 页。

② 王淑敏《三峡库区历史上的滑坡灾害》，杜榕桓主编《长江三峡工程库区滑坡与泥石流研究》，第 23 页。

③ 周魁一、郭涛《长江三峡地区大型岩崩滑坡的历史与现状概述》，《灾害学》1987 年第 1 期，第 76 页。

④ 刘声元主编《峡江滩险志》，《中华山水志丛刊·水志》第 24 册，线装书局，2004 年，第 444—445 页。

⑤ 陈植搜集整理《灯盏涡的来历》，载钟敬文主编《鲁班的传说》，甘肃人民出版社，1988 年，第 260—261 页。

据民国《云阳县志》记载,滑坡导致"黄官漕山半崩裂,土石推移,广袤数百丈,直移入江,壅塞江流"①,与江中石梁相逼,水石冲激,凶险万状。从滑坡前后江面宽度的绝对变化来看,邓少琴先生1942年在其《川江航业史》中说,兴隆滩所在的"大帐江面","原宽一千二英尺,山崩之后,减缩至三百英尺"②,换算成我们惯用的长度单位,也就是说,江面原宽366米,减缩到91米③。由此可见,江面大大缩窄。况且,除了江面大为缩窄外,因滑舌伸入江心,将江床壅高,故而江流的横截剖面也就是过水断面更是大大缩窄。如此,则水位被迫抬高,上、下水位之间的落差加大,上、下游间的比降变陡,流速也就变得相当迅猛而号称急流了,下文即详解这里的急流险滩与航道流速。

三、滑坡前后峡江航道与流速的对比

晚清名臣丁宝桢在其《书峡江救生船后》中指出,"峡江之险在滩,峡滩之险在石",峡江"自万县汇合众流,直趋三峡,其势电激矢疾,力挟万牛。每值盛涨,水之所冲,大石为动","峡中行船,必用长年。一船之人,惟其所命。然至于滩,虽长年不敢妄动,必用滩师。滩师者,当滩之人,习知滩事,熟识水经。凡船出水石之间,若彀弩之省于括,若驱车之循其辙。剖分析寸,累黍不差,乃以获济。故峡船过滩,必以善价购之焉"④。由此可知,峡江自万县以下因汇合了众多的支流,水量大增,直逼三峡而去,水面却因进入峡谷而迅速束狭,故而水位上升,坡降增大,流速加快,冲击力巨大,当水位盛涨时可以推动巨石,不难想见在这种情势下船只通行时的危险程度。

正因为如此,在峡江中行船,必定得聘用熟悉水情的专业人员"长年"。"长年"这一称呼可谓历史悠久,其来有自,唐代诗圣杜甫笔下即

---

① 民国《云阳县志》卷三《山水上》、卷五《山水下》。
② 邓少琴《川江航业史》,载西南实业协会编《西南实业通讯》第六卷第2期,1942年,第21—22页。
③ 《云阳县川江兴隆滩之崩塞与疏凿》,《四川水利志通讯》1984年第3期,第118页。
④ 〔清〕丁宝桢《书峡江救生船后》,《峡江救生船志》卷首序。

有"长年三老遥怜汝,捩舵开头捷有神"①之句。宋人陆游在《入蜀记》中记曰:"问何谓长年三老?云:'舿公是也。'"全船所有人的行动,都得听其号令。然而到了江流水情更复杂的激流险滩,即便是"长年"也不敢应聘行船,必得聘用技术更为老练的"滩师"。所谓"滩师",就是生长在急流险滩的当地人,非常熟悉滩头的水情和航路,有长年练就的掌舵技术带领全船人过滩。船只行进在急流险滩,对于水位分寸和航路的判断,必须相当准确,才能保证通行。峡江中的舟船过滩,必定不惜高价聘用"滩师"领航。

(一)巨石塞江:水分南、北漕

云阳大荡子山滑坡后所形成的兴隆滩,江面束狭,又因江中巨石豆腐石和长梁金子梁等的阻激,使得这一险滩声名远扬,滑坡后仅两个多月,"此滩已号名曰赛新滩",经验丰富、资格老练的技术人员"老长年"都认为,过滩行船,这里比归州的新滩还要险过百倍②。下文即详述兴隆滩的急流险情与严峻的交通形势。

大规模的山体崩滑已如上文所述,也就不难想见滑坡体的前端滑舌伸入江中并严重堵塞江流的险峻场面了。关于滑坡前后的河床淤塞与巨石峙江的情形,笔者遍检史料,在当时的《申报》中找到了较为详尽的记述。文中说,滑坡前江面中央有好几方巨石,大的将近二亩,小的也有近一亩,当地人称磨盘石,也叫豆腐石。巨石的左右两边都有水道可通航。北岸滑坡体塌入江中后,江面南移,将豆腐石从江心挤逼到了南岸,左右两边的通航水道被滑坡体堵塞阻断。当时有想冒险通过的船户,水从豆腐石上似箭般激越而过,翻起的水头有一丈多高,船过豆腐石之后,又有水从上冲下,因有落差,翻起三丈多高的冲天巨浪。这里所记述的江面宽度与上述几处材料中的似有明显不同。说是江面原来三丈来宽,滑坡后则有六七丈,之所以险峻是因为船只必得由豆腐石上经过而已。如果水位较深,豆腐石沉入水下时,还可

---

① 〔唐〕杜甫《拨闷》,《九家集注杜诗》卷二六。
② 《山崩述异》,《申报》1896年11月30日第2版。

像过滟滪堆一样箭激而过,当枯水季水位降低、水落石出时,船只就不能通行了。江面宽度反较滑坡之前增宽的记述恐怕有误,兴许是滑坡之时仍当盛水期,因而水深石沉,江面仍可通行之故。滑坡发生于农历八月二十四日凌晨,上引材料为农历十月二十六日的《申报》,可知,在两个来月的时间里,下行船只中,已损毁三只大号船、二十来只中号船,上行船只的通航则完全阻断①。

关于江中巨石的位置在滑坡前后的对比,就笔者所见,有多处材料与上述《申报》所云明显不同。上云巨石原在江心,左右均有漕路通航,巨石被滑舌挤逼南岸,左右水漕也被阻断。1898年的重庆口海关贸易报告中说,拟"将江心及南岸巨石用炸药设法轰去"②,说明江心和南岸均有巨石。那么滑坡后,江中的巨石分布以及当时的江流和航道情况到底是怎样的呢?上述《申报》报道《山崩述异》一篇毕竟只是当时的记者所写,"记者"这一专有名词还尚未出现,而记为"访事人"。因此,从是否专业严谨的角度来说,海关贸易报告似较《申报》报道更为可信,只是到底过于简略。好在始编于民国六年(1917)、成书于民国十一年(1922)的《峡江滩险志》中有更为详细的条目记述,以下全文转录以便讨论:

> 兴隆滩,最晚出,东距云阳县四十五里,与秭归县新滩齐名。始亦名新滩,舟人称秭归曰老新滩,别于此也。久乃定今名。水度以下中以下,愈枯愈险。清光绪二十二年秋淫雨三月,北岸山崩而下,壅挟土石抵江心。豆腐石者,向倚南岸临江而卧,九月水落,江已移而南,豆腐石遂峙江心,为行舟巨害。船上下停滞不通者数月。渝万商会醵金招工,云阳县知县汪贲之监修,遇石轰击,航路稍通。总理衙门延致比利时工程司衣潜水衣放吊船,中流湍急不能至。百计图之,前后费计八九万金,终无如豆腐石何。豆腐石西南十三丈余,为金子梁,巨石堆积。其尾潜伏水中,与南岸

---

① 《山崩述异》,《申报》1896年11月30日第2版。
② 《光绪二十四年重庆口华洋贸易情形论略》,《中国旧海关史料(1859—1948)》第28册,第122—123页。

石梁若断若续,金子梁东南为拉船漕,缘南岸石崖之下,逼窄而长,乱石次第横出。北岸土石相迸横阻江流,潜伏暗礁,与豆腐石对,其东两石嘴形如钝角,再东为大荡子,石嘴兜转回顾。水势由盘沱来,经两岸截堵,中界金子梁、豆腐石分流南北漕。北漕较宽,经北岸乱石暴奔,逼射中流;豆腐石又中分水梗,与北漕水梗相激成一回流。南漕即拉船漕,由金子梁尾窜入,受两石梁夹束扫岸逼冲斜出水梗,激为回流。内傍石壁,兼以豆腐石、金子梁之间急湍下冲,与南漕水梗会合。又截北漕水梗之下,致北漕回流成椭圆形,即东瓜漩也。回旋暴烈,迅如奔虎。下水船放北漕,沿东瓜漩轮而下,急向南趋,脱离回漩,仅此一线。水经偏南则入回流,易与石壁触,偏北则入东瓜漩,听其旋转,近岸碰于石嘴,立成齑粉。或周旋太久,后来之船踵至,一经碰击,两败俱伤。盖滩之上流与下流较低昂,约计数丈,来者固不见下流有漩涡未出之船也。其船小而轻,于傍岸力为撑持,或不致碰伤。用笪倒牵下行,庶可幸免。船身载重则受浪,载轻又不足压浪,易为浪所移。尤视风之所向:东来风大,为下水船生阻力,决不可轻于一掷。偶一迟滞,即随漩轮回转,自蹈危机。上水船行南漕,用笪三合,兼以野缆。小船南北漕均可行,北漕乘回流入腮,其险则倍于南漕。而溯流而上,急溜之径固较南漕为短。牵挽之难,两岸皆同。①

李鹏在《晚清民国川江航道图编绘的历史考察》一文中考证指出,《峡江滩险志》有文字分叙航道各滩滩险情况,整套图册篇幅结构相辅相成,图文之间彼此印证,价值较高,尤为珍贵②。与上述《申报》中的报道相比较而言,《峡江滩险志》乃地方官员主导、专业人士修纂,可称为专业文献,应该说可信度更高。与《申报》所记豆腐石原处江心正好相反,此处云豆腐石"向倚南岸,临江而卧";与《申报》所记滑坡前豆腐

---

① 刘声元主编《峡江滩险志》,《中华山水志丛刊·水志》第 24 册,第 444—445 页。
② 李鹏《晚清民国川江航道图编绘的历史考察》,《学术研究》2015 年第 2 期,第 101 页;蓝勇主编《重庆古旧地图研究》(上卷),西南师范大学出版社,2013 年,第 274 页。

石"两傍有水漕,上下船只皆由两傍往来"不同,此处云滑坡后"北岸山崩而下,壅挟土石抵江心","九月水落,江已移而南",也就是说滑坡体推入江中的滑舌壅堵江流,使江面南移,原仅倚靠南岸之豆腐石也就一变而为耸峙江心,自此水分南、北漕,有左、右航道,但水势均极其凶险。如将峡江水度也就是水位线划分成上上、上中、上下、中上、中中、中下、下上、下中、下下九等的话,兴隆滩在水位线处于"下中"以下时即相当凶险,越低越险。

(二)江流迅急,涡流成漩

据上述引文可知,因险滩阻塞交通,严重影响到了重庆、万县两地商会与长江下游上海等地的贸易,进入低水位枯水期后,上下停滞不通达数月之久。重庆、万县两地的商会不得已筹集资金招募工人进行疏浚,工程由云阳县知县汪贲之亲自监修,凡是遇到有石头阻塞,就想办法击打轰去,通航条件稍有改善。后又有总理衙门派遣在海关巡工司任职的比利时人泰勒前来,采用西洋先进技术进行炸滩,江流通航状况得到进一步改善。但这一次的炸滩疏浚到底还是没能奈何倚峙江心中的豆腐石、金子梁,也就是说,兴隆滩虽然先后经过传统疏浚与西法炸滩两次治理,滩险有所缓解,但并未完全消除,江心巨石仍存,左右航道均有急流漩涡,以下结合《峡江滩险志》中的"兴隆滩平面图"详细论述该滩的江流与航道形势(见图1)。

正如李鹏考证,《峡江滩险志》中的地图,不仅充分借鉴近代西方测绘的技术优势,还保留中国传统航道图绘制的精华,在某些方面比近代西方军事专家测绘的川江航道图更具实用价值。从书中地图所绘具体内容来看,各图不仅详尽标明航段各程之枯水线、略测线、石盘、石梁、暗礁、崖峡、碛坝、沙泥、乱石、河流方向等,亦详细标注航道两岸支流水溪、山脉山沟、城垣庙宇、街市场镇、桥梁关卡的具体位置,较为全面地反映了峡江航道的地理情势与险滩情况[1]。从图1可知,《兴隆滩平面图》科学直观地反映了两岸的山势、滑坡体滑舌入江的位

---

[1] 李鹏《晚清民国川江航道图编绘的历史考察》,《学术研究》2015年第2期,第101页;蓝勇主编《重庆古旧地图研究》(上卷),第275页。

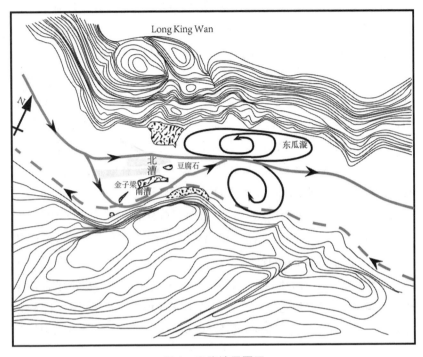

图 1　兴隆滩平面图

说明：据《峡江滩险分图·兴隆滩平面图》改绘而成，底图见刘声元主编《峡江滩险志》卷上，《中华山水志丛刊·水志》第 24 册，第 408 页。

置与规模、豆腐石与金子梁倚峙江心的情况、水流中分后的南漕与北漕、船只上行与下行的航线等。

结合图文资料辨析可知，水势自上游盘沱而来，因岸线曲折而兜转回顾，江心中有豆腐石与金子梁耸峙，北岸有滑舌壅江，形成钝角石嘴，水下还有滑体暗礁，因此在北漕中形成回旋流"东瓜漩"；南岸石崖壁立，又有次第横出的乱石，南漕是逼窄而长的拉船漕，拉船漕北面也有回旋漩涡。下行船只自北漕放水下流，沿着东瓜漩轮旋而下，急趋向南，脱离回旋漩涡，只有一线生机；稍南偏则进入南面漩涡，易碰触南岸壁立的石崖；稍偏北则仍陷入北面的东瓜漩，如果听任其旋转的话，一旦靠近北岸碰上钝形石嘴，会立即撞成齑粉。又或者在漩涡里挣扎周旋太久的话，上游又有船只顺流冲下，二船相撞，两败俱伤。因为滩上与滩下有水位差,相隔大约数丈,想象一下的话,就像有上下两个平台,滩之上处于上游的船只,并不能看见滩下还有陷于漩涡之中仍在挣扎的船。如果下行的船只小而轻,那么傍着岸全力支撑的话,或许还不至于碰伤。用竹索倒牵着慢慢往下放行,或者可以幸免于难。如果下行船只载重过重的话,吃水太深容易被浪击沉;载重过轻的话,又不足以压住浪头,容易被浪头移位。江流与航道形势尤其受风向影响与制约,如果刮东风,会对下行船只产生阻力,则绝不可轻易放船下行。稍有停滞迟疑,掌握不好,就可能随着漩涡打转,自蹈危机。上行的船只则走南面拉船漕,用三合笪(按卷首之《峡江语释》,就是三股竹索)拉纤,再兼以"野缆"以防船只外张。如果是小船的话,既可走南漕,也可走北漕。北漕回流漩涡的危险程度倍于南漕,但溯流而上的话,急溜路径的牵挽距离到底较南漕短些。但不管怎样,拉纤牵挽之艰难,无论走南漕还是走北漕,都是一样。正因为此次滑坡造成上述急流险滩,滑坡之后这里的交通形势也就变得极其严峻,下文即叙述此后该处的客运、货运不得不起驳盘滩以及险情、灾情迭出的详情。

四、滑坡后的交通形势:
起驳盘滩、灾情迭出

当特大型滑坡形成险滩,峡江航路形势险峻时,在冬春季节水位低浅,上下往来、出入川楚二地的商旅船只途经该江段时,都不得不采取"起驳"或称"盘滩"的方式前行,即将船只靠岸,卸空乘客与货物后,让船只放空上行或下行,再用人力或车马将旅客、货物走陆路慢慢分批盘运到前方江段,再让放空船只靠岸,将旅客、货物再次装运上船,然后继续前行。如前所述,兴隆滩滑坡后,过水断面大大压缩,大规模滑坡体滑入江中壅堵江流。最初的一段时间里,上行船只几乎中断,下行船只稍不小心,就可能被撞得粉碎。兴隆滩滑坡后的交通形势与险情,笔者在之前的研究中讨论滑坡后的直接与间接生命损失时有所涉及[①]。

---

① 详见尹玲玲《论清末三峡云阳县兴隆滩的滑坡灾害》,《史林》2015年第6期,第120页。

但因研究主题的不同,当时并未展开讨论,也不可能完全展开进行深入探讨。以下综合利用海关《贸易报告》《申报》《渝报》以及之后的地方志等文献的相关记述,对这一主题展开讨论。

(一)滑坡发生至1898年泰勒治滩前

1896年11月28日《申报》记载:"云阳县属上崖寺山九月间忽然坍塌,梗塞江中,舟行者几讶水中有骨,不能容与自如,货船载重尤不能上驶,须在彼起卸货物,由陆路运至上游,似此周折,商旅咸以为不便。"①据此可知,因水下有滑体阻塞,客船吃水稍深时就不能行驶自如,载重的货船尤其无法上行,必须起运船上货物卸到岸边,走陆路运到滩头上游,然后再装船。这样几经周折,商人旅客自然都感觉很不方便。

1896年重庆口《贸易报告》载:"因八九月间云阳县属山石崩圮,陡成险滩。来往船货均为阻滞,商务大局,妨碍实多。"②因云阳"新出险滩,上下船只过此而遭倾覆者,亦复不少",以致"商旅介怀,势所必至也"③。具体而言,乃因兴隆滩滑坡"以致江面迫窄,急流成漩。其时,江流盛涨,尚不十分凶险,及至冬杪水涸,竟成第一恶滩,下水之船沉没难数","上下水船只,非将货物提驳一空,不敢轻于尝试"④。可见,公历九月底滑坡刚发生时,水位还比较高,船只通行还谈不上凶险,但等到进入冬季枯水位时,这里已然变成峡江第一恶滩,无数下行的船只遇难沉没。无论上行还是下行的货船,如果不将货物起提驳运以卸空的话,根本不敢轻易试水。

1896年宜昌口《贸易报告》亦云:"四川云阳新出险滩,驾于新、泄两滩之上,长年、行旅咸有戒心。上水船只至此既不能行,下水船只又

---

① 《巴山夜雨》,《申报》1896年11月28日第2版。
② 《光绪二十二年重庆口华洋贸易情形论略》,《中国旧海关史料(1859—1948)》第24册,第113页。
③ 《光绪二十二年重庆口华洋贸易情形论略》,《中国旧海关史料(1859—1948)》第24册,第115页。
④ 《光绪二十二年重庆口华洋贸易情形论略》,《中国旧海关史料(1859—1948)》第24册,第117页。

复冒险而过,失事者日有所闻,以致生理日形减色,亏损颇多。"①可见,滑坡之后的兴隆滩滩势与三峡原有的最著名的险滩新滩、泄滩相比较而言有过之而无不及,以致行人旅客担惊受怕,甚而连前述靠过滩本事吃饭的专业人士"长年"也都心怀戒惧。上行船只到了这里根本不能通行,冒险通行的下行船只也频频出事。

  1897年重庆口《贸易报告》记载,因"上年八九月间盘沱山崩,江流壅塞,上下船只几不能行","第本年云滩险阻情形与上年相类,往来船货盘驳为艰,不惟耽延时日,亦且费用浩烦,商旅戒心,势所必至"②。当年的"上水旗船失吉者计四十八只,下水失吉者只有七只。其余民船不在其内",仅上下行的挂旗船失事酿灾的就达五十五艘之多,其余失事的民船数量还不在统计范围之内,可能远多于此数。宜昌口的贸易也因"云阳新出兴隆险滩,舟行遇事颇夥,与本口贸易大为有碍","行舟异常艰险",故而"耽延时日",其贸易量则"因川江水程往来较频年艰险过倍"而较上一年短绌七万余吨。来往宜昌、汉口的华客和来往宜昌、重庆的挂旗船旅客人数"均无不减也"③。可见,在滑坡近一年之后,兴隆滩的交通形势并未有明显改观。又因上一年秋冬间川东一带长时间淫雨酿成灾害,导致收成十分荒歉,而夔州府辖下的奉节、巫山、大宁(今巫溪)三县受灾尤其严重,百姓急需发放粮食以救济赈灾,而当时四川本省仓储中的粮食谷物又根本不够散发,于是委派官员赶赴长江下游芜湖、汉口、宜昌等地自下而上采购粮食,以分别散发赈济。各地方官员以及重庆关官员多部门联合,以监督与筹划赈济工作。救灾形势之紧迫,官员们的工作可以说是没有早晚,奉命赈灾的官员们也都能"洁己爱民,无遗无滥",也就是说洁身自好,爱护百姓,不事贪腐,"然蜀道难行,古有明证。川江险阻,宇内所无。盘运米谷,

---

  ①《光绪二十二年宜昌口华洋贸易情形论略》,《中国旧海关史料(1859—1948)》第24册,第119页。
  ②《光绪二十三年重庆口华洋贸易情形论略》,《中国旧海关史料(1859—1948)》第26册,第113页。
  ③ 详见尹玲玲《论清末三峡云阳县兴隆滩的滑坡灾害》,《史林》2015年第6期,第120页。

实有罄竹难书其艰苦者。以故被灾虽仅数府,而办理已逾半年耳"①。由此可见,上一年川东地区淫雨所致的粮食大面积减产的自然灾害,又因为兴隆滩滑坡灾害所致的峡江交通阻塞而导致救灾行动迟缓,造成灾害的叠加效应,明显加重了灾情。

1897年第3期的《渝报》记云:"云阳新滩刻交冬令,渐将出险,每当滩势险时,商旅上下各船皆须停泊起运,水手篙师徜徉河上,营生小贩纷至沓来,其中良莠不齐,货物常患遗失。"②船只过滩必须起驳盘运货物,每到这时,船上的水手与篙师、船工等就可从危险而紧张甚至搏命滩头的生活状态中暂时放松下来,兜售叫卖以谋生的当地小贩们也纷至沓来,其中就很有可能良莠混杂,客商们的货物常常不免遭窃遗失。总而言之,交通险阻对于地方人士来说反而是获取利益的良机③。同年第4期的《渝报》记载:"云阳新崩滩近日水势渐涸,上下各船只能放空洄溯。"④可见,水位更形低下,船只上下已然全部起提货物、卸载放空以通行。再由同年第6期《渝报》可知,其时已准备马上实施疏滩治江工程,出告示晓谕民众说,"云阳新滩"即后来定名为兴隆滩的地方,"江心乱石矗立,不独豆腐石一处","此滩险势一日不去,来往商旅货物,覆溺固属可伤,受累亦殊堪悯"⑤。这里道出了往来峡江的商人旅客及货船经过兴隆滩时的艰难处境,船只倾覆沉溺固然最可伤情,即便只是承受起驳盘滩的周折负累之苦也已经很令人悲悯同情了,更何况除了天灾,尚有人祸!

同为1897年的《申报》报道说:"川东所属云阳县去年初起新滩,凡货到彼,必须起至两岸竹棚草房内。挑夫云集,良莠不齐。不意某夜竟有人于夜深后种火,乘势抢劫,焚去洋棉纱及布尺甚多。各商未

---

① 《光绪二十三年重庆口华洋贸易情形论略》,《中国旧海关史料(1859—1948)》第26册,第118—119页。
② 《新滩防险》,《渝报》1897年第3期,第17页。
③ 尹玲玲《试论宋代三峡新滩地区的滑坡灾害及其影响》,《中国社会经济史研究》2008年第4期;尹玲玲《明代三峡新滩地区地质滑坡对交通和社会的影响》,《中国历史地理论丛》2008年第4期。
④ 《新滩通电》,《渝报》1897年第4期,第22页。
⑤ 《四川司道修治新滩会衔谕民示》,《渝报》1897年第6期,第21页。

得被毁确数,接信之下,殊为惊惧。"①可见,由于货物在起驳盘滩的过程当中,因人力物力所限,不可能一次性完成,必定几经周折,先在岸边的竹棚草房内安置停留,这就为那些居心不良、心怀叵测的人提供了可乘之机。岸边以盘滩为生的脚力挑夫难免良莠不齐,可谓鱼龙混杂、鱼目混珠,虽然大多为良民百姓,也不免混杂有流氓盗贼,竟于某天深夜纵火引发混乱,并趁乱乘势抢劫财物。火势蔓延中烧掉不少棉纱洋布,且因为滩阻而交通通讯不畅,身居上海的货商无从得知自己被焚毁的棉货的确切数字,猝然接到这样的信息,当然不免感到极度的惊慌恐惧。甚至在之后西人泰勒用西法在兴隆滩炸滩治滩的过程当中,也发生过火灾。泰勒日记说,在他到达兴隆滩的"几天之后,村子里发生了火灾,几百间房屋被烧毁,人们无家可归,凄凉异常"②。至于这次火灾究为天灾,抑或人祸,就笔者目前资料所见,尚不得而知。

(二) 1898年海关巡工司泰勒治滩之后

时至滑坡近两年后的1898年,据《申报》记载,"云阳县境新滩定于新正月初三日兴工开凿"③;随后同报又有报道说:"云阳县新滩前经总署派海关工师戴君等随带机器炸药至川轰去,当以春水尚深,滩石多淹,不便轰击,俟二月底江水渐涸方能大兴工作也。"④也就是说,原定的炸滩日期因水位尚深无法施工而后延。又据重庆口《贸易报告》记载:"查,上年云阳县盘沱地方山崩成滩,异常险阻。来往船只,几难飞越"。但"经海关巡工司戴邓诸君奉饬督修",具体的开凿措施是:"先将北岸江身挑使宽广,以利船行,一面将江心及南岸巨石用炸药设法轰去,又于江边乱石嵯岈、不能立足之处,特修纤路一道,宽而且长,不致无所着足。"经过这样的治滩措施之后,来往客商都说"危险已去其半",即便是"江流极涸之时,亦不过与各滩相同,不似昔之漩泡回

---

① 《巴山夜雨》,《申报》1897年4月30日第2版。
② [英]戴乐尔著,张黎源、吉辰译《我在中国海军三十年》,第140页。
③ 《轰滩条示》,《申报》1898年3月3日第2版。
④ 《暂缓轰滩》,《申报》1898年3月14日第2版。

环,令人望而生畏也"。可惜的是,因"土匪事起",地方官"更替频仍,续修一事,竟难提及。有如一篑之亏耳"①。也就是说,兴隆滩的疏滩治理工程到底未能全部完成,就半途而废了,不免功亏一篑。此事在1898年的沙市口《贸易报告》中也有较为详细的记述:"云阳县属之兴隆滩,于二十二年间其地山忽崩裂,致碍水道,危险异常。去年虽由重庆关延聘西人高潮去其险阻,惜货船上下不能久候数月。且水涨时人力难施,后虽欲再开工,经费又复不继。以至中止,未能蒇事。"不过,经治理之后,到底"较前水势已觉稍平,不似前之危险"②。

但因为1898年的治滩工程毕竟未能全部完成而功亏一篑,自此之后,兴隆滩的滩势之险在整个峡江行程当中仍然名列前茅。1900年的宜昌口《贸易报告》论及川江行轮的可行性问题时说:"沿途凶滩林立,驾驭极难。即如华船中颇有制造合法,便于行川者,复加以世习其业之船户,及熟悉斯途之水手,而仍不免时有遇险之事故";"然其险阻艰难,又不尽在此候,不过山洪暴发,涌湍急流,泡漩激成,凶滩立见,至新、泄、兴隆等滩,目前全仗人力"③。由此可见,兴隆滩滩势之险仍然位居前列,仅次于新滩、泄滩两地,与这两滩差相并提。1901年的重庆口《贸易报告》中也有如是记载:"此等险滩,随在多有。冬季如新滩、兴隆滩,夏季如泄滩、牛口滩,怪石嵯峨,逆流澎湃。险恶情形,望而生畏。"④只不过点明了兴隆滩滩险与新滩一样,在冬季枯水期,而泄滩、牛口滩之险则在夏季盛水期。

清末随着开埠通商,一大批西人和日人进入深处内陆的四川考察,并仔细观察和记述他们眼中的巴蜀社会。1905年,日本人山川早水在中国进行了一次长达四个月的旅行,撰写了二十多万字并配有一

---

① 《光绪二十四年重庆口华洋贸易情形论略》,《中国旧海关史料(1859—1948)》第28册,第122—123页。
② 《光绪二十四年沙市口华洋贸易情形论略》,《中国旧海关史料(1859—1948)》第28册,第128页。
③ 《光绪二十六年宜昌口华洋贸易情形论略》,《中国旧海关史料(1859—1948)》第32册,第132—134页。
④ 《光绪二十七年重庆口华洋贸易情形论略》,《中国旧海关史料(1859—1948)》第34册,第133—135页。

百五十多幅照片的四川游记——《巴蜀》。蓝勇教授认为,这部《巴蜀》不仅是清末国外最详细的四川游记,也是国内最详细的四川游记,对于今天我们研究一百多年前四川的社会风情有十分重要的史料价值[①]。山川早水从宜昌上行入蜀,后又出蜀回到宜昌,上行时经三峡归州、巴东入四川的巫山、夔州、云阳、万县等,下行时又经万州、云阳、奉节、巫山入湖北巴东、归州到宜昌。当其出入蜀时,都曾经过云阳兴隆滩,《巴蜀》中对此有较为详细的记述。山川早水记曰:当其入蜀之时,三月十五日"从云阳上行","由二郎滩行三十清里后进入兴隆滩。兴隆滩是近年来出现的一个新的滩,也是一处险峻难行的险滩。在上游,只有嘉定城下的垒鱼子滩可与其相比。涨水时,乍看,找不到航路。船夫要通过目测水面的宽度,方可前进"[②]。据此可知,在山川早水旅行巴蜀的明治三十八年(1905),也就是1896年滑坡之后的八九年间,虽前后历经两次航道整治的兴隆滩,仍然号称"险峻难行"。即便是"涨水时",船夫也得"通过目测水面的宽度,方可前进"。当其出蜀之时,七月一日"上午十一时,下兴隆滩,船不知触礁几次。每触礁一次,在水下都发出轰隆一声响"[③]。由此可知,相较其三月十五日上行入蜀,这次下行出蜀过兴隆滩时的水位可能要低,滩势也要更危险。书中还描述了同一天下午经过一个巨型古滑坡段时千钧一发、命悬一线的险情,这里不妨转录如下:"下午一时过云阳县入鸡卜子,正好有一只满帆受风的大船逆行而来。相近时我也想避开,他也想转别路。准备不及,上有房屋的大船好像对准这方纠正航路。在开始做好可怕的精神准备之刹那,掠我船头向右一转,如飞鸟般地搁浅于满是岩石的岸上。江水因之而形成一大漩涡。我艇回转了四圈,方可前行,免于粉碎,真乃千钧一发。"[④]由此观之,读者自不难想象船只每每过滩时的惊险之情。书中尚有多处记述历经急流险滩时的险情与灾情,此处

---

① 蓝勇《〈巴蜀旧影〉中文译本序》,见[日]山川早水著、李密等译《巴蜀旧影》,四川人民出版社,2005年,第6—18页。
② [日]山川早水著、李密等译《巴蜀旧影》,第50—51页。
③ [日]山川早水著、李密等译《巴蜀旧影》,第258页。
④ [日]山川早水著、李密等译《巴蜀旧影》,第258页。

不备述。

又经三十来年的江流冲刷淘洗,据民国二十三年印行的《宜昌到重庆》一书可知,到20世纪30年代,兴隆滩"流浚之后,仅留狭道。最涸之季,常使轮运断绝。全江水经闸中,势如奔闸。仍以涸季为险。半江水及洪水季,仅成快流而已"①。也就是说,在水位最低的枯水期,因江中仍然有滑坡体壅堵,兴隆滩的过水断面仍很窄,江水就像在水闸中奔行,故而其水势仍然较险,轮船通行往往中断。而在其余的平水位与洪水位季节时,已只是峡江中一般的快流江段了。

五、结论及余论

综上所述,峡江处于中国地势的第二级阶梯向第三级阶梯过渡的地带,地势急剧下降,河流比降大、坡降陡,江流河床向下深切,又由于川、峡二江续接贯通的地质背景,峡江的地质基础很不稳定,地质灾害频发。在泥灰岩与砂页岩软硬交互层地区最易发生大型、特大型及巨型滑坡,即硬层盖层沿着软层面整体下滑,人类历史时期的滑坡往往是地质历史时期形成的古滑坡体的局部或整体复活。发生于1896年清末云阳县境内长江北岸的兴隆滩滑坡使得这里的江流与航道发生了很大的变迁。峡江过水断面在滑坡前后的对比明显,滑体推入长江,导致江面南移,河床由宽展变为束狭。地名也从原来的"龙中湾"变成了"兴隆滩"。滑坡后的峡江航道与流速大为不同,原来倚靠南岸的巨石——"豆腐石"耸峙江心,将河床中分为南、北二漕。"豆腐石"并与靠近南岸的"金子梁"以及北岸推入江心的滑舌一起,壅塞江流,使得江流迅急,涡流成漩,酿成滩险。滑坡后的交通形势极为严峻,上、下行的客货船只都必须起驳盘滩,放空而行,并倚赖人力拉纤,虽如此,仍灾情迭现。根据历史文献中的相关地图,本文将滑坡后南、北二漕的江流形势与船只上、下行的航线进行了清绘和解析。1898年炸滩后,兴隆滩水势险情有所缓解,

---

① 重庆中国银行编《宜昌到重庆》,国光印书局,1934年,第55页。

但并未完全解决。

　　选取历史时期的某次滑坡灾害所致的壅江碍航进行个案研究,有助于深化长江航运史的研究,个案研究的积累则可为全面认识长江航道交通史打下较为坚实的基础。近代西方测绘技术传入后,陆续形成了一系列的现代测绘地图,如英国托马斯·布莱基斯顿(Thomas Wright Blakiston)的《扬子江汉口至屏山段航道图——基于布莱基斯顿船长的调查》(1861,原名 *The Yangztsz Kiang, from Hankow to Pingshan, from the Survey of Captain Blakiston*),法国蔡尚质测绘成图的宜昌至屏山段航道《上江图》(1899),英国蒲兰编著的《长江宜渝段航行指南》(1920)中的相关地图,蒲宇宁、赵书瑜等测绘,史锡永、刘树声等编辑成书的《峡江滩险志》(1922)中的地图,重庆中西书局印行的《最新川江图说集成》(1923)中的地图,日本冲野亦男编纂、日本海军第三舰队司令部编印的《扬子江案内全》(1932),日本马场锹太郎所著的《支那水运论》(1936)中的地图,盛先良编写的《川江水道与航行》(1937)中的地图,等等。

　　研究长江三峡历史上的江流与航道变迁有着重要的学术意义和现实意义,而近代西方测绘技术传入与影响下的地图序列,则使得研究清代后期以来长江三峡的江流与航道变迁成为可能。我们既可以运用各个时间断面的地图对相应时点的峡江江流与航道进行整体研究,比较在不同地点江流险滩形势上的差异,也可以运用地图序列研究某一地点江流险滩形势的变迁,最后在专题研究与个案研究的基础上,还可以进行区域研究,综合讨论较长时段内整个峡江江流与航道形势的变迁。

The Influence of Geologic Hazards on Waterway Transportation in Three Gorges Area of the Yangtze River
— A Case Study of Landslide in Xinglong, Yunyang County in 1896

YIN Ling-ling

Abstract: Landslides and collapses caused by the high and steep slope instability along the three gorges area of Yangtze River often entail obstruction of river and waterway traffic. One landslide occurred in 1896 of late Qing dynasty in Xinglong, Yunyang County at the north shore of the Yangtze river resulted in great changes of its local waters and channels. After landslide sliding into the Yangtze river, cross-section of river changed dramatically, the surfaced moved south, and the river bed narrowed. Channels and flow velocity also differed since the rocks that used to be at the south bank were pushed to stand at center, dividing the river bed into two streams, creating turbulent rivers, swirling torrents and treacherous shoals. Under the grave traffic condition after the landslide, passenger or cargo vessels for "up" line and "down" line all had to be unloaded before they Pantan (盘滩) with the help of towing. Even with such measures, disasters were still frequent. The explosion in 1898 eased the gravity of Xinglong rapids, but the problem was not fully resolved.

Keywords: Three Gorges; Xinglong rapids; landslide disaster; the channel realignment

民国时期太湖流域的人工养鱼业*

吴俊范

摘　要：民国时期，太湖流域的人工养鱼业主要分布在湖荡丰富的平原水乡地区，以池塘养鱼为主，外荡养鱼为补充。与粗放型的外荡养鱼相比，池塘养鱼业具有集约性强、产量高的特点，与日益发展的城市市场相适应。作为一种生态型农副业，池塘养鱼饵料利用河湖的自然物产、农业生产废料和农产品加工的下脚料，使得池塘物质与外界的循环通畅无阻。官河湖是野生鱼的渊薮，原不用于人工养鱼，但在商品经济和增产观念的刺激下，逐渐也成为养鱼公司扩张的场地，传统水利格局面临着重大改变。官河湖养鱼导致的大型水体排蓄效能失序和水质下降等问题，在20世纪五六十年代追求水面高产的浪潮中进一步加重。

关键词：民国；太湖流域；人工养鱼；水环境；农副业；生计

太湖流域河湖面积广大，依托于自然河湖的淡水鱼捕捞业长期以来在区域经济和民众生计中占有重要地位。但最近半个世纪以来，该区域淡水鱼生产方式的最大变化，就是人工养鱼业以绝对优势超过自然捕捞业，并将大面积的河湖自然水面变为人工养鱼场。以位于湖荡水网地区的青浦县为例，1955年全县用来养鱼的水面仅有0.12万亩，1956年达到1.5万亩，1957年即达3万亩[①]；经过"大跃进"运动和人

---

* 本文系国家社会科学基金一般项目"近百年太湖流域的水环境变化与民众生计适应研究"（16BZS022）的中期成果之一。

[①]《青浦县农村工作全面规划的报告》(1955年)，上海市青浦区档案馆藏，青浦县农田水利档案，002/1/42/128。

民公社化运动,养鱼水面增长更快,到1982年已增至13万亩,占境内全部地表水面积的76%,而半数以上的养鱼水面属于江河湖泊自然水体[1]。人工养鱼业向自然水体的直线式扩张,也带来一系列水环境问题,如水体分割造成河湖排蓄能力下降、调剂旱涝的能力减小,过度投饵造成的水体富营养化等。环境变化乃积渐所至,20世纪中叶以来太湖流域自然水面利用方式的转变和相关水环境问题不可能骤然发生,那么在此之前,该地区的淡水鱼生产方式以及河湖水面的利用机制究竟如何?河湖水环境的变化在历史脉络上有何关联?本文即是从生态环境史与社会经济史相结合的角度,对民国时期的人工养鱼业以及河湖水资源的利用机制进行详细复原,以进一步厘清最近半世纪太湖流域水环境发生显著变化的人地关系机制。

民国时期以太湖流域为中心的江南是西风东渐的先锋地区,人们对自然资源利用的观念、方式和力度相应发生变化,那么,淡水渔业作为一种以河湖之水为直接生产资料的传统农副业,其在保持传统形态的基础上发生了哪些现代性变革?河湖水环境效应如何?相关研究论著对此问题的讨论比较简略。如王建革在考察1800年至1960年间松江县华阳桥的水、肥、土生态时,将1950年作为传统农业与现代农业的分界点,并把民国时期的情况包含在传统范畴内,对民国地方性水土利用观念等方面新旧交替的特征未作专门论述。李玉尚、顾维方专门研究了16世纪之后绍兴地区的河道养鱼,对民国时期绍兴养鱼业向本地和周边湖荡扩展的事实亦有所论及,但重点并不在民国养鱼生态转型上。高梁《太湖地区养殖渔业源流初考》一文,对明清以来池塘养鱼基础深厚的菱湖、洞庭山等地多有描述,但也未涉及民国时期池塘、外荡渔业所发生的变化及发展趋势[2]。20世纪80年代后出版的一批江浙沪地区渔业史志,亦主要是集中于中华人民共和国成立

---

[1] 《青浦县在郊外多种经营工作会议上的发言》(1982年),上海市青浦区档案馆藏,青浦区农田水利档案,002/4/101/1。

[2] 王建革《华阳桥乡:水、肥、土与江南乡村生态(1800—1960)》,《近代史研究》2009年第1期;李玉尚、顾维方《从人工饵料到天然食料:16世纪之后中国绍兴的河道养鱼》,《中国农史》2015年第2期;高梁《太湖地区养殖渔业源流初考》,《古今农业》1989年第2期。

后的渔业生产情况,对于民国时期的状况言之寥寥①。

本文运用民国期刊中有关江南养鱼业的大量内容,以及江浙沪各地档案馆所藏民国时期渔政管理和养鱼纠纷方面的档案,力求全面复原民国时期整个太湖流域人工养鱼的业态分布和水环境状况,以及政府和民众在水资源利用上的观念和态度。在此基础上,本文试图在工业化这一时代背景下对 20 世纪以来太湖流域淡水渔业的转型机制进行思考。

一、因地制宜:水乡环境下的池塘养鱼

明清以降,随着太湖流域商品经济的发展,池塘养鱼作为一种适应水乡地理环境的农村副业得到长足发展。至 20 世纪三四十年代,浙西杭湖一带的农民对于池塘养鱼已"泰半兼营之"②,苏南水乡农民也"大多以饲养内河鱼鲜为终身副业"③,这说明池塘养鱼在当时太湖平原水网地带已呈普遍发展之势。

李伯重在论及明清江南农民利用水资源方面的优厚条件时,认为养鱼是其主要表现之一,因养鱼本轻利重,时人把养鱼列为畜牧养殖业之首(相对于饲养猪、羊、鸡、鹅、鸭而言)④,但对其在当时江南农业生态链条中究竟居于何种位置及相关人地关系内涵并无详细考述。基于民国史料相对丰富,本文以下试从养鱼区的空间分布、资源利用与循环、鱼塘商品化与鱼产品的市场环境等几个方面,展现当时最主

---

① 相关渔业史志著作如:江苏省太湖渔业生产管理委员会编《太湖渔业史》,内部资料,1986 年;《浙江当代渔业史》,浙江科学技术出版社,1990 年;《江苏省渔业史》,江苏科学技术出版社,1993 年;《上海渔业志》,上海社会科学院出版社,1998 年;《浙江省水产志》,中华书局,1999 年;《江苏省志·水产志》,江苏古籍出版社,2001 年。这些志书涉及的民国养鱼业本来不多,又以渔民的贫苦生活和革命斗争史为重点。

② 何西亚《浙西之养鱼事业》,《申报》1926 年 2 月 18 日第 18 版。该文指的"养鱼",实际是专指精养鱼塘类的养鱼。

③ 《江苏省渔业改进管理委员会调查报告:江苏之渔业》(1947 年),江苏省档案馆藏,民国江苏省渔政档案,1004/1947/002/0415/0013。

④ 李伯重《江南农业的发展(1620—1850)》,王湘云译,上海古籍出版社,2007 年,第 208 页。

要的人工养鱼形态——池塘养鱼业的经济与生态图景,并参考相关经济数据对鱼塘的产量和效益做出大致评估。

(一)池塘养鱼业的分布与地理环境

池塘养鱼,即把从河川湖沼中捕取的鱼卵孵化为鱼苗后,放入筑有堤坝或挖深的池塘中加以人工饲养,是一种水土结合式的养鱼方法。按照民国文献中所载池塘养鱼的水源和鱼塘集中区的地理环境差异,可将太湖流域的池塘养鱼区分为两部分:平原水乡地区的池塘养鱼和环湖泊地区的池塘养鱼。前者主要指苏南、浙西多水荡的低洼平原,后者则环绕各大湖泊周围丰富的滩地沼泽而分布。

平原水乡型的池塘养鱼集中在杭州、嘉兴、湖州、苏州、松江、常州、太仓、昆山平原水网地区,与明清时人所认知的"江南腹心"地带基本重合[①]。开塘养鱼能够为农家带来较高收益,又兼有改良低洼地的功用,所以在低洼多湖荡的水乡农村具有历史传统。清初桐乡人张履祥所著《补农书》,其中对池塘养鱼的推崇集中地体现在《策邬氏生业》一篇。张对其友人邬氏的小农场进行了综合规划,建议邬家将一方池塘专门蓄鱼,作为家庭收入的重要补充。养鱼的塘泥不仅可以为桑地提供肥料,且年终售鱼的收入"每亩可养二三人",比种植豆麦、竹子、果树的收益都要高[②]。此例从侧面说明,在17世纪的江南水乡,池塘养鱼已成为农家商品经济的必要组成部分和发展副业的优先考虑对象。

近代以来随着江南商品经济的进一步发展,大量不宜种粮种桑的低洼地,以及河湖岸线新淤涨的滩地,继续被开发为鱼塘。1925年官方编写的《太湖流域农田水利略》,明确鼓励农民根据水土条件,将下洼地改造为鱼塘以增加经济收益,云:"不能栽培稻作之中等田,应就各地方土质、气候、市场需要,种植兰、蒲、茭、荷、菱、芡等水生植物,若

---

① 有关"江南腹心"区域概念的历史变化,具体可参见冯贤亮《明清江南的州县行政与地方社会研究》"绪论",上海古籍出版社,2015年,第19页。
② 〔清〕张履祥辑补,陈恒力校释,王达参校、增订《补农书校释》,农业出版社,1983年,第177—178页。

最下之釜底,不能栽培水生植物,则建筑鱼塘,培养鱼鳖虾蟹蛤蜊,增加水产收入,使上田下田均得增进殖产。"①

1932年,江苏省建设厅专门对地势低洼县份的池塘养鱼潜力做了一次调查,其目的在于发掘尚未充分利用的官荒地,鼓励个人或公司通过租赁或购买,建成经济效益相对较高的鱼塘。《渔况》杂志第49期公布了此次调查的官荒数字:

表1 1932年江苏省部分低乡县份可利用
荒地辟池养鱼面积之统计

县份	地形特征	荒荡面积	荡地/洼地的环境特征和开发办法
丹阳	东南部地势低平	6 800亩	系练湖淤荒,土质肥沃,可以浚垦、养鱼兼施
常熟	南部地势低洼	1 080亩	可将田深最低处开辟鱼池
昆山	属太湖碟形洼地区	2 723亩	先开鱼池,以其泥填高他处,方可垦殖
兴化	属里下河低洼平原区	12 200亩	系得胜湖淤荒,可垦为鱼塘
江阴	西南部地势低洼	500亩	在后梅乡,洼地多
吴县	属滨太湖低地平原区	156亩	县政府拟会同垦牧公司将该田开辟鱼池,经营养殖,民间所有之地未调查
太仓	属太湖碟形洼地区	14亩	尚有零星洼地,甚多,为民间所有,未调查

资料来源:《苏省各县可利用荒地辟池养鱼面积之统计》,《渔况》第49期,1932年10月2日,第8页。

表中统计的主要是新增加的官有湖滩、洼地和荒荡,官方鼓励民间领租养鱼,其前提是认为这种土地利用方式适合本区地理环境,且具有较高的经济效益。正如其调查报告开头所说:"苏省各县荒地颇多,内中之洼地可开辟为池,以养殖鱼类者,亦复不少,且开池之泥,可以填高他处,变为良田,两得其利。"②此处统计仅为最近生成而尚未利用的荡洼地,若将时段放长来看,此类被开垦成鱼池的土地数量相当可观。再者,民间自主开辟的大量鱼池并未包含在这次统计范围内。

环湖泊型的池塘养鱼,顾名思义,就是环绕湖泊岸线的滩地而分

---

① 太湖水利局编《太湖流域农田水利略》第三编,内部资料,1925年刊印,第2页。
② 《苏省各县可利用荒地辟池养鱼面积之统计》,《渔况》第49期,1932年10月2日,第8页。

布,在空间上比水网地区利用洼地随机开造的鱼塘更具集聚性。此以太湖东南岸以及阳澄湖、淀山湖等大中型湖泊周围最为典型。

环湖泊鱼塘能够直接利用天然湖水和湖泊物产作为养鱼资源,这是其较之于低洼地鱼塘的另一优势。养鱼用水直接引自湖泊,水中微生物也随之流入池塘,不仅丰富的微生物可作为鱼类饵料,就近从湖中捕捞螺蛳、蚬子等也比较便利。太湖北岸无锡的鱼塘,主要分布在太湖两大出水口仙蠡墩和大渲口附近,就是直接"用太湖之水,由梁溪导入,水量甚丰,水色亦清,水中含有丰富之酸素有机物及微量之盐化物"①。这一带的鱼塘总数,在抗战后的经济复员期仍保持在三千多个,每年养殖鱼的产量尚有数万担之多②,由此可推知在战前二三十年代经济发展期此处池塘养殖业的盛况。苏州也是利用太湖水养鱼的典型,养鱼塘集中分布在阊门、齐门以外的近郊区。此处不仅邻接太湖,用水便利,且养殖的鱼产品可就近销往苏州市区,运往上海、南京等大城市的水路航运也颇为便捷。据1946年调查,苏州城外的养鱼池"总数有四千以上,池之面积大抵为二三亩至二十亩左右,从事养殖之鱼户约有千余户,每年生产额约十万余担左右"③。

(二)饵料及池塘物质的生态循环

民国时期,养鱼普遍被认为是一种"本轻利重"的产业,各种宣传推动养鱼的文章频见报端④。这类宣传当然是把正在扩大中的河湖自

---

① 《实业消息:无锡养鱼业状况》,《实业杂志》第69号,1923年7月30日,第115—116页。
② 《最近无锡养鱼业概况》,《水产月刊》复刊第3卷第4期,1948年5月,第19—20页。
③ 谢潜渊《湖州、杭州、苏州之养鱼业》,《水产月刊》复刊第1卷第3期,1946年8月1日,第47—54页。
④ 此类文章的发表者包括政府职能部门、农学家和知识分子等,均一致性地指出养鱼"本轻利厚"的好处,这些发表者认为在自然河湖广布的地区发展养鱼,更可体现本钱少的优势。例如1931年《萧山县政专刊》刊登县政府宣传文章,提倡全县农民利用无所不在的公有鱼荡养殖鱼类,因为养鱼本轻利重,大型湖荡有待充分利用(章桂林《整理县有鱼荡案》,《萧山县政专刊》第46期,1931年6月28日,第24—25页);1934年江苏省建设厅在《合作月刊》第5期刊登文章,指出"养鱼为农村副业之一,本轻利厚,简便易行",令各县农业推广所调查境内荒废池荡数目面积,计划放养鱼类(《苏建厅倡导合作养鱼》,《合作月刊》第6卷第5期,1934年5月15日,第34页)。

然水面养鱼包括在内,其粗放型的用水方式确实成本低廉。而已经得到稳固发展的池塘养鱼业,在时人看来也具有成本小、获利大的特点,主要表现在养鱼饵料的丰富性和供给便利,以及池塘剩余物质的可再利用性和循环通畅。池塘养鱼的饵料,基本是利用本地河湖的自然物产、农业生产废料和农产品加工的下脚料,不需要远距离运输,池塘剩余物质与外界物质可以转换和互补。

平原水网地区水流缓慢,河湖水体中富含鱼类生长所需的各种天然食料,养鱼户无论是自己采集鱼饵,还是购买商品性鱼饵,均甚为方便。无锡养鱼户所用之饵料,一般采取水草、旱草、蚬子、螺蛳等自然食料与大麦、豆饼等人工食料搭配的办法,"青草随地可割取,螺蛳购自宜兴、太湖、常州等处,蚬子或螺蛳一元皆可购回二十五桶,每桶容二斗五升"[①]。养鱼户除了自己就近从河浜湖荡中采捕萍草、螺蛳等水中物产,不敷的部分则从市镇上的鱼行、饵料行、杂粮店、榨油坊等处购买。供应鱼饵的店铺不仅大量供应豆饼、大麦、菜饼等农副产品之类的饵料,也收买乡人们在农闲时从附近河荡中采集的螺蛳、蚬子等水产,再转手卖给养鱼户[②]。池塘养鱼集中的地方对于商品性饵料的需求也大,于是镇上的饵料商行比较密集,20世纪30年代仅菱湖镇上就有饵料行百余家[③]。

除自然饵料和农产品加工的下脚料外,农桑生产的废料,如羊粪、蚕沙等,也可用来养鱼;一种鱼类的排泄物亦可成为另一种鱼类的食物,如草鱼的粪便为鲢鱼所喜食,因此鲢草混养比较常见[④]。这些方法使得废弃物进入新一轮生态循环,属于江南生态农业的一部分。

由于鱼塘用水和饵料基本取自本地生态环境,甚少外源性的能量

---

① 《实业消息:无锡养鱼业状况》,《实业杂志》第69号,1923年7月30日,第116页。
② 谢潜渊《湖州、杭州、苏州之养鱼业》,《水产月刊》复刊第1卷第3期,1946年8月1日,第54页。
③ 浙江省立水产科职业学校编《浙江菱湖养殖调查报告》,出版地不详,1935年11月,第7页。
④ 王士性《广志绎》记吴越人养鱼的节约门道:"草鱼食草,鲢鱼则食草鱼之矢。鲢食矢而近其尾,则草鱼畏痒而游。草鱼游,鲢又觅随之。故鲢、草两相逐而易肥。"(王士性《广志绎》卷四"江南诸省")

投入,因此养鱼产生的塘泥和废水也能够被周围环境所消解,而很少产生多余的污染物。根据近来菱湖养鱼老农的回忆,早先当地的塘泥和湖泥肥力都很高,富含鱼类排泄物和鱼饵食料残渣等营养物质,最适合桑园施肥。民国时期该地的桑园很少使用化肥,所用的主要肥料就是鱼塘中的塘泥。菱湖鱼塘多,出产的塘泥足够种桑使用。通过挖出塘泥,也起到定期清除鱼塘里剩余营养物质残留的作用,对净化水质有好处。至于鱼塘换水,以前菱湖农民每隔二至五年就要更换一次水,因塘泥经常清理,这种塘水肥力不高,排入外河湖也不会污染水体①。

(三)鱼塘的商品化及鱼产品的销售

水乡地区的鱼塘与稻田一样,具有完善的产权,小农可根据生产需要和人力进行买卖和转让。这说明经过明清以来商品经济发展的推动,鱼塘已成为这些地区土地体系中的重要组成部分。养鱼户可以自养牟利,也可以出租给他人经营,但很少因产权不清而产生纠纷。1929年,无锡地方政府对太湖之滨养鱼村的调查发现,村中鱼池大部分属于私产,由农户自家经营,但也有的属于家族共有财产,如祠堂池、杨河池等。村民中虽也有利用公共池塘养鱼的,但需要与族里履行租赁手续,之前从未引起过产权纷争②。

民国时水乡地区鱼塘的买卖和租赁价格与种植粮食作物的良田耕地基本持平,这说明鱼塘经济效益较高。水乡养鱼本轻利厚,此为一个原因,另一方面,城市市场对蛋白质食物的需求以及口岸城市贸易的增长也起了促进作用。池塘养鱼的集中化在民国时有所发展,也带动鱼塘交易价格进一步提升。1932年对东太湖洞庭山一带的调查显示,"鱼池自营者颇鲜,大都出租他人",经营鱼塘的专业户较多,鱼池的租价为每亩4元③。1939年,吴兴县东北部的连片鱼荡多出租给擅长养鱼的绍

---

① 罗亚娟《传统池塘养鱼的方法、环境效应及其当代启示——太湖流域菱湖案例研究》,《农业考古》2016年第6期,第188—193页。本文作者曾对菱湖老农进行采访,了解民国时期菱湖养鱼水循环和营养物质循环的情况。
② 杨翔九《无锡市养鱼调查表》,《无锡市政》第1号,1929年10月1日,第125—126页。
③ 《江苏省各县养鱼事业调查》,《中行月刊》第5卷第6期,1932年12月,第117—120页。

兴人经营,每亩鱼荡的租金为10元左右。当年吴兴县鱼荡地买卖的价格为每亩60元,稻田买卖的价格为每亩50—80元。而根据1940年满铁调查资料,南通县头总庙村的平均地价为75元①,可见该时期苏南地区的耕地价格差异不大,而鱼池的交易价格与耕地价格基本持平②。之前1920年代对无锡养鱼区的调查也显示,鱼塘的租金和买卖价格都比较高,租赁鱼池一亩须洋6元,购鱼池一亩则须洋百元以上③。上述几个调查的时间和地点虽不同,但反映出鱼池价格水平在土地交易序列中的地位比较稳定,与稻田一样,也在土地市场上频繁交易。

随着轮船、铁路等现代交通方式和城市经济的发展,民国时养鱼户生产的鱼产品与各级城市市场的对接更加便捷,需求量增加,进一步推动了池塘养鱼的发展。

在长三角地区,上海、杭州、苏州、宁波等大城市对鱼货的需求最大,除了城市居民消费,还有部分转口和出口,沿铁路和轮船航线运往国内外其他地区。1933年上海鱼市场对河鲜鱼销量和去向的统计显示,该年份输入上海市的河鲜鱼数量为19.6万担,其中沿沪杭线运往其他市镇的为5万多担,沿京沪线运往其他地方的为1万多担④。

河鲜鱼的主要消费市场还包括无锡、昆山、常州等区域中心城市,基层市镇的消费也占一部分,但是各地鱼货销往周边城市的比例根据地缘关系有所不同。据1948年浙江省建设厅对部分产鱼区鱼产品去向的统计(包括捕捞鱼和养殖鱼):嘉善县主要产野生鱼,年产0.8万余担,其中半数销往上海和杭州;杭县以野生鱼为主,年产1万余担,销往杭州的占四成,二成销往上海;萧山县池塘养鱼业发达,年产11万余担,销售地为上海、杭州和江西省一些城市;绍兴主要产外荡鱼,比池塘养鱼区的产量少,年约3万担,就近供应宁波;吴兴县是池塘养

---

① 转引自曹幸穗《旧中国苏南农家经济研究》,中央编译出版社,1996年,第29页,表2—4"土地抵押借贷三例"。
② 中国经济统计研究所编《吴兴农村经济》,上海:中国经济统计研究所1939年3月印行,第4页。
③ 张伯铭《无锡养鱼业调查记录》,《申报》1923年7月22日星期增刊第3版。
④ 王刚编《渔业经济与合作》,南京:正中书局1937年6月印行,第20页。

鱼集中区,年产30万担,销售市场除了沪、苏、杭等大城市之外,也就近供应中等城市无锡和昆山①。

上述统计未将野生鱼的主要产地,即大中型湖泊地区的产量包含在内,因此不能完全据此评估养殖鱼与野生鱼产量之高下,但可得的结论是,池塘养殖鱼在长三角地区淡水鱼产和市场供应量方面均已占据重要份额。在一些集约化的养鱼区,如上述萧山与吴兴,人工养鱼产量绝对超过野生鱼产量。

1934年上海鱼市场河鲜鱼行公布的资料,也说明了池塘养殖鱼已占城市鱼市场的半壁江山:"上海市一方为海产鱼介之大集散地,一方亦为河鲜鱼类之重要销售市场。而河鲜鱼类之来源,概分两种。一为长江沿岸各埠运来之河鲜鱼,此以在内地河川中捕获运来销售者,其种类以鲥鱼、刀鱼、鲫鱼、鲤鱼等为多数;一为江浙之嘉兴、菱湖、昆山、苏州、无锡、常州一带运来之养殖鱼,此为当地民间开辟池塘养殖成长后运来销售者,其种类以青鱼、草鱼、鲢鱼、鳊鱼、鲤鱼等为多数。每年二项河鲜鱼在上海之销售数字,亦达三十万担(系多年平均数字的估算),价值四百万元左右。"②此报告似乎只强调长江沿岸各埠所产的野生鱼,而对太湖流域各大湖泊所产的野生鱼有所忽略。不过据此报告可知,在民国时期的市场经济环境下,太湖流域水乡地带池塘养鱼的优势普遍得到了发展。

(四) 鱼产量与农民收益

至少在20世纪三四十年代,池塘养鱼在江南水乡地区广泛分布,地势低洼、湖荡连片的地带则形成规模较大的集中养鱼区(如上述菱湖),在当地农业经济中,养鱼业甚至超过种植业和桑蚕业的地位③。对农民

---

① 《三十年度调查渔区船户名册》(1948年),浙江省档案馆藏,民国浙江省建设厅档案,L033/002/0260。
② 《上海市河鲜鱼行概况·附表》,《水产月刊》第1卷第6期,1934年11月1日,第5页。
③ 1947年周祥泰根据实地调查对菱湖农副业经济的结构如是评估:"居户业养鱼者几达百分之七十,且多以养鱼为主业,区内塘多于田,塘周遍植桑柘树,唯蚕丝业收入可与渔业抗衡,至于种稻,反退为副业。"菱湖地区河流纵横,交通须赖舟楫,处处是塘,处处是河,故鱼塘十分集中(周祥泰《菱湖区之渔业》,《农业通讯》第1卷第3期,1947年3月,第32—33页)。

而言,养鱼是为增加收入,那么从事池塘养鱼的收益究竟如何?以下根据相关资料对典型地区的鱼塘产量和农民收益情况做一大致估算。

1923年,渔政管理人员张伯铭对苏南养鱼区无锡的鱼塘产量和收益进行调查,该报告云:"五亩之池一年可出青鱼三十担,草鱼约三担乃至五担,鲢鱼二十余担,鳊鱼十余担,鲤鱼二十余担。大鱼多销于江阴、宜兴、常熟、无锡等处。至大鱼之价格,青鱼一担约售二十五元,草鱼及鳊鱼约售十七八元,鲢鱼及鲤鱼约售十一二元。"①根据这份报告,一方5亩的鱼池一年至少可出鱼80担,平均亩产达16担,即1600斤。为了判定这个亩产量在当时苏南地区处于何种水平,可将其与后来的年代以及同时期周边地区的产量做一对比,甚至也可与外荡粗养方式的鱼产量进行对比。

据20世纪50年代浙江省农业厅档案,1955年时该省池塘养鱼平均亩产量是143斤,最高的是1084斤,最低的只有30余斤;而外荡养鱼平均亩产量为64斤,最高的是220斤左右,最低的只有20余斤②。对比可知,1920年代像无锡这种典型养鱼区的池塘精养鱼产量是相当高的,比50年代浙江省池塘养鱼的最高亩产量还要高出若干。中华人民共和国初期跃进式地扩展养鱼面积(包括扩大池塘面积和国营鱼场经营的外荡、河湖面积),产量反而下降不少,且参差不齐,其中原因有待进一步探讨。

其次,与外荡粗养的产鱼量相比,池塘养鱼的优势相当突出,上引1950年代的档案资料已可初步说明。另外,还可与民国时期外荡养鱼最为典型的绍兴地区的鱼产量做进一步参照。绍兴北部平原地区湖荡密布,其水土环境和经济结构与杭嘉湖平原颇具一体性,外荡养鱼久负盛名。根据1946年《申报》发表的一篇调查报告,绍兴全县鱼荡的面积在10万亩以上,在战前全盛时代,年产可达500万—600万斤③。据此推测,战前绍兴荡鱼的平均亩产约为50斤。当时外荡养鱼属于

---

① 张伯铭《无锡养鱼业调查记录》,《申报》1923年7月22日第23版。
② 《关于内塘外荡养鱼增产的主要经验和方法》(1955年),浙江省档案馆藏,浙江省农业厅档案,J116/009/123/217。
③ 《绍兴酒与淡水鱼》,《申报》1946年12月17日第9版。

一种粗放管理、完全利用天然饵料的养鱼方式,其亩产量大大低于精养鱼塘是合理的。

以下再对浙西水乡典型养鱼区嘉兴的池塘产量和农民收益做些评估,并与无锡的情况进行讨论。

1940年浙江省政府农矿部对嘉兴县养鱼池的一份专项调查显示:全县养鱼池总面积为1万亩左右,最小者1亩,最大者3亩,最大鱼池年约产鱼五六十担,最小者约20担左右①。据此推算,每亩池年产鱼平均为20担,合2000斤,比上述苏南无锡在1920年代的产量还要略高。

就农民收益而言,以1940年时嘉兴养殖鱼的售价乘以产量计算一下,再减去农民投入的鱼苗钱、饲料钱、鱼池租金及人力等,另外加上鱼塘堤岸种植经济作物的收入,估计每亩鱼塘的纯收入在100元上下②。而1923年对无锡养鱼区的调查则明确指出,有一户吴姓农民的鱼池一亩年收入为80余元,在村中属一般水平,相比于上述嘉兴鱼塘之亩收入稍低③。满铁1938—1939年曾对苏南六县十二村农户年收入构成进行调查,户均年收入为228元(包括种植业和桑蚕、竹编、畜牧业等收入合计)④。将苏南地区农户年均总收入水平与养鱼收入对比可以看到,假设养鱼户的池塘面积达到2—3亩,其养鱼所得收益即相当于非养鱼户各种产业相加的收益。所以从实际经济效益来看,低乡湖荡地区发展池塘养鱼实可为农民致富之道。

通过以上对太湖流域池塘养鱼业各要素的分析,可见池塘养鱼发达的低乡一带,同时也是历史悠久的圩田农业区和商品经济水平较高的地区。在地势低洼的水乡平原,圩田模式下的稻、桑、鱼三产业相互

---

① 《浙江省政府农矿部统计处:浙江省嘉兴县养鱼池概况表》,《农矿公报》第55号,1941年4月21日,第18页。

② 根据上揭嘉兴县养鱼池概况的资料估算。中有:鲢鱼每担约三十元,鲤鱼每担约五六十元;每池较大者投资约千元,最小者三百余元;每年放养鱼苗一万至三万尾,每万尾十余元至二十余元;费用涉及每日喂螺蛳及水草四次之饲料费、运输费、修理堤岸及清塘费、捕鱼人工费等。

③ 张伯铭《无锡养鱼业调查记录》,《申报》1923年7月22日第23版。

④ 转引自曹幸穗《旧中国苏南农家经济研究》,第153页,表5-12"苏南6县12村(附南通)年收入构成表(1938—1939)"。

促进，通过广泛开挖池塘营造了高低错落的地形，使水有所归，粮有所种，鱼有所养，是为一种充分利用水乡地理环境的生态农业。李伯重曾指出明代中期以来江南农业发展的两条主要途径，即在人口增长的压力下，通过不断提高自然资源合理利用的水平和农业的商品化程度来发展生产①，这两点在民国江南水乡地区池塘养鱼业的开发中均得到生动体现。农民将低产的洼地改造为高产的鱼塘，或将湖滩沼泽地加以改造，首先是更合理地利用了水土资源，提高了生产率；同时，投入人工和各种资源成本来养鱼，主要是为了上市出售，增加家庭收入，同时也迎合了城市市场和工业发展的需要，创造了较高的商品价值。还有重要的一点，是养鱼的饵料也可在区域水环境和农业生产环境框架内解决，而基本不需要外源性投入。因此，民国时期太湖流域的池塘养鱼业是一种经济效益高、生态链条通顺的产业。

二、外荡养鱼与小范围的水利生态

外荡养鱼亦是江南水乡淡水鱼生产的主要范式，与池塘养鱼一样具有悠久历史。"外荡"与池塘养鱼的"内塘"相对，特指水面较大、没有封闭性堤岸圈围的自然河流或湖荡。民国农学家何西亚在浙西养鱼事业的报告中说："养鱼有池鱼与荡鱼之别。池者，即户前屋后陇亩道旁之池沼也，养鱼其中，俗名鱼池；鱼荡者，即于外河中用竹帘截签若干距离面积之水面而成，养鱼其中，俗名外荡鱼。"②因大型湖荡或水漾兼有多种水利功能，如种菱、积肥、通航、灌溉、蓄排等，受益群体众多，故外荡养鱼发展的制约因素比较复杂。

（一）外荡养鱼与小范围公共水利的矛盾

外荡养鱼的特点是"粗养"，投入成本比池塘养鱼要少得多，主要是帘箴、鱼苗和少许看顾的人力。这看起来似乎是外荡养鱼的成本优势，但就其产量保障而言则成为弱势。荡主首先需建造竹质的帘箴，

---

① 李伯重《江南农业的发展(1620—1850)》，王湘云译，第205页。
② 何西亚《浙西之养鱼事业》，《申报》1926年2月18日第18版。

将水体平稳的水荡与流动的外河相隔,或将自家所有的荡面与邻家水面隔开区界,以防止逃鱼。竹篾柔软有弹性,不至于影响船只通行。只有在不通舟楫的水荡与河流的接口处,才会筑起土坝,以避免鱼类外溢,符合这种条件的通常是大河的港汊或水荡的湾角①。其次,须投入一定数量的鱼苗成本,一般为鲢、鳙、青、草等池塘里惯常养殖的、成长较快的家鱼类。但江南本地河湖并不产出此类鱼苗。鱼苗贩户每年春季从长江中游捕捞鱼花的人手中收购,长途贩运至江南,再出售给养鱼户。最后,外荡养鱼需专人看管,要投入一定的人力成本②。外荡面积阔大,向村庄远处延伸,荡鱼常面临被盗或强抢的情况③。总之,相对于池塘精养需要开挖和维护池塘、筑造堤岸、投入大量饵料、每日精心饲养这些特点来说,外荡养鱼节约成本的特点十分突出,但其产量和收获的稳定性却远远低于前者。

发展外荡养鱼的另一个制约因素,是自然饵料获取与公共水资源利用之间的矛盾。外荡养鱼完全依靠水体中自然滋生的物质,如螺蛳、水草、各种微生物等,农民向荡中投放哪种鱼苗,又如何将不同种类的鱼苗搭配成合适的比例,不仅需要对水质和水中营养成分了如指掌,还须考虑所利用水面的公共水资源性质,顾及水面的其他用途,如蓄排水、种植菱藕等水生物、交通行船等,否则就会因饵料不足或纠纷不断而影响收成。饵料问题与争夺水资源的纠纷时常纠缠在一起,制约着外荡养鱼的产量增长和面积扩张。下面以饵料来源最广的草鱼

---

① 刘桐身《利用河浜湖荡养鱼法》,《大众农村副业月刊》第3卷第1期,1937年7月1日,第104、112页。

② 清人顾禄所著《清嘉录》有记:"有所谓'野荡'者,荡面必种菱芡,为鱼所喜而聚也,有荡之家,募人看守,抽分其利,俗称'包荡'。每岁寒冬,毕集矢鱼之具,荡主视其具,衡值之低昂,而矢鱼之多寡,若有命而主之者,鱼价较常顿杀,俗谓之'起荡鱼'。"此处讲的是清代中期苏州附近的荡户雇人看管水荡和捕鱼的情况(顾禄《清嘉录》卷一一"起荡鱼",上海古籍出版社,1986年,第160页)。

③ 偷鱼和抢鱼乃为外荡养鱼者防范的重点。据《申报》1935年12月25日第7版《盗匪深夜网劫鱼塘》一文报道:"萧山东门外裘江乡庙湖港,长约五里许,向系陈姓畜养鱼鲜,每年缴捐纳税。目下年暮将届,正拟捉捕之际,不料于十日夜间鱼更三跃之时,突来强人二三十人,明火执仗,大肆网劫。该盗等四处开枪示威,帮管鱼人杜某潜逃速避。该盗等约捕二小时之久,始挑抬鱼鲜八千余斤,向绍兴方向呼啸而去。"此类严重抢鱼事件在民国媒体报道中并不鲜见。

养殖为例,对公共水资源利用中的矛盾进行具体说明。

草鱼以岸草和萍草为食,这种草食所在皆有,故草鱼颇得外荡养鱼者青睐①。但在大荡中饲养草鱼不能只图个人私利,要同时兼顾其他农户的利益。大荡通常是综合利用的,荡面权和荡底权分开,各有其主,荡面种菱,荡底养鱼,各自纳税完粮。荡主对于养鱼或种菱的选择,也常根据其经济实力和市场情况而变动。像杭州城河以及城郊的古荡、塘西、丁山湖等村庄的多数河浜,虽然长期以来一直有人在其中养鱼,但许多农家有余钱买鱼苗时就养鱼,无钱就种菱,所以河荡中通常都是鱼菱并存的格局②。一大片水荡的使用权分属多家荡主,荡主又可将水面或水底权租赁给其他农户经营,这使得湖荡的用益权变得更加细微而复杂。

养鱼户与其他农户的许多纠纷,都是因养鱼户私养草鱼从而妨碍了其他人种菱和罱取湖泥。例如萧山县东蜀乡的历墅湖,面积广大,每一片各有完粮之人。20世纪30年代时的情况,是水面仍由完粮人及傍湖菱户种菱,水底则租给曹阿元、周竹仙等多户村民养鱼。不料曹等未经商量私自在历墅湖放养草鱼,引起菱户周妙庭等控告到县府,告发的理由,是养草鱼不仅损害菱收,且"草鱼咬吃湖菱,秋后无败叶残枝下沉湖底,失去肥料价值,不能壅田,妨碍农业",使得滨湖稻田缺少肥料。萧山县政府果断处理,判决历墅湖今后"绝对禁止放养草鱼",必须农产和鱼产兼顾③。

鱼-菱-肥式的纠纷在水乡湖荡地区较为普遍,除官方应对处理外,民间也相应形成了自我约束、相互监督的机制。吴兴县菱湖以池塘养鱼闻名江南,且外荡养鱼也有悠久传统,"该处湖面甚多,如天化漾、横山漾、方溪漾、小溪漾、清水漾、卞家漾等不下三四十,其面积大者一二百亩,小者数十亩,多属公有"。二三十年代时本地人多将水荡租给擅长养鱼的绍兴人经营,但对于草鱼的养殖专门设定了严格约

---

① 《昆山之养鱼业》,《工商半月刊》第5卷第2号,1933年1月15日,第82—83页。
② 谢潜渊《湖州、杭州、苏州之养鱼业》,《水产月刊》复刊第1卷第3期,1946年8月1日,第52页。
③ 《萧山农民周妙庭等为历墅湖养鱼纠葛诉讼案》(1939年),浙江省档案馆藏,民国浙江省建设厅档案,L033/002/0418。

规:"所养鱼类,以花白鲢为大宗,青鱼、鳊鱼、鲤鱼亦养之,惟草鱼放养,则为本地人所不许,因其地河面皆种菱,倘若养草鱼,则湖内之菱将为所食,损失甚大,故公河以内,取缔草鱼之养殖。"①

山阴县鉴湖也发生过农户联合抵制养草鱼的事情。鉴湖周围的乡民多年来已形成习惯,不在湖中养草鱼,以杜绝草鱼咬伤菱花之发生。但1905年忽有鱼户魏大贞私养草鱼,即刻遭到乡民联合投诉,最终官府要求魏大贞将尚未养成的草鱼速行捕取出湖,立即终止饲养草鱼②。

由此看来,作为人工养殖优势鱼种的草鱼,实际上更适合池养,其以草为食、节约饵料的优点在池塘精养中可得到充分发挥,但在自然水面中养殖,则受到食物链以及渔农共享生态的制约。

(二)外荡养鱼的产量弱势

由于前述种种制约,外荡养鱼产量不高。20世纪30年代萧山地区外荡养鱼的亩产在50斤左右,租荡户还要向荡主纳鱼5—20斤作为荡租,所剩有限③。而与杭嘉湖平原毗邻的绍兴水网地区在40年代的亩产也大致只有50斤④。本文第一部分对池塘单产有过估算,二者相比,可知外荡养鱼的亩产仅相当于池养亩产的十五至二十分之一。

再就某一区域的总产量进行估算,外荡养鱼同池塘养鱼的差距也很大。嘉兴北部的农民向有在湖沼河浜中设簖取鱼的习惯,每年清明前后放秧,冬至收获,据1948年的统计数字,这一区片每年总产只有大约2千担⑤,而嘉兴全县鱼塘的总产量每年却达到20万担⑥。再与主要倚重池塘养鱼的吴县做对比,即使在抗战后的经济恢复期,吴县池塘养

---

① 浙江省立水产科职业学校编《浙江菱湖养殖调查报告》,出版地不详,1935年11月,第9页。
② 《示禁蓄鱼伤菱》,《申报》1905年7月1日第10版。
③ 《海闻:浙江省萧山养鱼业》,《海事月刊》第7卷第2期,1933年2月1日,第82—83页。
④ 《绍兴酒与淡水鱼》,《申报》1946年12月17日第9版。
⑤ 《各县淡水鱼纠纷(嘉兴县政府的统计)》(1948年),浙江省档案馆藏,民国浙江省建设厅档案,L033/002/0414。
⑥ 《浙江省政府农矿部统计处:浙江省嘉兴县养鱼池概况表》,《农矿公报》第55号,1941年4月21日,第18页。

鱼的年产量也达到 30 万担[①]，外荡与池塘养殖的产量差距更见其大。

由于外荡养鱼产量小，其在供应市场消费方面只能作为池塘养鱼产品的补充。综观 20 世纪三四十年代上海、杭州等大城市鱼市场的淡水鱼消费，养殖鱼供应量与江河湖泊捕捞的野生鱼量有比肩之势[②]，但人工养殖的鱼产品主要是来自菱湖、嘉兴、吴县、洞庭山等水乡地带的池塘养鱼，而不是外荡养鱼[③]。

（三）扩张养鱼面积的制约

虽然外荡养鱼产量有限，但农户占用外荡水面的面积却一般比较大。人们通过增加养殖面积规模来弥补单产低微的缺憾。萧山外荡养鱼向称发达，全县鱼荡约有 80 余处，养鱼户约有 3 000 余家，鱼荡面积，大的约四五百亩，小的约三四十亩，百亩左右的荡，为数最多[④]。由于鱼饵全靠水中天然所产，占用越大的水面就意味着拥有越丰富的饵料来源，向阔大的水体投入人工饵料显然是不可取的。正如 1936 年一份嘉湖地区的渔业调查报告所云："养鱼以饲天然料为原则，若时时供给食料，则获利难矣。"[⑤]因此，对天然饵料的谋求助长着乡民们扩张养鱼面积的欲望。

---

① 《吴县县政府：为据徐澄本呈请设置吴县鱼市场一案检同原附各件将呈鉴赐核转由》(1947 年)，江苏省档案馆藏，民国江苏省渔政档案，1004／乙/7314。

② 三四十年代太湖流域江河湖泊所产野生鱼数量估计与养殖鱼产量接近。1947 年，江苏省渔业改进委员会对太湖流域北片（相当于江苏省辖长江以南地区）进行鱼产调查，报告显示，凡境内有大中型湖泊的县份，其淡水鱼的年产量均偏高：溧水县内因有石臼湖，年产鱼量达到 70 000 担；昆山县南部毗邻淀山湖，年产鱼量达 50 000 担，北部毗邻阳澄湖，产鱼量为 24 000 担；吴县除南部享有太湖渔利外，北部毗邻阳澄湖的地方另产鱼 25 920 担；金坛县境内的长荡湖面积稍小，但年产鱼亦有 18 700 担（江苏省渔业改进委员会《渔业状况调查表 1947 年》，江苏省档案馆藏，民国江苏省渔政档案，1 004／乙/7 375）。另外，太湖是长江三角洲野生鱼产量最大的湖泊，两三千担载重量的渔船多在太湖上捕鱼。数量众多的连片湖荡，除用作"粗养"型养殖外，还出产大量野生鱼，一批渔户专门在湖荡捕鱼为生。

③ 1935 年菱湖的池鱼产量达 20 余万担，大多由鱼行转运沪杭出售（建设委员会经济调查所统计课编《中国经济志：浙江省吴兴、长兴》，杭州：建设委员会经济调查所印行，1935 年 2 月，第 45 页）；另上文已说明嘉兴在 1941 年的池塘养鱼量为 20 万担，吴县在 1947 年的产鱼量为 30 万担。

④ 《海闻：浙江省萧山养鱼业》，《海事月刊》第 7 卷第 2 期，1933 年 2 月 1 日，第 82 页。

⑤ 《一月来之渔牧：嘉湖一带内河渔业情形》，《中国实业》第 2 卷第 3 期，1936 年 3 月 15 日，第 15—16 页。

但江南水乡湖荡使用权的细微化和长期磨合而成的小范围的公共水利秩序,对外荡养鱼的扩张起着限制作用。在当时的农副业生产格局下,当用于养鱼的水面总量或投放鱼苗的密度超过一定限度,自然会受到水生作物种植户和周围农民的抵制。过分分割水面对旱涝排蓄和交通也有影响。在民国关于外荡的叙述文本中,常用"公有"二字[①],此所谓之"公有",与官方直接控制、不许民间私自使用的"官河湖"是有区别的(下文专门讨论),主要是指这些湖荡的自然物产和水资源为一定区域内的民众所共享,形成一个小范围各业共存的公共水利圈,圈中秩序主要靠受益者自觉地参与和维护,因为湖荡的使用权归属个体的民户。

由上可见,当时对于中小型公共水体的利用机制,官方强制性管理并不是主要的,而是要在民间基于利益共享形成自我调控和相互监督。外荡养鱼户试图通过扩大水面来增产的欲求,在这种小范围水利维护机制下难有作为。尽管外荡养鱼成本更小,市场对鱼产品的需求也在增长,但扩张面积需要付出较大的社会成本和生态代价,所以也只能作为池塘养鱼的补充形式而存在。

三、向官河湖扩张的人工养鱼业与区域性公共水利

民国时期的江南地区深刻地卷入了"世界经济系统",农业商品化快速发展[②],那么在这种时代环境下,一向作为公共水利资源而并不用于商品生产的"官河湖",其利用观念是否也发生明显改变?商业性养鱼是否开始向官河湖扩张?

(一)官河湖的"水利公共性"

官河湖与民用的河湖荡在产权意义上有本质不同,学界对官河湖

---

① 如前文所及菱湖乡民对绍兴包荡养鱼人的投诉中云:"该处湖面甚多,如天化漾、横山漾、方溪漾、小溪漾、清水漾、卞家漾等不下三四十,其面积大者一二百亩,小者数十亩,多属公有。"(浙江省立水产科职业学校编《浙江菱湖养殖调查报告》,第9页)

② 曹幸穗《旧中国苏南农家经济研究》,第21页。

利用方式和管理体制的历史变化已有所议论,其中产权与渔业生产的关系受到更多关注①。归纳起来,官河湖的主要特征可概括如下:为一个区域社会和民众所共享的"公共水利体",即其具有向某一区域广大民众和社会提供通航运输、渔业、农田灌溉、排洪排涝、生活饮水等多方面的功能,故不可为某一团体、某一部门占为专用,不可过度用于某一产业的发展。官方对大型水体一向严加管理,要避免垄断,维持地方水利安全和民众生计正常运转。历代地方志所载政府对大型河湖的疏浚治理、重要水利工程的实施以及禁止占垦河湖的措施,可充分说明官方对大型水体管理的重视。日本学者森田明对清代江南区域内杭州的西湖、余杭县的南湖和南京城的河湖水利管理与经费筹措体制进行了详细研究,其涉及的湖泊无论是在城还是在乡,官方的一致做法,均是联合各种社会力量,对湖泊的综合水利功能进行维护,从而保持地方社会和民众从中受惠的关系②。

  具体到水网密布的江南水乡地区,河湖产权另有地理环境方面的特殊性。由于地势低平,水体连片,官河湖与民用的水荡、河浜等常常连为一体,界限不明,一大片水域的边缘部分、支汊和湾角可能为民用,中间的主河道或阔大湖面则为官有,因此在实际使用中更易

---

① 各种社会群体对于官河湖水利资源的争夺,向来受到史家关注,这主要是由于官河湖产权的模糊性、水面边界的变动性以及受益群体的多重性,造成民间在垦殖、捕鱼、灌溉等方面的纠纷不断,而官府总是以仲裁者的角色来维持公共水利的运行。官河湖所提供的水利资源,自然包括渔业资源在内,渔民(含兼业捕鱼的农民)对于捕鱼权的争夺不可避免。关于官河湖捕鱼权、政府管理与民众生计的关系,已有局部水域地区的个案研究。梁洪生以近代鄱阳湖区渔民文书为依据,对"私业""官河""习惯捕捞区"之间的复杂关系进行梳理,呈现出大湖水面权公私并存并随时代而变迁的图景,而20世纪50年代以来湖区渔民的生计和生产方式受捕鱼权分配的影响很大(梁洪生《捕捞权的争夺:"私业"、"官河"与习惯——对鄱阳湖区渔民历史文书的解读》,《清华大学学报(哲学社会科学版)》2008年第5期)。姜雪的硕士论文以发生于清同光年间苏州府官河内筑簖捕鱼的纠纷案件为例,认为官府对于官河上设簖捕鱼的权利很难明确判定,缺少标准,只能循例执行"不碍水道,即不予追责"的原则(姜雪《近代江南地区公共水域捕捞权浅析:以苏州地区"官河"筑簖纠纷为中心》,华东师范大学硕士学位论文,2013年)。就目前而言,尚未见到以一个流域为范围讨论官河湖产权、政府管理与百姓生计关系的论文,以往研究所讨论的民众对水权的利用,也很少延伸到"捕捞野生鱼""垦殖"以外的生计领域,例如人工养鱼业。

② [日]森田明《清代水利与区域社会》,雷国山译,山东画报出版社,2008年。

引发纠纷①。举例来说,1938年绍兴县袍渎乡政府因建立养鱼实验荡,将"私有荡产与公用水面毗连"的洋港荡占为公有,甲长俞阿图联合乡民向县府控告,即是因为大湖荡的公、私产权边界不明所导致。俞阿图等人坚持认为,"洋港荡本为民等数百家向来捕鱼、种菱、捞泥,以为生活生产之荡,如果政府既热心事业,认以养鱼为有利益,应促进改良,不应将民等私有产权剥夺占为公有"。县政府承认洋港荡的产权复杂性,决定区别对待:凡系私产的完粮之荡,仍归百姓租赁养鱼;凡"可通运之河道"、"天然形成之湖沼而为公共需用者"以及"公共需用之天然水源地",均不得占为私有,如已经占有者,应履行渔业登记,由政府重新审查其产权性质②。该案反映出江南地区的大型水体有着公、私权限交织并存的复杂性,同时也说明判断河湖官有属性的标准,主要是考虑受益群体的范围是否广大,以及河湖水体的功能是否多元化,如服务于大范围内公共交通、蓄排、饮水等方面的功能。

关于江南地区民众对官河湖的利用权,在民国时期是相对开放的。张朝阳的研究指出,江南地区在康熙二十四年至二十五年基本完成了豁免官河湖渔税的进程,民众可免税在官河湖从事捕鱼、挖泥、采草等作业。虽事实上仍存在豪强圈占和某些地方政府阶段性征收渔租,但总体上官河湖的使用权面向社会③。1935年一份对淀山湖利用情况的报告,反映了民国中期大型湖泊为周边民众生计所共同依赖的图景:"湖水澄清,烟波浩渺,湖中产鱼虾等水产动物极富,尤以秋蟹最著声誉。滨湖渔民,恃此湖为生者,不可胜数。湖底水草淤泥,可为农田肥料,湖畔农户,咸取给于是。每当春夏之交,四乡农民放船来湖夹取草泥

---

① 梁洪生在《捕捞权的争夺:"私业"、"官河"与习惯——对鄱阳湖区渔民历史文书的解读》(《清华大学学报》2008年第5期)一文中指出,鄱阳湖"水无硬界"的特性,致使"湖区业权的季节性模糊",江南水乡河荡具有类似的地理环境特征。
② 《谢芝祥等呈令饬绍兴停止内河鱼荡绘图登记暂照习惯办理案》(1938年),浙江省档案馆藏,民国浙江省建设厅档案,L033/002/0424。
③ 张朝阳《公众权益与17—18世纪江南官河、官湖纠纷》,《中国农史》2016年第3期,第110页。

者,络绎不绝,诚天然一富源也。"①但需要强调的是,官河湖面向社会开放与中小型湖荡产权归属私人是截然不同的,官河湖具有斯考特·戈登(Gordon H. Scott)所归纳的"公地资源"性质,既是属于所有人的财产,又不属于任何人专有,因此最容易被过度侵占而发生"公地的悲剧"②。

(二)商业性养鱼向官河湖扩张

到了20世纪初期,在商品经济日益发展的刺激下,首先从政府观念的层面上开始了圈占官河湖水面进行养鱼的商业活动,并且表现出明显的逐利性。

圈占官河湖进行养鱼,主要有两种形式:一是政府背景的公共团体直接参与,例如以县渔会、高等院校、农业推广所、乡镇公所、地方慈善机关等名义,创办养鱼试验荡、养鱼农场等,这些官方机构在取得水面经营权方面享有公权力的优势;二是地方绅商借鉴西方企业经营模式,创办养鱼公司,以较大的资本投入和雇佣较多人力进行规模化的养鱼生产。这样的公司式经营在当时受到官方支持,甚至有官方机构出面与绅商联合开办养鱼公司。

圈占大水面势必对渔民捕鱼生计和周边地区的农田水利与旱涝调节带来影响,产生各种水利矛盾。通过稽查民国档案中与养鱼相关的水利纠纷案例,可以得知,官方态度由最初的严格审批转向后来的习以为常,管理松懈,再到政府本身也直接参与,这表示商业性开发自然水资源的风气逐渐加强。

民国初期,地方政府已开始允许私人创办养鱼公司,但必须由官方查勘认定租荡筑簖对渔民生计和农田水利确无妨碍的情况下方许开办。若公司开办后遭舆情反对,政府站在公共水利的立场上调解争端。1915年,震泽严绍贤"为振兴实业起见"设立渔业公司,租赁大片河荡筑簖养鱼,但遭到士绅代表陆进法、张嘉桐等的投诉,其理由,一

---

① 许英《本路沿线之著名湖泊(一)》,《京沪、沪杭甬铁路日刊》第1450号,1935年12月4日,第23页。
② [美]埃莉诺·奥斯特罗姆《公共事物的治理之道:集体行动制度的演进》,余逊达、陈旭东译,上海译文出版社,2012年,第3页。

是渔业公司扼断了渔民入荡捕鱼的权利,二是梅雨季节导致宣泄不畅,使周围的秧田积水并产量受损,总之是"以少数人之利益影响多数人",故要求渔业公司立即终止经营,将鱼簖全部拔除①。这表明圈占大水面垄断性地进行养鱼,引起的水利与社会矛盾确实是多方面的,对此县政府也认真地进行了调查和调解。

此时的公司化养鱼虽处于试验和探索阶段,但无论政府方或是公司方,对于大水面养鱼的经济收益均抱有信心,乐观地认为通过扩展水面即可获得规模化的收益。1910年南汇六灶镇区董张雏声发起创办渔业公司就是一个典型例子。他满怀希望地筹集了一万五千股金,每股大洋两角,然后将一条公共河港筑簖围拦,投入鱼苗十万尾。当时集股人皆认为,经过三年后鱼苗长成出售,一定会以鱼类数量庞大而获得巨利②。官方则通过把河湖大水面租赁给养鱼公司经营成为受益者,因为公司方需向政府缴纳为数不菲的水面使用费和保证金。对地方财政来说,这比起原来免费将官河湖向渔民等开放或者只收取少许税费,要增加不少收入。1916年南京八府塘渔户联合投诉孙鷃巢的养鱼公司侵夺了众人生计,就提到各渔户原先"虽缴官费,岁仅五六十元",而"近有孙鷃巢者,心存一网打尽之计,具呈官产处,愿缴巨金归一手包认",指责政府正是看中公司所缴纳的巨额款项,才给养鱼公司批准执照,同时也谴责养鱼公司试图将湖泊之利一网打尽,而不顾众人生存之权利③。

1930年代在湖荡资源丰富的地区,政府出租公共河湖已呈普遍之势,用出租大水面的收入兴办教育等公共事业,也一时成为风气。萧山县在1927年由党政联席会议议决,准备将县有各处鱼荡投票出租,其租金定案充作"教育经费",并令各渔户自次年起遵照规约向该会承租养鱼④。同年江阴县在政府公告中也明确倡导"全邑支河,宜养鱼生

---

① 《详议复吴江县容民请设渔业公司舆情反对一案》,《江苏省公报》第606期,1915年8月13日,第4—8页。
② 《南汇创办养鱼公司》,《申报》1910年3月12日第12版。
③ 《南京:禀请包认八府塘》,《申报》1916年1月23日第7版。
④ 章桂林《整理县有鱼荡案》,《萧山县政专刊》第46期,1931年6月28日,第25页。

利"，鼓励民间充分开发利用自然水面。江阴县政府保证，养鱼者如果遇到偷鱼毒鱼等事发生，官方将及时提供保护并出面制裁①。至1934年，在河湖资源丰富的昆山县西北乡，已成立大规模的养鱼公司十几家，除利用"河道湛清，水草繁茂"的河流水面之外，还把充满天然饵料的阳澄湖边缘区域开辟为养鱼场②。

（三）官河湖养鱼与水利矛盾

在官河湖资源被用于商品鱼生产的风潮中，养鱼公司的逐利性使得他们不断谋求大面积的水面，并垄断水面的使用权，最初对于兼顾渔民捕捉野生鱼以及允许农民罱泥捞草、不妨碍农田水利的承诺，往往无从兑现，从而引发社会争端。

在不断发生的官河湖养鱼纠纷中，萧山白马湖养鱼事件具有典型性。1933年年初，萧山县2 500余亩的白马湖（包括东、西湖）由县政府包租给兴业养鱼社，该社虽在租赁协议中承诺将不妨碍渔民入湖捕鱼，并将维持农民夹草罱泥的习惯，但在实际操作中，却"层筑箔簖，封锁湖面，不准渔民捕捉鱼虾，过往船只横加稽查，撑流竹木亦多阻碍"。结果在4月份就被渔农民联合状告到县政府，控其"阻碍水流畅泄，非但有害十数村农田水利，抑且妨碍数千家渔民生计"，请求县政府撤销租约，拔除箔簖，永禁白马湖用于蓄养鱼类③。其间公司方与渔民发生数次械斗，8月初还发生一起因渔家女入湖捕鱼，被养鱼社管理人驱逐而溺湖身亡的事件④，引起社会公愤。最终在8月下旬，县政府不得不撤销与养鱼公司的合同，最终恢复了周边渔农民的传统生产习惯⑤。

归纳起来，各地养鱼公司遭到民众抵制和投诉的原因不外乎两点：一是公司方本能地垄断水面权，当初设想的兼顾周边民众生计的

---

① 《江阴发展养鱼兴修水利》，《申报》1927年2月12日第10版。
② 《渔业消息：昆山彭县长注意养鱼》，《上海市水产经济月刊》第3卷第8期，1934年9月25日，第2页。
③ 《湘湖农场关于白马湖承租养鱼纠纷问题来往文书章程协议经过情形报告》(1933年)，浙江省档案馆藏，民国浙江省建设厅档案，L053/001/3236。
④ 《白马湖养鱼发生命案》，《申报》1933年8月16日第13版。
⑤ 《处置白马湖养鱼纠纷，县政府今日宣布办法，白马湖鱼荡将组委员会管理，沿湖叉港筑箔养鱼一律禁止》，《萧山民国日报》1933年8月24日第3版。

理想状态,在商业利益面前无法实现;二是影响了河流湖泊最基本的旱涝排蓄功能,这一点直接关系到区域社会安全,洪涝灾害发生时矛盾尤为尖锐。因此对于涉及区域水利和社会安全的养鱼事件,政府的处理态度总体上是严厉的。例如1918年10月7日,浙西水利议事会决定废止嘉兴顶显荡、嘉善白龙荡、马鸣庵漾等多处湖泊养鱼,其理由就是,各养鱼公司"所设之鱼籪,重帘密布,平时已足为河流之障,若遇上游盛涨,阻扼咽喉,势必酿成巨灾"。并规定在这些湖泊内,"旧有鱼籪尽行取缔,不准新添,亦不得移设他处",如果遇到水灾年份,各县区职能部门必须"依照成例前往查勘",以免私自养鱼重复发生[1]。

但政府方面的严肃管理,一般是针对重大事件,为平息民众怨愤,以免酿成更大事端,绝大多数未遭到投诉的养鱼公司,并非与公共水利没有矛盾,而是处于隐性和积累的状态。

养鱼公司先占水面却不履行登记手续的情况也很常见,这使得官方难以有效地协调养鱼牟利与地方公共水利的关系,相关举措仅具事后补救的性质。1927年,萧山县党政联席会议决议将县有各处鱼荡投票出租,其租金定案充作"教育经费",但两年后的调查却显示,全县出租的鱼荡130余处之中,经照约承租手续合格者仅有80余处,即使已承租者也大半拖延租金,按时交纳租金者寥寥无几,且有日趋减少之势。县政府担心长此以往公司养鱼"势将无形取消,则鱼棍顽强得计,公家威信扫地"[2]。各地养鱼公司频遭投诉的事件也同样说明,政府对公司租用水面的水利关系评估和创办前审批手续方面的管理并不严格,否则便不用依靠事后补救来解决矛盾。

(四)官河湖养鱼的产量与经济效益

官河湖养鱼在民国时期持续有所发展,且不论其对区域水利生态带来的冲击,那么产量和经济效益究竟如何呢?由于缺少系统资料,以下分别从商办养鱼公司与乡村合作化形式的河道养鱼两个角度,进行个案性的考察。

---

[1]《杭州议决禁止养鱼公司》,《申报》1918年10月9日第7版。
[2] 章桂林《整理县有鱼荡案》,《萧山县政专刊》第46期,1931年6月28日,第25页。

先看商办养鱼公司。养鱼公司所圈占的大型自然水面,原本以生长野生鱼和其他多种动植物水产为主,将其改造为以增殖鱼类为主的人工环境,必然对饵料结构、饵料投放量以及管理技术提出新的要求,最重要的是,养鱼者如何应对大型水面的水利功能由原来的区域综合性转向单一商业化的矛盾。在这些问题上,当时的技术和制度条件显然难以有效地提供支持。养鱼公司并不具备大量投入添加剂饵料的观念和实力,人工繁育廉价鱼苗的技术也尚未成功;而在政府一方,虽然看重自然水面养鱼的商业价值,但却没有应对民生和水利矛盾的良好方案。

从笔者所阅读的民国时期有关农场化养鱼的史料中,并未发现鱼产丰收的案例,而养鱼失败或收成不好的案例却比较常见。例如据1933年《工商半月刊》对昆山自然水面养鱼业的总结,该县规模最大的大盛养鱼公司,占有水面千余亩,但连年养殖并未获利,归纳原因,"其养殖时之管理,未免不周,鱼种放入后,给饵量及时间均不一定,视采饵船来之迟速及多寡而定,故损失颇多",可见管理技术和饵料供应链条都不适应大水面养鱼。而在上一年,该公司因一场洪水造成了鱼类逃散,赔本数万元。该刊作者认为,昆山养鱼公司虽多有创办,但"唯因管理不易周密,失败者居多",经济效益并不理想,因此应聘请农学专家帮助详密规划,并盼望低成本的人工鱼苗早日繁育成功[1]。从具体数字来看,自然水面养鱼的产量偏低,至少是与投入的大面积水资源成本不成比例。镇江县永固、高资二乡利用自然水面一千多亩发展养鱼,结果根据1929年的统计,每年出鱼仅300余担,平均每亩产鱼不到30斤[2],这个数字仅仅相当于苏南浙西地区十几亩鱼塘的产量。

以上所述主要是公司化养鱼的管理和技术原因。这一产业当时面临的问题是,只依靠本地生态饵料和不改变水质的传统养殖技术,是否能够达到在广阔河湖中大规模养鱼以增产的目的?正如1947年江苏省立渔业试验场所总结的那样,在天然湖沼中养鱼,"如果能投入

---

[1] 《昆山之养鱼业》,《工商半月刊》第5卷第2号,1933年1月15日,第83页。
[2] 《农厅调查镇江渔业》,《申报》1929年10月15日第9版。

一些饵料或肥料更佳"①。看来时人已经认识到，提高河湖养鱼产量的可行之路，是像池塘养鱼一样投放人工饲料、人工添加剂、给水体增肥等。但这样一来，就等于要将河流湖泊变成精养型的鱼塘，自然水体的物理化学性质和水利功能均要发生根本改变。如果将圈占大水面引起的水利纠纷、旱涝灾害风险以及相关损失考虑进来，自然水面养鱼的成本则进一步提高了。

再对合作化形式的河道养鱼做一考察。20世纪三四十年代，在政府推动下兴起乡村合作化运动，太湖平原东部缺少大湖大荡的地区也开始推行自然河道养鱼，试图达到增产创收的目的，但若以产量对比所投入的环境与资源成本来衡量，成效同样不佳。

例如1931年无锡县政府在高长岸村试行养鱼合作社，其首要问题是寻找适合养鱼的河道。最后选定村庄东面一条和外荡不通的河浜，但那条河浜周围都是稻田和茭白田，被土坝筑断做了鱼池后，船只便不能行进，影响到农户对于肥料和农产品的运输。在农民要求下，合作社给予他们赔偿补贴。后来工作组为了不影响船只通行，将土坝换成软竹篱，改用活水养鱼，但鱼的收获却失去保障。

结果在1932年夏天，高长岸村利用活水养鱼遭到严重挫败。7月间发生了一次大水灾，导致养鱼合作社破产，"建筑的堤岸和竹篱完全沉没，鱼逃跑了，农民们为了用机器把旁边稻田的水抽出来，就把竹篱拆开了一段，以便把机器船开进去，于是一部分未跑掉的鱼，也在那缺口处跑掉了"②。最后在合作社的坚持下，活水养鱼在1933年冬天总算有所收获，10亩鱼塘收获鱼1 000斤，平均每亩产鱼100斤，收入还不敷人力成本和鱼饵的投入③。自此高长岸养鱼合作试验不了了之，未见下文。

---

① 江苏省立渔业试验场编印《养鱼浅说》(1947年)，江苏省档案馆藏，民国江苏省渔政档案，1004/002/7334/0002。

② 朱若溪《养鱼合作事业的实验》，《教育与民众》第3卷第9—10期合刊，1932年6月，第1890页。

③ 朱若溪《三年来的高长岸》，《教育与民众》第4卷第9—10期合刊，1933年6月，第1612—1613页。

高长岸内河养鱼的模式、鱼产量的微薄以及遇到的水利矛盾,在20世纪三四十年代太湖平原东部和北部地区具有普遍性。嘉定、上海、宝山等县在政府的推动下都曾开展合作养鱼。农民在合作社的组织下,"利用本村河沼中之浮游生物、水草、螺蛳等类充作鱼类饲料",划出一些小河小浜养鱼①。但其结果与无锡高长岸相当一致,养殖面积从未铺开,农民积极性不高,最后都停留在试验阶段②。1935年上海县塘湾村组织养鱼合作社,经过动员,农民仅集资50余股,筹得28亩水面,放养鱼种仅3 000尾③;1937年松江县九个养鱼合作社的养鱼水面经过两年筹备扩大后,也只有92亩④。可见高乡地区的农田水利与扩张人工养鱼之间的矛盾也相当明显,虽然政府热衷于推动和提倡,但较低的收益和较高的资源成本投入,还是影响了农民利用自然水面发展养鱼的热情。

总之,利用大型自然湖荡或者自然河流来养鱼,作为近代商品经济驱动下水资源被商品化的一种表现,在民国时期持续得到扩张,但实践表明人们付出的综合成本与经济收益并不匹配。作为公共水利资源的大型河湖,本身就不属于用来垄断牟利的商品性资源。如果坚持垄断式的商业经营,只有借助现代技术和管理体制的力量,通过强力改变自然水体的性质,并且为水利生态改变而引起的环境问题和社会矛盾准备好应对方案。

四、小结与思考

本文以民国社会和经济转型为历史背景,从人地关系角度对太湖流域人工养鱼业的业态分布、资源利用和经济效益进行研究,并对当

---

① 胡金元《杂俎:一个养鱼合作社》,《上海市水产经济月刊》第4卷第4期,1935年5月25日,第31页。
② 参见刘桐身《利用河川养鱼之商榷》,《农业周报》第70号,1931年2月15日;《江苏省各县养鱼事业调查》,《中行月刊》第5卷第6期,1932年12月。
③ 胡金元《杂俎:一个养鱼合作社》,《上海市水产经济月刊》第4卷第4期,1935年5月25日,第29—30页。
④ 《松江稻作场配发鱼种》,《申报》1937年4月25日第9版。

时江南商品经济进一步发展条件下传统养鱼业所发生的变革进行考察,形成以下几点认识。

(一)民国时期太湖流域的养殖鱼生产形态,首先是代表了工业化以前已经发展成熟的江南生态农业在新的历史条件下的延续。李伯重对明清江南农业经济的研究指出,16、17世纪生态农业在江南地区已发展到一个较高水平,取得良好的生态和经济效益,可以作为今日倡导的生态农业的先驱。他认为传统江南生态农业有两个突出特点,其一,是通过改造田地,把不同的生产活动配置在水土条件最有利的地方;其二,是通过废物的再利用,减少对自然资源的索取和废物对环境的污染[①]。鱼类养殖业作为江南传统生态农业的组成部分,笔者认为以上两个特点在人工养鱼业的主体——池塘养鱼业方面体现得尤为明显。池塘养鱼业分布在地势低洼的水乡平原,鱼塘改造更合理地利用了低洼地的水土条件,提高了生产率,大面积地推广后,在苏南、浙西地区形成了稻、桑、鱼三业互相依存、互为促进的格局,带动区域经济整体水平的提高。同时,池塘养鱼在民国时期的产量和商品化程度都达到了较高水平,在所有的淡水鱼生产方式中最具有集约性,适合商品经济的发展和城市化、工业化的需求。再者,池塘养鱼的饵料也可在区域环境框架内解决,充分利用农产品加工的下脚料和农业废料,而不需要外源性的能量投入。综合来看,这种养鱼模式符合生态农业发展的取向,对于应对人口增长和社会需求增长压力下的资源优化配置具有借鉴意义,是值得维持和推广的。

(二)外荡养鱼因占用水面大,并且产量较低,就其市场供应能力而言,只是作为池塘养鱼的补充,但作为湖荡资源综合利用的形式之一,其生态经验也值得总结。外荡养鱼与种菱、捞草、积肥等农业用途共存一体,保持养殖鱼的品种和数量与农业对水资源的需求相平衡,是外荡利用中的关键。这种平衡地利用自然水资源的方式,在民国时期的江南水乡稳固而普遍地存在,虽然常有外荡养鱼户试图通过扩大

---

① 李伯重《江南农业的发展(1620—1850)》,王湘云译,"第十章 明清江南的生态农业",第196—237页。

水面和增加鱼苗投放来增产,但以利益共享为基础的水利维护机制将其限制在一定范围内。

（三）在当时全球经济一体化和发展商品经济的刺激下,受益面最广的官河湖水利系统受到商品化和增产观念的挑战,开始成为人工养鱼业扩张的主要场地。人们不以自然河湖出产大量野生鱼为满足,试图将其变为养鱼农场,但其低微的产量却与付出的水环境代价和引起的社会矛盾不相匹配。然而当时社会对官河湖水资源利用的商业动机是明显的,探索如何使其增加水产的行动始终没有停止。20 世纪 50 年代以后,随着国营养鱼场的强势扩张,围湖养鱼一时成为风潮,致使原来已露出端倪的水环境问题集中发作。一些地区围占大片湖泊改为鱼池,大量投入肥料和鱼苗,但事先却未开挖泄洪通道,不仅打乱了水系,出现洪涝灾害,且使得沿湖社队的积肥运肥、交通、生活用水、农业生产等都出了问题,官河湖大量出产野生鱼的功能也发生了巨大变化①。从本文对民国时期官河湖利用观念裂变的考察来看,民国时期养鱼观念和方式的商品化及其环境效应,只是工业化时代人地关系变革在其前期阶段的一种反映。20 世纪 50 年代后对官河湖的强力开发和相关水环境问题,从某种程度上既是前期观念延续的结果,又在集体化生产的模式下得到强化,而生态环境和水利社会方面已经出现的矛盾并未得到认真对待。

（四）从政府管理的角度来看,当时对于已经崭露头角的商业性养鱼、公共水利和民众生计之间的矛盾,政府也受到商品经济大潮和强力开发水资源观念的影响,对农场化、公司化的河湖养鱼方式持接纳和推进态度,并发展到后来政府直接组织公司参与养鱼来牟利。20 世纪 50 年代普遍推行的国营养鱼场,以及 80 年代以后大力推广的网箱养鱼,可以说是之前将官河湖作为商品化水资源和追求经济效益的进一步演进,甚至将自然水体直接变成精养池塘,以技术和外源能量

---

① 《关于部分湖荡可围垦开挖渔池的汇报》(1982 年),嘉兴市档案馆藏,嘉兴市水利局档案,032/001/068/187。其中总结了 20 世纪 50—70 年代嘉兴地区湖荡围筑养鱼的教训和生态紊乱的问题。

的大量投入,完全改变了原来公共水利载体的形态和生态。如今,我国东部平原水网地区普遍出现的水体富营养化、自然水体消亡、野生鱼生长环境消失等问题,已成为政府治理水环境、恢复水利生态必须应对的内容。

Manual fish-farming in the Taihu Lake Basin during the Republic of China: an ecological history perspective

WU Junfan

Abstract: This paper analyses on the action mechanism of the manual fishing production, geographical environment and governmental management on water environment in the Taihu Lake Basin during the Republic of China. The author also tries to make a further analysis on the over-development of manual fishing farms on big lakes and its driving forces after the foundation of PRC. The manual fishing industry was prosperous in the low land with low ground level and massive lakes. The fishponds were private properties, farmers there established masses of fishponds and got high production of fish, which provided efficiently for the urban markets. The manual fishing could establish good water circulation with natural rivers, lakes as well as farms, based mainly on baits growing in the lakes and fields and waste things from agriculture. Officially controlled lakes and rivers were not allowed to manual fishing in ancient times, but from the beginning of the 20th century they became open to fishing companies who sought big profits. Gradually environmental problems such as fragmentation, drainage and irrigation inefficient, and water quality decline appeared. The expansion to the public water spread out more quickly in the 1950-1960s and the water environmental problems got more dominant. The conclusion is that the rivers and lake can only be used for economical industry within limits, the trend of commoditization of lakes and rivers during the Republic of China was only a typical reflection of the transformation of man-land relationship in the industrial age.

Keywords: the Republic of China; the Taihu Lake Basin; manual fishing; ponds; lakes and rivers; water environment

近代铁路建设对太湖流域水利的影响

——以1920年代初沪杭甬铁路屠家村港"拆坝筑桥"事件为中心

岳钦韬

摘　要：在清末沪杭甬铁路的建设过程中，施工方为节省建桥费用而堵塞了松江境内的屠家村港，并直接在原河道上建造路基。1921年江浙地区发生了严重水灾，地方官绅遂将矛头指向沪杭甬铁路，认为该路阻碍水流，要求铁路部门"拆坝筑桥"，恢复原有河道，同时增加沿线涵洞。双方为此在北京政府交通部、上海的沪杭甬铁路管理局以及浙江省长公署等部门间展开了两年多时间的交涉，最终基本实现了改建目标。在综合相关文献资料和研究论著的基础上，通过铁路工程技术方法的分析，可以发现近代铁路建设并不足以成为导致太湖流域水患的关键性因素，但铁路作为开凿江南运河后最大规模的人造工程，仍初步改变了明清以来形成的流域水文环境。

关键词：铁路建设；沪杭甬铁路；太湖流域水利；地方表达

近年来，随着铁路史研究的深入，其研究领域已从传统的政治、外交史范畴，逐步拓展至铁路经济、社会影响的多学科综合性研究。而后者已成为一个重要的研究方向，其不但具有进一步深化的可能，也有进一步深化的必要。目前学界对铁路的社会经济史研究多集中于农工商业及城镇体系的变迁问题①,铁路与水利关系的研究尚不多见。这一问题包含了两个方面,即铁路运输与水上运输的关系和铁路建设对水利的影响。前者的研究相对丰富②,后者据笔者目力所及,尚无一项专门研究③,地方史志的相关论述与记载也是乏善可陈④。

水利与社会的问题,长期以来都是江南区域史研究中备受重视的内容,但其内容多偏重于明清等传统时期⑤。近年来,近代的水利问题研究得到逐步重视,但总体而言仍缺乏关于近代人造工程对水文环境影响的研究成果⑥。有鉴于此,笔者欲以铁路这一大型工程对水利的

---

① 参见江沛《中国近代铁路史研究综述及展望:1979—2009》,徐秀丽主编《过去的经验与未来的可能走向——中国近代史研究三十年(1979—2009)》,社会科学文献出版社,2010年;苏全有《近十年来我国近代铁路史研究综述》,《苏州科技学院学报(社会科学版)》2005年第2期;高忠芳《十余年来中国铁路史研究概述》,《广西师范大学学报(哲学社会科学版)》2006年第4期。

② 参见朱荫贵《中国近代轮船航运业研究》,中国社会科学出版社,2008年;刘素芬《南京国民政府的奖励工业与提倡国轮政策——以招商局的水陆联运为例》,虞和平、胡政主编《招商局与中国现代化》,中国社会科学出版社,2008年。

③ 朱从兵曾就中华人民共和国成立后铁路运输促进广西水利建设的问题作了简要论述(《铁路与社会经济:广西铁路研究(1885—1965)》,广西师范大学出版社,1999年,第74—75、423—430页)。

④ 笔者仅见《昆山县水利志》(昆山市水利局水利志编纂委员会编,上海科学技术文献出版社,1995年,第53页)认为沪宁铁路"桥梁束水,原有水系被打乱,在县境内沪宁铁路成为阳澄、淀泖水系的实际分界线";而本文所述的屠家村港、北姚泾两起事件在《松江县志》(上海市松江县地方史志编纂委员会编,上海人民出版社,1991年)和《松江县水利志》(该编志组编,上海科学技术出版社,1993年)中均无记载,嘉兴等地的史志对本文其他各起交涉案件也只字未提。

⑤ 参见[日]森田明《中国水利史研究的近况及新动向》,孙登洲、张俊峰译,《山西大学学报(哲学社会科学版)》2011年第3期;晏雪平《二十世纪八十年代以来中国水利史研究综述》,《农业考古》2009年第1期。

⑥ 如日本学者森田明就清末上海的马家浜事件和浚浦局的设置与改组进行研究,分析了列强对水利的干涉和中方从国家到地方的因应(《清代水利社会史研究》第6、7章,郑樑生译,台北"国立编译馆",1996年;《清代水利与区域社会》第8章,雷国山译,山东画报出版社,2008年);冯贤亮论述了民国年间太湖流域的水利整治与规划,探究这其中国家政府、江浙两省、地方士绅、普通民众等各个阶层的互动关系(《近世浙西的环境、水利与社会》第7章,中国社会科学出版社,2010年);吴俊范运用GIS技术分析了近代上海城市化进程中填浜筑路与当地水环境的变迁(《从水乡到都市:近代上海城市道路系统演变与环境(1843—1949)》,复旦大学博士学位论文,2008年);梁志平探讨了晚清至改革开放初期太湖流域水质环境变迁过程与饮水改良活动(《太湖流域水质环境变迁与饮水改良:从改水运动入手的回溯式研究》,复旦大学博士学位论文,2010年)。

影响问题略陈一孔之见。拙文将以太湖流域为研究地域,通过个案分析,展现地方官民和铁路管理部门是如何展开交涉的,双方又是怎样认识和处理铁路与水利关系问题的。最后笔者将根据相关文献研究,并运用铁路桥梁工程学的方法,初步分析近代铁路建设对水利究竟具有怎样的影响,并由此管窥现代化进程中国家与社会两者关系的一些变化特征。

一、拆坝筑桥:屠家村港事件的来龙去脉

太湖流域地势低洼,"港汊错纵,密如蛛网,来源去委,息息相通"①。正因为这里的水网过于密集,水资源一直被认为是非常丰富的,所以水利问题的焦点是过量的水如何及时排除,从而提防水灾的发生及其可能产生的危害。因此,宋代以降至民国前期,从政府到民间的视野,似乎一直在太湖水系的排泄工作上②。

太湖流域的水源主要来自西部茅山、天目山的溪流,经苕溪、荆溪等汇入太湖,再经由下游苏松地区的吴淞江、娄江、白茆河、黄浦江等宣泄河道进入东海。历代以来,宣泄河道的缩减、堵塞都或多或少地会对全流域的水文环境造成影响。横亘于整个太湖流域的沪宁、沪杭甬两条铁路虽然遇水建桥,但也或多或少地缩减、堵塞了不少河道,诚如下文所言:

> 铁路告成,开东南交通之利,举凡人民,靡不称便。惟利之所在,害亦有时而因焉,其始也伏于不觉,历久乃知其为大患者,莫屠家村港为铁路筑断若矣。③

屠家村港位于沪杭甬铁路石湖荡站与枫泾站之间(现名向荡港,

---

① 《张会员廷梅等对于水利局整理浙西水道之意见书》,水利议事会编《浙西水利议事会年刊》,杭州:编者印,1931年,文牍第73页。
② 冯贤亮《近世浙西的环境、水利与社会》,第251—252页。
③ 张世桢《沪杭路屠家村港铁桥改建启》,张世桢编《沪杭路屠家村港拆坝筑桥纪略》,出版地、出版机构不详,1925年,第43页。

位于今上海市松江区新浜镇境内,参见图1),河面宽约70米,"为苏浙接壤间巨流之一,亦为西北发源各水趋浦要道"①。1907年沪杭甬铁路施工时,商办苏省铁路股份有限公司(以下简称苏路公司)工程师徐士远认为当地河道众多,"屠家村港似无关碍"②,遂以节省筑路经费为由将该港填塞,并直接在原来的河道上建造路基,如同水中筑坝。同时,在该港南500米处建一小桥(第44号桥),"使坝断之水改向桥而流"。但该桥桥孔宽不足3米,水流湍急,一遇大雨则水量骤增,无法"畅泄屠家村港之水势……致伤低洼农田"③。

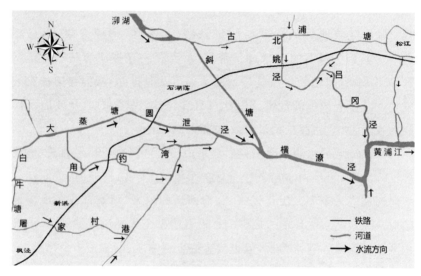

图1 沪杭甬铁路松江段示意图

资料来源:根据该编志组编《松江县水利志》,上海科学技术出版社,1993年,附图绘制。

水利的兴废通常都发生在乡村地区,其间产生的利弊又勾连整个地域社会各方面的利害关系,而每次水旱大灾的发生,不但揭露了水利方面的荒怠情况,而且其严重性又总是反复引起官绅阶层的

---

① 交通、铁道部交通史编纂委员会编《交通史路政编》第10册,南京:编者印,1935年,第3978页。

② 张世桢《沪杭路屠家村港铁桥改建启》,张世桢编《沪杭路屠家村港拆坝筑桥纪略》,第43页。

③ 张世桢编《沪杭路屠家村港拆坝筑桥纪略》,第12页。

高度关注①。1921年夏,江、浙、皖、鲁等多个省份发生了严重水灾②,时人惊叹"为从来所未见"③,屠家村港"五月至八月间者,则水量骤增,宣泄不及"④。当年秋,嘉善县枫泾镇士绅姚文泽与北洋国会议员张世桢在上海共谋解决屠家村港问题的方法。他们认识到"非合两省人士起而力争,恐杭、嘉、湖、松四属永作鱼之叹"。于是两人先请督办苏浙太湖水利工程局(以下简称太湖局)总办王清穆设法展开交涉,同时张世桢联络徐志摩的父亲徐光溥。徐"慨然而起议",认为应"推一声望重者,领衔藉策进行"⑤。此时曾任北洋国务总理的孙宝琦正由京抵沪,徐氏即邀请其出面担任领袖。10月底,孙宝琦、蒋百里、顾维钧、钱新之、耿道冲等以及姚、张等十九人联名向浙江省长沈金鉴请愿,通过其与交通部协商并饬令沪杭甬铁路管理局(以下简称路局)"拆坝建桥,以资宣泄"⑥。11月,交通部令沪杭甬铁路局"兼顾路局及水利,速议办法"⑦。

1922年3月8日,任传榜致函姚文泽称,路局已先后派遣养路工程司麦劳尼(J. C. Molony)及副工程司洪嘉贻等多人前往勘察,结果一致认为堵塞屠家村港"亦有妨水利,自非改建桥梁不可"⑧,但最大的困难在于建桥所需费用达"二十四万元之巨"⑨。此外,由于沪杭甬铁路的经营管理权实际上被英国建立的铁路金融投资机构中英银公司(British & Chinese Corporation)掌控,所有工程事务均在英国籍洋总管兼总工程司克礼阿(A. C. Clear)的"职权之内",中方局长无权直接

---

① 冯贤亮《近世浙西的环境、水利与社会》,第230页。
② 《南京快信》,《申报》1921年10月5日第11版;《杭州快信》,《申报》1921年10月9日第10版。
③ 胡雨人《民国十年水灾后调查报告》,出版地、出版机构与时间均不详,第1页。
④ 《沪杭甬铁路管理局局长任传榜呈》,张世桢编《沪杭路屠家村港拆坝筑桥纪略》,第12页。
⑤ 张世桢《沪杭路屠家村港铁桥改建启》,张世桢编《沪杭路屠家村港拆坝筑桥纪略》,第43页。
⑥ 《杭州快信》,《申报》1921年10月31日第11版。
⑦ 张世桢编《沪杭路屠家村港拆坝筑桥纪略》,第10页。
⑧ 张世桢《沪杭路屠家村港铁桥改建启》,张世桢编《沪杭路屠家村港拆坝筑桥纪略》,第43页。
⑨ 张世桢编《沪杭路屠家村港拆坝筑桥纪略》,第11—12页。

处理,因此麦劳尼等表示改建之事"须由局长商令总工程司筹划办法,方可进行"①。

3月26日,交通部批复路局的勘察报告,饬令路局尽快筹集屠家村港建桥工程费②。但任传榜表示"局款支绌,难以兴修",故再向交通部请示办法③。孙宝琦、耿道冲、徐光溥、钱新之、张世桢等闻讯后即联名上书交通总长叶恭绰称:"屠家村港坝后,损失何啻千万……但大部经费支绌,亦为宝琦等所深知。"因此他们提议由部饬令路局仿照救济华北五省旱灾之例,于铁路客、货票中"带征桥捐,以资建筑"。他们根据任氏所言"每月带征约可得二万"计算,15个月所获钱款足够支付建桥所需的费用且"尚有敷余"。他们还从情感角度出发,认为"北方旱灾,害在一时;浙西水阻,害在百世。想彼江浙旅客必肯捐暂时之票价,拯屡创之灾黎"④。

鉴于汛期将至,而建桥经费问题迟迟得不到解决,6月16日,浙江省长公署再致函交通部称此案事关"浙省农田水利,万难缓办",请求"迅另设法拨款办理"。交通部回复明确表示"部库空虚,力与愿违",但已指令路局"熟察情形,权衡缓急,一面通盘计划,设法妥筹公款,一面就近与贵省长暨各公团洽商最善办法"。该部希望交涉双方"彼此互相谅解,工程可望次第施行"⑤。7月27日,克礼阿在与考工股主任李垕身经过实地考察后,向任传榜提出建设屠家村港桥、在海盐至乍浦附近设闸将洪水导入杭州湾以及沿线地区"大行浚河"三项解决泄洪问题的庞大计划⑥。但在当时交通部"陷于破产"之窘境⑦和路局连年亏

---

① 张世桢编《沪杭路屠家村港拆坝筑桥纪略》,第41页。
② 《国内专电》,《申报》1922年3月28日第4版。
③ 张世桢编《沪杭路屠家村港拆坝筑桥纪略》,第11页。
④ 张世桢编《沪杭路屠家村港拆坝筑桥纪略》,第11—12页。
⑤ 张世桢编《沪杭路屠家村港拆坝筑桥纪略》,第23页。
⑥ 《交通部咨沪杭甬路所经屠家村港改建桥梁并添设水管电准照办并抄送附件由》,《浙江公报》第4103号,1923年10月,第6页(训令)。
⑦ 《交通部救济破产之计划》,《申报》1922年8月1日第7版。交通部成立后,航政、邮政两项业务一向"收入无多",路政及电政两项则"负债极重,债主盈门,有发发不可终日之势",而历届官员又"偷挖挪扯",再加上1922年各铁路局多月未上缴钱款,导致该部于当年夏"陷于穷境"。参见《交通部之穷况》,《申报》1922年7月4日第7版。

损①,工程费用尚无法解决的情况下,上述计划更无异于纸上谈兵②。

1922年夏秋,浙江全省遭遇了"壬戌"大水灾③,治水工作刻不容缓,但屠家村港改建"事已经年,卒无影响,而浙绅等对于兹事之进行,仍不稍懈"。9月间,两位浙江籍前国务总理孙宝琦、钱能训直接与交通部磋商,最终通过了向沪杭甬铁路客、货车票征收附捐的方案,并由交通部饬令路局照办④。1923年2月1日,加征附捐开始施行,但不久由英国人把持的路局洋账处再次"发生异议",认为应停止征收。3月23日,孙宝琦等致电交通部称"按该项加征,与路政毫无妨碍",呈请交通部向中英银公司说明情况,要求"仍照原案加征办理"⑤。

为了加快建桥的步伐,1923年春任传榜赴北京参加交通部路政会议时,徐光溥亦同时前往并向总长吴毓麟"详陈其利害及不得不改建之故"。吴氏"为之动容",遂当面嘱咐任氏回沪后"从事兴工焉"⑥,并从赈款中拨出5万元。6月汛期再度来临时,卢永祥直接派徐光溥前往路局与任氏商谈,同时张世桢致信路局"催赶速办理,以期早日动工"⑦。8月初,交通部派荷兰籍顾问方维因(H. Van der Veen)和技正孙谋二人会同路局人员前往勘查,任氏亦邀集姚文泽与徐光溥"讨论进行办法"。3日,方、孙、姚、徐四人乘车至该港及北姚泾实地查勘⑧。为密切联络,由孙宝琦致函交通部委任姚、徐二人担任咨议员,以便往来接洽。方、孙二人回交通部报告,"报告达部,遂得成议",总长高洪

---

① 该路收归国有后的亏损情况如下:1915年203 732.41元,1916年444 384.75元,1917年261 076.38元,1918年68 576.81元,1919年136 487.51元,1920年458 207.91元,1921年347 606.23元。参见交通、铁道部交通史编纂委员会编《交通史路政编》第10册,第3957页。
② 张世桢编《沪杭路屠家村港拆坝筑桥纪略》,第28页。
③ 参见陶水木《浙江壬戌水灾述论》,《杭州师范大学学报(社会科学版)》2010年第5期。
④ 《沪杭路客货附捐不日实行》,《申报》1922年9月22日第14版。
⑤ 《孙宝琦等致交通部电》,《申报》1923年3月24日第14版。
⑥ 张世桢《沪杭路屠家村港铁桥改建启》,张世桢编《沪杭路屠家村港拆坝筑桥纪略》,第43页。
⑦ 《浙长派员催筑桥梁涵洞》,《申报》1923年6月9日第14版。
⑧ 《地方通信:嘉兴 部委查勘屠家村港工程》,《申报》1923年8月9日第10版。

恩同意照办①。

9月,交通部批准屠家村港桥"招标承办"②,工程正式启动,新建的铁路桥被编为第43号桥。因桥梁用钢标准问题,招标过程稍有拖延③。开工后,因1924年秋爆发的江浙战争而一度停工。到1925年4月,"所有该桥之桥桩工程,均已建筑完固",桥面钢梁向外国订购,19日运抵枫泾,5月26日起桥面工程启动④。铁路工程处请姚文泽、徐光溥二人监督施工,并准备"于该桥竣时,电请两省绅耆暨当道派员察勘验收,以昭慎重"⑤。7月2日,该桥建成通车,9月间开挖被堵塞的屠家村港,30日所有工程完工⑥。至此,"竭两省人士之心力,历时四五载,靡费数十万,函件往来,累然盈尺"⑦的屠家村港"拆坝筑桥"事件终于圆满解决。

二、牵一桥而动全路：枫泾至硖石段桥涵改造交涉

屠家村港"拆坝筑桥"并不是一个孤立的事件,它还引发了地方上要求改建沪杭铁路枫泾至硖石段桥涵的呼声。浙西天目山水源的下泄区域一为嘉兴,二为湖州,其中进入嘉兴的水流"入于泖者半,入于运河者半"⑧。由商办全浙铁路有限公司(以下简称浙路公司)建设的

---

① 张世桢《沪杭路屠家村港铁桥改建启》,张世桢编《沪杭路屠家村港拆坝筑桥纪略》,第43页。

② 张世桢编《沪杭路屠家村港拆坝筑桥纪略》,第19页。

③ 张世桢编《沪杭路屠家村港拆坝筑桥纪略》,第34页。

④ 《沪杭路四十三号桥面昨日运枫》,《申报》1925年4月20日第14版;《沪杭路建筑新桥将近完工》,《申报》1925年5月31日第14版。

⑤ 《地方通信：嘉兴　铁路桥梁行将工竣》,《申报》1925年6月23日第7版。

⑥ D. P. Griffith, "Report by the Engineer-in-Chief," in Chinese Government Shanghai-Hangchow-Ningpo Railway, eds., *Annual Report for the Year 1925*, Shanghai: Chinese Government Shanghai-Hangchow-Ningpo Railway, 1926, p.xiii.

⑦ 张世桢《沪杭路屠家村港铁桥改建启》,张世桢编《沪杭路屠家村港拆坝筑桥纪略》,第43页。

⑧ 陆启《浙西水利述要》,浙西水利议事会编《浙西水利议事会年刊》,杭州：编者印,1918年,第29页。

沪杭甬铁路枫泾至杭州段,有近 80% 的路段位于嘉善、嘉兴、海宁①三县境内,路线"横亘南北,东归之水,遂被阻滞"②。也就是说"入于泖者"的"东归之水"都受到了铁路的影响。

事实上,施工方在全线都采取了填塞支流、小浜的做法。如 1908 年 3 月,松江育婴堂陈宗彝致函苏路公司总理王清穆,认为娄县境内"皆上腴稻田,全赖水利",而铁路自上海南站起至县境张庄渡(圆泄泾)、斜塘等"东、西、北各水之趋黄浦者"均遭拦截。"干河所留桥洞,减河身六之五;支河填塞,置一二尺水洞甚高,减河身十之九,难资蓄泄,实于稻田有碍"。因此陈氏请求公司设法改建,并"出立保单于地方衙署存案,担其责任"。陈氏表示如果"以商害农",自己"虽亦股东,断难认可"③。

与松江段相比,上述嘉善、嘉兴、海宁境内的堵塞水道现象更为严重——嘉兴至硖石段用于填河的土方就有 1 800 方,地方上认为"位置东北,出水最为紧要"④的嘉兴至枫泾段填河土方累计达 46 580 方,改造河道的土方更高达 77 313 方,而所设的通水口最小直径仅为 6 寸⑤。所以,当 1921 年水灾爆发后,"一般舆论,咸归咎于沪杭甬铁路建筑涵洞桥梁之时,对于泄水一层,未甚注意之故"。11 月初,当众人发起改建屠家村港坝之时,嘉兴县自治会、农会亦"函具理由",请浙西水利议事会派测量员进行实地调查,以便向省议会提议⑥。随后,浙西水利议事会推举钱宗瀚、张廷梅、沈瀞昌等六名会员于 10 月间会同浙江水利委员会第 3 勘查队罗队长进行查勘。据调查发现,枫泾至硖石段河道被完全堵断者有 37 处,缩河改道者有 52 处。因此,嘉兴县知事与浙

---

① 王店莲花桥以南至硖石段属桐乡县辖境。
② 张世桢编《沪杭路屠家村港拆坝筑桥纪略》,第 21 页。
③ 《松绅致苏路总理函》,《申报》1908 年 3 月 26 日第 27 版。
④ 张世桢编《沪杭路屠家村港拆坝筑桥纪略》,第 24 页。
⑤ 根据商办全浙铁路有限公司编《商办全浙铁路有限公司第三届报告》,杭州:编者印,1909 年,第 20、25、30 页;《商办全浙铁路有限公司第四届报告》,杭州:编者印,1910 年,第 22 页计算。
⑥ 《浙省水灾原因之推究 嘉兴团体请改铁路桥梁涵洞》,《申报》1921 年 11 月 5 日第 14 版。

西水利议事会联名呈请交通部饬路局,请求添建直径 2 英尺水泥水管 77 处,其中嘉善至枫泾段因"位置东北,出水最为紧要"而要求添建桥梁 1 座,加宽旧桥 6 座,添设水管 63 处,"庶大水之年,不致久阻"①。

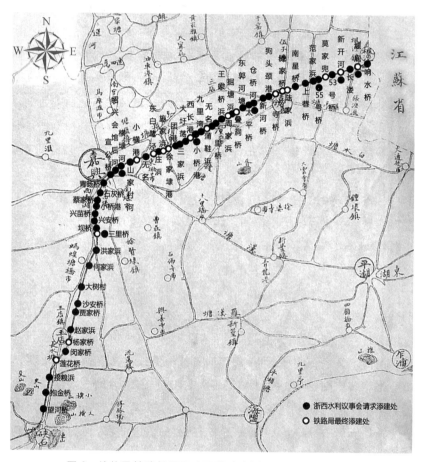

图 2　沪杭甬铁路枫泾至硖石段改建桥梁涵洞地点示意图

资料来源:①"请求添建处"名称根据《沪杭路屠家村港拆坝筑桥纪略》第 24—27 页标注,以 Shanghai Hangchow Railway: Kiangsu & Chekiang Companies(美国国会图书馆藏地图)定位;②"最终添建处"根据《交通史路政编》第 10 册第 3786—3787 页所载公里数,比照《沪杭路屠家村港拆坝筑桥纪略》第 24—27 页所载英里数确定;③底图来源:《商办沪杭甬浙境已筑路线图》(1908),浙江图书馆古籍部藏。

---

① 《浙西水利议事会呈为议决调查杭嘉段内铁路桥梁涵洞阻碍情形报告书请予鉴核由》,张世桢编《沪杭路屠家村港拆坝筑桥纪略》,第 21、24 页。

近代铁路建设对太湖流域水利的影响

经浙江省长公署催促后,路局于1922年3月27日将此事与处理屠家村港坝之意见一并答复,称交通部虽已令拟订筹款办法,但因"路款支绌",故须征求交通部对赈款、附捐是否可以充作建桥经费的意见①。但此方案终"被部驳斥",故"经费无着,仍难动工"②。因此,该请求与屠家村港坝改建工程一样,均因经费短缺而被搁置。至1923年5月21日,浙江省长公署再次上书交通部请求"早日拨款动工"③。但汛期过后仍无动静,8月间嘉兴县农会不得不严辞声称:"若长此迁延,农民既以铁路为矢的,必有不顾路基,自行凿坝泄水之一日"。省长公署亦认为"所称迫切情形,系属实在",请路局迅速动工"以慰众望"④。10月初,路局在派员进行勘测后终于表示添设水管工程"今可立时进行",但仅同意敷设19处,不及地方上要求数的四分之一,且未同意改建桥梁。路局表示这样"足以恢复铁路未筑前原有之河量",这是因为其赞同荷兰顾问方维因的说法,即19处"当可满足灌溉上之需要,若再拟多添水管以减轻水患,则该段铁路实少妨碍宣泄之处,殊觉无据"⑤。1924年开工时又减为17处,同年10月完工⑥。至此,枫硖段改建桥涵一案得以基本解决。

三、各方对铁路与水利关系的认知和辨析

从上述事件中,我们可以发现地方官民与铁路部门对铁路与水利关系问题的认识不尽相同。那么这种认识的表现如何,是否存在问

---

① 《催促沪杭路改良桥梁之答复》,《申报》1922年3月28日第15版。
② 《杭嘉湖人吁请改筑铁路桥梁》,《申报》1922年7月29日第13版。
③ 《浙江省长公署公函十二年函字第86号 为函请早日拨款修改枫泾一带铁路桥梁以慰众望由》,《浙江公报》第3963号,1923年5月,第15页(批示、公函)。
④ 《浙江省长公署训令第2324号 令嘉兴县知事据沪杭甬铁路局呈复改建屠家村桥梁俟部委查勘完竣报部奉准自当赶办由》,《浙江公报》第4042号,1923年8月,第2页(训令)。
⑤ 《浙江省长公署训令第2859号 令水利委员会、浙西水利议事会准交通部咨沪杭甬路所经屠家村港改建桥梁并添设水管电准照办并抄送附件由》,《浙江公报》第4103号,1923年10月,第2、5页(训令)。
⑥ 交通、铁道部交通史编纂委员会编《交通史路政编》第10册,第3786页。

179

题?而铁路建设究竟对水利具有何种程度的影响?下面我们首先来看地方表达中关于该问题的总体性认识,然后是各方分析屠家村港被阻塞后对当地及区域水利影响的各种论述,接着是铁路部门的处理意见和实施方案。最后笔者将综合相关文献(包括水文记录资料)和研究成果,运用铁路桥梁工程学的方法对双方的观点作出评判。

(一)地方表达中关于铁路与水利关系的总体性认识

晚清时期,地方官民对于铁路这一新生事物尚缺乏了解,其观念亦欠成熟。如青浦士绅曾用堵塞阴沟来形容桥梁建成后的影响:

> 譬如人家天井中有一阴沟,本来阔至一尺,忽然收小变成一寸,一旦大雨滂沱,不及宣泄,有不浸及堂阶者乎?①

到了北洋时代,随着西方科技的进一步传播,人们的认识水平有了一定的提升。如江苏省议员金天翮曾撰文专门分析了两者的"敌我矛盾":

> 盖铁道之为物,其线长,其基高而固,蜿蜒特起于大地之上,视之固一堤障也。路之所趋,惟平与直,然而平或不直,直或不平,大河支川,细流深涧,则上架桥梁以为渡,下开涵洞以通流,而水之受堤障之害者已不少矣⋯⋯故路之东西行者,于南北水之所经,非常不利,若与水平行,宜若可以无碍矣,而支河细流,自左右翼来者,汇集于一二涵洞之下,其势遂杀而缓,久之淤涨生,通津溢,而水遂隐受其害,或至于不可治,故水与铁道同为一国交通之命脉,而利害乃至不相容。铁路以水为蟊贼,患其冲决也,水以铁路为仇敌,患其障碍也。②

上文洋洋洒洒,文采奕奕,但仍停留于感性抑或事实层面。这种感性认识在地方表达的过程中虽然不无道理,且情真意切,但由于缺

---

① 《青浦绅士再致苏路王总理函(为姚泾桥闸事)》,《申报》1907年11月29日第19版。
② 金天翮《铁道与水利之关系》,《江苏水利协会杂志》第2期,1918年6月,该文第1页。

乏量化分析,其本身常常出现自我矛盾甚至错误之处。

譬如太湖局参议胡雨人反驳金天翮"铁路钢桥,阏其泄口"的观点,认为"铁路钢桥,干流所在,到处宽深,并未阏水"①。金氏反问胡氏:"何以但见干流,而不见支流耶?"胡氏又回应认为"历观金君数万言,惟此一言为有理",表示自己"虑患未周",但又不认同金氏增大桥梁跨度后可达到"支流之泄口皆通,即无夺流之患"观点,认为"铁路桥所泄下者,仍归淀泖或其下游",如果"吴淞以北各干不开,泄下愈多,夺流亦愈甚也"②,也就是说解决水患的关键不在铁路桥而在于全流域的整治。可见在水利技术尚未充分发展的民国初期,地方上就水利整治与规划问题矛盾重重,难以统一口径③,所以往往经不起铁路方面的回应。

(二)"拆坝筑桥"事件中的地方表达

(1) 在1921年10月以孙宝琦为首的请愿书中,开篇即开宗明义地指出:

> 苏属松江地方,与浙境毗连,濒近三泖,地势低洼,又当天目水源下流,幸赖各港疏通,因势利导,尚无泛滥之虞。自沪杭路成,顿失其利导之效,十四年中水灾三告,虽云灾自天降,而铁路之填塞泾浜,收狭港口,或偏面筑桥,水流迂折,实有以致之。

从相关史实推断,该请愿书的作者应为姚文泽、张世桢二人,他们还指出:道光、咸丰以来的八九十年间,江浙地区遭遇了1849与1889年两次大水灾,每次"淫雨四五十日"。1921年"仅遭经旬之雨,且雨势又间日而作……盖地势高低今昔如故,何以已成泛滥之象?"

经实地考察后,他们列举了该港堵塞后的五大危害:第一,原屠家村港之水此时"必赖东甪钓湾港并泄,因浙西诸水加入,湍急骤增";

---

① 《金天翮君报告驳论正缪》,胡雨人《治湖箴言》,出版地、出版机构及时间均不详,第3页。

② 《金科长阴谋之表出》,胡雨人《民国十年水灾后调查报告》,出版地、出版机构与时间均不详,第19页。

③ 参见冯贤亮《近世浙西的环境、水利与社会》第7章。

第二,位于屠家村港南、北两条河上的第43、45号桥及附近的涵洞"因港门狭浅……舟楫难行,农田冲毁";第三,1911至1912年汛期"淫雨不过旬日,然浙西低洼之区与松境坝内低田已遭淹没,而坝外荡田尚有五成收获";第四,干旱时期附近地区须引黄浦江水以资灌溉,"但泄水不爽,进水亦难";第五,航运方面,屠家村港"向系杭嘉湖至申要道",堵塞后沪、杭各轮船公司"因阻碍航路,大起交涉"。后由枫泾当地地保引领航船绕道范塘,再由圆泄泾进入黄浦江,如此则"较原航线约远十里之谱"。故该港"不特为太湖入浦咽喉,且为杭嘉湖轮泄要道"①。

(2)嘉善县枫泾区自治委员施充、汪山对比了屠家村港堵塞前后嘉善境内河道东泄松江的水流走势:原本西来之水可以通过屠家村港、甪钓湾直接向东进入圆泄泾,而堵塞后水流必须先向北流入大蒸塘,再转向东入圆泄泾(参见图1)。其核心观点是屠家村港为"浙西泄水门户",所以其影响覆盖整个浙西,水灾时"水高多在铁路以内,其泄水为铁路阻滞";同样执类似观点者还有浙西水利议事会,该会将1921年夏发生的水灾"归咎于西之太湖壅涨,东之泖河淤塞,而中间复阻以松属屠家村之坝塞"②。

(三)铁路部门的处理意见与地方"再表达"

我们可以从具体的操作层面,即路局处理沿线水利问题的方案来了解铁路部门的认识。

(1)1921、1922年之交,养路工程司麦劳尼及副工程司洪嘉贻经实地考察后认为屠家村港堵塞后所建的44号桥无法替代原河道的宣泄功能,"势必将屠家村港坝改修桥梁方为妥宜"③。1922年春,任传榜回复的处理意见除同意改建外还认为"此外河港,本路已建有桥梁者,桥身所留河道均不充分开阔,是以桥下之水奔流迅急,设此拟筑之新桥梁二座,不足以分泄该项急流,则或者他处尚须开阔"。之所以有

---

① 《呈为港坝堵塞积水成灾请疏泄以卫农田事》,张世桢编《沪杭路屠家村港拆坝筑桥纪略》,第1—2页。
② 《太湖流域防灾会成立会纪》,《申报》1922年5月13日第15版。
③ 张世桢编《沪杭路屠家村港拆坝筑桥纪略》,第41页。桥梁从上海起编号,44号桥在屠家村港南。

这样的认识,是因为调查人员从铁路与水道方位的专业角度,认识到"沪杭甬路横过各河,顺浦江之方向而行,各河水流入浦之际,路上桥梁为必经由之道细"①。

然而,铁路局英籍总工程司克礼阿于1922年7月进行实地调查后,发表了与上述观点不甚相同的看法,并"持此意甚坚",似在为路局开脱责任:

> 测验本路路堤,东西两面与水平面并无出入,询之土人,亦称未筑铁路之先,曾数遭水患,非有铁路而始加甚……根本图治,似宜于海盐、乍浦各筑自动水闸,潮来则闭,以防海水倒灌,去则开,俾泄水径由杭州湾出口。浙西水利议事会所请加阔旧桥六座,添设水管六十三道,虽于灌溉农田,不能谓为毫无裨益,而水潦为灾时,仍难以资宣泄。②

可见,克氏认为铁路基本不构成对沿线水利的阻害,"治水之根本要图"应该是在钱塘江海塘上建设水闸,引导洪水直接流入杭州湾,同时疏浚内陆各河道。他表示"若不此之务,而惟枝枝节节,开凿沿路线水道,无久远之效力可得也"③,意思就是说希望地方上不要纠缠路局,体现了外籍官员的一贯作风。

但浙江省官方对克氏的报告比较认同。一方面,在1923年9月22日省长公署致交通总长高洪恩的公函中表示:"浙西一带,水流濡滞,易于泛滥,虽不尽由于铁路,而沿路桥梁、轨道,缩小河面,阻碍水流,不能谓绝无影响";另一方面,针对报告中提到的计划设闸之海盐、乍浦"均非本路范围……请咨商浙江省长,试令该地绅耆,就近考查"等项,公署表示"海口设闸办法,已在勘筹之中"④,可见其非常重视这一问题。

---

① 《沪杭甬铁路管理局局长任传榜呈》,张世桢编《沪杭路屠家村港拆坝筑桥纪略》,第12—13页。
② 张世桢编《沪杭路屠家村港拆坝筑桥纪略》,第28—29页。
③ 张世桢编《沪杭路屠家村港拆坝筑桥纪略》,第18页。
④ 张世桢编《沪杭路屠家村港拆坝筑桥纪略》,第28—30页。

(2) 高洪恩在批复上述浙江省长公署的意见书中,附有"转各县绅民知照"的1923年8月交通部荷兰籍顾问方维因的调查报告,该报告在"拆坝筑桥"的所有处理方案中分析得最为详细:

第一,报告书称"该路影响该地之宣泄究竟至何程度,虽难断言,而其影响之大,则能断言",所以"士绅等之要求殊非过当"①。因为铁路桥梁确有阻碍水流的作用,其原理如下:

> 盖凡遇障碍物使流道变狭,则在该障碍物上游之水势,必激叠增高,而在障碍狭小之处,水面坡度必为之增加。若狭窄过甚,则坡度骤增,即水面骤降。②

这种阻碍水流的现象在桥梁工程学中称之为"壅水"。壅水是指因水流受阻而产生的水位升高现象。河道上建造桥梁之后,由于桥梁挤压了天然水流,所以在桥上游的河道中发生了壅水③。根据方氏的调查,"当大雨之时,该路桥梁水面骤降至六英寸者,盖有数处",其遂以6英寸(15.24厘米)为例,对桥梁壅水作了假设性分析:

> 当水流泛滥之时,假定桥下水面骤降多至六英寸,并假定河流若不受妨碍,其水面坡度每英里为三英寸,受桥下六英寸之水面骤降之影响者,自桥梁沿河上溯,亦不过四英里。若河流坡度较大,则影响所及更不能远。设河流坡度为每英里六英寸,故各水面骤降六英寸,则受其影响者,自桥而上不过二英里。查该地上游雨后退潮之时,诸河流之坡度,当远过每英里六英寸或三英寸,故沿路地方受桥梁之影响者,当不出二英里或四英里,自此以上固丝毫不受影响,仅自距桥二英里或四英里处起始,水面略见激高,距桥愈近,激高愈甚。由是观之,该路与该地水灾之影响,固极细微。④

---

① 《浙江省长公署训令第2859号 令水利委员会、浙西水利议事会准交通部咨沪杭甬路所经屠家村港改建桥梁并添设水管电准照办并抄送附件由》,《浙江公报》第4103号,1923年10月,第4页(训令)。鉴于标题较长,下文以"方维因调查报告"代替。
② 《方维因调查报告》,第4页。
③ 铁道部第三设计院编《桥涵水文计算》,人民铁道出版社,1960年,第49页。笔者尽量使用接近民国时期技术标准的此类书刊。
④ 《方维因调查报告》,第5页。

根据以上文字，笔者绘制了如下示意图：

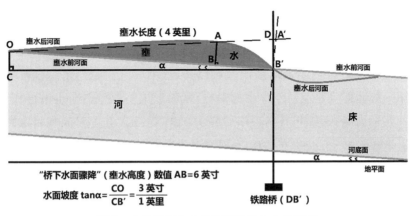

图 3　方维因报告中的铁路桥梁壅水示意图

图中 $\alpha + \angle OB'D = 90°$，当 α 增大时，$\angle OB'D$ 变小，而 $\angle ODB'$ 又不变，所以 $\angle AOB$ 变大，$\sin\angle AOB = \dfrac{AB}{OA}$ 变大，其中 AB 不变，所以 OA 变小。因此，河流坡度越大，壅水长度越短，壅水量也就越少，所以方氏得出了铁路对水灾的形成基本不构成影响的观点。

第二，在说明了铁路对水灾几无影响后，报告书就"该路对于水灾应负之责任"作出了回答，反复强调不能将所有责任都归咎于铁路，如"若必强该路以从事，殊欠平允"等语，具体到工程上即为在完成屠家村港改建后，"该路应尽之义务，即已完毕"①。

第三，方氏指出了造成区域内，尤其是上海至枫泾段沿线地区水灾的主因：

> 潮汐作用实为妨害宣泄主因之一。潮汐作用不去，则障碍不除。盖涨潮之时，水面增高数尺，河港湖泽贮水量之有用部分因之大减，原野之水，遂难宣泄矣。②

方氏认为上海至枫泾段铁路沿线河道受潮汐影响比较强烈，"涨

---

① 《方维因调查报告》，第 4、5、7 页。
② 《方维因调查报告》，第 6 页。

潮与退潮时,水面高度之差,即在铁路桥梁处亦达五尺";枫泾以南"则影响颇微,水道虽仍繁复,而陆地则高广,地势较殊矣"①。这种观点最终成为路局大幅削减枫硖段添加水管数量的理由。

第四,方氏提出了解决水患的方法——在支流汇入干流的河口上建造水闸,"闸内水高时使闸门可以开启,闸外水高时使闸门自行关闭",如此即可避免潮汐作用的影响,从而形成"宣泄自速,水患自减"的良性局面②。除了技术层面的解决方法,他还发表了对人事问题的看法:"兴利除害,必须政府、士绅通力协作,始克有济,舍此他求,不惟扰及责任无关之人,且亦终归徒劳,必无效果"③。其口气与克礼阿如出一辙。

浙江水利委员会研究了上述报告后,认为其内容"均极中肯",如认为方氏所言"设闸避潮一节……用意甚善",而"杭州湾之乍浦等处开辟出水一事"、"注重浦溇之疏浚及流入干处设闸以避浦潮各说"均与该会之前的水利规划方案相似;对路局减少四分之三的水管敷设量亦表妥协,称"虽与职会前拟数处略有核减,而对于水势之流通,自比前此为畅矣"④。

(四) 铁路建设对水利影响的辨析

从上可见,铁路部门一旦以定量的专业调查报告回应"妨碍宣泄""致伤农田"等定性式的地方表达,就往往能在义理上占据较大的优势——浙江省长公署和浙江水利委员会尚对两份报告没有太大异议,何况那些缺乏科学、系统的水利知识的地方绅民,所以地方"再表达"常常因此中止。但站在今天的角度,我们有可能也有必要对双方的认知和观点做出更为全面的评判。

(1) 针对前述地方表达认为铁路对水利造成极大影响的问题,我们应该注意到此类地方表达向来都不免有特意突出铁路妨碍水利的

---

① 《方维因调查报告》,第 3 页。
② 《方维因调查报告》,第 6 页。
③ 《方维因调查报告》,第 7 页。
④ 《沪杭甬路与水利关系》,《申报》1923 年 10 月 20 日第 7 版。

一面,目的在于强调宣泄无碍、保护水利对于当地民生的重要性①。基于这种认识,并在综合相关文献和研究的基础上②,笔者认为堵塞、缩减河道固然对水利带来害处,但太湖流域的水患主要还是由当地的自然与人文环境所造成的。

第一,每年汛期降雨量多、强度大,且常受台风影响;第二,地势周边高中间低,中部(如淀泖地区、昆山南北地区及苏嘉铁路沿线③)积水难以外泄;第三,区域海拔低,河道比降小,又受到江海潮汐的顶托倒灌,难以在短时间内排除大量水流;第四,人为因素,即清代以降人口增长的环境压力和江南水利事业的长期荒怠,许多河道日渐狭窄或被人为填塞,最终导致宣泄不畅,加剧了灾害的严重性。

到民国初年,原本烟波浩渺的泖湖"大部分已成圩田,仅存通行水道"④,浙西水利亦已"年久不治,巨流支港,菱封泥淤,水潦偏灾,屡见不鲜"⑤。因此河道的疏浚成为民国时期太湖流域水利工作的当务之急,诚如前述胡雨人所指出的那样,解决水患的关键不在于铁路桥涵的改建,而在于全流域的整治。所以他将"要求交通部放宽"铁路桥列于"全湖流域各干流之鱼簖必须一律除去"之后,而且这两项都是审查报告的"补遗"⑥。不仅个人如此,在民国时期太湖水利部门的建设规

---

① 钱杭《库域型水利社会研究——萧山湘湖水利集团的兴与衰》,上海人民出版社,2009年,第68页。湘湖的情况也是如此。
② 参见宗菊如、周解清主编《中国太湖史》,中华书局,1999年;冯贤亮《近世浙西的环境、水利与社会》;汪家伦《古代太湖地区的洪涝特征及治理方略的探讨》,《农业考古》1985年第1期;陈家其《太湖流域洪涝灾害的历史根源及治水方略》,《水科学进展》1992年第3期;杨世伦、陈吉余《太湖流域洪涝灾害的形成和演变》,《地理科学》1995年第4期;杨世伦、姚炎明《太湖流域洪涝的激发机制和减灾策略探讨》,《灾害学》1997年第3期;史威、朱诚《太湖流域水灾演变与环境变迁的相关分析》,《自然灾害学报》2004年第1期。
③ 参见中科院南京地理与湖泊研究所、水利部太湖流域管理局编《太湖流域自然资源地图集》,科学出版社,1991年。
④ 《督办苏浙太湖工程局交议上下游水利工程预拟计划大纲案审查会报告》,胡雨人编《江浙水利联合会审查员对于太湖局水利工程计划大纲实地调查报告书函》,出版地不详,1921年,第1页。
⑤ 《张会员廷梅等对于水利局整理浙西水道之意见书》,水利议事会编印《浙西水利议事会年刊》,文牍第73页。
⑥ 胡雨人《民国十年水灾后调查报告》,第7、19页。

划中,大到全流域的整治,小到疏浚洳湖等计划中都鲜有改造铁路桥涵的项目①。

中华人民共和国成立初期,在历次整治太湖流域的会议上,华东军政委员会水利部、上海市政府、江苏省水利厅以及相关学者所提交的报告也均未提及改建铁路桥梁之事,甚至没有与铁路相关的内容②。后来各地认为铁路桥涵妨碍水利并要求改建的呼声——比如沪宁铁路昆山正仪的娄江桥、沪杭铁路松江的通波塘、洞泾港桥以及嘉兴段 13 座大小桥梁等③——大都是 1957 年起江南地区大规模水网改造后,部分河道流量大增以及地方政府不断对农业灌溉、排涝及航道标准提出高要求的结果④,而并不完全是铁路本身的问题。所以,笔者认为近代铁路建设对水利的影响并不是很严重,更不是造成太湖流域水患的主要原因。

(2) 铁路部门的观点及处理方法也需要进行分析并作出相应判断。笔者并不否认方维因关于"潮汐作用实为妨害宣泄主因之一"的观点,更

---

① 参见沈佺编《民国江南水利志》,民国十一年(1922)木活字刊本;建设委员会编《建设委员会工作计划概要》,南京:编者印,1930 年;浙江省水利局编《浙江省水利局总报告》,杭州:编者印,1935 年;武同举《江苏水利全书》,南京水利实验处,1950 年;另可参见《江苏水利协会杂志》《太湖流域水利季刊》《扬子江水利委员会季刊》等期刊。

② 参见《华东军政委员会水利部太湖水利委员会第一次会议(1951 年 8 月)》《上海市水利事业四年来工作报告》《关富权教授的意见》《许止禅教授关于整治太湖水利初步规划意见》、《上海市农业局关于 1957 年太湖流域规划会议文件汇集》,上海市农业局档案 B45-2-201;《江苏省水利厅关于太湖流域规划的初步意见(1958 年)》,中共上海市委基本建设委员会档案 A54-2-317-12,上海市档案馆藏。

③ 昆山市水利局水利志编纂委员会编《昆山县水利志》,第 87—88 页;《上海市松江县人民委员会关于要求拓宽沪杭线铁路桥的第四次报告》,上海市人民委员会农业办公室档案 B10-2-32-54;《关于疏浚洞泾港拓宽二十六号铁路桥的通知(1969 年)》,上海市经济委员会档案 B246-1-252-111;《上海铁路管理局技术改造工程指挥部关于沪杭铁路复线桥梁与水利航运配合问题的报告》,中共上海市委基本建设委员会档案 A54-2-344-42,上海市档案馆藏。

④ 如 1958 年上海铁路管理局曾向浙江省人民委员会表示:"如果能降低排涝及航运要求,减少新开河道",则可节约大量改建资金;又如松江县人民委员会所言:"通波塘是我县五七年冬五八年春疏浚的一条南北主要入浦干河……沈锦塘、洞泾、龙兴港、口章泾和本身五大河流水源均汇集,由此入浦,排水量甚大……桥孔狭隘水急,航运不便,年年发生翻船和人身死亡事故"。参见《上海铁路管理局技术改造工程指挥部关于沪杭铁路复线桥梁与水利航运配合问题的报告》,中共上海市委基本建设委员会档案 A54-2-344-42;《上海市松江县人民委员会关于要求拓宽沪杭线铁路桥的第四次报告(1964 年)》,上海市人民委员会农业办公室档案 B10-2-32-54,上海市档案馆藏。

无意否定建造水闸以抵御潮汐影响的解决方案,只是对其壅水分析的方法提出质疑。因为他的分析均为"假设",如"假定桥下水面骤降多至六英寸""假定河流若不受妨碍"等语,可见其并没有掌握详细的水文资料,也没有对水位、流速、流量、水准高等必要数据进行采样,所以方氏的结论也经不起推敲。但由于沪杭甬铁路沿线河道水文资料的缺失,笔者也无法作出具有针对性的回应,所以只能另选其他铁路上既有铁路建成前后的水文记载,又是宣泄干道而具有代表性的河流,而且桥梁基本未缩减河道的个案进行分析——苏嘉铁路瓜泾港即为最佳案例。

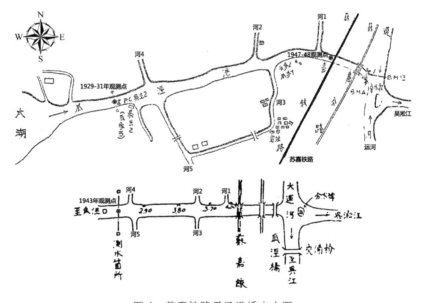

图 4　苏嘉铁路瓜泾港桥水文图

资料来源:华东军政委员会水利部编《一九五一年华东区水文资料》(第三册 太湖运河区),南京:编者印,1952 年,第 40—42 页;《东太湖干拓基础调查概要(二、土地改良班)》,《调查月报》(东京)第 2 卷第 1 号,1944 年 1 月,第 81 页。

瓜泾港位于吴江城北,是太湖连通吴淞江的直接通道,"水急而深,湖底之浮泥难积,两旁之填占以不能固也"①。河面宽 60—70 米,

---

① 〔清〕金友理《太湖备考》卷二《沿湖水口》,江苏古籍出版社,1998 年点校本,第 89 页。

深约 3.5 米,断面良好①。苏嘉铁路于 1936 年建成,而 1929 年起该河就有水文记载(图 4 上半图中 1929—1931 年观测点的记录)。铁路瓜泾港桥为 5 孔排桩木桥②,桥桩与水流的接触面比钢筋混凝土桥墩小,因此基本不存在缩减河面的现象。1943 年夏,日汪政权为推行其"农业增产运动"而准备围垦瓜泾港外的东太湖。日本兴亚院大东亚省派员对当地的水利等各项情况进行了调查,7 月 9 日③在与战前相同的地点测得流速为 0.13 米/秒,铁路桥造成的壅水使河道水位由西向东升高(下半图中的 2.9 米、3.8 米、3.7 米、4 米),其最高点就出现在铁路桥前。1944 年春,铁路被日军拆毁,路线虽然废弃,但仅仅是铁轨和枕木被掠夺,桥梁、路基甚至道砟均基本完好④,因此铁路废弃前后桥梁对水流的影响基本不变,故 1947、1948 两年在铁路桥下(参见图中观测点)测得的水文资料仍可使用。

首先我们从壅水高度 ΔZ 来分析,其计算公式如下:

$$\Delta Z = \eta(V_\mu^2 - V_o^2)$$

公式中的 η 系数系根据河流的类型和河滩的过水能力而定。低洼地区河流,河滩很大的河流,该河滩通过总流量的 50% 以上的,η 取 0.15(瓜泾港"湖底之浮泥难积""断面良好",故取之)。V_μ 为桥下的平均流速,V_o 为水流未被挤压时(即桥梁未建造前)的平均流速⑤。

当地可供本文使用的水文资料共有 1929、1930、1931、1947、1948

---

① 《东太湖干拓基础调查概要(二、土地改良班)》,《调查月报》第 2 卷第 1 号,1944 年 1 月,第 81 页。本文使用的版本是龙溪书舍编《兴亚院大东亚省调查月报》,东京:龙溪书舍,1988 年复刻版。
② 《苏嘉铁路第三段木桥工程估价单》,笔者藏。每孔 9.14 米。
③ 《东太湖干拓基础调查概要(一、治水班)》,《调查月报》第 1 卷第 12 号,1943 年 12 月,第 153 页。
④ 参见岳钦韬《风雨苏嘉铁路》,嘉兴市历史学会编《嘉禾春秋》第 4 辑,嘉兴:编者印,2001 年;张根福、岳钦韬《抗战时期浙江省社会变迁研究》,上海人民出版社,2009 年,第 263 页附图。
⑤ 铁道部第三设计院编《桥涵水文计算》,第 49 页。

五个年份①。1931年长江流域爆发了特大水灾,故这一年的数据不宜使用,而其余年份当地均无水患②,但因1929年仅有4天时间的记录,故本文仅取1930年1—9月的数据作为V_o,1947、1948两年同时段的数据作为V_μ。根据计算,1930年的日平均流速V_o为0.11米/秒,1943年单日的V_μ为0.13米/秒,1947年的数值与之相等,1948年则为0.14米/秒。通过计算,1943年的壅水高度ΔZ为0.00072米,1947年同前,而1948年为0.001125米。

1943年铁路桥前4米的壅水水位,比1931年洪水时期也是当年的最高水位(即8月1、2、5三日,均为3.94米)都高,而1948年ΔZ值更大,其壅水水位也应当比4米更高③。由此可见,壅水所形成的水位高度比水灾造成的水位高度更甚。而且一旦壅水,不仅河道本身的水位上涨,与该河连通的河道(如图中的河1—5)水位也会随之涨起,就会形成桥上游流域内水位的高涨。

但还是由于水文资料的缺乏,我们无法再进一步测算壅水造成的其他影响,包括桥上游流域水位高涨的范围和程度。此外,囿于重要档案的不开放,我们也无从获取近代铁路与水利部门的调查资料并了解它们的看法④。但我们已可以基本认定,铁路对水利的影响并非方维因等人所认为的那样"极为微细",无足轻重。

余 论

本文从历史事件出发,通过分析时人的认识与经验,最后运用当代的研究成果和理论方法进行检验,就近代铁路建设对水利的影响问题得出以下结论:太湖流域的水患主要是由当地长期以来的自然与

---

① 参见中央水利部南京水利实验处编《长江流域水文资料(第十辑 太湖区)》第2册,南京:编者印,1951年。因页码混乱,不一一标注。
② 参见吴江县水利史志编纂委员会编《吴江县水利志》,河海大学出版社,1996年,第211页。
③ 注:壅水水位出现在桥前,所以1947、1948两年桥下的水位均低于4米。
④ 如中国第二历史档案馆馆藏的京沪、沪杭甬铁路管理局全宗、国民政府水利部全宗等。

人文环境造成的,随着铁路等各种近代化事物的出现,其成灾因素变得更为复杂多样,但铁路本身并不足以成为导致水灾的关键性因素;不过铁路对水利的影响也并非无足轻重,因为几乎每一座铁路桥梁都具有壅水作用,而且不乏像屠家村港、北姚泾那样堵塞和缩减河道的现象。总之,由北向南贯穿整个太湖流域的近代铁路建设,使当地受到了自大运河开凿以后最大规模的人造工程的影响,从而初步改变了自明清以来形成的流域水文环境。因此,从铁路管理部门而言,铁路建设须与沿线水利建设相协调,尊重和保护地方利益,才能实现更多的社会效益。

从清政府官员关于是否建设铁路的多年争论,到具体实施过程中遇到的民间反抗,近代中国的铁路建设都能体现出国家对传统社会形态结构的渗透与整合。在此过程中,地方社会逐渐丧失了可以与国家对抗的士绅群体,社会力量的生存空间日趋狭窄。但社会力量所遭遇的困厄不仅出于国家政权挤压之故,其自身的种种缺陷也成为阻碍发展的重要原因。譬如本文中的水利工程理论等西方专业技术知识传入中国后,地方士绅群体的认知水平与知识结构难以适应知识体系的更新,往往只能听任代表国家的铁路管理部门的意见与处理方法。双方信息不对称导致了地方表达的失语,进而造成社会力量的减弱。

社会力量的减弱,进一步加剧了各自为政的局面。譬如设于苏州的太湖水利管理部门——"督办苏浙太湖水利工程局",自始至终都很少介入两起"拆坝筑桥"事件,仅在1922春会同江浙两省代表视察屠家村港,并上书交通部请求"查照施行"[1],江苏水利协会在这一时期也几乎没有讨论过相关事宜[2]。这也许是因为沪杭甬铁路更多地关乎浙江的利益。再从事件的整个过程来看,我们也可以发现路局、浙江省官方、地方士绅等交涉各方多从自身角度出发,完成自身的"地方表达",维护各自的"地方利益"。全流域的统一规划与治理也因此一直

---

[1] 参见《交通部训令第2342号》,张世桢编《沪杭路屠家村港拆坝筑桥纪略》,第4页。
[2] 江苏水利协会编《江苏水利协会民国十一年常会议决案》《江苏水利协会民国十二年常会议决案》,出版项不详,1922—1923年。

难以实现。因此,有关各方在面对新形势、解决新问题时,只有最大限度地突破地域壁垒,加强彼此信任,切实深化合作,才能处理好全流域的生态和社会问题。

Railway Construction Impact on the Water Conservation of the Taihu Lake Basin — As the Center of Tujiacun River "Building Bridge of Dam Removal" Event of Shanghai-Hangchow-Ningpo Railway in the Early 1920s

YUE Qintao

Abstract: In the late Qing, Shanghai-Hangchow-Ningpo Railway (S.H.N.R) construction, the engineering department congested the Tujiacun River in Songjiang in order to save costs, and built railway embankment directly on the river. In 1921, severe flooding occurred in Jiangsu and Zhejiang Provinces, then the local gentry directed S.H.N.R that impede the flow of the road, requiring the railway authority "building bridges of dam removal" to restore the original channel. Both parties to the government in Beijing Ministry of Communications, Shanghai, Zhejiang, S. H. N. R Administration and the long inter-Corruption began more than two years of negotiations, the basic realization of the ultimate conversion goal. Comprehensive information in the literature and research on the based on the method through the analysis of railway engineering, I believe that the modern railway construction is not a sufficient cause flooding of the key factors in Taihu Lake basin, but the railroad cut south as the largest man-made canal project, the initial formation of the Ming and Qing Dynasties changed hydrological environment. In addition, this event also reflects the relationship between state and society in the modernization process of evolution.

Keywords: railway construction; Shanghai-Hangchow-Ningpo Railway; water conservation of the Taihu Lake basin; local expression

中外抗衡与近代上海城市周边铁路的形成

岳钦韬

摘　要：铁路对城市发展一般都具有较为明显的促进作用,但淞沪、沪宁、沪杭甬铁路的上海城市周边路线是在近代中西双方围绕租界扩张的抗衡中形成的,很少出于工商业和港口发展的内生需求,因此难以和分布在租界地区的港口、航道以及大型工业区取得充分联络。这是导致近代长江三角洲地区铁路运输效能徘徊不前和上海城市空间拓展受阻的一项重要因素。

关键词：中外抗衡；上海；铁路；租界扩张

铁路在中国现代化进程中扮演了重要角色,其影响不仅体现在作为近代新型交通工具而产生运输效应,同时也体现在铁路路线、车站、桥梁等工程设施对区域城镇空间演进的影响。但总体而言,目前史学界对后者的研究明显弱于前者[1],尤其是对作为地理实体的铁路的形成问题缺乏深入探讨[2]。

---

[1]　江沛《中国近代铁路史研究综述及展望：1979—2009》,徐秀丽主编《过去的经验与未来的可能走向——中国近代史研究三十年（1979—2009）》,社会科学文献出版社,2010年；黄华平《国民政府铁道部研究》,合肥工业大学出版社,2011年,导言部分。

[2]　笔者目见所及仅有以下四种作品。朱从兵关于株昭铁路改线和广西铁路规划的论述,参见氏著《张之洞与粤汉铁路——铁路与近代社会力量的成长》,合肥工业大学出版社,2011年,第398—431页；《线路趋向与区域社会——1930年代广西铁路筹议、筹建和建设述论》,《广西师范大学学报》(哲学社会科学版)2012年第5期；马陵合《近代江淮地区铁路交通区位研究——以津浦铁路改线为中心》,邹逸麟主编《明清以来长江三角洲地区城镇地理与环境研究》,商务印书馆,2013年,第246—274页；丁贤勇《民国时期杭江铁路线位选择考论》,《浙江社会科学》2009年第9期。以上作品的分析限于史料而不甚到位,尤其是其中的人事因素。

一般而言，铁路的形成（包括设计与施工两个环节）大多源于经济社会发展的内生需求，对城市发展也都具有较为明显的促进作用，但近代上海城市周边铁路[①]形成于华洋杂处、中西抗衡的特殊历史时期，受制于中外各个方面的制度、人事和时代因素，因而体现出一些不同的特征和影响。既有的上海史研究成果对此问题几无探讨[②]，故本文试图弥补这一缺憾。

一、从"吴淞"到"淞沪"：上海铁路的起源与发展

上海是近代中国铁路的发源地。1849年7月，《中国丛报》上的一篇文章提出建设从上海到杭州和苏州的两条铁路，以便西人从事贸易活动[③]。1863年，英、法、美三国洋行向江苏巡抚李鸿章要求建设上海至苏州铁路[④]。次年，英国工程师斯蒂文生（MacDonald Stephenson）来华提出其设想的"中国铁路网"，其中就有作为三条支线之一的"上海经杭州、宁波至福州"方案[⑤]。

1865年，英国方面开始计划建设上海至吴淞口的铁路，其工程师亨利·鲁滨逊（Henry Robinson）提议采用旱桥（高架）的方案经过墓地，"这样或者可能避免与业主发生冲突"[⑥]。但以上方案最终都被清

[①] 由于近代上海城市空间不断拓展，本文所指的"周边"是一个相对浮动的概念，但主要是指与建成区有密切联系的淞沪铁路、沪宁铁路上海北站至真如站段、沪杭甬铁路上海南站至新龙华站段以及沪宁、沪杭甬两路的联络线。

[②] 上海史和更大范围的江南史成果中关于铁路的专项研究向来偏少，参见王荣华主编《上海大辞典》下册，上海辞书出版社，2007年，附录部分；印永清、胡小菁主编《海外上海研究书目（1845—2005）》，上海辞书出版社，2009年；陈忠平、唐力行主编《江南区域史论著目录（1900—2000）》，北京图书馆出版社，2007年；唐力行主编《江南社会历史评论》第1—5期，商务印书馆，2009—2013年，各期最后的索引；包伟民、傅俊编《浙江历史文化研究论著目录》，山西古籍出版社，2005年。

[③] "Things in Shanghai," *Chinese Repository*, vol. 18(1849), p.385.

[④] 谢彬《中国铁道史》，中华书局，1929年，第5页。

[⑤] 宓汝成《帝国主义与中国铁路（1847—1949）》，经济管理出版社，2007年，第31页。

[⑥] ［英］肯德《中国铁路发展史》，李抱宏等译，生活·读书·新知三联书店，1958年，第11页。

政府一一回绝。不过在伦敦设立的中国铁路公司（China Railway Company，Ltd.）仍于1867年首次公布了上述沪苏铁路的路线方案①：

> 以苏州河桥附近为起点，筑一弓格桥（lattice bridge）跨过吴淞江，沿着新吴淞大道通达吴淞镇，再取道嘉定、太仓、昆山到达苏州，终点即在苏州大东门外。

1872年11月，英国吴淞道路公司（Woosung Road Company）向上海道台沈秉成提出兴建虹口至吴淞的普通道路，获得沈氏支持后便推出了以下路线方案，与建成后的基本一致：

> 由英租界河南路隔河对面而起，直北至西人练枪之处，复向东北九里至刚安村，即在刚安村建桥，以过河东，折西北则为西国酒店，由酒店直东至吴淞河边，沿河至吴淞为止。②

1874年8月，英方在未经清政府同意的情况下决定将道路改为铁路，这就是中国第一条通车运营的铁路——吴淞铁路③。1876年12月全线开通，共建有蕴藻浜（Woosung Creek）、吴淞口（Woosung Bar）、江湾、上海四座车站④，其中上海站址位于三摆渡桥（今河南北路桥）西北堍⑤。

---

① 梅耶《中日商埠志》，宓汝成编《中国近代铁路史资料（1863—1911）》第1册，中华书局，1963年，第5页。

② 《上海至吴淞将造火轮车铁路》，《申报》1873年5月6日第1版。"刚安"即江湾，英文作Kangwan。

③ 由于该铁路的特殊历史地位，以及作为中西冲突的典型事件而成为中外学界持续关注的焦点之一，但这些作品很少关注具体的铁路建设问题。参见 Reid, Alan, *The Woosung Road: The Story of the First Railway in China 1875-1877*, Woodbridge: Monewden Hall Suffolk, 1979; David, Pong, "Confucian Patriotism and the Destruction of the Woosung Railway 1877," *Modern Asian Studies*, vol. 7, No. 4.(1973), pp.108-144.；戚其章、骆承烈《对我国第一条铁路建成与拆毁的估价问题》，《山西师院学报》（社会科学版）1981年第2期；野村亨《淞滬鉄道に関する一考察》，佐久間重男教授退休記念編委会編《佐久間重男教授退休記念　中国史・陶磁史論集》，東京：燎原株式会社，1983年；孙昌富、陈蕴茜《从民众态度看吴淞铁路的兴废》，《开放时代》2005年第1期。

④ "Woosung Railway Report for 1876," 11/19/1877，英国国家档案馆藏，英国外交部档案FO228/594，p.78。吴淞口站位置待考，故图2中未标明。

⑤ 参见点石斋编绘《上海县城厢租界全图》，上海：点石斋，1884年；《中国铁路问题》，《申报》1919年10月29日第6版。具体考证亦可参见张雨才编《中国铁道建设史略（1876—1949）》，中国铁道出版社，1997年，第197页。

次年10月,该路被清政府赎回,其铁轨、枕木、道砟、信号设备、车站站房均被拆除,其中上海站被改建为天妃宫。路基则改作普通道路,工部局称之为"Old Railway Road"(参见图1),中方俗称"铁马路",后被命名为北河南路。

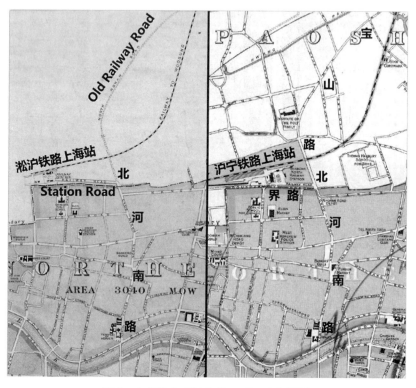

图1 上海站与Old Railway Road位置图

资料来源:左图:Authority of the Municipal Council, *Plan of Shanghai*, 1904;右图:North-China Daily News & Herald Limited, *Map of Shanghai*, 1918. 美国国会图书馆藏。

由于该路仍为上海与吴淞间的重要通道,所以工部局曾多次计划对其进行修理并安装路灯、铺设下水道,但在1888年前遭到历任上海道台的反对,同年12月,道台龚照瑗同意工部局对其进行必要的修理,同时声明中国政府仍对此路保留所有的权利。1896年虹口万国商团靶子场建成后,工部局曾计划将此路改建为租界通往靶子场的要道,但由于次年重建铁路的需要而不得不放弃此方案,北河南路则为了连接新火车站而进行了拓宽①。

1895年7月,两江总督张之洞鉴于甲午战后列强谋取中国铁路路权日亟,奏请清政府兴建江南地区的铁路,其计划"由上海造铁路以通苏州,而至江宁,旁通杭州"②。1897年2月,原吴淞铁路作为沪宁铁路中的一部分得以重建,并更名为淞沪铁路,由盛宣怀督办的铁路总公司负责建设,次年9月通车,共设蕰藻浜、张华浜、江湾、靶子场(后改称天通庵)、上海五座车站。需要说明的是,现有文献均认为上海站位于靶子路北,今东华路、虹江路道口附近③,而笔者通过图1和其他1900—1903年间的地图发现该说法有误,事实上该站就坐落在1909年建成的沪宁铁路上海站(今天目东路上海铁路博物馆)之处,即北河南路以西、界路(时称Station Road)以北。

淞沪铁路与吴淞铁路的路线基本相同,前者对后者留下的322亩路基进行了取直加宽④,约占全线的70%,仅南北两端有所变动。如图2所示,吴淞铁路蕰藻浜至何家湾一段为直线,离黄浦江较远,而淞沪铁路为接近黄浦江并设置码头而改为张华浜站两侧的曲线;吴淞铁路的南段即为后来的宝山路与北河南路,与淞沪铁路靶子场站以南路段不重合。

正因为两路没有完全重合,1898年7月《新闻报》曾刊发社论认为淞沪铁路建设部门在"旧路可以不费分文,新途则时值涨价"的情况下,仍"不循旧路,另筑新途",因此有串通西人地产商抬高地价、中饱私囊之嫌。该路总工程师锡乐巴(Baurath Hildebrand)阅后随即撰文反驳:

---

① Shanghai Municipal Council eds. *Report for the Year 1896 and Budget for the Year 1897*. Shanghai: Kelly & Walsh, Limited, 1897, p.142.; *Report for the Year 1897 and Budget for the Year 1898*, 1898, p.144.

② 《署江督张之洞奏筹办沪宁铁路已派洋员测勘分段兴造折》,王彦威、王亮编《清季外交史料》第119卷,书目文献出版社,1987年,第15—16页。

③ 《上海铁路志》编纂委员会编《上海铁路志》,上海社会科学院出版社,1999年,第86页;上海通志编纂委员会编《上海通志》第6册,上海社会科学院出版社、上海人民出版社,2005年,第4183、4193页。其利用吴淞铁路的路基量以及吴淞铁路的车站等内容也都存在错误。

④ 《翁丞查明许守禀定淞沪铁路用地价目清折》,1897年,上海图书馆藏,盛宣怀档案117036-4。以下简称"盛档"并省略馆藏地。

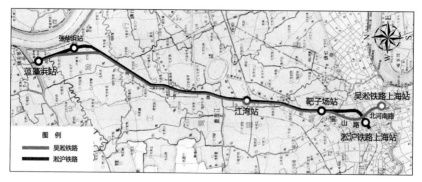

图 2 吴淞铁路与淞沪铁路路线关系示意图

资料来源:《淞沪铁路图》,约 1903 年,笔者藏;底图:上海市土地局编《上海市区域图》,1932 年。

昔年吴淞车站,只有客而无货,是以离浦不嫌过远,今则必须改设黄浦之边,以便商货上下;其上海旧站,固觉太小,况目下中西房屋林立,自不得不另择空旷之区以设车站。……要知数十年以后,轮轨所至,繁盛可知,彼时再欲推广站地,势若登天之难。①

可见,北端改道是基于接近黄浦江的考虑,上海站弃北河南路桥天妃宫原址而择图 2 中之新址则是出于避开建成区和适应将来发展的需要。此外,他还就"中饱"问题作了回应,表示除各车站所用土地之外,正线仅添购 30 余亩土地加宽吴淞铁路路基、减少弯道以适应新型车辆运行的需要,施工也不存在困难,因此,"即使欲图中饱,能有几何?当局者必不如此戆且拙!"②此时的淞沪铁路已进入工程扫尾阶段,所以不能将锡乐巴所言完全视为全部的原因,但仍然可以部分解释改道的原委。

二、"接沪"或"接淞":沪宁铁路上海至昆山段路线之争

1898 年 4 月,英国以最惠国待遇及利益均沾为由,先于德国而向

---

① 《论吴淞铁路稽缓之异》,《新闻报》1898 年 7 月 19 日第 1 版。
② 《中国铁路参赞兼总工程师锡乐巴致新闻报馆主函》,1898 年 7 月 29 日,盛档 091878。

清政府正式提出承办沪宁铁路并随即签署了《沪宁铁路草合同》。随后,督办铁路大臣盛宣怀派人会同英国怡和洋行工程师玛礼孙(G. J. Morrison)对沪宁铁路进行了初步勘测①,其总体计划乃从上海向西经太仓州、苏州、常州、镇江各府而抵江宁。

1903年7月,中英双方正式签订《沪宁铁路借款合同》,铁路建设随即启动。8月,以英籍工程师格林森(A. H. Collinson)为首的勘测队分四段对沪宁铁路进行详细勘测,上海至苏州为第一段②。10月10日,格林森绘制了上海向西,经真如、南翔、安亭至昆山的路线图(参见图3),并通过沪宁铁路总公司递交给盛宣怀③。

图3　沪宁铁路上海至昆山段两种路线方案图
底图:复旦大学历史地理研究中心禹贡网。

1898年4月,清政府以"淞沪铁路,将次竣工,商货往来,自必益形繁盛"而自行宣布吴淞开埠④。1903年6月,淞沪铁路延伸到了吴淞镇北的炮台湾⑤。因此在格林森勘测的同时,上海、吴淞一带的地方绅

---

①　交通、铁道部交通史编纂委员会编《交通史路政编》第11册,南京:编者印,1935年,第3121页。
②　交通、铁道部交通史编纂委员会编《交通史路政编》第11册,第3121页。
③　沪宁沪杭甬铁路管理局编查课编《沪宁沪杭甬铁路史料》,上海:编者印,1924年,沪宁篇第37页。
④　《吴淞新开商埠仿照沪界办理片》,中国科学院历史研究所第三所编《刘坤一遗集》第3册,中华书局,1959年,第1030页。
⑤　《淞沪铁路展造滨北工程并行车收支细数清册》(一),全国图书馆文献缩微复制中心编《清邮传部珍存铁路文档汇编》第1册,北京:编者印,2004年,第331页。

商就希望铁路能配合吴淞开埠而改以吴淞为起点,经宝山、浏河、太仓以达昆山(与前述1867年中国铁路公司的沪苏铁路方案类似),昆山至上海路线是在上海与淞沪铁路接轨(接沪)还是在吴淞(接淞)遂成为沪宁铁路建设初期的一大问题。

10月初,作为沪宁铁路总办之一的潘学祖拟订了接淞方案,当面向盛宣怀陈述此举可"藉兴商埠",故盛氏即令其随同格林森勘测太仓至昆山路线,"以备比较"①。15日格林森将该方案线路图提交沪宁铁路总管理处(以下简称总管理处)第二次会议进行讨论,随后由总管理处将相关情况告知潘学祖及另一名总办朱宝奎,由朱宝奎翻译后呈盛氏审核②。

11月11日,盛宣怀在致两江总督兼南洋通商大臣魏光焘及江苏巡抚恩寿的函件中,认为10月10日格林森提出的方案"大致就道路远近、施工难易、商赁多寡"三方面"折中核定",尤其是以建筑费用"不越全路借款"为准。此外,吴淞开埠后"未即兴盛"是因为淞沪铁路距离"太短",等将来与沪宁铁路其他段衔接并通入内地后,吴淞与内陆地区都将"自渐繁盛",似乎"不在接轨之远近也",所以不赞成接淞方案③。次日,魏光焘回电称,两种方案比较后如果"差率不远,宜仍就吴淞接轨,于商埠大有裨益",同时已令潘学祖向当地绅商解释此事④,可见魏光焘对此颇为肯定。

19日,总管理处第六次会议对该方案复作讨论,璧利南(Byron Brenan)、蓝台尔(David Landale)、格林森、朱宝奎、潘学祖到会⑤,其中多数意见认为"改道实为不便",而由上海直达昆山"较为便利",因铁路通车后沪苏段"载运来往客货,较他段为最繁"。管理处表示尊重各成员意见,但仍委托格林森详加考察⑥。

---

① 《寄江督魏午帅、苏抚恩艺帅》,盛宣怀《愚斋存稿》卷六一《电报》38,武进:思补楼,1939年,第28—29页。
② 《沪宁铁路总管理处会议日记》(抄本),上海图书馆藏,1903年10月15日条。
③ 《寄江督魏午帅、苏抚恩艺帅》,盛宣怀《愚斋存稿》卷六一《电报》38,第28—29页。
④ 《魏午帅来电》,盛宣怀《愚斋存稿》卷六一《电报》38,第29页。
⑤ 管理处由五人组成,中、英各两人,但包括格林森,故英方占优。参见《沪宁铁路借款合同》第六款。
⑥ 《沪宁铁路总管理处会议日记》1903年11月19日条。

由于铁路仍以上海至昆山线开展征地等工作,1904年年初,"旅沪众商"不得不向督办吴淞开埠工程总局具文请愿,指出接淞方案的三大益处。概言之,第一,吴淞至昆山的路线里程数低于上海至昆山,且河流较少,便于工程建设;第二,有利于吴淞开埠,不致浪费国家经费;第三,避免租界通过《辛丑条约》规定的疏浚黄浦江而夺回航运优势。总局将此禀报魏光焘后,魏氏即亲自前往上海、昆山沿线察访,认为众商所言"正与本大臣所见相同",且与"地方交涉、国家帑项"关系犹大,因此于3月间再次要求盛宣怀核查并"坚持商办"①。此外,供职于铁路工程购地总局的林贺峒同样认为"在沪接轨,利少害多",其中包括"运兵有阻",即不利于军队调防,故请最先提出吴淞开埠的沈敦和与"同谙洋务"的朱宝奎两位沪宁铁路总办,与英国怡和洋行商议此事②。

与此同时,由怡和、汇丰两家洋行合资成立,具体办理沪宁铁路建设、贷款等项目的中英银公司(British & Chinese Corporation)以"造路应舍远取近,养路应舍瘠取肥"为标准,认为吴淞至昆山段"路远地瘠,货客稀少",昆山至上海"经真如、南翔等著名富镇,工程亦近",可见此说对沿线城镇情况的看法亦有失偏颇。但该公司又以在伦敦发行铁路债券为由,声称沪宁铁路"有利益无浮费"才能吸引投资者,如果"中道改议,取信何从",因此不能改变原计划而失债信。

"为兴埠、防患起见",沈敦和、朱宝奎两人于8月间③提出了一项折中办法:将沪宁铁路总站从上海改至吴淞,同时将普通货仓、铁路材料仓库、机车车辆修理厂等一切重要设施"悉置吴淞",并增加黄浦江码头数量。盛宣怀颇为赞同,故于9月10日同时致函北京外务部、已调任闽浙总督的魏光焘以及江苏巡抚端方,声称该方案不仅使沪宁铁路以吴淞为首,江宁为尾,"扼江海要领",而且使"江海货客,悉萃于

---

① 《南洋大臣批上海商业公所禀宁沪铁路请由吴淞接轨由(附原禀)》,《北洋官报》第243期,1904年3月,第2—3页。

② 《寄京外务部、宁魏制台、苏端中丞》,盛宣怀《愚斋存稿》卷六六《电报》43,第7—8页。

③ 根据沪宁铁路总管理处第18次会议内容大致判断,参见《沪宁铁路总管理处会议日记》1904年8月23日条。

此",吴淞"自日兴盛"。而否决接淞方案实为"有利无害",因此举可使英国债权人"不致异议"。至于林贺峒所言,"尤属误会",因军队武器将由铁路专车运送并直达吴淞海口,"上海只是经过,洋人无权干预",而且上海站及选定的路线都在租界以外。鉴于铁路债券已售,故盛氏请外务部"迅赐核定"①。

11日,外务部回复称英国驻华公使强调上海至昆山路线已于发行债券时宣布,"此时万难更改"②。13日,盛宣怀回复外务部、端方等人,向外务部表示虽然同样是在上海接轨,但上述折中方案"比较权利,所收实多",同时请端方迅速确定方案③。22日,外务部来电表示同意该折中方案,并已回复英国公使和端方二人④。该部在回复端方的文电中表示"路名宁沪,应令沪、宁两路为起轴",如改至吴淞则"取道稍纡",盛氏既与中英银公司商定此折中办法,南洋通商大臣"亦无异词",故可照此方案执行。如浏河镇"商务较旺",将来可以由国人自办铁路连接吴淞,"不必让宁沪公司占去"。此外,外务部劝说道:中英银公司的债券已经出售,英国公使多次催促确定方案,"碍难久延",故按照盛氏的方案回复英使⑤。但端方对此表示怀疑,列出了以下两点理由作为回复:

> 自淞接轨,则货先到淞,自沪接轨,则货先到沪,货若在沪卸载,则所谓多设码头,江海货客悉萃于淞者,皆成虚词。……沪站虽与英界相隔,实与美界相连,止隔一浜,倘日后推广美界,则于运兵必多胁制。

至于解决方法,端方认为从北方运来的货物及铁路沿线的出口物资都必须在吴淞装卸,"方于埠务有益"。而中英银公司英方所占股份仅有两成,恐无法阻止美方行为,故必须请美、英等各方列强立据声明不再扩

---

① 《寄京外务部、宁魏制台、苏端中丞》,盛宣怀《愚斋存稿》卷六六《电报》43,第7—8页。
② 《外务部来电(并致江督苏抚)》,盛宣怀《愚斋存稿》卷六六《电报》43,第8—9页。
③ 《寄京外务部、宁魏午帅、苏端午帅》,盛宣怀《愚斋存稿》卷六六《电报》43,第9页。
④ 《外务部来电》,盛宣怀《愚斋存稿》卷六六《电报》43,第10页。
⑤ 《外务部致苏抚电》,《沪宁铁路总管理处会议日记》1904年10月27日条。

展租界、干预铁路事务。不过端方仍表示虽有疑义,但仅仅是在盛氏方案之内"稍事推敲",并非完全否定,故仍将以大局为重,同意折中方案而"不致阻碍大工"。最后,端方呈请外务部转令盛氏"悉心妥筹"①。

25日,外务部将上述端方意见告知盛宣怀,令其详加研究后回电②。29日,新任两江总督李兴锐致电盛氏,表示接沪方案"既难改议",那么就必须防止美租界扩张而将铁路并入界内,故请其"妥筹商酌"③。10月底,端方致电李兴锐陈述更改路线之始末,希望得到李兴锐的"鼎力扶持"。他表示自己和魏光焘均赞成接淞方案,因此"叠次咨请盛大臣坚持",在得到盛氏折中方案的回复后仍向外务部"力辩"。虽然没有成功,但仍表示以大局为重,只是认为此事早就该讨论,而不应在中英银公司发行债券后再作申诉④。

至此,接淞之议未能实现,上海至昆山段仍按格林森设计的路线建造。而上述折中方案最终也被否决,沪宁铁路总车站仍设于上海,仅在吴淞蕰藻浜南的张华浜建造了一所机车修理厂和黄浦江畔张华浜站的一座码头⑤。由于1920年吴淞第二次开埠后,商埠督办张謇亦计划将总站移设吴淞⑥,因此笔者认为吴淞第一次开埠的失败与总站未能迁移颇有关系。

三、抵制租界:沪宁、沪杭甬两路
联络线的设计与建设

1897年9月淞沪铁路开工不久,工部局便开始谋求公共租界的扩

---

① 《苏抚复外务部电》,《沪宁铁路总管理处会议日记》1904年10月27日条。
② 《外务部来电》,盛宣怀《愚斋存稿》卷六六《电报》43,第10—11页。
③ 《署江督李勉帅来电》,盛宣怀《愚斋存稿》卷六六《电报》43,第11页。
④ 《苏抚端午帅致江督李制军辩论宁沪铁路电文》,《申报》1904年10月30日第3版;《江督李制军接苏抚端午帅辩论宁沪铁路电》,《沪宁铁路总管理处会议日记》1904年10月27日条。
⑤ 张允高等修、钱淦等纂(民国)《宝山县续志》卷三《路街》,民国十年(1921)刻本,第34页。
⑥ 张謇《吴淞开埠计划概略》,《申报》1923年1月1日第26版。

张,接近铁路成为其重要目标之一,至1899年该界的北端已到达铁路南侧、上海与宝山两县的交界处,1908年沪宁铁路通车后再度谋求扩张①。此时的中方除了通过外交途径进行抵制外,兴建一条包围租界的铁路线也是一种非常重要的手段,诚如虞洽卿所言:"以我之铁路,围彼之租界。"②但目前学界对中方反制租界措施的研究多着眼于开辟"通商场"、发展华界市政等方面③,而对以"铁路手段"抵制租界扩张的研究尚显不足。

(一) 四种路线方案之争

1909年9月12日,沪杭甬铁路上海至杭州段全线通车,其中沪杭甬铁路江苏境内路段称为"苏路",由商办苏省铁路股份有限公司(以下简称苏路公司)经营。浙江境内称为"浙路",由商办全浙铁路有限公司(以下简称浙路公司)管理。由于沪杭甬铁路上海站④位于上海县城以南,而沪宁铁路上海站位于公共租界以北,两条铁路缺乏必要的联系,故邮传部认为沪杭甬铁路"每日载运所入,尚复不敷支销"⑤。因此沪宁、沪杭甬铁路联络线(以下简称两路联络线)的规划建设工作⑥很快就被提上议事日程。

1909年9月底开始,苏路公司就展开了两路联络线的勘测工作,初步定为从沪宁铁路的真如站向南,经江桥、新泾、法华、虹桥、漕河泾等区而达沪杭甬铁路的梅家弄站⑦。1910年农历正月间,上海道道员虞洽卿分别向邮传部和盛宣怀请求建造两路联络线。3月间,上海绅

---

① 参见上海人民出版社编《上海公共租界史稿》,上海人民出版社,1980年,第480页。
② 《虞和德等上盛宣怀禀》,1911年5月,盛档106609-2。
③ 参见熊月之主编《上海通史》,上海人民出版社,1999年;张笑川《近代上海闸北居民社会生活》,上海辞书出版社,2009年。
④ 后改称上海南站,位于今黄浦区内环高架、车站南路、瞿溪路之间,大同中学东南。
⑤ 《苏路公司第四次股东会记事》,《东方杂志》第7年第3期,1910年5月,第66—67页。
⑥ 规划方案共分四种,以下简称为高架、外围、近距、远距。高架如下文所述,"外围"指的是虞洽卿等人提出的布置在租界外围的路线,"近距"是指沪宁铁路真如站至沪杭甬铁路龙华站或日晖港站的方案,"远距"为松江经青浦至安亭的路线。参见图4。
⑦ 《测量路线之疑团》,《申报》1909年11月1日第18—19版。

商沈镛、洪玉麟、席裕成、卢金鉴等人也呈请邮传部"设法通轨、设站",该部随即将双方的提议通过照会的形式传达给苏路公司,告知其尽快制定具体方案①。

4月7日,苏路公司召开第四次股东会议,讨论邮传部关于"即行择勘路线,妥筹办理"的照会。此前公司除勘测上述真如至梅家弄一线的"近距"方案外,另选择了一条全长25公里,从松江石湖荡起向北,经朱家角到沪宁铁路安亭站的"远距"方案(参见图4)。各股东反复讨论研究后认为"近距"方案"诸多窒碍",故决议以"远距"方案"为最利便",并请董事会令工程部门继续勘测,同时令营业所调查客货往来情况,说明选线理由,再致函邮传部转沪宁铁路局"协商妥办"②。

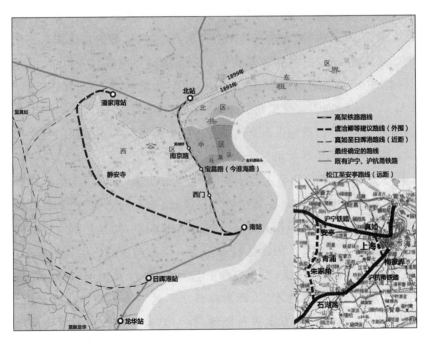

图4 沪宁、沪杭甬铁路联络线各路线方案示意图

底图:周振鹤主编《上海历史地图集》,上海人民出版社,1999年。

---

① 《虞洽卿等致盛宣怀函》,1910年8月9日,盛档094873-1。
② 《苏路公司第四次股东会记事》,《东方杂志》第7年第3期,1910年5月,第66—67页。

邮传部随后回复虞洽卿等人,告知苏路公司"尚未核议办法"。沪宁铁路局得知后即表示反对,认为"远距"方案"线路迂折,筑费多而运输不便,于沪宁既有牵制,于沪杭甬路亦未见其利",同时认同苏路公司最初设定的"近距"方案,并提出一项前述1897年工部局设想的方案——建设穿越租界的高架铁路(参见图4),从沪杭甬铁路上海站(南站)依次经法、英租界,至华界的北西藏路抵达沪宁铁路上海站(北站)。路局宣称高架铁路"取其短而捷者,建筑省而运输便,公司与商人,均得其利"。建成后,可实现华界"与租界划分权限,铁路界内,归华官管理"。为此,邮传部回复苏路公司称:"究以何线为合宜,允宜实地测勘",同时饬沪宁铁路局与苏路公司"互相妥议"①。

邮传部也倾向于高架方案。6月间,该部铁路总局局长梁士诒抵达上海与沪宁铁路局商讨高架铁路问题,最终决定将沪杭甬铁路一侧的起点从龙华改为南站,规划为长4公里的高架路线(包括地面段),计划由中英银公司出资修建②。不久,沪宁铁路养路工程司的克礼阿(A. C. Clear)向盛宣怀提交了高架铁路计划书,路线的大致走向与今西藏路基本一致,沿途设南京路、宝昌路(今淮海路)、上海西门三座车站,预计投资272万余元③。

8月9日,虞洽卿等人鉴于高架铁路"未见实行"而再次致函盛宣怀,认为高架方案"无非显其精巧之手段,似非万全之策","于节省费用、路务、开拓商场、包围租界四大端,均未计及",尤其是亟须解决的两路货运联络问题④。因此他们提出了由南站向西北出叉,经静安寺西并在小沙渡跨吴淞江,沿租界西、南部边界至闸北相连的"外围"方案。此路线因"租界之不宽,即为路线之不远",所以费用也比较低。他们建议先对"外围"方案进行勘测,并与高架方案作比较,"再从取

---

① 《苏路公司咨呈邮传部文(苏路与沪宁接轨问题)》,《申报》1911年5月26日第26版。
② 《虞洽卿等致盛宣怀函》,1910年8月9日,盛档094873-1。
③ 《拟沪宁铁路与沪杭甬铁路接轨经过租界建设办法折》,无日期,盛档107730-1。
④ 《虞和德致盛宣怀函》,某年四月初四,盛档106609-1。

舍,实有善数"①。12月1日,虞氏再请盛氏"设法筹布,迅速施行",并向邮传部请求尽快开工,以便"先将其地势占住,商场维系,然后使华商自立,杜绝外人之觊觎,此诚至迫之要策也"。但此时的苏路公司因铁路业务不甚发达而致营业困难,根本无力承担新路的建设费用。因此虞氏强调即使该公司经费不足,"似亦不能因循坐待,自失时机",而应转饬沪宁铁路局"赶早举办"②。

1911年1月6日盛宣怀升任邮传部尚书后③,因盛、虞二人关系密切,虞洽卿等地方绅商遂进一步采取行动,避免因苏路公司无款可支而致项目流产。4月间,虞氏致函盛氏称自去年6、7月邮传部照会苏路公司"一载以来,未见答复",既然苏路方面无款可筹,那么沪宁方面"当着鞭先",故请求该部饬令沪宁铁路局"乘此时机,即行测量开办"。此时,沪杭甬铁路杭甬段已开工,苏路"将来装运土货,必较沪宁为多",故建议应尽快在闸北华界新建车站、河埠、货仓、码头等设施,此举"不仅于沪杭规久远,抑与沪宁占形胜"④。5月23日,苏路公司召开第五次股东会,会上报告了两路联络线的相关情况,最后决定采纳"外围"方案,认为此路线"既无架设铁桥之繁费,又免经过租界之艰困,实于铁路、地方两有裨益"⑤。但因经费短缺,公司不得不再次请求邮传部下拨经费⑥。

6月14日,邮传部致函外务部称:该部路政司接虞氏等禀称,各国欲扩展租界至沪宁铁路的目的"无非觊觎闸北一段之形胜",其原因在于沪宁、沪杭甬两路车站"均与租界相离太远,致生觊觎之心"。而虞氏等人已上书商部、邮传部提出的"外围"方案不但使闸北"华界商场可期发达",更可使沪杭甬铁路"渐形起色",并希望借此使租界扩张

---

① 《虞洽卿等致盛宣怀函》,1910年8月9日,盛档094873-1。
② 《虞和德致盛宣怀函》,1910年12月1日,盛档117425-6。
③ 夏东元《盛宣怀传》,四川人民出版社,1988年,第533页。
④ 《虞和德致盛宣怀节略》,1911年4月,盛档108113。
⑤ 《苏路公司第五次股东会纪事》,《申报》1911年5月24日第18—19版;《苏路公司咨呈邮传部文(苏路与沪宁接轨问题)》,《申报》1911年5月26日第26—27版。
⑥ 《苏路公司咨呈邮传部文(苏路与沪宁接轨问题)》,《申报》1911年5月26日第27版。

问题"从此消弭，永无交涉"。因此，他们请求邮传部尽快派遣专人来沪勘测。

邮传部向外务部强调该提议"不为无见"，同时表示如由沪杭甬接沪宁，则应由苏路公司办理，反之可由该部办理。但该部认为一方面因沪宁铁路与其他铁路接轨之事，无论官办还是商办，都与沪宁铁路借款合同关系密切；另一方面，虞氏所建议的路线虽在租界界线之外，但仍经过法国人从1870年起修建的道路和房屋，因此成为"租界交涉一大问题"。此外，近年来路线经过处电线、有轨电车"纵横如织"，建造成本"更巨"。故综合以上情形，该部认为"此事恐非一时一语所能解决"，一面准苏路公司回复虞氏等人"实行之困难"，一面发文至沪宁铁路局要求开会讨论①。

对此，曾任沪杭甬铁路总办的施肇曾上书盛宣怀，称在任总办期间"曾与总工程司一再讨论"此事，所以他认为虞氏所设计的路线与高架方案性质相同，"除为连接两路外，无甚用处"，但"若须迤近租界，则地价可观"。因此他推荐真如向南，"过苏州河，入圣约翰书院西偏，旋经南洋公学暨徐家汇测量台之西，折东而行"，终至沪杭甬铁路日晖港站的"近距"方案（参见图4），计长8英里②。

因资金短缺，苏路公司对建设两路联络线一案"久而未决"③，但若不与沪宁铁路取得联络，该公司的营业将陷入更为窘迫的境地。据《上海泰晤士报》(Shanghai Times)的报道，7月上旬，已出现将苏路公司与沪宁铁路局进行合并的计划，以便统一管理。而两路接轨的详细办法也"将次商定"。预计由沪宁铁路"筑路向东"至徐家汇西，在龙华附近与沪杭甬铁路相接④。但随着此后局势动荡的加剧和10月辛亥革命的爆发，工程不得不暂告中止。

---

① 《上海沪杭车站添设支路案》，1911年6月，台北"中研院"近代史研究所档案馆藏，清外务部档案02-11-018-10。

② 《沪宁铁路与沪杭甬铁路接轨另择他段办法折》，盛档107730-2。1911年施转任京汉铁路南段会办，正文中有"职道前办沪杭甬时"一语，故由此判断出该档案的时间。

③ 《沪宁、沪杭甬接轨通车纪事》，《交通月刊》第3期，1917年8月，"金载"第2页。

④ 《沪宁沪杭铁路接轨消息》，《申报》1911年7月12日第18版。

（二）联络线的建设及其对抵制租界扩张的影响

中华民国成立后，北京政府开始推行与清政府类似的铁路国有政策。1913 年 6 月 13 日，交通部与苏路公司签订接收合约，沪杭甬铁路上海至枫泾段于 7 月 1 日起归该部管辖。该部随即命令沪宁铁路局总办钟文耀等负责建设两路联络线。随后钟文耀前往北京与该部商讨，初步确定路线长度约 8 英里，征地与建设费用约 10 万英镑。具体实施方案由沪宁铁路工程司克礼阿设计[①]，计划从沪宁铁路潭子湾北的叉袋角货栈以西 800 码处为起点，向西南过吴淞江抵梵王渡并设火车站，再南行至徐家汇西设站，最后向东南至沪杭甬铁路龙华站。此路线与施肇曾提出的"近距"方案类似，但也有所变动，如沪宁铁路一侧的起点由真如站东移至叉袋角，并在此处建新站代替北站作为两路联合车站。

1914 年 1 月，"交通部直辖沪宁兼沪嘉铁路管理局"成立。4 月 11 日，浙路公司管辖的枫泾至杭州段等铁路亦收归国有。两路归于一统，建设联络线的时机和条件进一步成熟。而在九天前的 4 月 2 日，钟文耀就已将克礼阿设计的方案和自己的看法呈请交通部次长叶恭绰审核并照会中英银公司，一旦批准即令克礼阿再作详细勘测、估价，同时从速征购土地。

钟文耀认为清末的三种方案都有不足之处——高架方案"路直而短，沿路繁盛，但建筑难而交涉多"；对虞洽卿等人的"外围"方案，他认为是"出于地贩计划"，即与地产商的投机有关。而且该路沿线系"租界边地"，土地多由洋人购买，地价较高。据当时的估计，仅征地、测量一项就已达到两百万元，因此"此线造价最昂，殊不合算"；真如至日晖港的"近距"方案虽然"造价最廉，但所经半属僻隅，营业绝少希望"，经济价值偏低。而克礼阿所拟路线在后两者之间，"以求最善最省之法"。其优点有两点：一是避开了地产商囤地较多的吴淞江南岸地区，"地价可以避重就轻"；二是起点之叉袋角地区"水陆辐辏，工厂迭

[①] 《钟文耀兼任苏路总办》，《申报》1913 年 6 月 18 日第 7 版；《交通部呈大总统两路接轨文》，沪宁沪杭甬铁路管理局编查课编《沪宁沪杭甬铁路史料》，沪杭甬篇第 24 页。

兴,实足握商务之枢机",对铁路营业和地方经济"均有裨益",比真如更具有发展前景①。

在经过多年的争论后,1915年3月,两路联络线终于破土动工,1916年11月建成。线路全长16.6公里②,沿途新建了麦根路货站、梵王渡、徐家汇和龙华新站四座车站,其中龙华新站作为与沪杭甬铁路的接轨站,而非原定的龙华站。12月4日两路联络线通车,五天后举行了通车仪式③。钟文耀在典礼上发表演说,认为该路"区区二十余里路线,影响于国家前途者,不仅江浙二省而已"④。沪宁与沪杭甬两条铁路也从此合为一体。

但两路联络线的意义不止于此,因为在该路建设的同时,公共租界和法租界再次谋求扩张——1913年7月"二次革命"爆发后,租界武装"万国商团"以驱逐陈其美军队为由进入闸北并乘机重提扩大租界的要求。次年7月后,租界准备再次扩张的消息开始见诸报端,遂引起社会舆论的强烈反弹,闸北官绅多次集议寻求反制措施。但北京政府仍于1915年1月再度与租界方进行谈判并最终达成一致,随后工部局公报发表了租界扩张草案13条,计划将下列区域并入租界:

> 甲、北至沪宁铁路,东至公共租界,西南至苏州路。惟铁路线及现有余地,皆在租界之外;乙、介于沪宁铁路沙泾与现在租界界线中间之地点,为租界以内之地,由工部局巡捕巡逻;丙、北至苏州路,东至现在公共租界,南至徐家汇路、虹桥路,西至苏州河,横至虹桥路之沪宁铁路与沪杭铁路接轨地点。⑤

从该草案的文本上来看,两路联络线及沪宁铁路已成为工部局承

---

① 《沪宁兼沪枫管理局局长钟文耀呈交通部代理次长路政局长叶两路接轨文》,沪宁沪杭甬铁路管理局编查课编《沪宁沪杭甬铁路史料》,沪杭甬篇第22—23页。
② 前引张雨才编《中国铁道建设史略(1876—1949)》,第220—221页。
③ 沪宁沪杭甬铁路管理局编查课编《沪宁沪杭甬铁路史料》,沪杭甬篇第25页;交通、铁道部交通史编纂委员会编《交通史路政编》第11册,第3763页。
④ 《沪宁、沪杭甬接轨通车纪事》,《交通月刊》第3期,"金载"第3页。
⑤ 《推广租界草议之披露》,《申报》1915年3月5日第10版。

认的租界界线。而此前工部局总董皮尔斯（Edward C. Pearce）在1914年11月23日董事会上谈到一项越过现有界线以西地区的扩张计划时,也承认两路联络线将"形成新的西部界线,又在徐家汇路以西虹桥路将形成租界的南部界线"①。可见,中方所采用的"铁路手段"已基本奏效。而与此同时,第一次世界大战战事不断升级,英法等协约国无暇东顾,公共租界的此次扩张未果而终。

在直接扩张不断受挫的情况下,工部局改用实行已久的"越界筑路"法。但1925年五卅运动后,中方政权"对于工部局所有正在进行推广西区马路以达铁路轨道以外地点之计划,反对更烈"②。因此在1932年4月南非最高法院法官费唐（Richard Feetham）向工部局提交的报告书中,明确指出两路联络线将公共租界西区"分为两部分。在路线之东,与公共租界接壤之一部分,比距租界较远而在路线之西一部分,更为充分发展"③。可见,两路联络线对租界扩张起到了比较明显的抵制作用。

余　论

众所周知,铁路对城市发展一般都具有较为明显的促进作用,但从近代上海的经验来看并非尽然,其原因即为上海城市周边铁路是在中西双方围绕租界扩张的抗衡中形成的,很少出于工商业和港口发展的内生需求,所以难以和主要分布在（或途经）租界地区的港口、航道以及大型工业区取得充分联络,诚如时人指出的,上海港"与欧美近代海港比较犹多逊色,尤以水陆运输缺乏联络,使货物经由铁路由内地集中或向内地分散,难收迅捷经济之效,为一大缺点"④。这是导致近

---

　　① 上海市档案馆编《工部局董事会会议录》第19册,上海古籍出版社,2001年,第567页。

　　② [南非]费唐《费唐法官研究上海公共租界情形报告书》第3卷,上海：工部局华文处,1932年,第12—13、35页。

　　③ 费唐《费唐法官研究上海公共租界情形报告书》第1卷,第32—33页。

　　④ 《建筑虬江码头与繁荣上海市区之关系》,1936年4月,上海市档案馆藏,上海市市中心区域建设委员会档案 Q213-1-10。

代沪宁、沪杭甬铁路运输效能徘徊不前的一项重要因素,从而限制了铁路对上海乃至整个长三角地区经济社会的推动作用。

此外,由于近代上海城市道路与铁路均为平面交叉,没有一座立体交叉的跨铁路桥梁,所以当城市需要跳出铁路包围圈作进一步发展的时候,铁路路线破坏城市道路系统、阻碍城市交通、引发各类事故等现象日趋严重。当代城市规划理论普遍认为横亘于建成区的铁路路线分割了城市空间,导致被割裂的两部分缺乏有效的联系,并直接造成两部分城市形态特征的巨大差异[①]。上海城市周边铁路即对城市空间的拓展造成了长达近百年的阻碍作用,对此问题笔者将另作探讨。

Confrontation between China and Foreign Countries and the Formation of Shanghai Railway Line around the City in Modern History

YUE Qintao

Abstract: In general, the railway has obvious effect on promoting the development of city, but the peripheral route around Shanghai of Shanghai-Woosung, Shanghai-Nanking & Shanghai-Hangchow-Ningpo Railway were formed in the case of confrontation between China and foreign countries about concessions expansion, rarely for the purposes of endogenous demand for commercial, industrial and port development. So it was difficult to obtain sufficient contact with ports, waterways and large industrial zones in the concession area. This is the important factor of rail transportation performance stagnating in

---

① 参见张文尝《城市铁路规划》,中国建筑工业出版社,1982年;刘灿齐《现代交通规划学》,人民交通出版社,2001年。

Yangtze Delta region and Shanghai urban space expanding blocked in modern history.

Keywords: Shanghai; Railway route; concessions expansion; Shanghai-Nanking & Shanghai-Hangchow-Ningpo Railway

铁路建设的"工程性影响"刍议
——以清末沪杭甬铁路土地征收为例*

岳钦韬

摘　要：铁路除作为一种运输工具外，还以建筑工程的形式存在于所处的区域内。由铁路的路线布置、土地征收、主体施工等施工环节产生的工程性影响在不同的时间、空间、对象上具有不同的效应，能更多地体现出铁路与经济社会互动过程中的各种复杂面相，因此可以成为交通史研究的一种新路径。以清末沪杭甬铁路土地征收为例，沿线基层社会受到了铁路带来的第一波冲击，在引发社会矛盾冲突的同时又把现代因素引入到传统的土地问题中。

关键词：铁路；工程性影响；交通史研究；沪杭甬铁路；土地征收

《史学月刊》2016年第8期发表了一组"中国近代交通史"笔谈，从理论和实证两个层面再次阐述了交通工具对中国现代化进程的重要影响。从学界的研究状况来看，现有成果大都选择通过比较交通项目运营前后经济社会的发展情况来阐述这一"重要影响"的广度与深度，然而这种研究路径往往难以确定经济社会发展与交通运输的直接因果关系[①]。

倡导交通社会史的江沛教授在笔谈中指出：我们应加强对交通

---

* 基金项目：上海高校高峰高原学科建设计划(上海师范大学·中国史)。

① 参见 Chi-ming Hou, *Foreign Investment and Economic Development in China*, 1840-1937, New York: Harvard University Press, p.39；张瑞德《平汉铁路与华北的经济发展(1905—1937)》，台湾"中研院"近代史研究所，1987年，第9页；朱从兵《铁路与社会经济——广西铁路研究(1885—1965)》，广西师范大学出版社，1999年，第14页。

体系基本形态的考察,尤其是"从纯技术性层次考察现代交通体系的功能与效率"①。这是因为现有的交通史研究成果对各交通行业专业理论的吸收与表述尚显不足,缺乏完整有力的解释框架。笔者认为,既然"交通"在前,"社会"在后,那么我们应当加强相关专业理论的研习,把握与史学研究之间的契合度,并自觉与该学科形成对话。所以近年来,笔者以铁路为核心,力图通过技术研究先来探讨交通是怎样发挥作用的,再来分析交通究竟发挥了怎样的作用。

铁路除了作为运输工具外,还以建筑工程的形式存在于所处的区域内。那么,铁路的路线布置、土地征收、主体施工等工程建设环节产生了什么样的影响?铁路在近代中国是否扮演了别样的角色?为此,笔者首次尝试提出铁路建设的"工程性影响"这一研究路径,希望借此弥补包括此次笔谈在内②的研究缺憾,并试图与交通社会学开展一定程度的对话。

一、交通社会学的理论缺陷与 工程性影响的提出

近十年来,交通社会史研究蓬勃兴起,而与之仅一字之差的交通社会学尽管已发展了三十余年,但似乎并未成为交通社会史的理论基础,相关成果也缺乏对该学科的梳理,因此笔者认为有必要对该理论作简要回顾,并发现其中存在的与交通社会史类似的不足。

(一)交通社会学的回顾

据笔者目见所及,交通社会学最早由美国学者格伦·雅格提出。他在1983年发表的论文中将交通的社会现象大致分为三个方面:第一,交通运输与社会生态进程,即交通与人口、家庭、社区、社会心理等

---

① 江沛《关于开展中国近代交通史研究的若干思考》,《史学月刊》2016年第8期,第7—8页。

② 第一,笔谈的史证集中于交通的运输效应,并未涉及工程建设环节的影响;第二,缺乏对交通产生的负面影响和不充分影响的分析与评价,内容上不够全面。

方面的关系;第二,交通运输与城市经济、政治、产业组织、制度流程、运输政策和发展的关系;第三,交通运输的社会后果(能源和土地利用,运输分布的影响,与社会的互动)①。此时的中国社会学正处于重建阶段,尚未触及交通社会领域。

随着中国铁路事业的发展,1993年,程家明首次在国内提出了"铁路社会学"的概念,并将其定义为以铁路与社会、个人和组织及其相互间的关系作为基本问题,以研究铁路的人际关系及其互动而形成的组织结构,以及这种结构的运动变化规律为对象的学问②。同年,另有交通工作者提出建立交通社会学理论来解决城市交通问题③。可见,两位作者阐述的理论概念都不是针对所有交通形式,且未提出完整的理论体系。

世纪交替之际,中国的高速公路迎来了跨越式的发展,交通与社会的议题进一步受到重视。2001年,科学技术哲学学者黎德扬等人首次提出了"社会交通"的概念,并在其著作中就社会交通的整体观、交通与社会政治的演进、交通与社会经济发展、交通与文明的创制和传播、交通与社会心理互动、交通与科学技术以及交通的未来与可持续发展等六个方面的互动关系进行了探索性研究④。

2002年,社会学学者谷中原正式提出"交通社会学"的学科理论,并将其定义为探索社会交通行为、交通现象以及交通行业良性运行和整个交通系统与社会协调发展规律的一门社会科学⑤。次年,谷中原与章辉美在上述基础上对交通社会学作了进一步的表达,其中有两点值得关注:首先,他们从学科特征的角度指出,该学科是探讨位移社会性的一门社会科学,更进一步而言,就是探索交通良性运行和与社会协调发展的机制的学问;第二,他们以开放的心态认为自己所提出

---

① Glenn Yago, "The Sociology of Transportation," *Annual Review of Sociology*, 1983, (9): 171-190.
② 程家明《中国铁路学初探》,《石家庄铁道学院学报》1993年第2期,第84—88页。
③ 陶宝良《建立交通社会学理论解决城市交通问题》,《东北汽车运输》1993年第1期,第16页。
④ 黎德扬等《社会交通与社会发展》,人民交通出版社,2001年。
⑤ 谷中原《交通社会学》,民族出版社,2002年。

的交通社会学存在许多不足①。

2006年,谷中原又深化了自己的认识,提出了该学科的九项研究任务,同时指出相关研究人员应将交通看成社会要素,"不要像交通工程学将它看成技术改造对象,也不要像交通经济学将它看成经济元素",而要把研究重点放在交通的社会属性、内外关系及在社会系统中的运行机制上②。2012年,黎德扬等人推出交通社会学的新作,虽然该著顺应了高铁时代学科发展的需求,但在分析框架上未有明显的突破③。

经过二十多年的发展,我国交通社会学的理论体系不断充实完善。但正如谷中原等人所说,该理论目前尚不成熟,所以笔者认为有必要在保持上述研究重点的前提下,从历史学的研究角度对其存在的不足或谬误进行补充、修正。

(二)工程性影响的提出

铁路运输学认为,为了保证运输能力与运输需要相适应,交通运输业必须具有合理的线网分布和生产过程的组织④。按照这一解释,我们可以将铁路从规划到建设再到运营的各个环节分为两大部分:一是铁路的规划设计和工程建设,二是铁路部门的运输组织和部门管理。两者对社会经济所产生的影响,笔者分别称之为"工程性影响"和"运营性影响"。

从两种影响的角度出发,我们就可以发现上述交通社会学的分析框架基本上都聚焦于交通的"位移""运行"等运营方面的内容,忽视了交通工程的设计、施工等环节引起的社会变动,而且这种重运输、轻工程的趋势在黎德扬的著作中更为明显;而谷中原的作品仅将线路、设施的负面影响视作"交通公害"⑤,未能对公害与社会之间的关系问题

---

① 章辉美、谷中原《交通社会学:对一门新生应用社会学的构想》,《湖南师范大学社会科学学报》2003年第6期,第48—50页。
② 谷中原《关于交通社会学发展的学术研究问题》,《求索》2006年第8期,第103—104页。
③ 黎德扬、高鸣放、成元君《交通社会学》,中国社会科学出版社,2012年。
④ 北方交通大学经济系编《铁路运输经济》,中国铁道出版社,1981年,第3页。
⑤ 谷中原《交通社会学》,第236—238页。

进行深入探讨。所以,当前的交通社会学存在着脱离工程规划建设及其影响这一重要环节的理论缺失。

那么何谓工程性影响?笔者初步将其概括为铁路的路线、土方、桥梁、隧道、车站等工程项目的规划和建设对铁路所在区域造成的影响。其中桥梁、隧道、车站是"点",路线、土方是"线",两者相结合构成"面"。点、线既能单独产生影响,又能相互结合发挥作用。这些影响既可分为短期影响和长期影响,也能根据其影响状态分成可逆影响与不可逆影响。

铁路建设的首要任务即为勘测路线,选择最合适的空间位置方案①。这一位置不仅决定了铁路上各种建筑物的设置、工程规模的大小和施工的难易,也决定了日后列车运行的条件和运营成本的高低。不仅如此,从城镇的兴衰到区域的变迁,都会受到不同路线布置所产生的影响②。因此,路线布置是铁路发挥运输效能的前提。

铁路建设需要占用大量的土地,而土地的征收引发了土地私有权和公共利益之间的矛盾冲突,沿线基层社会由此受到了铁路带来的第一波影响,远早于建成后的各种影响。因此,土地征收增加了传统社会土地问题的复杂性和现代性。妥善处理土地征收问题不仅成为铁路建设的首要任务,更是维护社会稳定的重要环节③。

铁路施工阶段的工程性影响最为强烈,路基、轨道、桥涵、隧道、车站等建设项目的土石开挖和堆积往往造成水土流失以及水体、噪声、固体废弃物等污染,对沿线的生态环境、土地资源、社会生产均形成强烈的冲击。而施工期间外来建筑工人的衣食住行和一些非法行为又常常与沿线民众产生各种矛盾冲突,呈现为一种临时性的土客矛盾。

水和水系在城乡经济和民众生活中具有重要地位,而铁路不仅在

---

① 詹振炎《铁路选线设计的现代理论和方法》,中国铁道出版社,2001年,第1页。
② 岳钦韬《中外抗衡与近代上海城市周边铁路路线的形成》,《中国历史地理论丛》2015年第3期,第118—128页;岳钦韬《战争后续因素影响下的铁路与上海城市空间结构的互动》,张利民主编《城市史研究》第32辑,社会科学文献出版社,2015年,第109—123页。
③ 岳钦韬《土地征收与"大上海计划"之铁路改造规划的中止》,《上海师范大学学报》2016年第4期,第105—115页;岳钦韬《民国时期的铁路土地征收与社会风潮——以京沪、沪杭甬铁路上海联运总站征地案为例》,《民国档案》2016年第1期,第91—98页。

运输效能上超越了水上运输,其与水道相关的工程项目在施工过程中以及建成后都会产生诸如阻滞泄洪、妨碍航运、影响灌溉等不良影响,与水利密切相关的地方社会遂基于自身利益和认识与铁路部门展开交涉,以致各种纠纷、冲突甚至外交事件层出不穷[①]。

至于工程性影响的研究意义,笔者认为有以下三点:

第一,目前关于近代交通与经济社会关系的研究,包括"中国近代交通史"笔谈都基本着眼于交通工程建成后的运营性影响,对建成前的工程性影响的研究则相对薄弱。这种"重运输"而"轻工程"的现象导致相关研究对铁路建设过程中的社会因素和对整个社会层面的冲击缺乏全面的分析,所以研究工程性影响能弥补既有论著的不足。

第二,从实践层面来看,学界普遍认为难以确定经济发展和社会变迁就是铁路运输的结果(即运营性影响),加之史料尤其是统计数据的不完整,研究铁路的经济社会效应变成了一件非常困难的工作。但本文从工程建设入手分析该问题时,发现工程性影响的因果关系较运营性影响更明显、更直接。

第三,运营性影响对沿线经济社会的促进作用毋庸置疑,但由工程性影响带来的土地纠纷、水利争端、妨碍生产等诸多负面效应也是其中不可分割的一部分。这些"反推动"和"不发展"的历史事实有利于纠正严重制约研究者思维空间的认知前提[②],从而更全面地认识铁路在现代化进程中所扮演的角色。

二、沪杭甬铁路的土地征收及其工程性影响

在铁路引入中国之初,清政府就以破坏风水和震动房屋、坟墓为

---

① 岳钦韬《近代铁路建设对太湖流域水利的影响——以1920年代初沪杭甬铁路屠家村港"拆坝筑桥"事件为中心》,《中国历史地理论丛》2013年第1期,第81—93页;岳钦韬《近代长江三角洲地区铁路建设与水利纠纷》,上海中山学社编《近代中国》第24辑,上海社会科学院出版社,2015年,第299—327页。

② 即铁路作为先进交通运输工具和新的社会生产门类,必然强有力地推动中国的现代化。参见苏全有《近十年来我国近代铁路史研究综述》,《苏州科技学院学报》(社会科学版)2005年第2期,第110—114、127页。

由,通过反对土地征收来反对修建铁路。虽然有研究认为这些反对意见大多是保守文人制造和散布的奇闻,基层民众并不一定认同①,但事实上,民众不可能不考虑铁路建设对切身利益的影响,如 1873 年吴淞铁路征地时就遭到唐家宅等沿线村民的反对②。甲午战争后,尽管清政府已转变为铁路的倡导者,但民众的态度并无太大的变化。而在"半殖民地半封建"的环境中,中外各种征收者、被征者以及相关利益群体的结构更为复杂③,造成的影响也更加多元化④。

沪杭甬铁路全线共计征地 25 829 亩 7 分 1 厘,共发放补偿款 1 892 885 元 1 角 2 分⑤。与沪宁铁路单方面定价不同的是,沪杭甬铁路由商办江苏、浙江两家铁路股份有限公司负责建设(以下分别称之为苏路公司、浙路公司),1908 年借款条约签订前的征地工作未受到英国的干预,所以 1924 年沪宁、沪杭甬铁路管理局在编撰局史时称,苏路公司仿照浙路公司办理,后者"事事取地方公意",办事人员大都为当地颇有声望的士绅,补偿标准"系随时邀集业户,公开订定",因此浙路公司征地过程中"从未发生纠纷"⑥。但从以下史实来看,实际情况与之大相径庭。

(一) 反对征地

铁路建设占用了大量土地,从而给地方社会秩序造成了冲击,最早出现的就是征收者与被征者之间各种形式和程度的对抗。对抗的

---

① [法]约瑟夫·马纪樵《中国铁路:金融与外交(1860—1914)》,许峻峰译,中国铁道出版社,2009 年,第 27—28 页。
② 《筑马路事补遗》,《申报》1873 年 1 月 24 日第 3 版。
③ 征收者由中、外各铁路建设者以及中方的中央铁路管理机构组成,被征者为中、外土地业主,相关利益群体包括地方官员、士绅等。铁路征收的土地类型则包括耕地、房屋、商店、工矿企业、坟墓等各种生产生活用地以及农作物、花草树木等地面附着物。
④ 学界关于征地史的研究普遍存在制度分析多于实际操作的问题,并缺乏对征地影响的深入探讨。参见拙作《民国时期的铁路土地征收与社会风潮——以京沪、沪杭甬铁路上海联运总站征地案为例》,《民国档案》2016 年第 1 期,绪论部分。
⑤ 交通、铁道部交通史编纂委员会编《交通史路政编》第 11 册,南京:编者印,1935 年,第 3768 页。
⑥ 沪宁沪杭甬铁路管理局编查课编《沪宁沪杭甬铁路史料》,上海:沪宁沪杭甬铁路管理局,1924 年,第 128 页。

根源来自被征者的抵制,其原因不外乎两端:一是反对失去土地,二是不满补偿条件。而随着被征者交涉经验的不断累积,征地阻力不断增大,双方的争端也随之增多并日趋严重。

1. 风水迷信。

当铁路向内地延伸时,一些民众"惑于风水之说,聚众阻挠"[①],勘测工作因此受到阻碍。沪杭甬铁路第一段江墅铁路就曾因征地受阻而放弃了原定的穿越杭州城东一角的计划。1908年夏,当该路准备再度穿城而过时,城乡间顿时谣言四起:

> 有谓此项大工,必死伤小儿若干名;有谓十二生辰正冲者八致,术士一流,相率附和,捏造祈禳之法,用五色线搓成牛绳,拴诸儿颈籍可免死。

不仅普通民众"奔走相告,几乎若狂",甚至连上流社会也"相率效尤"。故浙路公司呈请上峰通过地方官"出示晓谕,免生意外"[②]。

2. 路线纠纷。

纠纷的核心在于铁路路线能否避开与被征者利益相关的土地和产业。1906年11月间,杭州南星桥沿河至江西会馆一带的二十余处民房和七座墙门均须拆迁,用以建设江墅铁路南星桥车站。被征者"痛哭哀号,寝食俱废",并以此地向来为商业区域,拆迁将毁其生计而联名致函浙路公司请求铁路避开该处房屋。公司总理汤寿潜和协理刘锦藻认为车站用地不及二百亩,"尚苦不敷",且其他地段如南星桥的营房、罗木营的操场、水师右营、绍兴会馆、春和酱园、裕隆茶栈等拆迁规模均大于此地,因此怀疑其中"必有不安本分之人,从中煽惑"。因此公司请仁和知县拘捕闹事者,并告知被征者限十天内搬迁,若再借口刁难则将"照章代拆"[③]。而该路原计划的穿城路线亦因"购地交涉,暂行辍议"[④]。

---

① 《常镇道会同各员勘丈铁路轨道经行山路地段》,《申报》1905年8月15日第9版。
② 《浙路城站开工记闻》,《申报》1908年8月21日第12版。
③ 《浙路车站圈地之批词》,《申报》1906年12月1日第4版。
④ 《浙省穿城路线定议》,《申报》1908年4月21日第11版。

1907年1月上海至枫泾段开工后，松江府境内多地民众希望通过"改移路线"避免被征。3月25日，该路第二段工程处前往华庄勘测路线时，"乡民时出阻挠"。4月1日勘至计家宅村时，当地地保吴得胜前来表示如能避开该村即送上一百大洋，并可再增加金额。故该工程处在致苏路公司的公函中表示：

> 乡愚无知，搅扰贿路，无所不至，地保为在官人役，居然来相尝试，此风一开，民之讹言，更无所底止，且难保无招摇影射情事，于路政前途，关系非浅。

为杜绝此类事件"为路事增无数阻力"，工程处请公司告知松江知府及华亭知县，以"若不严惩一二，恐乡民既受若辈之欺"为由缉拿吴得胜，"治以应得之罪"，同时向沿线民众宣布"毋再阻难"①。

4月间，华庄士绅呈请将路线东移，但5月初莘庄、新桥一带士绅又因东移路线妨碍某大户人家之墓地而呈请公司再作修改②。同年夏，松江贡生吴望曾、汤昌明等人先后请求苏路公司，免将西门外汤家埭村作为车站而致当地民众"生计不敷"，同时提出了一条新路线。公司表示同意，随即致函工程师进行调查。得报后，公司认为新路线经过通坡塘、秀野桥、古浦塘、长三港、五库、茹塘、泖湖等处，"大河桥多任务巨"，且直冲松江西门市镇，房屋、坟墓不可计数，故予以否定。至于汤家埭村作为车站一事，乃因之前松江士绅认为原定站址的仓城离西门太远而请求公司移至此地，如果仅仅因为数家之坟墓、村庄而"使铁路绕越，则铁路必无可造之地"。因此公司仍坚持征用该村土地，并请娄县知县告知绅民"力顾公理，勿生阻挠"③。

3. 墓地纠纷。

迁移坟墓的一般程序为：先由沿线各县士绅派人查访登记，分为有主、无主两类，前者由铁路所经之处的绅民就近掩埋，后者由善堂迁移④。

---

① 《苏路公司移松江府华亭县文（为贿托移线事）》，《申报》1907年4月9日第4版。
② 《乡董又请改移路线》，《申报》1907年5月5日第4版。
③ 《苏路公司为汤家埭车站事移娄县文》，《申报》1907年8月9日第5版。
④ 《沪宁铁路工程购地局札铁路所经各县文》，《申报》1905年2月21日第9版。

程序看似简单，但沿线各地坟墓数量十分庞大，铁路建设面临着不少困难。

1897年秋，杭州绅商组建"利远公司"，计划招股兴建绕城铁路。路线拟由城西北的大关出发，经松木场绕至西湖西、南岸，经大小麦岭转清波、凤山两城门而直达钱塘江边的江干。但随即因沿路有五六十处大型墓葬而致谣言四起，险些酿成群体性事件。公司随即派员再度前往勘察，但此人谎报只有五六处无法避让。于是公司派工人前往订立界桩，不料沿途"古冢累累，不下数百处"。顿时满城风雨，城内外大道两旁贴满了"大字报"，声称：

> 如将坟墓开掘，一时无处安葬，可将骸骨棺木暂借办理铁路之杭人祖坟上掩埋！拆我房屋，一时无处存身，可暂向办理铁路之杭人家借住！

1907年3月，当铁路工人在上海县二十七保头图淡井庙附近迁移坟墓时，遭到当地地主纠众阻挠，苏路公司遂请上海知县查办①。与此同时，该公司计划征用十二图的潮州会馆基地8亩，但该会馆表示拒绝并于同月11日召集同乡千余人至会馆商讨对策。而毗邻会馆的周姓坟地经业主同意于15日进行迁移时，会馆人员出面要求铁路工人停止作业，双方随即爆发冲突并导致四名沪籍工人受伤，后由当地地保朱春甫陪同受伤者前往县署控诉②。而此类纠纷又往往具有延续性，此后不久，廿五保头图民众也出面阻挠公司已征用的土地，经当地地保殷某"竭力弹压，幸未肇祸"③。

（二）补偿问题

随着时间的推移，被征者往往意识到铁路建设已成定局，因此其斗争焦点从反对失地逐渐转移到补偿问题上来。

铁路建设提高了土地的使用价值，所以补偿费用也必须相应增

---

① 《请究阻挠迁坟》，《申报》1907年3月17日第17版。
② 《讯究殴阻迁坟案》，《申报》1907年3月18日第17版。
③ 《上海县案》，《申报》1907年3月23日第18版。

加。但征收者和被征者双方的利益目标是不同的——前者的目标是保证征地工作按期完成,并尽可能多地减少补偿费用,而后者的主要行为标准是收益,即希望获得尽可能高的补偿收入。目标的不一致导致双方行为的不协调,以致产生利益争端,并成为铁路征地过程中矛盾最集中的环节。

1. 讨价还价。

在征地过程中,被征者等利益相关群体想方设法利用规则漏洞,以获取更高的补偿金额,因此各种争端仍层出不穷,比如上述被称为"从未发生纠纷"的浙路。补偿政策与实际操作的不配套、不连贯以及政策的不落实都会影响被征者的切身利益,所以他们往往因不满补偿条件而提出各种要求。

1906年3月间,萧山县西兴镇民众听说浙路公司即将前来勘测路线,因此纷纷预购土地"冀得善价",尤其是规划设站的地方都希望能超过时价的三倍,甚至出现因争认荒坟为祖墓而引发诉讼的现象[①]。为防止上述情形肆意蔓延,浙江巡抚张曾扬于同月14日颁布告示:首先表示商办浙路"几费经营,始有此自行开办之一日",汤寿潜、刘锦藻二人乃"图浙省地方之公益,保浙人固有之利权",并非图一己私利,故"浙人自当共体时艰,助成路政,不得稍有阻挠";其次,命令被征者不得私自抬价,抗拒征地,如有被征者愿意以补偿费作为股份,亦须及时上报公司办理;然后又强调了浙路与沪宁的不同之处——"以本地之人办理本地之路,地价一项,在公司固断不至令业主受亏";最后,该文发出严正警告:

> 自示之后,如有地棍市侩,于铁路应需地段,胆敢违章牟利,串同书役,影射把持,无知业户,贪图重价,倒填年月,私相买卖,蒙混印契等弊,一经查出,定将契约作废,棍徒从严究惩,决不宽待![②]

---

① 《铁路轨线地价腾贵》,《申报》1906年3月18日第9版。
② 佚名编《苏杭甬铁路公牍》,出版地点与时间不详,第31—33页。

同年6月,苏路公司成立后随即发布了《暂定招股简章》,其中第十条即仿照浙路办法:"地价工值,均可充股,俾得同沾本省公共之利益。"①9月29日,苏路公司总、协理王清穆、张謇致函上海道台瑞澂,表示上海、华亭、娄县、青浦各县凡征用之地均按照同年颁布的《商部订定铁路购地章程》分为数等,"听公司平价购买"。上海县署随即发布告示称,民间如有买卖土地,"办粮过户,概不给发印契",须等到苏路公司征地完毕后再恢复照常交易,以免公司受亏。倘若有奸商"图得善价,预购转售,朦混倒填",查出后必将严办②。

　　2. 舞弊现象。

　　在补偿标准制定和实施的过程中,除了作为主导方的购地委员,参与时间最早、参与程度最深的地方主体往往是乡董、地保等基层士绅,因此双方利用职务之便贪污舞弊的现象层出不穷,由此引发的争端也不在少数。

　　1907年3月,沪杭甬铁路征用上海县城西门外二十七保各图土地时,因当地村民不满每亩洋200元的价格而遭到阻拦。苏路公司遂请知县王念祖通知各图董开导被征者"勿得争价",但当地图董张吟楼抵达县署后表示被征者要求支付300元。王念祖再传被征者到案,审问后才知道是张吟楼嘱咐他们不要同意200元的补偿价格。因此王念祖认为张吟楼"有意霸阻",故于24日传令其到案并加以训斥,最后规定每亩补偿150元,如有违反必将处治③。不料张吟楼变本加厉,竟以每亩100元的价格强迫被征者出售,并贪污剩下的50元,因此多名被征者前往县署控诉,新任知县李超琼随即缉拿张吟楼。张供词含混,被押入监狱。同时李超琼令地保殷子田劝导被征者"顾全公益,切勿争价"④。31日,李超琼释放张吟楼,命令其依法开展征地工作,"倘再唆耸立,予提案重责"⑤。但张吟楼不思悔改,仍唆使村民拒领并阻碍

---

① 《苏省商办铁路有限公司暂定招股简章》,《申报》1906年6月17日第4版。
② 《上海县告示(为沪嘉铁路购地事)》,《申报》1906年10月27日第17版。
③ 《图董阻挠铁路购地》,《申报》1907年3月25日第17版。
④ 《押惩阻挠铁路购地劣董》,《申报》1907年3月29日第19版。
⑤ 《县令文告》,《申报》1907年4月1日第18版。

施工,故李超琼再将其逮捕,一面禁止村民妨碍工程①,一面传令张氏之子张善声到案。张善声表示村民已前往领取补偿款,铁路亦已开工建设②。

3. 拒绝领费。

被征者在无法获得更高补偿费用或者被士绅贪污挪用的情况下,往往通过拒绝领取补偿款的手段抵制或拖延征地工作的实施。

1907年5月,苏路公司完成沪杭甬铁路上海县城以西的征地工作后,规定由地保陪同被征者前往购地局领取坟墓迁葬费,但仍"多有观望不迁者"。25日,李超琼再发告示,令被征者于次日起赴公司"立契领价,毋得抗违",如逾期不领,将由县署统一保管以待发放③。公司也通知地保告知各户,以农历四月底(6月10日)为最后期限④。为建设上海车站(即后来的上海南站),7月28日,苏路公司或鉴于县署办理不力而直接函请上海道台瑞澂,令被征者在一个月内到公司购地局领取补偿款,"以速路政"⑤。

1907年10月杭州城站征地时,某教会声称拥有其中数十亩土地,扬言必索高价,一时间城内谣言四起。浙路公司顶住压力,仍按民地标准进行补偿⑥。1909年1月初,江苏段即将全线通车时,上海县境内仍有某教堂拒领补偿款,妨碍铁路施工,苏路公司遂请上海道台蔡乃煌令其即刻前往领取⑦。

4. 抗拒拆迁。

在心理预期得不到满足的情况下,被征者极易产生心理上的不平衡,进而采取各种手段抗拒拆迁,阻碍施工。最后,当僵局无法化解而施工方强行开工时,被征者往往奉行"法不责众"的观念,通过暴力手

---

① 《苏省铁路近闻》,《申报》1907年4月2日第4版。
② 《提究乡董唆使乡民》,《申报》1907年4月4日第19版。
③ 《谕领铁路地价》,《申报》1907年5月26日第18版。
④ 《饬领路购地价银》,《申报》1907年5月30日第18—19版。
⑤ 《苏路公司移请限迁民房》,《申报》1907年7月29日第4版。
⑥ 《浙路城站购地记闻》,《申报》1907年10月10日第12版。
⑦ 《请饬地主收领地价》,《申报》1909年1月11日第18版。

段以求达到自身目的。陈旭麓先生就曾指出,铁路征地纠纷是酿成民变的重要因素①。

1907年7月,沪杭甬铁路爆发了极其严重的群体性事件。海宁州长安镇武举人俞曹成曾向铁路工程处请求在长安车站附近留出二三十亩土地建造房屋,开办仓库"以图利己",但遭铁路股东汪某等人驳回,俞遂怀恨在心。19日,工程师张克铭派工人前往长安附近路段伐木,毛姓村民以所砍之树不在铁路征地范围内,"未领地价,不能伐木"为由出面阻止,双方遂发生口角。俞曹成趁机煽动民众,先至各茶馆发表演说,继而又发布传单。20日,俞"鸣锣聚集数百人"将工程处捣毁,并要求与汪某和张克铭当面对质,一名小工在混乱中凫水而逃,在上塘河闸惨遭溺毙。海宁知州郭文翘闻警后随即前往处置,但被民众包围辱骂,乘坐的轿子也被砸毁,最后在护卫的掩护下狼狈地钻墙洞而逃。整起事件"响应及四十里",并波及学堂、教堂②。

5. 农民负担。

早期铁路土地征收因制度不健全或地方政府相关政策的不配套,往往损害被征者的后续权益。例如土地被征后,土地产权已归征收者所有,理应由征收者缴纳田赋,但在实际过程中仍出现由被征者继续缴税的现象,给被征者带来了沉重的负担。

1905年夏,沪宁铁路嘉定、青浦两县境内土地征收完毕后,当地士绅向参与铁路筹建的李经方报告称当地县署仍向已被铁路征收的土地征粮,以致"民不堪命"。有鉴于此,同年10月,浙路公司在阐述其政策时特别强调"应缴钱粮,统照原定科则,由公司认纳,不再干原主之事"③。1908年2月,邮传部颁布了《铁路地亩纳税章程》,其中第一条规定官办、商办各铁路需缴纳地税,按照被征者原有的田赋标准实施④。但

---

① 陈旭麓《近代中国社会的新陈代谢》,上海人民出版社,1992年,第304页。
② 《海宁路工因购地闹事》,刘萍、李学通主编《辛亥革命资料选编》第6卷中册《清末社会风潮:辛亥前十年报刊资料选》,社会科学文献出版社,2012年,第752页。
③ 《三续汤寿潜刘锦藻浙江全省铁路议略》,《申报》1905年10月8日第4版。
④ 《会奏拟订铁路地亩纳税详细章程折》,邮传部编《邮传部奏议类编·续编》,台北:文海出版社有限公司,1974年影印本,第747—753页。

3月间,松江育婴堂士绅、苏路公司股东陈宗彝致函公司总理王清穆,称公司应严格执行该章程,"不宜自为风气,收剩空头钱粮",而"此亦害农之一"①。可见苏路公司仍有不顾被征者赋税压力的举措。

三、结　　论

中国历史上的土地征收起源于以铁路为首的交通基础设施建设,而土地征收往往伴随着土地私有权和公共利益的矛盾冲突。作为征收者的铁路部门拥有强制征地的权力,并在实施过程中往往将自身利益的寻求和表达反映在制度中,而被征者这一弱势群体难以获得平等的地位。两个博弈主体实力和地位的不对等最终导致被征者成为博弈的失败者。具体表现为以下各点。

第一,土地征收程序的不合理。土地征收的参与主体大多是用地单位及其征地调查人员和农民集体的个别领导,被征者通常被排除在外②,从而难以了解到自身被征土地的实际面积、具体的补偿价格以及地方官绅是否参与了非法分配等具体情况,最后出于被出卖的愤慨或心理预期得不到满足而采取极端手段抗拒征地。

第二,征地主体缺乏有效的监督制约机制。铁路部门既是征地的执行机关,又是征地行为的管理机关,加之列强对近代中国铁路的榨取,最终导致征地的随意性非常严重,从而造成土地的极大浪费,并引发一系列的政治风波。

第三,补偿标准的不完善。这其中最主要的问题是铁路部门为了防止投机倒把,在制定补偿标准时仅仅参照铁路建设前的土地价格,并未考虑到铁路周边土地会因交通区位优势的上升而出现增值,所以其确定的补偿费未能体现出被征土地的实际价格,从而间接损害了被征者的经济利益。这种现象在当代铁路征地过程中也普

---

① 《松绅致苏路总理函》,《申报》1908年3月26日第27版。
② 沪宁铁路就是由铁路总公司与地方官绅按照铁路部门制定的征地章程确定补偿标准。沪杭甬铁路的建设方采取与被征者协商并公开确定补偿标准的方法,一定程度上减少了纠纷数量。

遍存在①。

第四，土地征收与后续工作之间衔接的不到位。紧随其后的工程建设由于违规操作而引发了类似海宁长安的群体性事件；地方政府税收政策的不配套，往往容易侵害被征者的后续权益，而铁路部门也曾出现利用这一漏洞牟利的行为；登记制度的不健全则导致地籍混乱并引发新的纠纷，对土地产权的界定工作造成了障碍。

第五，被征者安置措施的缺乏。由于缺乏完善的安置措施，沿线失去土地的被征者(尤其是农民)很容易失去生活保障，诚如浙路公司所言："田地原是产业，但一旦卖去，往往将所得之钱随手用去，即使存庄，亦有倒闭之虞。"②虽然各铁路部门曾推出一些补偿费转入铁路股份的措施③，但其目的主要是为了增加铁路建设运营资金，而并非着眼于失地民众的安置，所以被征者失去生计的现象仍无法避免。

铁路建设引发了中国历史上第一次大规模的土地征收，沿线基层社会由此受到了铁路带来的第一波冲击，而且并未随着征地工作的结束而中止。这种影响除了体现在有直接利益相关的征收者与被征者之外，也体现在间接相关的利益各方；既出现在征地过程中，又延续到铁路建成后。不仅引起了农业生产和铁路土地的管理问题等地方经济社会的相应变动，在近代中国内外交困的环境中更容易引发社会动荡和政治风潮。

---

① 刘燕萍《征地制度创新与合理补偿标准的确定》，《中国土地》2002年第2期，第25—26页。

② 《绍兴会议实行地价附股》，《申报》1910年5月25日第12版。

③ 1897年淞沪铁路开工时，铁路总公司表示可以给予被征者年息五六厘的股票作为补偿费，这是长三角铁路建设史上首次提出将补偿费入股的方案。但由于淞沪铁路并非商办铁路，这项措施并未执行。1905年浙路公司成立后，出现了真正意义上的补偿费入股政策，汤寿潜和刘锦藻曾表示："其愿以地价作股本者，悉以九成作十足算，如地价不敷，正股之价准以零票给之。"可见浙路公司的方案已比较完善。1910年，该公司在建设沪杭甬铁路杭州至宁波段时又进一步推行入股政策，其在绍兴境内设立的"绍属地价附股处"向民众宣称："不若购买路股，则产业仍是产业，而所收之利息，反较长于田地，且不致有出卖祖宗田产之坏名。"参见《示定地价》，《申报》1897年3月26日第3—4版；《三续汤寿潜刘锦藻浙江全省铁路议略》，《申报》1905年10月8日第4版；《绍兴会议实行地价附股》，《申报》1910年5月25日第12版。

综上所述,笔者认为铁路的工程性影响在不同的时间、空间、对象上具有不同的效应,能更多地体现出铁路与经济社会互动过程中的各种复杂面相,因此可以成为交通史研究中有待进一步开拓的议题,也有利于我们更理性、更全面地认识近代交通对中国经济发展和社会变迁的意义。

Preliminary Discussion on the "Engineering Effect" of Railway Construction: Taking Shanghai-Hangchow-Ningpo Railway Land Expropriation in the Late Qing Dynasty as an Example

YUE Qintao

Abstract: In addition to being a means of transport, railway also exists in an area in the form of constructional engineering. The engineering effects produced by route layout, land expropriation and main construction have different effects in different time, space and object, and can reflect the complex situation in the process of interaction between the railway and economical society, thereby becoming a new way of traffic history research. Taking Shanghai-Hangchow-Ningpo Railway land expropriation in the late Qing Dynasty as an example, the grass-root society along the railway suffered the first wave of shock, triggering social conflicts and bringing modern factors into traditional land problems.

Keywords: Railway Engineering Effect; Traffic History Research; Shanghai-Hangchow-Ningpo Railway; Land Expropriation

近代上海渔业用冰研究

姜明辉(导师:尹玲玲教授)

摘　要:近代上海开埠以来,水产加工逐步转向冰藏为主,天然冰与机制冰等专业冰厂开始大量出现。天然冰厂与机制冰厂的发展先后经历了不同的阶段,其数量和地位在抗战前、抗战期间与战后各阶段也有明显的不同。两类冰厂的空间分布各具特点,冰商的数量、组成与分布在不同阶段也有变化。随着技术的发展,机制冰在成本与质量上的优势越来越突显,渔业用冰逐渐转向机制冰。

关键词:冰鲜;天然冰;机制冰;冰厂

上海是全国最早出现机制冰厂的城市,同时上海在20世纪30年代成为全国水产品交易和消费的中心。明清以来,长三角地区的水产品加工经历了一个明显的变迁过程。明清时期长三角地区的水产加工工艺趋于多样化、精致化,但仍以干制、腌制、制鲊等盐藏加工为主。自近代上海开埠以来,水产加工逐步转向以冷藏即冰藏为主。明清时期虽已出现较大规模的冰窖,但在清代后期以前,其在渔业生产上的应用仍不普遍。专业冰厂仍未大规模普遍兴建,冰鲜鱼因成本较高、数量少而价格昂贵。然而,真正较大规模地将冰应用于渔业则是近现代才有的事。许多沿海地区为了海洋渔业保鲜的需要,都建有很多天然冰厂,供渔船出海和鱼行冰鲜之用。在江南地区,渔业在整个农业经济中占不小的比重,同时人们日常生活中蛋白质的来源有很大一部分是从水产品中获得。研究上海地区冰鲜水产的消费,不论是从加工工艺的角度还是从饮食文化的角度,都有一定的现实意义。此前史学界对于该领域的关注较少,尤其是从历史经济地理的角度去研究的更少,所以本文着意于对这一问题的讨论。

在古代,水产保鲜多采用盐制和干制等方法。此种方法保鲜时间虽长,但水产品的风味早已改变,谈不上鲜。古代保鲜水产也有采用冰来保鲜的方法,但是古代天然冰在南方制取不易,用冰来保鲜水产更是难上加难,这种冰鲜也仅供地主或皇家独享。清代中后期,随着天然冰厂的大量出现,水产已经多用冰来保鲜,近代以来,机制冰技术传入,天然冰也逐渐被机制冰所取代,用于水产保鲜。

从水产品的保鲜加工角度,对冰鲜水产进行论述的,有马馨铭的《我国近代水产品保鲜与加工》①一文,对我国近代水产品的保鲜与加工进行了概括性的论述。文章主要分为两大部分,第一部分主要论述近代以来天然冰保鲜和机制冰保鲜两种方法,第二部分论述了传统的水产加工方法——干制、盐制,及近代以来出现的加工方法——罐装、鱼肝油、鱼粉等。文章虽然是概述性质的介绍,但也是较早研究近代水产保鲜的论文。此外有《明清长江中下游渔业经济研究》②一书,虽然该书主要是从征收渔税的河泊所的裁革来看河湖淤废的环境变迁,但是书中对于明清时期长江中下游地区的渔业生产及水产市场等有专门的论述,尤其是对水产加工与保鲜和水产贩运等论述较为详细,并明确指出直到清代后期,冰才被广泛应用于水产保鲜上来。李建萍的《中国古代水产品传统加工储藏方法述略》③一文也对古代水产品保鲜干制、腌制、酱制、糟制、醉制、矾制、冰鲜等加工方法进行了总结。

在已有研究的基础上,本文拟主要依据民国时期《水产月刊》与《上海市水产经济月刊》这两种期刊,以及上海的地方志和专业志、报刊档案、近人著作或论文及地图资料等进行研究。《水产月刊》是由实业部上海鱼市场筹备委员会发行的,从民国二十三年(1934)六月开始

---

① 马馨铭《我国近代水产品保鲜与加工》,《古今农业》1990年第1期,140—147页。
② 尹玲玲《明清长江中下游渔业经济研究》,齐鲁书社,2004年。
③ 李建萍《中国古代水产品传统加工储藏方法述略》,《古今农业》2011年第2期,第93—104页。

发行第一期,到民国二十六年(1937)五月停刊。抗战结束后由上海鱼市场编印,民国三十五年(1946)六月复刊到民国三十七年(1948)十二月止。前后总计五十余期。1949年后陆续还有用《水产月刊》命名的期刊,但与之前的不同。该刊体例上主要分为三部分,第一部分是有关渔业的文章;第二部分是统计资料,即上海或附近地区的鱼价及水产品消耗量统计表;第三部分是刊登国内外的鱼界消息。《上海市水产经济月刊》由上海市市立渔业指导所编,从民国二十一年(1932)十二月到民国三十六年(1947)三月,共五十二期。该刊逐月刊登上海市水产消费统计表,同时还有天气预测情况表,在第二卷第五期之后又新增《水产画报》一栏,普及水产知识。方志类的资料主要检索关于冰厂或冰鲜的资料,如(民国)《宝山县续志》、(民国)《川沙县志》等,专业志如《上海渔业志》等,有相关水产加工及鱼市场等资料。报刊类资料主要有《申报》《新渔》等,尤其是《申报》刊登了很多关于机制冰和天然冰的资料。档案类资料主要集中于上海市档案馆,其中与本文相关的资料多集中在Q类和S类,如Q460-2-340《善后救济总署渔业善后物资管理处及上海冰厂英文案卷清册》、S113-1-4《上海特别市冷藏制冰业同业公会会员名册和入会志愿书》等。内容主要是关于制冰业同业公会、冰鲜业同业公会及联合国善后救济物资分配的相关资料。此外,还有《上海市水产供销史》《上海文史资料存稿汇编》等内部资料或资料汇编及《渔业史》《渔史文选》等期刊。

本文拟采用历史文献学的方法,对方志、档案、报刊等多种材料进行爬梳排比、整理归类,将有用资料进行分类、对比。同时,用地理学中经济地理学的分析方法,对冰厂、大型水产市场的选址进行分析。此外,本文还将运用经济学中计量统计等方法,制作数据表格,对资料进行量化的分析,以期直观形象地体现所要论述的问题。

一、天然冰厂与机制冰厂

天然冰厂比机制冰厂出现得要早,它从古代贵族、地主家的私人冰窖转化而来,直到"清代中后期,政府对天然冰改变了只许官采的政策,开始允许私人经营冰窖"①。这样一来,冰的价格逐渐下降,更多的百姓也能买得起冰,也促使冰的用途更加广泛。机制冰在我国出现的时间,"据有关史料记载,我国人造冰(机制冰)的生产始于19世纪80年代"②,也就是"始于清光绪六年(1880)由英国人开办的'上海机器制冰厂'"③。上海地区的机制冰厂不仅是全国最早出现的,而且在数量上也是全国领先的,这不仅得益于上海是最早一批开埠的城市,而且其产生也必然与上海有广阔的市场有关。

(一) 天然冰的制取与天然冰厂的分布

天然冰的制取方式,在民国《宝山县续志》中有详细的记载:"凡设厂者,先择隙地,锹掘长方形之深坑,积薪燃之,厂旁置田堵以围圩屏入河水,冬季结成薄冰即取入坑中,稍加食盐,坑满即用芦席盖之,以泥封固,上搭草房,夏季开坑发售。"④从这段记载中可以看出,天然冰的制取方式的确较为原始。由于其建造方式简单,所以也更易受水灾、火灾、风灾等影响。

天然冰厂的制冰方式,不能随时制取冰,更像是"一次性"的冰厂,整个冰厂一年只能制冰一次,开厂只能发售,随着天气逐渐变热,冰厂内的冰也会有损耗。也正是因为夏、秋季节对冰的需求量最大,所以天然冰的价格也是随时波动的,以这两季的价格最高。"天然冰之价格,依天时而不同。平均每担在二三角之间,今年夏秋因天候特热,故价亦较贵,虽至八月,价格尚呈高昂(每担计售四角)。"⑤以1934年的价格来看,机制冰每吨七八元,天然冰的价格大约在每吨四到六元,天然冰的价格较机制冰的确低廉。

天然冰相对于机制冰的出现要早,尹玲玲在《明清长江中下游渔业经济研究》一书中指出,直到清朝末年,天然冰才广泛地应用于水产

---

① 潘秋生《中国制冷史》,中国科学技术出版社,2008年,第7页。
② 潘秋生《中国制冷史》,第9页。
③ 顾惠庭等编《上海渔业志》,上海社会科学院出版社,1998年,第154页。
④ (民国)《宝山县续志》卷六,台北:成文出版社,1998年,第154页。
⑤ 觉僧、均远《上海天然冰产销概况》,《水产月刊》1934年第一卷第7—8期,第43页。

保鲜。"用于渔业方面者,约为三分之一,凡渔船出海捕鱼,与冰鲜渔船赴渔场收鲜,及鲜鱼之运送,目前俱使用此项天然冰,以维持其鲜度。"①所以,天然冰与渔业有着密不可分的关系。截至1934年,"上海地区的天然冰厂有155家之多"②。规模大小不等,大的有七八千至一万担,小的有三五千担。

1. 天然冰厂的分布。

1934年,上海地区天然冰厂的分布范围主要集中在浦东六里桥、高桥一带和闸北区,尤其是浦东六里桥,155座冰厂中,有超过半数集中在这一区域,155座冰厂,藏冰量可达到1 848 000担,并且多分布在河流周围。其分布范围与以下两点有关:一是与天然冰的制取方式有关。天然冰厂多分布在稻田及河流周围,这是因为天然冰的制取方式较为原始,所以多分布在郊区。多是冬季在稻田里注水,等气温下降凝结成冰之后,由挑冰工人进行收集并储存在冰窖中。二是与天然冰的供销场所有关,制约天然冰厂分布的因素,除了离原料和稻田较近之外,另外一个重要因素就是与供应地有关。因为天然冰不耐储存,尤其是天气转暖,气温升高之后,天然冰会逐渐融化,所以离供应地越近就越有利于天然冰的出售。从上文可知,天然冰有三分之一供应渔业保鲜,而浦东六里桥一带距离十六铺鱼行一带较近,足以证明这点推论。

2. 天然冰商的分布。

表1 1934年上海天然冰商号分布

商号名称	经理	地点
天　然	罗守贤	虹口狄斯威路(今溧阳路)、分处十六铺(小东门外)
和　记	张全魁	南市大达码头大达里(今黄浦江下游西岸)
衡　源	陆根涛	法租界源吉里八号(今黄浦区局门路)
新　安	潘守先	四马路(今福州路)新民园

① 均远、觉民《上海机制冰产销概况》,《水产月刊》1934年第一卷第7—8期,第36页。
② 均远、觉民《上海机制冰产销概况》,《水产月刊》1934年第一卷第7—8期,第37页。

续表

商号名称	经理	地点
合成新	周文歧	
裕大	董耀珊	十六铺大街
隆记	周根生	十六铺
洽记	周高余	十六铺
	黄丽生	十六铺接鲜所
	金少卿	杨家浜
	李小陀	屈家桥

资料来源：《水产月刊》1934年第一卷第7—8期，第42页。

从表中可知，天然冰商的分布主要集中在法租界十六铺一带，而这一带也是上海鱼类买卖交易的主要场所，这也与天然冰主要应用在水产保鲜上相符。天然冰贩的组成上，大的冰贩本身就是一些天然冰厂的厂主，小的冰贩可以小到个人。从这一点上可以看出天然冰的不稳定性，大多需要厂主亲自去联系买主或者做担保，将冰贩售出去，如果不能及时贩售出去，天然冰可能会随着温度上升而出现损耗，造成更多的损失。

（二）机制冰的制取与机制冰厂的分布

机制冰的制取是与制冰机的发明和改进密切相关的，"1876年德国人考尔·范·林德归纳了氨压缩的理论，制造出性能优良的氨压缩机"[①]。其主要利用了氨水气化时吸热的原理，从而使水变成冰。

1880年，上海出现第一座机制冰厂。从机制冰厂的出现到1936年的五十余年中，机制冰厂不仅在数量上有了增加，而且从最初洋人开设冰厂，发展到之后华人开设的冰厂后来居上，这一过程又可以分为几个小的阶段，详细情况见表2。

---

① 孙瑞章《制冰》，农业出版社，1988年，第2页。

表2　1880—1936年上海机制冰厂的发展

名称＼时间	1880—1900	1900—1920	1921—1930	1931—1936
机制冰厂	上海、新上海制冰厂、同茂	华昌、东方、上海	玛礼、广艺、大茂、茂昌、屈臣氏、洽和、洽龙、上海、广艺	大华、洽茂、新茂昌、永新、茂昌、宏昌、洽和、洽龙、同茂、上海、东方、中央、海宁生、屈臣氏、广艺等
总计	3家	3家	9家	15家以上

资料来源：《上海冷藏史》第5—7页，《水产月刊》第一卷第4期、第一卷第7期、第一卷第9期《申报》(1880—1936)等。

据表2可知，在1880—1936年之间，大体可分四个阶段，前两个阶段主要是外商开设的冰厂占据主要地位，并且从数量上看并不是太多，而后两个阶段是逐渐发展和壮大的时期。在1921—1930年，新出现的冰厂就有八家之多，华人开设的冰厂出现，并且数量上超过洋人开设的制冰厂。在1931—1936年这个时间段内，全上海的机制冰厂数已经至少有十五家，据《申报》的统计，甚至有二十余家，1934年上海地区机制冰厂与机制冰商分布示意图见图1[①]。需要注意的是，由于在《水产月刊》出现之前，并未有真正的关于冰厂数量的调查，表2的前三部分多依据《上海冷藏史》和《申报》中在该时段所提到的冰厂，而第四部分则是有确切统计数据，所以表格中的数据是指在本时段内出现的冰厂数。

据资料统计，每日制冰最多的机制冰厂为上海机器制冰厂，可达到70吨，出冰最少的为同茂，为3吨，所有机制冰厂每日出冰总数为331吨左右[②]。冰厂多分布在租界地区尤其是公共租界杨浦和虹口一带，以及法租界十六铺周围。这种分布范围是与机制冰厂自身原因有关，因为机制冰厂是由西方传来的，造冰的成本较高，应用范围有限，所以受众一般以"菜馆、冷食铺、影戏院、跳舞场、兵舰、住户"为主[③]。

---

① 据《申报》1936年8月2日第2版统计，上海当时的冷藏企业有二十余家，当然其中也包括部分经销冷藏器、冷气机和制冰机的公司，即使剔除以上三种，与1934年统计的冰厂数相加，总数也有二十余家。
② 均远、觉民《上海机制冰产销概况》，《水产月刊》1934年第一卷第7—8期，第34页。
③ 均远、觉民《上海机制冰产销概况》，《水产月刊》1934年第一卷第7—8期，第34页。

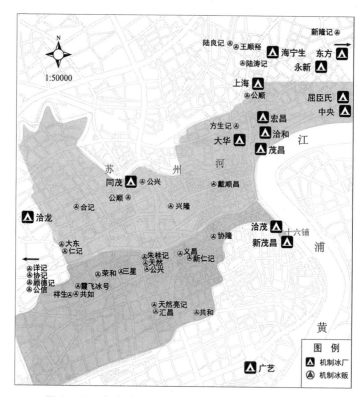

图 1　1934 年上海地区机制冰厂与机制冰商分布示意图

资料来源:《水产月刊》1934 年第一卷第 7—8 期,第 34、35 页。底图为上海市测绘院编制《上海城区交通图》,2012 年 1 月第 22 版。

说明:图中浅灰色部分为英美公共租界,深灰色部分为法租界,箭头示意这几处机制冰商之位置已在本图图幅范围之外。

机制冰的贩卖,并不是商家直接从冰厂拿货,而是由专门的冰贩去贩卖,商家从冰贩的手里买冰。正如《水产月刊》中提到的,"但非直接向制冰公司购买,另有机制冰贩,从中贩卖,由各冰贩向制冰公司购入,再行销售。故此冰贩,可谓机制冰销售之唯一交易者"①。所以有必要对其分布进行研究,从而得出机制冰的辐射范围。据《水产月刊》统计,1934 年共有机制冰商四十五家,其中地址不详的有十四家。根据

---

① 　均远、觉民《上海机制冰产销概况》,《水产月刊》1934 年第一卷第 7—8 期,第 34 页。

已知的三十一家机制冰商进行统计,可得出当时机制冰商的籍贯,如表 3 所示。

表 3　机冰商籍贯表

海门(19家)	崇明(5家)	上海(2家)	其他(5家)
天然、朱桂记、共如、详记、协记、祥生、新仁记、天然亮记、汇昌、义昌、协隆、公兴(大通路今大田路)、公兴(圣母院路今瑞金一路)、新隆记、公信、陆涛记、陆良记、公顺、戴顺昌	仁记、方生记、公顺记、荣和、共和	大东、合记	兴隆(温州)、顾德记(通州)、王顺裕(南通)、霞飞冰号(无锡)、三星(宁波)

资料来源:《水产月刊》1934年第一卷第 7—8 期,第 34,35 页。

依据表中数据可知,从事机制冰贩卖工作的,大多数来自外地,上海本地人从事贩冰工作的较少。"在上海的中国人中有许多是外地人,他们是被各种各样的就业机会吸引到这里来的。职员、外语通、经营广州零星装饰品的商人和餐馆的老板,主要是广东人。买办、仆役、船员、木匠、裁缝、男洗衣工、店员则主要来自宁波。"①而从事贩冰行业的,则是海门人占绝大多数。而从资料来看,冰贩主要集中分布在租界范围内,即今天的杨浦区、虹口区、黄浦区和静安区等,以上几个地区也就是机制冰的主要消费区域。

二、天然冰厂与机制冰厂的发展

1933 年前后,是天然冰厂和机制冰厂蓬勃发展的阶段,这一时段天然冰厂和机制冰厂的数量都达到了顶峰。但是随着二战的爆发,天然冰厂和机制冰厂的蓬勃发展势头被阻遏,战时的冰厂呈现出萧条的景象,战后,天然冰厂和机制冰厂处于逐渐恢复的阶段。

(一)冰厂萧条之前奏:协成公司垄断机冰市场

虽然本节研究的时段主要是 1937—1949 年,可是日本帝国主义的侵略、垄断却早已开始,其中日本人背后组织策划于 1934 年成立的

---

① 邹依仁《旧上海人口的变迁研究》,上海人民出版社,1980 年,第 21 页。

协成机冰公司,试图垄断上海地区的机制冰业。

> 上海机制冰厂商,分华、英、日三国籍。华商与英商之冰厂每日产量约各五十吨,日厂约四十吨,向来自由出售。乃今日日商思垄断市场,利用日商东方冰厂经理符志清,卫生公司顾福祥及高阿炳、胡慧卿、小阿才等为傀儡,组织协成公司于汉壁(璧)礼路(今汉阳路),与各厂订立合同,所有出品全部独包专卖,独占全沪市场,操纵冰价。①

协成②公司垄断的手法有两种:一是"由与各冰厂熟稔之冰贩,将各制冰厂每年所出之冰全部包下,约定该冰厂每年出冰若干,订定价格,如市面销路旺盛,须额外出冰,每吨只照成本计算"③。二是"由协成全年给与津贴停止出冰"④。由此可知协成公司的性质,因为机制冰的销售方式是从冰厂出冰后,委托给冰贩去贩售,而日商成立的协成公司,则是想一举取代这些冰贩,成为最大的机制冰销售者。这样一来,无论是冰厂卖冰还是冰贩买冰,都要经过协成公司,协成就可以达到操纵机制冰冰价,垄断机制冰市场的目的。表4即协成公司给予各个冰厂的承包条件。

表4 1934年协成公司成立后给予机制冰厂承包条件表

厂 名	每日出冰数(吨)	承包人	承包价格(每吨/元)	贴费(元)	备 注
上 海	70	钱阿福	8	44 000	英商⑤
北茂昌	20	徐和尚	6	60 000	
南茂昌	17	吴渭卿	6	60 000	
东 方	46	高阿炳	7	36 000	日商

---

① 《上海经售机冰业反对协成公司垄断市场》,《水产月刊》1934年第一卷第一期,第20页。
② 也有报道写作"协盛",在此统一写作"协成"。
③ 均远、觉民《上海机制冰产销概况》,《水产月刊》1934年第一卷第7—8期,第35页。
④ 均远、觉民《上海机制冰产销概况》,《水产月刊》1934年第一卷第7—8期,第35页。
⑤ 上海机器制冰厂原属英商,1937年抗日战争全面爆发后,"委托"日本经营。

续表

厂　名	每日出冰数（吨）	承包人	承包价格（每吨/元）	贴费（元）	备　注
屈臣氏	6	协成	缺	1 000	
同　茂	3	协成	缺	8 000	
洽　茂	20	沈金才	6	32 000	
洽　和	13	高阿炳	6	25 000	
宏　昌	15	吴渭卿	6	25 000	
大　华	36	高阿炳、陈银郎	6	50 000	
中　央	20	协成	缺	26 000	日商
广　艺	20	缺	缺	52 000	不出冰
海宁生	15	不包	缺	未贴	英商
永　新	20	缺	缺	16 000	不出冰，倘冰不敷时，该厂出冰一吨贴三元五角
洽　龙	13	缺	缺	10 000	不出冰

资料来源：《水产月刊》1934年第一卷第7—8期，第36页，第一卷第九期第10页。注：各厂订约，除贴费外，每出冰一吨，结算六元至八元不等，出售价格高低，与各冰公司无关，唯归协成机冰批发所经售。

表4中所列的冰厂，几乎是1934年前后从事机制冰行业的全部冰厂，承包人一栏为人名者，采取的是第一种承包方式，即通过熟悉的冰贩入手，将冰厂所出之冰全部包下的办法；承包人一栏为协成者，采取的是第二种办法，即相当于一次性买断，给予一定的费用，不允许冰厂出冰。至于冰厂厂主能与协成合作，笔者认为有以下两种原因：第一，像宏昌、东方等制冰厂，协成采用的是第一种承包方式，通过熟悉的冰贩将所出之冰全部包下来，而承包的价格与之前所卖的价格相差无几，甚至协成公司所给津贴要高于以前卖冰所获得利润。未承包之前，"上海各机制冰价格，历年原在七八元左右"①，而协成公司给予各冰厂的价格也是六元至八元，相差无几，并给予一定的津贴补偿。既

---

① 均远、觉民《上海机制冰产销概况》，《水产月刊》1934年第一卷第7—8期，第36页。

然有公司能够全部承包自己冰厂所生产的冰,不必为冰的贩售发愁,估算下来,各机制冰厂并没有亏损,机制冰厂主们一定是愿意与之合作的。第二,像屈臣氏、同茂等,本来出冰较少,给予全年的津贴,让它们不出产机制冰,加上它们本来就不是以制冰为主业(很多冰厂同时兼营冷藏业务或者其他业务),所以对他们来说也是一本万利的买卖。总之,无论机制冰厂从何种角度出发,协成公司成功地将它们收买,开始了垄断生意。

协成公司成立之后,冰价较原来大幅度上涨,"当未成立前,冰价每吨四五元,四月成立时,为五元至八元,殆五月升至十二元八角,六月在十六元左右,七月十六元七角,八月十六元,比之往年,几增一倍"①。机制冰的成本没有上涨,而协成公司将冰价抬高一倍,从中获取了巨大利润。冰价上涨,与冰有关的行业价格都跟着上涨。"查冷冻鱼类,数月来每担贮藏费须八元,惟二十三年下半年市面,每担所售鱼价高出贮藏费无几,现各鱼商正与各冷藏公司交涉减收冷冻费。"②冷藏费用的上涨,使得从事冰鲜水产贩卖的鱼商们损失巨大,所卖出水产的价格几乎和冷冻费用持平,所获利润几乎都用在支付冷藏费用上。如此一来,获得利润的是协成,损失严重的则是冰贩和消费者。以前冰贩贩冰,只需从冰厂购买即可,现在只能从协成购买,而且"以前贩户向制冰公司购冰,其营业账目,每月结算一次,账款则未必付清,到年底始行清讫。但自协成成立,凡贩户通知协成需冰若干,协成即将冰送往,送到时即向冰贩取四十日付款之期票,到期务须付款,但其冰价,则必须依协成所定"③。如此严苛的规定,协成只管从中获利,不顾冰贩的死活,并且冰价一日三涨,冰又不是长久保存之物,若是冰贩不能将冰贩出,协成也不负任何责任,照常收款,从而将风险都推给冰贩,这样下去必定导致很多冰贩破产。

这样一来,冰贩与协成之间的矛盾便暴露出来,双方在《申报》上

---

① 均远、觉民《上海机制冰产销概况》,《水产月刊》1934年第一卷第7—8期,第36页。
② 姚焕洲《二十三年上海渔业之总检阅》,《水产月刊》1934年第一卷第九期,第9页。
③ 均远、觉民《上海机制冰产销概况》,《水产月刊》1934年第一卷第7—8期,第36页。

展开激烈争论。首先出击的是冰贩们,在1934年4月20日的《申报》上刊发了题为"经售机冰业昨赴市党部请愿,反对同业勾结日商垄断市场"的文章,主要内容如下:

> ……在沪以小资本贩卖各种冰类为业。已往营业,各个自由竞争,获利虽微,但冰价始终尚能维持均衡,制造者贩卖者消费者三通,形成一体,从无纠纷。讵有日商东方冰厂(系日人所设),经理符志清,卫生公司顾福祥,及高阿炳、胡慧卿、小阿才等,甘受日资本家之致使,组织协成公司,将各冰厂出品,全部独包专卖,意图垄断市场,操纵冰价,力事压迫行贩,实行榨取用户,具呈人等,既不得直接向各厂订购贩卖,不愿受日本资本家压迫,为此请求迅速予制止各冰厂,与协成公司订立独包专卖合同,以利贩卖,免被垄断操纵,压迫榨取,并维持大众生计,实为德便,谨呈。①

这篇报道只是争论的开始,冰贩们因为正常的营业秩序遭到破坏,自身势单力薄,只能以请愿的方式,向政府及各部门诉说个中情由。《申报》1934年4月21日报道说:

> ……该业于昨日下午召开紧急会议,到代表仇海桃、方锡成、王信聪、王凤山等三十余人,公推主席潘祖强,报告市政府、社会局、商会、市民会请愿经过后,讨论(一)定期招待新闻记者;(二)定期召集全市同业会议;(三)通知同业一致反对托拉斯之协成公司垄断市场,操纵冰价;(四)揭破符某等勾结日商阴谋;(五)如必要时,推派代表赴京请愿。

以上是冰贩们发表的连续声明,而协成公司也不示弱,紧接着在1934年4月23日进行回应:

> 新新社云,经理冰厂各同业代表顾福祥、钱阿才、胡慧卿等因连日报载经售冰贩仇海桃、王凤山、唐阿炳等,因反对厂方经理组

---

① 《经售机冰同业昨续向市府请愿,下午并召开紧急会议》《申报》1934年4月20日第12版。

织协成号,勾结日方东方机器冰厂,垄断市场,阻碍贩户生计,请愿党政机关,设法制止等语,颇多误会。特于昨日下午二时,假座法租界金神父路(今瑞金二路)三观堂等第二特区市民会六区分会开会,讨论对付办法。当由顾福祥首先说明组织协成号完全为华人集资,并无日方关系,且东方冰厂与协成更无关系,但我冰厂经理同业,因近年来鉴于机冰跌价,血本难保,故组公司藉谋整顿,使将来经理与贩户均有利益,不致长此衰落。岂料该贩户等,因为我同业之整顿行规,借口勾结日方,垄断市场,殊属误会。今我同业为维持营业,顾全血本计,决不因贩户之反对而停止进行,应计诸君从长计议,共商对付办法。①

关于二者的争论一直持续到1934年4月27日,在此不再赘述,相信通过双方的言论,再加上表4中的数据,可以明确看出协成公司的垄断行为,以津贴或以成本价从冰厂买冰,然后以高出一倍的价格转手贩卖,并强制规定买卖只能通过协成公司,这种垄断行为是不容争辩的事实。并且协成公司在4月23日的回应中也漏洞百出,讲到协成"并无日方关系",可是协成的合伙人中就有在日商东方冰厂工作的符志清。并且"机冰跌价,血本难保"更是一派胡言,众所周知,1936年之前,是我国制冰业蓬勃发展的阶段,上海地区的冰厂数量如雨后春笋般涌现,多达二三十家,制冰技术得到改进,成本降低,已逐步取代天然冰市场。如果血本难保的话,怎么会有如此多的冰厂、如此多的冰贩从事此行业?相反正是由于协成公司的垄断行为,才扰乱了正常的市场秩序,让冰贩和消费者受到压迫,它反而趁机从中牟取暴利。

协成公司垄断机制冰行业的行为,不仅由于与各冰厂签订的合约(一年)到期而终止,也因为冰贩等各方的势力施压而没能继续承包下去。近代以来,由于基础薄弱,我国的民族资本主义工商业从萌芽开始,一直是在夹缝中生存,受到外商和本国旧势力的剥削和压迫,此次

---

① 《申报》1934年4月23日第10版。

协成公司得以垄断成功,是因为我国机制冰行业和冰贩缺少类似同业组织,冰厂间独来独往,只知互相竞争,不知团结合作,使得冰厂和冰贩的利益被外人剥削,从侧面暴露出当时我国民族资本主义工商业的脆弱程度。

(二) 全面抗战时冰厂的萧条阶段

战时冰厂萧条最明显的表现就是冰厂数量的急剧下降。据上文统计,在抗战全面爆发前,上海的机制冰厂约有二十余家,这二十余家大都分布在十六铺、虹口、杨浦一带。天然冰厂最多时也有近一百五六十家,这一百多家主要分布在浦东高桥、六里桥以及闸北一带。

抗日战争开始以后,日军的狂轰滥炸加上人口的逃亡,到了1938年,机制冰厂剩下的"只同茂、洽龙、洽茂、茂昌、兴记、上海等七八家"①。剩下的这七八家,结合上文图1,位置分别位于沪西苏州河南岸、法租界十六铺以及公共租界内。其中同茂、洽龙能够幸存,是因为战争开始后,"未受战事影响者,只有沪西苏州河以南自曹家渡至交叉嘴地方",而它们二者正好位于这一带。至于洽茂、茂昌能幸存的原因与其坐落在法租界不无关系,而上海冰厂能幸存,与其属于英商资本的背景也有一定关系。

至于天然冰厂到1945年6月时的数量,"本市天然冰厂散处浦东高桥、白莲泾等地约共八九家"②。根据《上海天然冰产销概况》③一文,笔者统计得出,战前分布在高桥处的冰厂有二十九家,白莲泾处有五家,而分布在白莲泾附近六里桥处冰厂就有五十九家之多,可见战争对天然冰厂的破坏程度是相当严重的。天然冰厂分布的位置也逐渐缩小到高桥、白莲泾等几处,不可与战前同日而语。

"八一三"事变后,日军占领上海,"国民党政府在战前却毫无准备,在战争爆发后,才匆忙将上海等地厂矿内迁,尽管做了很大努力,但是在

---

① 《现世报》1938年第5期,第7页。
② 《申报》1945年6月27日第2版。
③ 觉僧、均远《上海天然冰产销概况》,《水产月刊》1934年第一卷第7—8期,第36—42页。

仓促混乱中上海民营工厂只迁出146家,其余绝大部分工厂陷入日军控制之中"①。对于未能及时迁走的沦陷区的工矿企业,日军采取"军管理、委托经营、中日合办、租赁、收买"②等五种形式进行掠夺。对于机制冰厂的掠夺主要表现为"军管理""委托经营"和"收买"。

上海地区战时冰厂的数量只剩八家左右,与表4中的十五家相比,有消失也有新增的部分。具体统计如表5:

表5 上海地区战时冰厂与战前冰厂比较表

类别 名称	战前的冰厂	战时的冰厂③	战时消失者	战时新增者
	大华、洽茂、新茂昌、永新、茂昌、宏昌、洽和、洽龙、同茂、上海、东方、中央、海宁生、屈臣氏、广艺	茂昌、洽茂、洽和、大沪、合众、通惠、洽龙、胜利	大华、新茂昌、永新、宏昌、同茂、上海、东方、中央、海宁生、屈臣氏、广艺	大沪、合众、通惠、胜利
数量	15	8	11	4

资料来源:《水产月刊》1934年第一卷第7—8期,第34页,上海档案馆(全宗号S113-1-4)《上海特别市冷藏制冰业同业公会会员名册》,注:"战时的冰厂"这一列中并不包含战时属于日本的四个冰厂。

与战前相较,消失的十一家冰厂中,可以分为中资、英资、日资三类,日资不必说,本来就属于日本的企业,除去日资的两家,其余中资有六家,分别是大华、新茂昌、永新、宏昌、屈臣氏和广艺;英资有三家,是同茂、上海和海宁生。

第一,以军管的方式占据的冰厂。"所谓'军管理',根据日本'兴亚院'的解释,就是依'国际公法'及'战时法规'没收'敌人官产'的行为,但因防止'不逞之徒'加以破坏,私人产业则由日方暂为'保管'。"④实际上就是日军名义上打着"法规"的幌子,而事实上从事着非法侵占。在军管理的名单中,主要为纺织、面粉的工厂,也有部分机制冰

---

① 中国企业史编辑委员会编《中国企业史》(近代卷),企业管理出版社,2004年,第768页。
② 中国企业史编辑委员会编《中国企业史》(近代卷),第747页。
③ 上海档案馆(全宗号S113-1-4)《上海特别市冷藏制冰业同业公会会员名册》,注:这一列中并不包含战时属于日本的四个冰厂。
④ 黄美真主编《日伪对华中沦陷区经济的掠夺与统制》,社会科学文献出版社,2005年,第283页。

厂,如位于上海狄斯威路(今溧阳路)的"中国制冰厂"①。据笔者推测永新机制冰厂也属于这类范畴,可能就是战后从敌伪手中接收后改名为"华海冷藏厂",因为二者所处位置都是周家嘴路。

第二,以委托经营的方式占据的冰厂。委托经营是指"日本私人工商业者自行在华劫夺之工厂,与前述军管理委托经营不同,无论主权或经营权均直接操诸日本会社之手,与日本军队无关"②。以这种方式取得的冰厂,虽然与日本军队无关,这里指不是直接靠武力占据的冰厂,但却是间接依靠武力取得的。1941年太平洋战争爆发后,日军接管租界,属于英国的上海机器冰有限公司也不能幸免,"委托"给了日本水产株式会社经营③。这些机制冰厂虽然在战争初期躲过了日军的狂轰滥炸,却依然没有摆脱日本的魔爪,也被迫沦为日方的财产。

第三,以"收买"的形式攫取的冰厂。最为典型的例子就是东方冰厂收购宏昌冷气公司。"符志清本人战前原在日人开设东方冰厂任跑街之职,战时东方冰厂收购密勒路(今峨眉路)之宏昌冷气公司,改组为东方制冰株式会社,系全由符志清拉拢妥办手续,符志清以拉拢有功,即为日人赏识,擢升为该株式会社华经理,专代日人经营制冰冷藏业务。"④符志清这个名字,本文已经不是第一次提到,在上文日商成立的协成公司中,其就有份参与,如今又勾结日本人趁战事收购华商的冰厂。被日本以收买形式攫取的冰厂除了典型宏昌之外,还有以前属于英商后属中资的屈臣氏。屈臣氏"1940年被日商收购,改名为华中水产株式会社第二冷藏库,抗战胜利后改名为中华水产公司华汇冷冻厂"⑤。

日本直接或间接地借助军事力量将大量中资、英资冰厂据为己

---

① 黄美真主编《日伪对华中沦陷区经济的掠夺与统制》第289页所列《日军在华中地区"军管理"的华商工厂情况表》。

② 陈真《中国近代工业史资料》第四辑,生活·读书·新知三联书店,1961年,第81页。

③ 上海市档案馆编《日伪在华中经济掠夺史料1937—1945》,上海书店出版社,2005年,第378页。

④ 上海市档案馆(档案号S113-1-9)《上海市冷藏制冰业同业公会符志清呈请发还东方冷藏厂的有关文书》。

⑤ 邱嘉昌主编《上海冷藏史》,同济大学出版社,2006年,第6页。

有,即使没有占据的冰厂,也可以说被日本间接地占据了,因为"海关和总税局既是在敌人势力支配之下,则上海租界的民族工业,所需要的原料输入和制成品的输出,必须通过和缴纳为敌人所把持的关税、转口税、统税等等,这些关税大半又为敌人劫持而去,作为以战养战之资"①。虽然日本控制的冰厂所产的机制冰全部用来作为其垄断中国水产行业之用,但是在沦陷区,我国民族资本的冰厂也有所发展。"在沦陷区内敌人的威胁和包围中,我国民族工业曾在上海租界内一度'繁荣起来',他们据守着最后的'堡垒'作了一次最后的挣扎。"②战时较战前新增的冰厂,如大沪制冰厂,"1943年华商承购同茂伙食冷藏库,改组成立大沪公司,1946年改名为大沪冷藏厂"③。而胜利制冰厂也是在战争期间开设的,"胜利制冰厂于1938年开业"。

在1937—1945年这段时间里,上海地区的冰厂因为战争因素,其发展受到很大影响,无论是机制冰厂还是天然冰厂,不仅表现为数量上的减少,并且性质上也发生变化,在沦陷区沦为日本统治经济下的工具,被日军用武力手段控制,华商冰厂多被日本以"军管理""收买"等形式收入囊中,而英商冰厂多以"委托经营"的方式被日本占据。这段时间可以说是中国制冰业发展历史上的萧条阶段,1937年之前蓬勃发展的制冰业,受到狂风暴雨般的摧残,中国民族资本主义工商业的发展遭受重创。

(三) 战后冰厂的恢复和发展

抗日战争结束后,国民政府派人去接收上海地区敌伪的资产,其中就包括日本开设的几家冰厂,并重新命名。"民国三十四年8月下旬,国民政府接收日伪华中水产株式会社在上海的4个冷冻工厂并改名为华浦冷藏厂、华海冷藏厂、华江冷藏厂、华济冷藏厂。"④其中,华济冷藏厂的前身是日商的东方制冰厂。除了接收之外,国民政府还发还一批战时被日伪侵占的工厂,其中就有抗战时委托给日本水产株式会

---

① 陈真《中国近代工业史资料》第四辑,第112页。
② 陈真《中国近代工业史资料》第四辑,第82页。
③ 陈真《中国近代工业史资料》第四辑,第82页。
④ 顾惠庭等编《上海渔业志》,第154页。按《水产月刊》复刊记载华江冷藏厂在南京下关,并不在上海,《上海渔业志》记载有误,所以上海有三处。

社经营、属于英商的上海机器制冰厂。

抗战胜利后,各项事业百废待兴。上海地区的冰厂战后处于恢复和发展阶段,与战前相较,无论在数量上还是规模上都大不如前,机制冰厂在1949年4月时,数量上逐步恢复到十五家左右,其详细分布情况如图2所示。

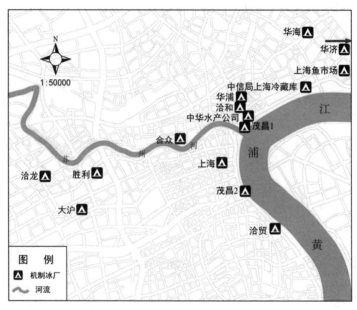

图2　1949年上海地区冰厂分布图

资料来源:上海档案馆(档案号 S113-1-4)《上海特别市冷藏制冰业同业公会会员名册》。

战后上海地区的机制冰厂大多是接收敌伪时期的资产,其核心就是位于杨浦区鱼市场附近的几家冰厂。冰厂分布的重心相比战前也有所变化。战前机制冰厂的重心在租界范围内,主要供应租界内的娱乐场所及用户等。而战后重心则在鱼市场周围,主要供应渔轮等渔业用冰。同时战前机制冰已经开始用于水产保鲜,并逐步取代天然冰;抗战期间,机制冰大量应用到了水产保鲜上,基本上完成了对天然冰的取代。战后上海地区的机制冰厂处于恢复和发展阶段,但是随着解放战争的爆发,恢复的程度相对缓慢。

抗日战争之前,天然冰厂数量最多时达到150多家,而抗日战争爆发后,受损情况严重,1945年6月时,仅剩八九家。可以想见在战乱的环境之下,天然冰厂的发展十分艰难,而使用天然冰保鲜较多的渔业,在抗战时期几乎被日军垄断。"在抗战期中,我国渔业界损失旧式渔船一万五千艘,手操网渔轮一百八十艘,轮船拖网渔轮十艘,渔民无辜被杀者数万人。"①抗战前依赖天然冰较多的以冰鲜渔船为主的旧式渔业,在抗战期间渔船几乎损毁殆尽。渔轮有的被破坏,有的被征用,所以天然冰也失去了水产业这个巨大的市场。

战后,在我国水产业复兴的前提下,天然冰厂也悄然复苏。不过之后紧接着爆发了解放战争,"1949年,在解放战争中被国民党军队烧毁和台风破坏的天然冰厂达80%,1951年勉力恢复到83家"②。笔者在上海档案馆找到一则1950年前后上海地区天然冰厂商的数量表。虽然无法完全反映1946—1949年天然冰厂的变化情况,但是却可以从侧面反映出到1949年时,天然冰厂经过解放战争,在数量上肯定是少于表6中数据的。

表6 1950年前后杨浦、高桥天然冰厂、冰库名称表

隆茂	顺隆	露天	永顺	顺泰	群众	新协兴	裕大
源丰	生大	合源	大德	协源	群力	何合兴	洽记
福泰	新德丰	公顺	洽大	源记	兰记	南协兴	裕发冰库
新丰	南永顺	洽丰	大昌	公记	裕兴	北洽源	源发春记
新生	陈合记	荣大	长丰	顺风	顺林	黄合记	顺裕冰库
源顺	东协源	顺大	丰泰	复兴	源裕	南合顺	顺发恩记
宝成	西合顺	三丰	顺利	南群	生兴	孙和记	宏大新记
元大	东合顺	合丰	益兴	宝源	隆记	天泰合	公兴隆仁
古泰	申泰	良丰	合兴	合泰	民生	源利福	恒泰福
生森	源兴	协兴	正泰	新记	隆大	群众第二	

资料来源:上海档案馆(S383-4-17-26)《上海渔业专用天然冰高桥、杨浦区联合联销处章程》。

---

① 谢潜渊《日本渔业赔偿问题》,《水产月刊》1947年第二卷第3期,第16页。
② 顾惠庭等编《上海渔业志》,第153页。

虽然表中的天然冰厂是中华人民共和国成立初期的数据,却能反映出解放战争时天然冰厂的情况。此时天然冰厂的中心主要集中在杨浦和高桥两地。浦东高桥一带在战前即为天然冰的生产中心,而杨浦区的冰厂,主要是由于鱼市场位置和战后渔业复兴而兴起的。

战后机制冰和天然冰的地位又发生了逆转。这段时期,上海地区冰的市场主要有两个特点,一是机冰不能满足市场需求,二是物价飞涨。正是在这两种因素的作用下,天然冰重新占据市场的主角地位。

上海地区的机制冰其实在战争期间已经出现供不应求的现象,为了弥补这一状况,在1945年6月28日,"市卫生局准予运销天然冰以补(机制冰)不足"①。在抗日战争爆发前,上海地区机制冰几乎占据天然冰的市场,因其冰厂数量较多,价格与天然冰相差无几,又因为工部局下达命令,以天然冰不卫生,而下达命令严禁其与生冷食品接触。可是在战后,机制冰厂所产之冰不能满足市场需求,另外随着上海地区水产事业的复兴,需要更多的机冰用来保鲜水产。机冰占一艘渔轮成本的18%,一吨机冰价格,战前为10元,而战后为33.30元(金圆券)。与战前相较,上涨230%②。而一艘渔轮每次出海捕鱼,装冰50吨,回港时须浇冰6吨,每吨价格33.33元,又运费每吨为2元。所以,综合来看,每次渔轮出海捕鱼,需要冰的成本就达到1 978.48元。查8月份渔轮每次出渔成本,需金圆一万二千九百元,每次捕鱼一千六百箱(为渔轮上等之成绩),即六万四千斤,以8月19日平均价,每斤一角二分三厘计,可售7 872元,收支相抵,净亏5 000元③。机制冰成本如此之高,渔业又需要大量的机制冰,所以市卫生局只能允许天然冰进入市场,来弥补机制冰数量的不足。在市场需求的压力下,似乎战前严格的"卫生条款"也只能尽量放宽了。

机制冰价格上涨也是有原因的,不仅因为市场需求旺盛,更是因为机制冰的成本提高了。众所周知,机制冰的原料主要为阿摩尼亚液

---

① 《申报》1945年6月28日第2版。
② 上海市渔轮业同业公会《对于鲜鱼限价之意见》,《水产月刊》1948年复刊第三卷第八期,第43页。
③ 上海市渔轮业同业公会《对于鲜鱼限价之意见》,《水产月刊》1948年复刊第三卷第八期,第42页。

(氨水),利用氨水在压力下的汽化和液化,从而实现制冰的过程。战后阿摩尼亚液进口较战前不易,在《中国旧海关史料》中,有1946—1949年阿摩尼亚液的进口情况,如下表所示:

表7 1946—1949年我国进口的阿摩尼亚溶液数量及价值表

年 份 数量价值 名称	1946		1947		1948	
	数量（公担）	价值单位国币千元	数量（公担）	价值单位国币千元	数量（公担）	价值单位国币千元（括号内为金圆券）
无水阿摩尼亚	1 706	324 607	1 258	1 469 235	1 063	594 396 000(198 132)
桶装阿摩尼亚溶液	624	44 175	643	55 802	31	14 589 000(4 863)
他种装阿摩尼亚溶液	59	4 338	40	32 671	12	5 277 000(1759)
总数	2 389	373 120	1 941	1 557 708	1 106	614 262 000(204 754)

资料来源:《中国旧海关史料》1948年,第151册第19页。注:此表中国币指法币。

从表中数据可以看出,从1946年到1949年,阿摩尼亚液的进口数量越来越少,并不是因为国产阿摩尼亚液产量增加的原因,而是进口受到限制的缘故。数量虽然有所减少,但是价格确实成十倍、百倍地上涨,这也是机制冰价格较高的根本原因。

随着天然冰被允许进入市场销售后,机制冰的市场迅速被占据,从而其销路也成了问题:

> 本市夏季冷藏冰市场,向系由机器冰业独占,今年浦东一带之天然冰(俗称中国冰),已得市卫生局检验合格,准许销售,故机器冰之市场有一半以上已为廉价天然冰所代替。至机器冰业本身方面,又因阿摩尼亚进口受有限制,其价格较战前涨起二千万倍,即国产阿摩尼亚亦涨至一千万倍左右,再加电费工资激增,成本益形加重,致每吨价格高达三千六百万元。现全市机器冰业虽尚能保持每日四百二十吨之产量,与去年相差无几,但实销不及一半,亏损至巨,故据该业表示,今夏是为机器冰业之严重难关。[①]

---

① 《申报》1948年7月15日第4版。

天然冰在战后重新占据上海地区冰市场的重要地位,但这种取代,是战后机制冰价格昂贵,不能满足市场需求所引起的。而且使用成本较低的天然冰后,对价格昂贵的机制冰更是一种冲击。这种现象一直持续到中华人民共和国成立后,机制冰价格和产量逐渐恢复正常。"1975年底,历史悠久的高桥地区,最后几家天然冰厂也全部停业,天然冰保鲜已全部由机制冰保鲜代替。"①

三、渔业用冰逐渐采用机制冰

自天然冰厂大规模出现之后,从前多用盐制、干制保存的海水鱼类,现在多用冰来保鲜,并且渔业用冰也逐渐扩大到淡水鱼类的保鲜上,应用范围越来越广。清末以来,水产保鲜多依靠冰厂已成为事实。随着机器制冰技术的传入,机制冰开始进入人们的生活,由于机制冰产量多,分布位置较为灵活,以及制冰原料洁净等原因,开始逐渐取代天然冰,用于水产保鲜行业上来。

(一) 关于采用天然冰与机制冰的争论

在《水产月刊》中有这样的记录,"有英人在申开设华昌机冰厂(1900年前后开设),因谋上海冰市场之独占,乃以有碍卫生之名,控告天然冰于公堂,因而双方大起冲突,涉讼颇久。"②从这段记录可以看出,机制冰商控诉天然冰商之焦点在于天然冰的"不卫生"。关于华昌机制冰厂和天然冰厂的冲突、诉讼并没有查找到相关的史料可以直接证明,但是从华昌机制冰厂为首的一批机制冰厂在《申报》上所做广告内容的变化,可以看出双方矛盾的逐渐加深。在《申报》1900年12月1日第7版,华昌机制冰厂的广告是这样描述的:

> 用冰者鉴,启者本公司有机器冰出售,每磅价洋一分,每担价洋一元三角三分,此冰清洁耐久不化,较之本地冰有天壤之别,洵

---

① 顾惠庭等编《上海渔业志》,第154页。
② 觉僧、均远《上海天然冰产销概况》,《水产月刊》1934年第一卷第7—8期,第43页。

属价廉物美。诸君赐顾多少任便,请至五马路华昌洋行内冰栈房购取即可也。华昌机器冰公司谨启……①

这条广告只是一条简单的介绍商品的广告,此时还看不出机制冰与天然冰的矛盾,广告中只是有一小段比较性的描述:"此冰清洁耐久不化,较之本地冰有天壤之别",只是突出了机制冰的特点——清洁、耐久不化,并没有提及天然冰,这条广告在《申报》上登载的时间是12月1日至7日。这次机制冰商对天然冰商的抨击经由"英籍某老牧师,出面证明其并不有碍卫生,乃得继续经营,未被外人势力所压倒"②而化解,也就是说,天然冰并非像机制冰商批评的那样,有碍卫生,不能使用。

如果说这是第一次出现机制冰商和天然冰商之间的争论的话,那么刊登在20世纪20年代《申报》上的机制冰的广告,可以说是与天然冰矛盾的大规模爆发。在1922年7月12日的《申报》上刊登了一则关于机制冰的广告,内容如下:

平安第一!!!未经沙滤之水君愿饮之否?君必不愿也,然则君等奈何以食物、饮料与污秽池沿之冰共藏耶?君必用机器造成清洁之冰方保无虞!租界区域以内无论何处专人送上,不取分文,每磅只售大洋二分,独家经售,上海机器冰厂……③

在这则广告中,明显可以看出语气和用词之严厉之处,为了平安,只有用机制冰才能保平安。机制冰一方已经将天然冰认定为危害人们健康、平安的对象了。这则广告并未持续多久,1922年7月15日的《申报》上又有广告内容如下:

用不洁之冰,最危险可怕!时届伏暑,需冰尤多,但任何用途惟机器造成清洁之冰方无危险,若夫池塘冰则冰既用完,试一观其箱中,当可信其为害之烈矣,沪上各种天然冰设化验其是否清

---

① 《申报》1900年12月1日第7版。
② 觉僧、均远《上海天然冰产销概况》,《水产月刊》1934年第一卷第7—8期,第43页。
③ 《申报》1922年7月12日第21版。

洁,则可断言无一两冰中绝对的无致生疾病、危及生命之源之微虫也,希即拿定宗旨,必购清洁沙滤水制成之清洁结晶冰,每磅只售大洋二分十磅起码,租界区域以内专人送上不取分文,请即向南京路二十四号,上海机器冰厂定购,无任欢迎……①

这则广告中不仅直接提到天然冰是否清洁的字样,指出只有机制冰是安全的,没有危害的,并且提供租界内专人送货上门来扩大销路,可见机制冰与天然冰的矛盾逐渐扩大。这则广告一直持续到7月19日。不仅如此,还有专门论述用冰卫生的报道出现——《论夏日用冰之卫生》②,规劝大家虽然机制冰很贵,但是物价飞涨,机制冰比天然冰贵也是有道理的,不要因小而失大。接下来在7月26日又有新的广告在《申报》刊登,内容如下:

真相既明,优劣乃见。机器冰性冷耐久,迥非天然冰所能及!此本厂以两种等重之冰几度试验所得结果,君如怀疑请自试之,当知不谬。天然冰取自溪涧,一无所费,故售价当可较廉,但每一立方生的米达中,微菌之数竟达一万一千,请三思之其危险为何如。最近本厂卫生部部长报告云"据考察所得乃知用天然冰与食物饮料相接触,将必发生伤寒霍乱红白痢泻泄等症,且万难幸免。"临渴掘井,曷若防患未然!!!请购纯洁机器冰,每磅大洋二分,专送租界区域内,不取分文,批发价格特别从廉,上海机器冰厂启……③

这次不仅提到天然冰,更是直接指出天然冰并不卫生,对人体有害,制冷性能不如机制冰。这样的广告不仅是在做机制冰的宣传,更是在诋毁天然冰,这样的广告一直持续到1922年8月26日。在1922年8月31日之后的机制冰广告才逐渐变得"正常":

阖家安乐,疾病不侵,赖有冰介于其间耳。惟所用之冰必须清洁结晶而为机器造成者,"机器冰"不独为健康之保障且使食物

---

① 《申报》1922年7月15日第26版。
② 《申报》1922年7月19日第20版。
③ 《申报》1922年7月26日第16版。

新鲜清洁,利益之厚,价值之巨,殆数十百倍于所费也,为夏令安适计,是诚不可少者,请向上海机器冰厂购结晶机器冰,每磅大洋二分,专送租界区域内,不另加费……①

这次广告中并未提及"天然冰"等字样,也只是宣传机制冰自身的优点而已。这一切争端的背后,其实是机制冰和天然冰的市场份额之争。机制冰与天然冰在20世纪初的第一次交锋时,最后由英籍老牧师出面和解,既证明天然冰并不有碍卫生,同样也证明机制冰并未过多占据天然冰的市场,它的初始目的并未达到。而在20世纪20年代第二次矛盾集中爆发时,情况则大为不同,随着西方卫生观念的传入,人们更多地去购买相对卫生的机制冰。并且从1934年前后上海地区冰厂的分布情况来看,至少租界区域内已经被机制冰所覆盖。

(二) 机制冰取代天然冰的原因

机制冰商控诉天然冰商的问题在于"不卫生",到20世纪20年代《申报》上机制冰的广告词中,更多地是指出天然冰存在更多细菌,易导致疾病的观点,所以卫生观念是导致机制冰取代天然冰的第一个原因。

西方卫生观念的传入是一个渐进的过程,而上文的争论也正好体现了这样一个渐进的过程。西方卫生观念最初是通过传教士传入中国,《申报》上"卫生观念"一词,最早是在1907年,"东西各邦卫生法之完美,首推英国,而群傲之者,正以其兴民之富于自治力也。然漠昧如今日同胞,阐觉其卫生观念,灌播以卫生新智"②。当西方各国卫生法、卫生条例完备的时候,中国人的卫生观念才刚刚觉醒。1918年4月9日《申报》中有一则新闻《警厅订定垃圾处罚专则》载:"对于人民乱倾垃圾者,处罚极严,实为根本切要之计,本厅前已令,定十时后不准在路倾倒垃圾,违即处罚在案,乃近查各处道路或商店或居户仍有逾限在门首倾积垃圾事情,此等住户绝无卫生观念。"③通过这则新闻可以

---

① 《申报》1922年8月31日第16版。
② 《申报》1907年6月4日第12版。
③ 《申报》1918年4月9日第10版。

看出,卫生观念已经被提升到官方层面,自上而下地去贯彻落实。与此同时"工部局档案规定:'一切生食或未曾煮过之食物不可与天然冰接触。'"①这为机制冰取代天然冰起到了推动的作用。

20世纪20年代《申报》中大量机制冰广告所宣传的天然冰不卫生的观点,应与这一时期的政策吻合。卫生观念普遍被国人所接受的时间大致是1937年前后,"厥唯市民对于卫生观念之进步,而向卫生机关商请指导援助事件之逐年增多,及执行卫生法令之顺利进行,可为明证者也"②。而机制冰取代天然冰占据大部分市场份额的时间也与此相似。1936年8月2日《申报》中的《上海冷藏业》报道:"十几斤机器冰不过卖一角来钱(天然冰已逐渐淘汰了)。"③这里所说的天然冰已逐渐被淘汰,至少是在租界范围内,菜馆、住户等领域。卫生观念是促进机制冰取代天然冰的重要原因,除此之外还有制冰技术的革新等。

机制冰和天然冰之争,虽然表面上是通过宣传天然冰不符合卫生标准的手段来争夺市场,实际上是有价格和供求的因素在其中。现根据机制冰厂和天然冰厂在《申报》上所报道的冰价进行整理,得出机制冰与天然冰的价格,如表8所示:

表8 天然冰与机制冰价格比较表 （单位：元/担）

名称\数量\年份	1920	1921	1922	1923	1924	1926	1933
天然冰	0.67—0.9	2	2—2.24	——	1	1.12	——
机制冰	——	——	2.24	2.24	——	1.35	0.9

资料来源:《申报》1920—1933年。

无论是天然冰还是机制冰的冰价,并非一成不变。天然冰的制取本身受自然因素影响较大,所以其价格高低既要看每年冰窖中冰的存量,也要视季节而定,夏秋季节天气炎热是需求旺季。而机制冰在刚出现时价格较天然冰贵很多,但是随着机制冰厂数量的增多及制冰技

---

① 熊月之《上海通史》第九卷,上海人民出版社,1999年,第38页。
② 《申报》1937年7月7日第12版。
③ 《申报》1936年8月2日第2版。

术的改进,价格逐渐和天然冰持平,甚至低于天然冰。

20世纪30年代,上海地区的机制冰厂数量达到十五家以上,随着冰厂数量的增加,机制冰的产量也逐渐提高,并且采用了当时最先进的氨压缩制冰机[①]。从表8中数据可知,除去1922年之前机制冰缺少价格的相关资料外,在1922年之后,机制冰的价格与天然冰相差无几,甚至有时要较天然冰为廉。从表1中可知,1921年之后,机制冰厂的数量大幅度增加,对机制冰价格的降低有着重要影响。

天然冰的主要营销对象除菜馆、住户外,最多的还是渔业用冰,渔业用冰量较大,每次渔船出海,"夏季每次六万至八万斤"[②],按照1926年的冰价来算,"用天然冰十五磅用机器冰十磅足矣,天然冰十五磅价约一角半左右,本厂机器冰十磅价仅一角二分半,则用本厂冰于经济方面每日可少二分半"[③]。如果全部采用天然冰,6万—8万斤需要672.6—896.8元,如果全用机制冰,价格约相当于840.75—1121元,这样计算下来,当然是用天然冰划算,但是我们不能忽略这样一个问题,就是机制冰的冷藏性能要优于天然冰,正如文中所说,"用天然冰十五磅,用机器冰十磅足矣",若是这样计算,那么用天然冰6万—8万斤,需要672.6—896.8元,而用机器冰则需要4万—5万斤,价格为560.5—747.33元。所以经过这样的比较可知,在渔业用冰上,用机制冰比天然冰更划算。不仅如此,由于渔船所能承载的数量有限,采用制冷效果更好的机制冰,就可以减少一部分冰的携带量,这样就能装载更多的渔获。"一条渔轮如果用天然冰代替机制冰,用量要增加2—3倍,而且加冰时间也长很多,很不经济。"[④]所以渔业用冰逐渐采用机制冰代替天然冰。

以上,本文较为详细而全面地论述了渔业用冰的两个方面——机制冰与天然冰在战前、战时、战后的发展情况,冰厂的分布和变迁,以及机制冰对天然冰的取代过程等。

---

① 《水产月刊》第三卷封底,1936年7月。
② 《上海之渔轮业(第四号)》,《水产月刊》第一卷第二期,1934年7月,第9页。
③ 《申报》1926年6月9日第4版。
④ 潘炳炎《渔业用冰史略述》,《渔业史》1984年第2期,第38页。

导师评语：

本文是姜明辉同学 2015 年硕士学位论文《近代上海渔业用冰与冰鲜水产消费(1931—1949)》中前半部分的缩略版。近代上海开埠以来，城市人口增长迅速，市场水产品消费额相应激增，学界以往的研究主要涉及上海水产市场的机构设置与制度改革等方面，水产经济领域的产、运、销等各个方面尚有深度拓展的空间，该学位论文的选题其时即出于对这一研究现状的考量与把握。考虑到硕士阶段其学力与精力有限，难以驾驭涉及水产经济产、运、销各方面的选题，故而选取因时代进步而有着明显转折的水产加工业中的冰鲜业这一较为独特的角度进行切入。作者读研期间非常勤奋，本文虽说对所聚焦问题的讨论深度尚有欠缺，但对于资料的搜集、整理与摸排工作还是做得比较扎实的，是对近代上海渔业用冰展开较为纵深的专题研究的初步尝试。

河向性与非河向性:以清至民国万县、开县、云阳县的场镇分布为例

何仁刚(导师:吴俊范教授)

摘 要:施坚雅模式是以各类资源均匀分布于均质地貌区域内为理论假设的,具有高度抽象性和理想化特征,缺乏对场镇所处下垫面因素的综合考虑。与平原地区相比,非均质地貌区内场镇的空间分布,多沿着河谷呈"串珠"状分布,呈现出明显的河向性特征。这是因为河谷地带地形平坦,具有较好的农业条件和交通条件,且井盐产地亦分布于此。但是,由于交通要素的强势作用,在综合条件不佳的非河谷地带亦有少数场镇分布,具有偏离河向性的特征。这类场镇可分作垭口型和脊线型两类。

关键词:河向性;非河向性;场镇;万县;开县;云阳县

场镇,是今四川、重庆及其周边贵州、陕南、鄂西一带拥有定期市"场"的聚落,也是各县中除县治以外最为重要的聚落,而"场"是上述地区对定期市的区域性称谓。对此,其他省份亦有不同的称法,如江西、两广一带的墟或圩、北方的集或店。在江南则有市镇,但由于多为常市,是江南地区经济普遍富庶于他地的一种表现,与上述诸地数日一次的定期市有别①。对于场镇、集镇、墟镇等定期市

---

① 至于定期市是否纳入市镇范畴,实际上存在学术争议,施坚雅、任放等将定期市视为市镇或者标准市镇的初始形态,许檀、刘景纯等以为定期市不属于市镇范畴。笔者认同后者的观点,以为"市镇"概念是在关于江南地区史研究过程中形成的概念,而江苏、浙江、安徽等省的方志记载大多只列市镇而不记定期市(集市),可见市镇与定期市之间还是有质上的区别,即定期市是定期举行贸易活动的市场,而市镇业已脱离定期活动的性质。

类型的聚落,既有研究多注重对其经济属性的探讨,主要有两方面。一方面是从地方经济史的角度关注于定期市本身的密度、市期、层级、人口及其与村落的关系,乃至聚落结构;另一方面是走向抽象的基于正六边形模型的市场结构理论,即施坚雅模式。施坚雅模式是建立在对成都平原华阳县一带的讨论之上,其理论前提是在一个同纬度的平原(均质地貌)上各种资源均匀分布。若考虑下垫面的地形地貌因素,我们利用施坚雅模式难以去说明非均质地貌区的市场结构。

正是基于对下垫面因素的考虑,笔者选取川东平行岭谷区与盆周山地结合部[①]的万县、开县、云阳三县为研究区域,综合分析自然地理要素和人文地理要素对场镇的形成与分布的影响。

一、地貌刻画出场镇基本空间分布格局

地貌即地表高低起伏的状态,是自然地理环境的重要要素之一,对地理环境的其他要素及人类的生产和生活具有深刻的影响。本文研究区域位于四川盆地东北边缘,地貌呈现出溪沟纵横、山地平坝交错分布的特征。据漆侠先生研究,宋代川峡四路的草市镇集中分布于河谷一带的"坝子"上[②]。毋庸置疑,这种类型的地貌势必对场镇的分布格局产生基础性的影响,抑或说是地貌从基础性层面刻画出场镇的分布格局。

为了更好地考察该区域场镇与地貌的关联性,笔者以1981年四川省测绘局编绘的《四川省地图集》[③]中开县、云阳、万县的三幅分县图为底图,标绘出海拔300、500、800、1 000米的等高线反映地貌起伏,再

---

① 从地层构造方面看,该地区是大巴山弧形褶束、川东陷褶带万县弧形褶束和川鄂湘黔隆起褶皱带三大构造单元的结合部。

② 漆侠《宋代经济史》下册,上海人民出版社,1987年,第944页。

③ 四川省测绘局编绘《四川省地图集》,内部编印,1981年,第100—101、103—104、106—107、112—113页。按,该地图集中的各分县地图绘有等高线,甚为精详,可资利用。

将经考证的场镇①叠加于地貌图之上,从而分别得到了图 1、图 2、图 3 等三幅场镇分布与地势地貌的对应图。按照场镇因其地处的地貌背景的不同,笔者将这些场镇区分为河谷型场镇和山丘型场镇(意指地处山地或丘陵地带的场镇)。

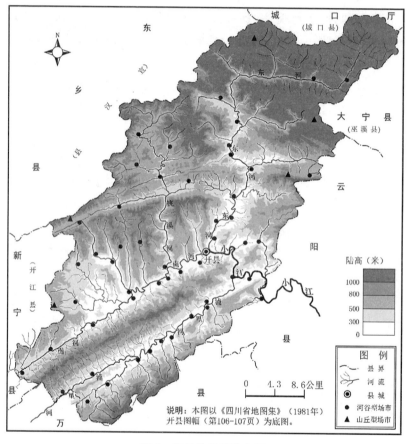

图 1　开县的场镇分布图

---

①　参见何仁刚《清代万县场镇考论》,《重庆三峡学院学报》2016 年第 5 期;何仁刚《清至民国开县、云阳二县场镇地理考》,《重庆三峡学院学报》2018 年第 5 期。另外,民国时期的万县场镇参见:万县志编纂委员会编纂《万县志》,四川辞书出版社,1993 年,第 280—281 页;重庆市万州区龙宝移民开发区地方志编纂委员会《万县市志》,重庆出版社,2001 年,第 331—333 页。

河向性与非河向性：以清至民国万县、开县、云阳县的场镇分布为例

在图1中，开县地势北高南低，北部属大巴山山地区，南部为川东平行岭谷区，全域均属小江水系流域，主要包含三大支流[①]，水系结构单一。由小江三大支流冲积而成的河谷地带与河流两岸的丘陵山地

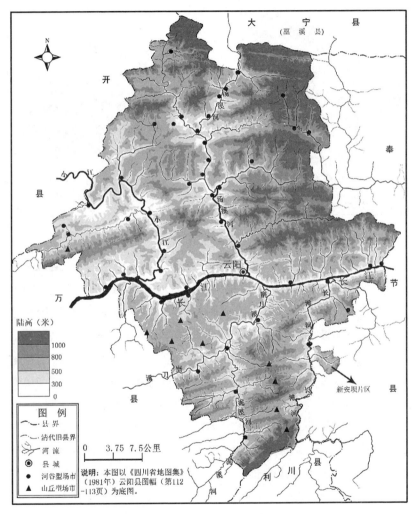

图2　云阳县的场镇分布图

[①] 小江，古名开江，为长江上游地区乌江以下最大的一级支流。有三源，一为北源，即温汤井所在的东河（古称巴渠水、清江、叠江）；一为西源，即临江市所在的南河（古称临江、开江）；一为南源浦里河（古称垫江、浊水，当代部分地图讹作普里河）。浦里河于渠口汇入小江后至入江口的河段又称澎溪河。

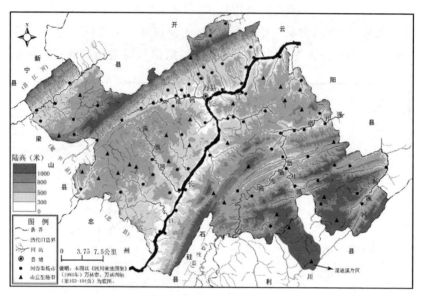

图 3 万县的场镇分布图

是该县的主要地貌景观。其中,河谷地带的地貌类型主要是河流冲积平坝和河流冲积阶地①。就地貌单元比重而言,全县平坝、丘陵、山地兼而有之,以山地为主,占总面积的 63%,次为丘陵,占 31%,少量平坝,占 6%②。除北边的马家营、口前和西南部的窦山关等少数场镇之外,几乎每个场都沿小江水系各级支流分布。进而言之,小江水系构成了开县场镇分布的基本框架,小江水系干流和各级支流将各场串联成一体,而开县县城位于东河与南河两大支流交汇处。以此观之,开县的场镇空间结构与小江水系密切相关。由此可见,开县的场镇分布格局的特质在于:主要分布在小江水系所冲刷出的河谷地带,且在很大程度上呈现出串珠式分布。

与开县相比,如图 2 所示,云阳县的水系结构与开县甚为相似,即

---

① 按,冲积平坝和冲积阶地是有一定区别的,可作为河流冲积堆积地貌的两个亚型。阶地是指因河流冲刷形成的呈阶梯状的台地,一般可分数级;冲积平坝则一般较冲积阶地宽且平。

② 开县志编纂委员会编纂《开县志》,四川人民出版社,1990 年,第 68 页。

有较大型①的河流且水系结构较为单一。云阳县地跨长江南北两岸，长江北岸西部为小江下游，往东为汤溪，汤溪入江处为云阳县城②，西北部边缘有少部分汤家坝河流域，为梅溪③支流，长江南岸主要河流有磨刀溪（古称新军水）及其支流泥溪和长滩河，此外沿江地带有各个极其小型溪沟入江。除上述河流及其河谷地带外，河流两岸分布着少量的丘陵山地。与开县不同的是各地貌单元所占比重高低，该县平坝（包括河谷低坝及阶地、山间平坝、岩溶浅丘平坝三类）和丘陵共151.33平方公里，共占总面积的4.14%，而95.86%之多的面积均为海拔500米以上的山地地貌④。因此，除北部的大兴场及分布在汤家坝河畔两个场（即团坝和桑坪，位于东北部），云阳县长江北岸场镇被束于汤溪、小江及其支流和长江的沿岸狭窄低坝或阶地地带，情形与开县相类，呈现出沿河"串珠"分布（尤其是汤溪河两岸），而长江以北、汤溪河以东的东北部一大片区域仅有双土地、桑坪坝、咸池、团坝四个场镇，其场镇分布密度之低就缘于这一地带海拔高程多在800米以上甚至1 000米以上；长江南岸十九个场镇，除九个场镇（山丘型场镇）分布在丘陵山地地带外，其余十个场镇沿河分布，河向性的特征依然较为明显。

如图3所示，万县地形地貌多为低山、丘陵，次为低中山，呈南东、北西向中部凹陷的"V"型地势，包括东南部的川鄂隆起褶皱带低中山区，中部长江两岸阶地、低山丘陵区及西部浦里河流域低山丘陵区，西北部低中山、低山区⑤。万县西部大部分区域为川东平行岭谷区，具体而言，主要是长江谷地和浦里河河谷地带相对较低缓，与此相比，东南隅为川鄂湘黔隆起褶皱带，地势相对较高。就水系结构而言，万县的水系结构主要表现为：全域以如苎溪、瀼渡河、石桥河、五桥河、新田

---

① 此处所言的较大型，指如小江、汤溪等长江一级支流般的规模。
② 云阳县城（老县城），位于汤溪入江处，自北周天和三年（568）至1990年代皆治于此，三峡工程修建后徙至小江入江处，新建云阳新县城。
③ 梅溪，奉节县长江北岸主要河流，于奉节老县城东注入长江。
④ 云阳县志编纂委员会编纂《云阳县志》，四川人民出版社，1999年，第98—99页。
⑤ 万县志编纂委员会编纂《万县志》，四川辞书出版社，1993年，第91—92页。

河等小型长江支流及更小型的次级支流为主，并无如小江、汤溪这等规模的河流，仅有浦里河、磨刀溪等过境的较大型河流。

但从图 3 来看，万县场镇的河向性分布特征依旧明显。万县县城所在的苎溪流域即分布有十二个场镇，其密度可谓大，且均处于苎溪及其支流的附近。另外，浦里河上游、磨刀溪上游万县段亦有多个场镇沿河谷展布，且长江沿岸亦多场镇分布，其中即有"小万县"之称的武宁场（今武陵镇）。但因为无较大型的河流分布，故不如开县、云阳二县那般沿河聚集并呈串珠式分布。

另外，万县地势较开县、云阳二县更为和缓或平坦，除东南隅地势较高外，万县江南沿江地带及江北大部多平坝和低山丘陵，属川东平行岭谷区。即使在东南隅，亦有不少如龙驹坝、白土坝等沿河平坝和山间平坝。故综合图 1、图 2、图 3 来看，万县的场镇分布与开县、云阳二县大为不同，具体而言，基于以低山丘陵为主的地貌，万县的场镇分布比开县、云阳二县密度更大且分布更为均匀，不若开县、云阳等地集聚在河谷地带并呈串珠式分布。

总体而言，该地区的场镇与地势高低基本上呈负相关关系，其多分布于各级河流两旁的漕谷地带，向河流沿岸集聚的特征显著。这一特征不妨称之为"河向性"特征，而在开县、云阳二县，这一特征表现得尤为显著。在该地区，岭谷相间、溪沟纵横、山地丘陵平坝兼而有之的地貌从基本性层面影响和刻画着本地区的场镇格局。

二、相对集中的稻作农业分布区有利于人口集聚

场镇的形成及其空间分布是以一定区域内自然地理要素和人文地理要素长期相互作用为前提的。由上述分析可知，地貌从基本性层面上刻画出场镇的分布格局。地貌对场镇分布的影响机制并非单一的，其中常会与其他人文要素错杂在一起，相互作用。这些人文要素包括农业开发、井盐生产、水陆交通格局等。

河向性与非河向性：以清至民国万县、开县、云阳县的场镇分布为例

首先，我们从农业经济的角度出发来考察农业经济与场镇分布的关联性。具体到本文研究区域，当地种植水稻的历史非常悠久①，稻米在当地居民的饮食结构中占据重要地位。我们仅以稻作农业为例来说明相关问题。

稻作农业对灌溉用水需求颇高，这决定了稻作农业主要分布在水源条件较好的河谷地带。对于万县、开县、云阳三县的水田分布，嘉庆、道光之际②成书的《三省边防备览》③有较为翔实的记载。由此可知，云阳境内"连山叠嶂，绝少平原"，故水田主要分布在西北部的路阳三坝，有数十顷之多④。对此，咸丰《云阳县志》亦载"农有五谷，邑止种稻，粱菽其他便少树艺，间有种棉织布、栽桐取油者，云邑稻田肥瘠不一，贵低田而贱高田，然皆需粪，惟路阳甲田称膏腴，不费深耕"⑤。可见，路阳等地是云阳县境主要的水田分布区。

开县为本区产米大县，县境中浦里少田，东里自榨井坝（今大进镇）直到县城的清江河谷，宽达六七里，长九十里，地势平坦，有沃田数百顷之多，江里临江市一带地处川东平行岭谷区，又有沃田数百顷⑥。故咸丰《开县志》载："开，依山为田，尤资灌溉，或用轮激，或以枧递，利赖虽逊于都江之广，然亦何难与眉州之蟆颐、嘉定之楠木等堰争烈哉。"⑦并记有鸡翅塝等十二处筒车十九架，"皆转引清江水溉田无算"，有竹溪铺等五处石堰五道，"皆转引开江水，溉田无算"，有王家河、莲花池等六处，"石堰二十余道，皆转引垫江水，溉田无算"⑧。至于万县，如前所述，其水系结构除长江外，并无大河，小河遍布全境，故"各处均

---

① 李映福《三峡地区早期市镇的考古学研究》，巴蜀书社，2010年，第243页。
② 《三省边防备览》，初刊于道光二年(1822)，再版于道光十年(1830)。
③ 〔清〕严如熤辑、〔清〕张鹏翂补辑《三省边防备览》卷九《民食》叶九、十，道光十年来鹿堂刻本。
④ 〔清〕严如熤辑、〔清〕张鹏翂补辑《三省边防备览》卷九《民食》叶九。
⑤ 〔清〕江锡麒修、陈崟纂《(咸丰)云阳县志》卷二《舆地志·风俗》叶五十四、五十五，咸丰四年(1854)刻本。
⑥ 〔清〕严如熤辑、〔清〕张鹏翂补辑《三省边防备览》卷九《民食》叶九、十。
⑦ 〔清〕李肇奎修、陈崟纂《(咸丰)开县志》卷一三《水利》，《中国地方志集成·四川府县志辑(51)》，第466页。
⑧ 《(咸丰)开县志》卷一三《水利》，第467页。

有平坝水田"①,在夔州府辖各县中产稻量仅次于开县。与万县、开县二县相比,夔州府所辖的另三县奉节、云阳、巫山等县往往要靠上游开、万二县接济。

该地区的水田分布大致如此,然于探讨场镇分布又有何益？由上可知,水田分布于水源较佳的地方,如河流谷地、山间平坝等。如前所述,开县场镇的河向性特征尤为明显(参见图1),主要分布于小江水系的东河、南河、浦里河三条一级支流两岸,亦有部分场镇分布于更低层级的支流两岸。若将开县境内主要水田分布区与之对照,会发现场镇与水田均集中分布于小江水系的河谷地带。由此可见,场镇分布与稻作农业分布之间存在着密切的关系,即相对较好的农业生产条件有利于人口的聚集,更容易产生场镇。

在该地区,聚落以"坝"为名者甚多,而场镇名亦多与"坝"字相关。譬如万县就有龙驹坝、甘宁坝、赶场坝、白土坝、地坝滩、中坝子、陈家坝、小河坝、柳坝场、沙坝等,开县有谭家坝、榨井坝、紫水坝、麻柳坝、观音坝、木光坝、灯草坝、河堰坝、中坝场、里二坝、水桶坝、杨家坝(平坦溪)、水桶坝等,云阳县有河同坝、高阳坝、赶场坝、洞溪坝、理财坝、团坝、坝上(龙洞)、中坝场、下坝桥、新里坝、茨竹坝、马槽坝等。由此可见,地势较为平坦的坝子不仅是水田的集中分布区,同时也是聚落乃至场镇的集中分布区。对于坝与农田水利与聚落的关系,乾隆《安县志》②有如下表述：

> 《集韵》曰："坝,堰也,水利所在,皆作堰。"作堰必先作坝,有坝以壅之而后能约水以下于堰然,则坝与堰义同而用异也。堰必需人以伺水之高下,伺必去来坝上。故凡利此堰而居其旁者皆曰坝,平地曰平坝,宽地曰大坝,河壖曰河坝。有田必有堰,有堰必有坝,有坝必有聚落,盖坝之为言村也。

---

① 〔清〕严如熤辑、〔清〕张鹏翂补辑《三省边防备览》卷九《民食》叶十。
② 〔清〕张仲芳等纂修《(乾隆)安县志》卷二《庶征·场坝三》,《故宫珍本丛刊》第207册《四川府州县志》第3册,第264页。

这则史料反映出乾隆时期参与志书编纂的文人对于"坝"的理解。上述引文对作为水利设施的坝与聚落之间的联系作出了较为清晰的论述。

稻作农业发达的地方往往是水源条件较佳的地方,发达的稻作农业有利于场镇的发展,故场镇周围多有大片水田分布。同治《续修万县志》中对一些场镇附近的农田水利的情况有所记载,从中我们可以得知,万县的场镇如余家场、陈家坝、董家岩、熊家场、三正铺、高山坡(高山堡)、余家嘴、大溪口、甘宁坝、白羊坪、太平场、火埠塘、地坝滩、白土坝、堡子岭、清水塘、新开田等,在其附近有大量的水田分布[①]。

要而言之,相对发达的稻作农业是该地自然条件相对优越所引致的结果,为聚集人口提供了经济基础,是场镇兴起的有利条件之一。

三、井盐资源开发造就盐业巨镇

食盐是人类不可或缺的生活必需品,故食盐在传统社会日常消费品中显得尤为重要。正如明代宋应星所言:"口之于味也,辛酸甘苦经年绝一无恙。独食盐禁戒旬日,则缚鸡胜匹倦怠恹然。"[②]而食盐的来源有四类,即从海中提炼而成的海盐,引盐池水晒制的池盐即颗盐,凿井吸卤、煮卤而成的井盐即末盐,采于土崖之间的崖盐[③]。

长江三峡地区拥有非常丰富的盐卤资源。当地井盐开发尤为久远,在距今五千年前后的新石器时代晚期,居民就开始利用该盐泉[④]。目前所见的最为完整、年代最早的盐业遗址是忠县中坝遗址,位于忠县盐井镇盐井河[⑤]两岸台地上。经过发掘和综合研究,最终确定该遗

---

① 〔清〕王玉鲸、张琴等修,范泰衡等纂《(同治)续修万县志》卷十《地理志·水利》,《中国地方志集成·四川府县志辑(51)》,第77—78页。
② 〔明〕宋应星《天工开物》卷上《作咸第五》,管巧灵等点校,岳麓书社,2002年,第131页。
③ 〔宋〕沈括《梦溪笔谈》卷一一,侯真平校点,岳麓书社,2002年,第87页。
④ 任桂园《远古时期三峡盐资源与移民文化述论》,《盐业史研究》2003年专辑。
⑤ 又作"澫(音同盐)井河"。道光《直隶忠州志》、同治《直隶忠州志》《忠县乡土志》等讹"澫"为"䃂",有时简化作"甘井河"或"干井河",其上游今名为黄金河。

址应该是井盐生产遗址,且是国内年代最早的盐业遗址①。其时间跨度之长、时间序列之完整、井盐生产遗迹和遗物之丰富,皆可见出三峡地区盐业生产历史之悠久。根据中坝遗址的位置和遗存,可以确认此即《元丰九域志》所载的盐井镇②。与忠县毗邻的万县、开县、云阳也是三峡地区的主要盐业产地。三县盐业开发史悠久,产量甚大。最早见于文献的朐忍县(治今云阳老县城西旧县坪),据传掘井熬盐始于汉高祖时期③,有名的"白兔井"在此时业已开凿。《汉书·地理志》载:"朐忍,容毋水所出,南〔入江〕。有橘官、盐官。"④《水经注》对本文研究区域两处产盐地也作了较为详尽的记载。一处为南浦侨县西"溪硖侧,盐井三口,相去数十步,以木为桶,径五尺,修煮不绝"⑤,据考,南集渠即今磨刀溪,"南浦侨县"治所就在万县长滩井⑥。一处所记即今天的云安场,其盐时称"伞子盐",汤溪河"翼带盐井一百所,巴、川资以自给。粒大者方寸,中央隆起,形如张伞,故因名之伞子盐。有不成者,形亦必方,异于常盐矣"。

唐代,开州万岁县(时为开州辖县)的井盐生产始见于文献:"果、阆、开、通,井百二十三,山南西院领之。"⑦顺宗时设云安、浼阳二盐监,云安监在云阳县云安场,浼阳监(即渔阳监)在万县长滩井。唐代云安县盐产量已经相当可观,榷盐收入可"畜兵五万"⑧。

宋代,对井盐的管理是"大为监,小为井,监则官掌,井则土民干

---

① 详参孙智彬《五千年的无字"史书"——记忠县中坝遗址的发掘》,徐光冀编《永不逝落的文明:三峡文物抢救纪实》,山东画报出版社,2003年。另参,曾先龙《中坝遗址在三峡库区盐业考古中的地位》,《盐业史研究》2003年第1期;孙智彬、左宇、黄健《中坝遗址的盐业考古研究》,《四川文物》2007年第1期;孙智彬《重庆忠县中坝遗址解读:五千年的无字"史书"》,《中国三峡》2009年第2期。
② 盐井镇的相关信息详参〔宋〕王存撰《元丰九域志》卷八《忠州》及校勘记,王文楚、魏嵩山点校,中华书局,1984年,第368、392页。
③ 开创者为扶嘉,其人其事俱载于乾隆《云阳县志》。
④ 《汉书》卷二八《地理志第八上》,第1603页。
⑤ 〔北魏〕郦道元著、陈桥驿校证《水经注校证》卷三三,中华书局,2013年,第742页。
⑥ 杨光华《羊渠、南浦县建制沿革考——兼及魏晋"峡中"武陵郡》,《中国历史地理论丛》2013年第3期;何仁刚《清代万县场镇考论》,《重庆三峡学院学报》2016年第5期。
⑦ 《新唐书》卷五四《食货志四》,第1377页。
⑧ 《新唐书》卷一九○《成汭传》,第5484页。

河向性与非河向性：以清至民国万县、开县、云阳县的场镇分布为例

鬻,如其数输课,听往旁境贩卖,唯不得出川峡"①。在今川渝地区建立的盐监有六个：益州路的陵井监,梓州路的富顺监、清井监,夔州路的云安监、大宁监、永安监②。夔州路三监占川峡四路六监中的一半,可见其重要地位。其中,夔州路云安军辖云安监,延续唐制设监。同时,万州(即今万县)、开州(即今开县)二州设盐官,《宋史全文》载："[淳熙十一年(1184)十一月]辛卯,置万州南浦县渔阳井盐官一员,并岁收盐十四万六千三百余斤"③,且设有镇④,万州有渔阳镇,开州有温汤镇、井场镇二镇。就产量而言,北宋初期,"夔州路则夔州永安监十一万七千余斤,忠州五井五十一万三千余斤,万州五井二十万九千余斤,黔州四井二十九万七千斤,开州一井二十万四千斤,云安军云安监及一井八十一万四千余斤,大宁监一井一百九十五万余斤"⑤,其中云安军(即后之云阳县)产盐量在夔州路中居第二,仅次于大宁监,而万州、开州、云安军三州(军)产量共一百二十二万余斤,约占全路总额的30％,同时夔州路的年产量约占川峡四路总量的27％。由此可见,万、开、云三地的年产量在全路乃至川峡四路中也是相当可观。正是云安军、开州、万州三州(军)的井盐产业造就了云安镇、温汤井、长滩井等三个盐业市镇。

至元代,由于蒙宋战争的破坏,四川地区的井盐生产明显衰退,"盐井废坏,四川军民多食解盐",终元之世亦未恢复宋代的水平⑥。明代,万县、开县的井盐生产明显衰退,而云安场设有盐课司,为四川盐课提举行司所辖的十五个盐课司之一,其盐产量达到鼎盛水平,在洪武、弘治、正德三个时期分别为 2 124 620 斤、2 498 491 斤、2 434 089 斤⑦。明清鼎革之际,四川井盐业再遭浩劫,康熙十一年(1672),四川

---

① 《宋史》卷一八三《食货志下五》,第4471页。
② 〔元〕马端临《文献通考》卷一五《征榷考二》,中华书局,1986年,第156页。
③ 〔元〕佚名《宋史全文》卷二七上,黑龙江人民出版社,2005年,第1898页。
④ 按：渔阳镇见于《宋会要辑稿·食货·商税》,温汤、井场二镇俱见于《元丰九域志·开州》。
⑤ 〔元〕马端临《文献通考》卷一五《征榷考二》,第155页。
⑥ 李小波《三峡地区古代盐业经济的兴衰及其原因》,《盐业史研究》2004年第1期。
⑦ 张学君、冉光荣《四川井盐史稿》,四川人民出版社,1984年,第25—26页。

巡抚张德地上疏言："今据夔州府回称,查万、云、宁、太有井四县,俱属新经开淘,所产之盐无几,即今日所出盐斤,尚不足易食之用。"①断不可与宋明时代夔州路的盐产量同日而语。在清代,云安场仍保有可观的市场份额,而万县长滩井已只供本县长江南岸的市郭里就近买食,其他二里(大周里、三正里)与开县亦为云安场盐行销区②。尽管如此,在清代,该地区的云安场、温汤井、长滩井等三个盐业场镇除受战乱扰动,均从未停止盐业生产。

井盐资源与经济发展密切相关,对此蒙文通先生有甚为精辟的论述:"井盐生产为作坊工业,或采、或煮、或贩运,盐业所在,人口必增,酒、商各税亦相应增加。某州监地处僻远而经济发展,多与井盐有关,如夔州,所属永安、大宁、云安岁煮盐将三百万斤,宋《大宁志》言:'一泉之利,足以走四方。'又言:'田赋不满六百石,藉商贾以为国。'《图经》亦言:'利走四方,吴蜀之货咸萃于此。'此等记载,于窥查宋代夔州经济极为有益。"③

由于盐业生产需要大量的资金、人力、物力,单是保障煮盐所需的燃料供给一项就需要大量的人工。早期井盐煎制多以柴草为燃料,唐代白居易④诗云:忠州(今忠县)"隐隐煮盐火,漠漠烧畲烟"⑤;杜甫诗云:夔州"煮井为盐速,烧畲度地偏"⑥。同时夔州还有大量妇女从事

---

① 〔清〕贺长龄辑《皇朝经世文编》卷五〇《户政二十五·四川盐课疏》六十九,道光七年(1827)刻本。按:夔州府产盐县主要为云阳、大宁、万县、开县四县,故引文中的"太"字为"开"之误。

② 乾隆《云阳县志》卷三《井灶志》,《故宫珍本丛刊》第219册《四川府州县志》第15册,第85页;乾隆《万县志》卷二《盐法》,《故宫珍本丛刊》第217册《四川府州县志》第13册,第254页;乾隆《开县志》不分卷《盐茶》,《故宫珍本丛刊》第217册《四川府州县志》第13册,第369页。

③ 蒙文通《略论四川二千年各地发展先后》,《蒙文通全集》第4卷《古地甄微》,巴蜀书社,1998年。

④ 白居易,唐宪宗元和十三年(818)冬,由江州调任忠州刺史,翌年三月到任,至十四年冬,召还京师,在忠州刺史任上前后约一年。

⑤ 〔唐〕白居易《初到忠州登东楼寄万州杨八使君》,〔清〕彭定求、杨中讷等编校《全唐诗》第13册,卷四三四,中华书局,1980年,第4798页。

⑥ 〔唐〕杜甫《秋日咏怀奉寄郑监李宾客一百韵》,《全唐诗》第7册,卷二三〇,第2512—2513页。

运输燃料,"十有八九负薪妇,卖薪得钱当供给。……筋力登危集市门,死生射利兼盐井"①。清代本地区井盐生产开始采用土煤作为煎盐的燃料,"大盐厂如犍富等县灶户佣作商贩,各项每厂之人,以数十万计,即沿边之大宁开县等厂,众亦以万计"②;道光初年,温汤井"商民聚处约千家,熬盐运煤者数千人,人烟稠密,市集喧闐。……山边俱产煤之处,名煤垅,山腰开煤洞煤槽取煤,用四轮小车推载坡下,以小舟装运灶所,山坡村店数处,为运煤者歇足之所"③。可见井盐生产的原料供给是一个庞大的产业链。

基于长时段的井盐业开发史,本地区所涉的云安场、温汤井、长滩井在历史时期长达数千年之久的井盐开发造就了这三个因盐而兴的盐业古镇,至清代依然属于本县的巨镇,并绵延至今。与上述忠县盐井镇一样,上述盐业古镇的发展状况,可由现代考古发掘成果加以佐证。从云安场遗址的发掘情况窥得云安盐场的生产规模之大,由此可以想见形成的市镇的规模④。清代的云安场,"咸丰初年东南丧乱,淮楚运绝,朝议以蜀盐济楚,连樯下驶,云安盐值骤高,场商益饶而陶郭两氏又最诸商。当是时盐场殷赈,为县北一大都会,金钱充仞,坐致四方之货,水陆辐辏,琛赍交错"⑤。光绪末年,云阳县云安镇"县属市镇以此为最,居民三千七百廿二户"⑥。

除了云安场、温汤井、长滩井三大盐业场镇外,万县熊家场、盐井沟、狗耳坝,开县盐井沟,云阳县东桥井、张井(位于泥溪河畔)等地均为产盐之地。由于产量有限,其中仅有熊家场和东桥井形成了场镇。

---

① 〔唐〕杜甫《负薪行》,《全唐诗》第7册,卷二二一,第2335页。
② 〔清〕严如熤辑、〔清〕张鹏翂补辑《三省边防备览》卷一〇《山货》,叶七。
③ 〔清〕陈明申《夔行纪程》,叶九十九,《小方壶斋舆地丛钞》第39册第7帙,南清河王氏俌版光绪十七年(1891)铅印本。
④ 关于云安镇盐场遗址考古发掘情况,详参重庆市文物局编《云阳云安盐场遗址》,《三峡文物珍存——三峡工程重庆库区地下文物卷》,北京燕山出版社,2003年,第97—98页。
⑤ 朱世镛、黄葆初修,刘贞安等纂《(民国)云阳县志》卷二三《族姓》十三,民国二十四年(1935)铅印本。
⑥ 〔清〕武丕文、甘桂森编《云阳县乡土志》,《四川大学图书馆藏稀见方志丛刊》第4册,巴蜀书社,2009年,第378页。

云阳县长江南岸的东桥井为除江北云安场外,云阳县长江南岸的井盐产地,其盐业生产状况根据地方志中的记载,至少可追溯至清初①,也是一个因盐而兴的场镇,其形成定期市的时间较为晚近(建场于民国晚期)。值得注意的是,云安场、温汤井、长滩井及熊家场和东桥井等因盐而兴的盐业场镇,无一例外皆位于河畔之处。这是由该地区煎盐所用盐卤皆由河流下切致较低岩层蕴藏的盐卤出露决定的,故这些盐业场镇亦体现出显著的河向性特征。

四、水陆交通网深度刻画场镇空间格局

上文已述及地貌等自然要素和稻作农业、井盐业开发等经济要素,实际上,交通因素对于场镇的形成和兴衰的重要意义是不言而喻的。研究区域属峡江地区,峡江干流自西而东横贯其中,两岸有小江、汤溪、磨刀溪、长滩河等一级支流汇入。在溪河水系网络之间多分布有丘陵山地,由此呈现出岭谷相间、平坝兼而有之的地貌态势(参见图1、图2、图3)。在此种地貌背景下,任何一个地方的交通路线的形成并非孤立地存在着,山川格局和地形地貌对交通线的形成及其分布起着决定性作用。

(一)研究区域的水路交通格局

根据《四川省经济地图集说明》,我们可以得到本区长江干流以外可通航河段的情况如表1。除本区的长江干流河段"可通大小舟楫"外,能够长年行船的河流只有小江水系和汤溪干流部分河段,云阳县境内磨刀溪、长滩河则在"瀼水②至处"分别可行小舟六七十里、二三十里不等,其余皆"仅可溉田,不可容舟"③,至于万县境内八条溪河,除浦里河段、瀼渡河可季节性通行小船外,其余溪河皆不通航。其中,通航能

---

① 《云阳县乡土志》,第385页。
② 瀼水指峡江地区长江小型支流,在其流入长江的同时,同时又有从长江向该河流上流涌上来的江水。
③ 《云阳县乡土志》卷下《山水 附水利》,第393—397页。

力最强的属小江水系,其一级支流清江(东河,榨井坝—开县城,50公里)、临江(南河,铁锁桥—开县城,40公里)、浦里河(垫江,跳蹬场—渠口场,30公里)及开县城下游的干流(开县城—双江镇,72公里)均可通航,通航里程总将近200公里;汤溪仅红铜沟—洞口一段(计56公里)可通航①。这是本区主要的常年通航的水路。

  本区的地貌复杂多样,往往由于山川攸阻,陆路交通路线多依山川形势而就。对此,童恩正先生曾言:"在古代,民族迁徙和文化传播往往是借助河谷通道进行,在山岭崎岖,交通不便的亚洲大陆南部,情况更是如此。"②由于河流对山岭地质侵蚀,因而常常呈现出"逢谷必有水,遇水必有源,源头必相通"。蓝勇先生在系统研究四川古代交通史后总结出"沿河筑路,水陆并行""横岭越垭"等交通路线取线特点③。同时,为避免上下山坡之劳及沟谷间往复迂回之苦,往往循着颇为平坦的山岭顶部而前进,权且称为"缘岭成路"。在地质构造方面,本区山岭多石灰岩构造,山岭顶部受侵蚀后多呈现"两岭夹一槽"或"三岭两槽"的形态。

  根据相关文献,可绘出万县、开县、云阳陆路交通图,即图4。从图4中,我们可以看出:一方面,本地区的交通路线网络已经相当完善,县城与各乡场之间多有道路相联系,新编《开县志》载:开县"民国时期内各乡场之间均有人行大道,部分农村至乡场也由民间自发募集资金修建人行石板路"④;另一方面,该地区的陆路交通路线网络与其水系网络基本上是同构的,"沿河筑路,水陆并行""横岭越垭"等交通路线的取线特征于此亦有着充分的体现。开县境内的主要交通干道多沿着小江水系及其三大支流的沿岸地带分布,万县、云阳亦如开县,多呈现"沿河筑路,水陆并行""横岭越垭"情形。

---

  ① 周立三、侯学焘、陈泗桥等编《四川省经济地图集说明》,北碚:中国地理研究所,1946年,第120页。
  ② 童恩正《中国西南地区民族研究在东南亚区域的民族研究中的重要作用》,《云南社会科学》1985年第2期。
  ③ 蓝勇《四川古代交通路线史》,西南师范大学出版社,1989年,第271、276页。
  ④ 开县志编纂委员会编纂《开县志》,第240页。

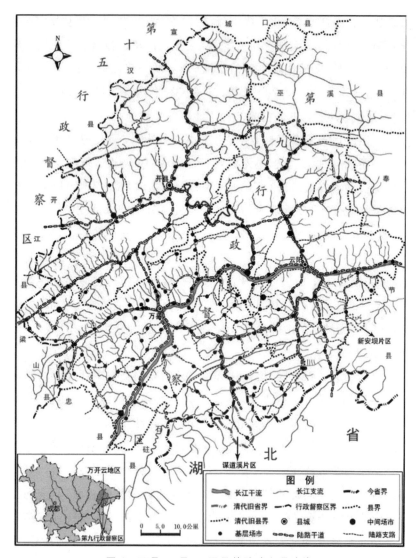

图 4 万县、开县、云阳县的陆路交通路线

制图说明：图中所绘交通路线主要依据《万县乡土志》、国家图书馆藏《夔州府全图》、《云阳县乡土志》、民国《云阳县志》附《云阳县疆域全图》、《四川省地图集》(1981 年) 等。

（二）水陆交通路线对场镇分布的影响

如图 4 所示，无论是在干道还是支路旁，场镇分布与水陆交通网络有着较为密切的关联。若就万县而言，《万县乡土志》卷七载："总

河向性与非河向性：以清至民国万县、开县、云阳县的场镇分布为例

之,全境道路则以西上梁山、东赴云阳之塘路,北上开县、南往利川之大路为干,以干路分行各里甲者为支。"东西向的塘路即铺路,因铺而兴的场镇为数甚众。西路西上梁山的铺路中,由县城向西即有西溪铺、高梁铺、佛寺铺、高山坡、三正铺、分水铺;东路东赴云阳的铺路中,由县治向东即有双矶铺(双溪铺)、大周溪、小周溪、余家嘴。除递铺型场镇外,北上开县、南往利川的大路上,亦有不少场镇。北上开县的大路,四十余里,有麻糖铺。南往利川的大路,一百三十里,由南向北有五间桥、长岭岗、长滩井、马坝塘、赶场坝、龙驹坝等六个场镇。上述东西向塘路、南北向大路上的场镇颇为兴盛,不乏大场、巨镇。譬如龙驹坝,为市郭里第一大场,川楚通衢,货殖辐辏。此外,还有中大路通忠州(今忠县),从县治出南门,沿长江北岸往南行进,中途所过场镇有洋河溪、瀼渡驿、武宁场,以武宁场为三正里第一大场。武宁场,古武宁县治,濒临长江,处中大路之上,水陆交通便利,故为万县西南部重镇①。

在场镇兴起过程中,交通因素往往扮演着相当重要的角色。上述万县的这些场镇多处河谷地带,地势较为平坦,水源条件较好,往往又有一定的水田分布其间,较容易聚集人口,并形成一定规模的农业聚落,因而在此基础上场镇的兴起就不难理解,且呈现出强烈的河向性特征。然而,一些位于山岭或者山岭垭口上的场镇,呈现出非河向性特征。根据其地貌可初步分为两类,下文仅就所见各举一例,对交通线路与场镇的兴起作相应的具体分析。

第一例属于山垭型场镇,以万县大垭口为例。正如蓝勇所言:"古道路离开河谷后,往往面临翻越大山的困难,在四川古代交通道路中,这种情况下多越垭而行。所谓垭,即垭口,即横挡一群山中最低的山口。"②大垭口位于万县北至开县的大路上,逼近万县、开县县界,万开大路在此的取线原则是遵循"横岭越垭"取线原则的。

大垭口虽地处万开大路之上,处于地势较为高亢的铁峰山脉的一个山间垭口(鞍部),其地理条件和农业条件均远逊于河谷地带或山间

---

① 何仁刚《清代万县场镇考论》,《重庆三峡学院学报》2016年第5期。
② 蓝勇《四川古代交通路线史》,第276页。

平坝。故大垭口形成场镇的时间相当晚近。据光绪末年所编《万县乡土志》,大垭口建场时间不会早于光绪。据新编《万县志》,称1934年建场是比较可信的。若非地处交通要道上的垭口,其形成场镇的可能性就大大降低,交通是大垭口处场镇兴起的最为重要的因素。

为了更清楚地呈现出大垭口所处的地理环境,我们可利用图3将场镇大垭口处放大绘制出图5,以反映大垭口的地貌背景和交通形势。如图5所示,横亘在万县北部边界上的是巍峨高耸的铁峰山山脉,属于川东平行岭中的一列,其顶部在海拔800米乃至1 000米以上,而大垭口正处于铁峰山主脉上的一个垭口。大垭口正处于万开大路之上,由万县向北经麻糖铺、塘坊场等地四十里至此,于此翻越铁峰山即入开县境内,经陈家场、赵家场又六十里至开县。这是万、开二县之间的古道、大路,其重要性不言而喻。位于该大路上的场镇包括大垭口、塘坊场、麻糖铺以及开县陈家场、赵家场在内皆因这一交通要道而兴。

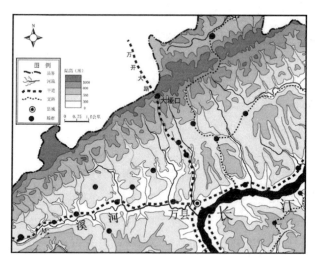

图5 垭口型场镇

另外,研究区域中场镇名有一些带有"垭"字的,譬如万县亭子垭、凉风垭、茨竹垭、庙垭口、铺垭口,开县的南雅场(原名楠树垭口,后雅化作"南雅")等场,都与交通路线"横岭越垭"取线原则相关,而开县的窦山关也属此类,地处开县、新宁(开江)二县交界处,位于一单面山之上,亦为一大道上的关口。

第二例属于脊线型场镇,以云阳县南部马鞍山至清水塘一线的蓼草场、长岭、火埠塘、清水塘等场镇为例。

如图6所示,马鞍山、蓼草场、长岭、火埠塘、清水塘等五个场镇以此由北至南渐次在一纵向山脉(名为长岭,是泥溪河与长滩河的分水岭)的山脊线上排列开来,将这些场镇串联起来的即一条由云阳县城引出的通往湖北省利川县(今湖北省利川市)等地的跨县干道,而这条跨县干道同时也是云安盐场井盐销往湖北省利川、恩施、宣恩等县的运盐交通线。这正是选择这一场镇群作为个案的缘由所在。上述五

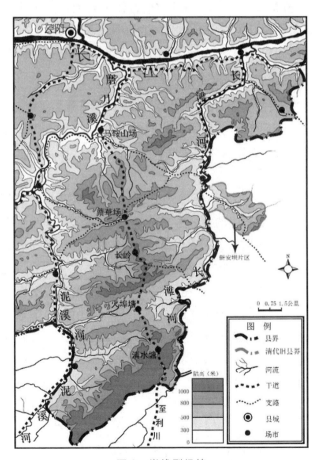

图6 脊线型场镇

个场镇,与海拔高程呈现正相关关系,是典型的脊线型场镇,对于考察交通路线对于场镇兴起,具有一定价值。

若论蔍草场、长岭、火埠塘、清水塘等四个场的水源、农业条件,因其地处分水岭之上,同上文所述的大垭口一样,实逊于河谷地带或其他平坝。在这样的分水岭上形成由上述蔍草等场组成"串珠状"的场镇群,当从交通因素中去求取答案。据笔者考订,蔍草场的兴场时间为乾隆四十三年(1778),火埠塘和清水塘二场(原属万县)兴场时间在同治、光绪年间①,长岭兴场时间为1947年,较为晚近。正是由于长岭上盐运交通线的开辟,才促使蔍草等场渐次兴起于长岭的山脊线上。

从上文所举二例中,我们可以看出,在山岭垭口和脊线的地貌背景下,水源条件和农业条件不及本区的河谷或平坝地带。正是在这类情形下,交通因素对场镇兴场的作用就更彰显无疑。由此,我们可以看到交通因素对场镇兴起与分布的影响力。

(三)井盐分销的交通网络对于场镇的意义

井盐的运输、行销与场镇的形成密切相关,盐运的兴盛往往给当地带来繁荣,漆侠先生认为宋代夔州路的许多市镇多因井盐的生产和运输而形成②。

正如前文所述,在蔍草等场的例子中,我们不仅可以看到交通要素在场镇的形成过程中的重要意义,同时也可体会到作为重要生活物资的盐的运销也在发挥着重要作用,两者有时是结合在一起的。传统时代,该地区的井盐产量在四川地区的总量所占比重尤为可观。作为关乎国计民生的盐,其运销依托的就是图4所示的陆路交通线和可通航河段的水路交通线共同构成的交通网络。清代以降,该地区的盐业产地格局是以云安场和温汤井为主,长滩井、东桥井和张井等长江南岸产盐之处所获产盐量有限,仅可供给附近区域。

据民国《云阳县志》所载,云安场的运盐路线主要有如下几条:其一,由云安向北经汤溪河水运至水市口,起岸转陆运至高阳,经小江复

---

① 何仁刚《清代万县场镇考论》,《重庆三峡学院学报》2016年第5期。
② 漆侠《宋代经济史》,第944页。

转水运到开县,再到临江市,由此复转陆运至开县、新宁(开江)、梁山(梁平)、东乡(宣汉)等县各处分销;其二,由云安向北经汤溪河水运经水市口、盐渠滩、江口、鱼泉、沙沱市一线分销本县北乡一带;其三,由云安向南经汤溪河水运至洞上,转陆运至云阳县城提拨卡集散,再由此分运:一路向西经长江水运至万县城,再由此分路,一路向西经佛寺铺、高梁铺、李家河、高山坡、三正铺、分水岭等陆运至梁山、新宁等县分销,一路向西南陆运至佛滩(涪滩),复经长江水运至大溪口(万县),复转陆运经走马岭、马头场、磨刀溪,至利川等县分销。另有前文所述经藁草等场至利川等县的路线,以及经长江水运至巫山县再经大溪口(巫山县)或青石至建始、恩施等县(此路线不在本研究区域内)①。

上述每一条运盐干道串联起一批为数不少的场镇,与各场镇之间的支路共同构成了一张水陆联运的云安场井盐运销网络,将本地区的县治与各场镇笼络在一起。当然,这一井盐运销网并非封闭的,该地区东边的奉节县,西边的新宁、东乡、达州(县)、梁山,东南部的湖北利川、恩施、宣恩、建始、长乐、鹤峰,共计十四州县均为云安盐场的行盐区域。其中,有不少场镇位于水陆转输点处,如上文提到的水市口、高阳、临江市、洞上、大溪口(万县)等。其余场镇则位于干道与支路汇合处,譬如当云安盐场之盐自水市口经汤溪河沿盐渠滩、江口、鱼泉、沙沱市等场镇一线运输之时,也是由各场分销乡间各处之时。因此,仅就行盐而言,场镇就是一个经济汇合点。

结　　语

本文试以聚落地理的视角去探究小尺度区域内非均质地貌背景下场镇聚落的空间分布特征,更注重对其所处下垫面因素中的地形地貌背景的关注。

由前文分析可知,本文研究区域内场镇的空间分布往往受到地形

---

① 朱世镛、黄葆初修,刘贞安等纂《(民国)云阳县志》卷一〇,《中国地方志集成·四川府县志辑(53)》,第100页。

地貌、农业条件、井盐资源、交通线等方面要素的影响,其空间分布格局是这些影响要素综合作用的结果,其中地形地貌因素是最为基本的层面,其他三方面因素是在地形地貌的基础上发生作用的。在河谷台地地带,集地貌地势、稻作农业条件、井盐资源以及水陆交通诸要素之优势于一体,是本地区场镇分布的集聚区,沿河道呈"串珠式"分布,体现出显著的河向性分布特征,且越接近山高谷深的地貌则这一特征就越显著,越接近低山丘陵的地貌则这一特征就趋于微弱。至于山地丘陵地带,在地貌地势、农业条件等方面不及河谷,但场镇的分布与水陆交通线密切相关,若有一定的交通优势条件,就算是山体鞍部(垭口型场镇)或者山岭脊线部位也可能有场镇兴起。这是本地区场镇空间分布河向性特征的相反一面,即非河向性。就总体而言,本区域场镇的河向性特征占据主导地位。

本文所选取的研究区域与施坚雅模式所论成都平原在自然地貌上相去甚远,其在川西成都平原上运用得当的正六边形理论不一定完全适用于该地区。具体而言,在溪沟纵横、高低起伏不一的多元化地貌背景之下,正六边形模型中的正六边形市场结构为地貌条件所限制而伸展不开,以至于被山丘地貌极度扭曲为"串珠"状分布。从这个意义上来讲,我们很难认为正六边形模型对非均质地貌区具有让人满意的解释力。

River orientation and non River orientation: a case study of the distribution of towns in Wanxian County, Kaixian County and Yunyang County from the Qing Dynasty to the Republic of China

HE Ren-gang

Abstract: Skinner Model is based on the theoretical assumption that all kinds of resources are evenly distributed in the homogeneous geomorphic area, which is highly abstract and idealized, and lacks comprehensive consideration of the underlying surface factors of the fair-town. Compared with the plain area, the spatial distribution of fair-towns in the heterogeneous geomorphic area is mainly distributed along the river valley in the shape of "beads", showing obvious river orientation characteristics. This is because the valley area is flat, with good agricultural and traffic conditions, and well salt producing areas are also distributed here. However, due to the strong role of traffic factors, there are also a few fair-towns in the non river valley areas with poor comprehensive conditions, which deviate from the river orientation characteristics. This kind of fair-town can be divided into two types, i.e. the saddle type and the ridge type.

Keywords: river orientation; non river orientation; fair-town; Wanxian County; Kaixian County; Yunyang County

导师评语：

该文为历史地理学 2014 级硕士研究生何仁刚学位论文的主要内容。学位论文题目是《清至民国万开云地区场市的时空演变》，在学位论文答辩会上被评为本专业优秀论文。

巴渝地区所谓的"场市"，属定期市范畴，即北方所谓集镇，江西、两广一带亦作墟市，是一县之内除县治中市场之外普遍分布于县域各处的乡村基层市场。所谓"场镇"即设置有"场市"的聚落，是一县之内除县治以外最为重要的聚落。既往研究多措意于场镇的经济属性的探讨，其中尤为令人瞩目的是美国已故著名学者施坚雅所提出的施坚雅模式，其模型具有高度抽象性和理想化。学界对此臧否不一，但其突出的理论建构贡献是有目共睹的。其中，有一种意见认为：施坚雅模式的理论前提即各种资源均匀分布于一个同纬度的平原上，过于理想化，缺乏对下垫面因素的考虑。

该文以聚落地理的研究视角，选取一个包含三个县份的小尺度非均质地貌区为研究区域,在详加考证的基础上,着重讨论清至民国时期研究区域内的场镇聚落在非均质地貌背景中呈现的空间分布特征。此文综合分析地形地貌、河谷地带稻作农业分布、井盐生产和交通等四方面要素对场镇的产生与分布的综合作用,得出下述结论:该区域场镇的空间分布具有强烈的河向性特征,但由于交通要素的影响,在部分交通线行经的山体垭口或者山脊线处亦有少量场镇分布,这部分场镇具有偏离河流的非河向性特征。回到施坚雅模式上来,若将正六边形模型中市场结构置于沟谷纵横、高低起伏不一的非均质地貌区中,将被扭曲成"串珠"状的空间结构,那么正六边形模型的解释力将大打折扣。因此,该文的研究对于深化场镇这类聚落的空间分布的研究,具有一定的学术价值,亦对施坚雅模式有一定程度的回应。

论历史时期利津县境内盐场位置变迁与海岸线的关系

蒋宜兰(导师：尹玲玲教授)

在以往的学术研究中，关于盐业通史与区域盐业史都已取得很丰富的研究成果，细致入微地探讨局部地域如某个县境内的盐业发展与海岸线之间的关系的研究则比较少。利津县地处黄河入海口西侧，黄河每年从中上游携带的大量泥沙在下游淤积成陆，海岸线也随之外延。探讨县境内盐场空间位置变动与海岸线延展之间的密切关系，不仅有助于揭示利津一县境内的盐业生产与发展的变迁，也有助于认识整个东部海岸线地区的盐业生产与海岸线延展之间的相关关系，本文拟对此问题展开较为翔实的探讨。

一、1855年之前产盐地随着海岸线推移而外延

1855年黄河决口改道之前，在海岸线外延的影响之下，利津县境内的盐场滩池逐渐向外推移。下面以1198年为分界线，具体探讨不同时期海岸线的位置分布及其相应的盐场滩池的位置变化情况。

(一) 1198年以前利津县境内产盐地随海岸线向东北扩展

1. 先秦时期产盐地在南望参、利津城、史口一线以西。

战国中叶以前因堤防未筑，河道无拘束，漫流改徙无定，时常出现

多股河道并存的局面①。在周定王五年，黄河出现一次大改道②，而利津县明集乡南望参一带的海岸线正是周定王五年稳定下来的："周定王五年(公元前602)，黄河改道沿今德州、沧州一线在黄骅入海。海岸在今王(疑是望)参村、利津城、史口一线。"③因此，黄河的决口改道与海岸线的分布位置是密切相关的。而盐场滩池的分布位置也是随着海岸线的变化而变化，从先秦时期在明集乡一线开始，随着黄河造陆、海岸线外延，产盐地也逐渐拓展。海岸线在明集乡时盐区以某某灶命名。从利津县卫星地图来看，在今天的南望参遗址附近有诸多以灶为通名来命名的村庄，如杨家灶、谢家灶、孔家灶等，这些村是之前的古盐场滩池所在的区域。它们都分布在明集乡南望参海岸线以西的位置。

王莽新朝始建国三年(11)是黄河决口改道的一年，也是黄河第一次由利津入海，开始了以利津城为起点向东北展开的造陆过程④。东汉王景对黄河下游河道进行了全面的整治，使得此后八百多年时间里黄河下游河道基本上处于稳定期。

2. 唐末产盐地在盐窝、北岭、坨庄一带。

隋至唐末(581—907)的三百多年间，利津一带海岸线外延约三十余里，今王庄、盐窝、北岭、董集、坨庄等处均成陆地⑤。唐代蒲台县永利镇(今利津县)当属产盐区位置所在，斗口淀盐场设立。斗口淀属于后来的利津县丰国场所在位置。

3. 宋代产盐地在汀河、虎滩一带以西。

到宋代，海岸线向前推进了六七十里。利津盐区也随之由先秦时期的明集一线，历经盐窝北岭一带，逐渐推移到了今汀河、虎滩一带⑥。

---

① 邹逸麟《中国历史地理概述》，上海教育出版社，2005年，第30页。
② 清人胡渭在其《禹贡锥指》中首创五大徙说，即周定王五年、王莽始建国三年、北宋庆历八年、金明昌五年、元至元二十六年，后人研究黄河者多循此说。
③ 蒋义奎、崔光《沧海桑田黄河口》，黄河水利出版社，2009年。
④ 中国人民政治协商会议利津县委员会文史资料委员会《利津文史资料》第5辑，1996年，第41页。
⑤ 黄河水利委员会黄河河口管理局编《东营市黄河志》，齐鲁书社，1995年，第235页。
⑥ 《利津文史资料》第5辑，第41页。

至北宋政和元年(1111),城东增至六十余里①。北宋雍熙二年(985),滨州场设立并下辖滨州四务,利津县属于当时滨州四务之一。北宋熙宁十年(1077),黄河第二次由利津县入海②。

(二) 1198—1855 年海岸线与盐场位置的关联

1. 1198 年产盐地在铁门关一线位置。

金明昌五年(1194),黄河第三次来利津县入海③。此年也是黄河决口改道的一年。金大定二十九年(1189),海岸线稳定在铁门关(今汀罗镇前关村,有铁门关遗址)一线,著名的铁门关码头起着运输盐的重要作用。以金大定二十九年作为分界线是有一定缘由的。一是在谭其骧的《中国历史地图集》中记载宁海镇和丰国镇在此时已经建立,而宁海镇位于老黄河一线,丰国镇位于黄河入海处,其所处的地理位置也关系到其后来盐业生产、运销的发展;二是重要的盐业运输码头——铁门关在丰国盐场附近,前文有所涉及,铁门关被称为利津县的"铁门锁浪",不仅有重要的运盐作用,也有极其重要的军事战略地位;三是金代的盐业发展渐趋完善,规模也变大,产盐量也增加,为元代利津县境内丰国场、宁海场和永阜场的正式设立奠定了基础。至元代,靠近海岸的低平地区逐渐碱化,盐业的生产迅速发展起来。至元二十六年(1289),利津县三大盐场正式设立,它们分别是丰国场、宁海场和永阜场。此时铁门关的运盐作用更重要了,丰国盐场盐课司就在铁门关附近(利津县城北七十里),而永阜场在县城东北五十里,宁海盐场在县城东北三十里。因此铁门关海岸线应是后来的丰国盐场所在位置。

2. 1495 年三大盐场在罗家屋子、老爷庙、郭家局子一线以西。

明朝弘治八年(1495)至清朝咸丰五年(1855)这一段时间是盐场正式设立之后的稳定发展时期,三大盐场的盐滩已经到达此海岸线附近,据后面雍正年间的永阜场图可以推测,其盐场所辖盐滩数

---

① 《东营市黄河志》,第 235 页。
② 利津修防段编纂办公室编《利津县黄河志》(内部刊行),1986 年。
③ 《利津文史资料》第 5 辑,第 41 页。

量不断增加,产盐量也很兴盛,因此可判断该海岸线附近有盐场下辖之盐滩分布。而这些盐滩具体属于三大盐场中哪个盐场,由于没有相关的史料记载就不得而知。从古文献的记载及当时的诗歌等方面可以窥见当时产盐之兴盛,整个山东省盐业生产都处于蓬勃发展时期。

明正统十三年至清咸丰五年,黄河七次来利津县入海,这七次年份分别是:明正统十三年(1448),清顺治七年(1650),清康熙六十年(1721),清乾隆十六年(1751),清嘉庆八年(1803),清嘉庆二十四年(1819),清咸丰五年(1855)①。从明朝中期至咸丰五年黄河几次入海并没有对利津县境内的盐场滩池造成破坏,是因为黄河最终汇淮入海,黄河大部分时间都保持在废黄河一线上。清初大清河东岸开滩近二百副,所产盐以粒大、味厚、坚固、洁白列为东纲之盐中的上品,每年供孔府铡盐专用,据《嘉庆志》记载,永阜场每年要为之提供 5 144 斤盐。康熙十六年,利津县境内宁海、丰国、永阜三大盐场经历了裁并,裁并之后的盐场统称永阜场,并设有永阜场盐大使,盐大使衙门驻辛庄。新的永阜场设立之后,其盐滩数额高达 446 副,而其具体的盐滩分布位置可详见两幅永阜场图的记载。新设立的永阜场在康熙、雍正、乾隆、嘉庆年间一直保持 446 副滩池的盐业生产。道光十三年(1833),山东盐场经历第四次裁并,共八个盐场。《利津县续志》记载:"道光十三年永阜场盐池共 420 副,产盐之额实为八场之冠,销售地面亦极宽广。"②可以看出滩池开始有所减少,但其场界不变,永阜场的场界为"东、北两面距海各六十里,西至滨州七十里,南至蒲台县六十里。东西一百三十里,南北一百二十里"③。从《济南府志》④的记载中可以看出历城县、章丘县、邹平县、齐河县、齐东县、济阳县、禹城县、临邑

---

① 《利津文史资料》第 5 辑,第 41 页。
② 王廷彦修,盖尔佶纂《利津县续志》(民国二十四年铅印本)卷一《舆地图第一》,第 97 页。
③ 曾凡英主编《盐文化研究论丛第五辑》,第 277 页。
④ 〔清〕王赠芳等修,成瓘等纂《(道光)济南府志》(清道光二十年刻本)卷二二,第 497—500 页。

县、长清县、德州平原县等均掣配永阜场盐。永阜场以其有铁门关码头而盐运便利,航运畅通,其他地方积盐滞销而逐渐被裁并。

3. 1855年永阜场下辖盐滩约在挑河、五河口一线以西。

清朝咸丰五年(1855),黄河在河南兰仪铜瓦厢决口,从此黄河改道由渤海湾入海,流经利津县。黄河此次决口改道却是永阜场由盛转衰的标志。"永阜场坐落利津县,属为东纲产盐要区。自黄水改道以来,大溜现由该场附近奔腾而下,以致滩池节年被淹,堤坝冲决,且复顶托纳潮,卤气不升。历年产盐已属短少,近复加以异常亢旱,穷灶聚集,最易滋事。"①针对此次的改道,朝廷不同势力集团针对是否堵住问题提出不同观点。当时正值太平天国运动,朝廷无暇顾及北方治河堵住问题,无力抢救北方的黄河水灾,因此洪水泛滥成灾,对山东造成了巨大的破坏,也影响到了山东境内盐场滩池的正常盐业生产。继咸丰年间之后,黄河尾闾决口越来越频繁,加之战争的紧迫,使得极盛一时的永阜场逐渐衰落,1895年利津县停止盐业生产。

根据《东营市黄河志》《地名溯源》《沧海桑田黄河口》等资料中的记载,整理成以下表格。随着黄河造陆的不断进行,形成了几条相对固定的海岸线,由此我们可以看出利津县的大致形成过程。

表1 历史时期产盐地与海岸线的位置关系

时段	公元年	海岸线位置	产盐地	成陆的县乡	资料来源
周定王五年之前	公元前602年之前	南望参—利津城—史口	谢家灶、孔家灶、杨家灶、荆家灶、王家灶	利津城、南望参	《沧海桑田黄河口》,第70页
周定王五年至唐末	前602—907	盐窝一线	斗口淀	盐窝、北岭、王庄、董集、坨庄	《东营市黄河志》,第235页
唐末至北宋政和元年	907—1111		利津作为滨州下辖的四务之一		《图书编》卷九十一,第2307页
北宋政和元年至金大定二十九年	1111—1198	铁门关一线	铁门关附近	虎滩、汀河、陈庄、集贤、民丰等退海成陆	《东营市黄河志》,第235页

---

① 〔清〕朱寿朋《东华续录》(上海集成图书公司本),第270页。

续表

时　段	公元年	海岸线位置	产盐地	成陆的县乡	资料来源
金大定二十九年至明弘治八年	1198—1495	罗家屋子—老爷庙—郭家局子	宁海盐场、丰国盐场、永阜盐场	今汀罗镇、陈庄镇全部及今河口六合乡南部成陆	《地名溯源》，第55页
明弘治八年至清咸丰五年	1495—1855	西起挑河东至五河口	三大盐场的下辖盐滩	太平、义和、六合、付窝、西宋、永安等地相继脱海	《东营市黄河志》，第235页

由以上表格可以大致看出利津县的成陆过程：随着黄河造陆，海岸线不断向东向北移动，利津县各个县、乡也依次成陆。下面辅之以图，可以看出海岸线与盐场位置的密切关联。

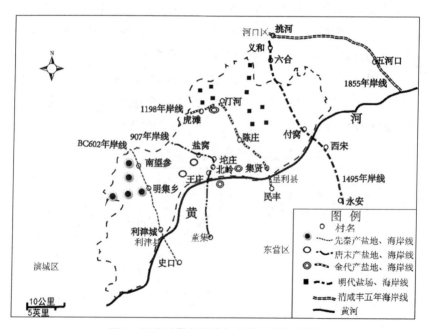

图1　历史时期海岸线与盐场位置变动图

资料来源：《东营市黄河志》《地名溯源》《沧海桑田黄河口》等，详细内容见于以上表格整理。

由此可以得出以下结论：（1）历史时期随着黄河造陆以及海岸线的东北推移，利津县境内的产盐地点也随之向东北方向推移，并且产盐地随着时间的推进数量不断增多,在明朝达到兴盛,自咸丰五年之后开始减少;(2)由海岸线逆推产盐地分布情况发现,虽然文献记载的三大盐场正式建立于元朝至元二十六年(1289),但按照其所在地理位置,在金朝大定二十九年(1189)之前三大盐场的产盐地前身已经出现并稳定了下来。

二、1855年之后永阜场盐滩随着黄河决口而缩减

1855年黄河决口改道,盐场开始由盛转衰。下面将分为两部分进行论述:一是1855年之后海岸线的外延情况;二是对黄河决口与盐场滩池的逐渐缩减二者之间的关系做一详细的分析。

(一)1855—1895年利津海岸线的继续外延

清朝咸丰五年(1855)黄河决口改道开始至光绪二十一年(1895)中日甲午战争爆发以后,这一段时间是永阜场逐渐衰落并最终消失的阶段。此阶段利津县永阜场盐滩并没有伴随着海岸线的继续推移而扩展,而是伴随着黄河尾闾决口改道呈现缩减之势,但是此时期的海岸线变化情况也有必要交代清楚,因为只有这样才能更好地理清盐场、海岸线与黄河之间的密切关联。咸丰五年之后黄河造陆活动并没有停止过,随着黄河下游河道泥沙的淤积,新淤地也逐渐形成,海岸线也相应地不断推移。1855年之后的海岸线变迁情况,前人采用科学准确的方法确定下来四条相对准确的海岸线,可以看出海岸线大致的推移方向。

"1855年的高潮线由庞家珍、杨峻岭二人于1957年进行40天实地调查,根据实地调查采访当地老人,了解各历史流入海鱼堡位置,并结合1962年、1963年、1965年黄河水利委员会所拍航空照片(近似1∶50 000)进行判读,粗略确定的高潮线为北起套儿河口,经耿家屋子、老鸹嘴、大洋堡、北混水旺、老爷庙、罗家屋子和幼林村附近,南至南旺河口,全长128公里。1954年岸线是采用总参测绘局所测1∶50 000地

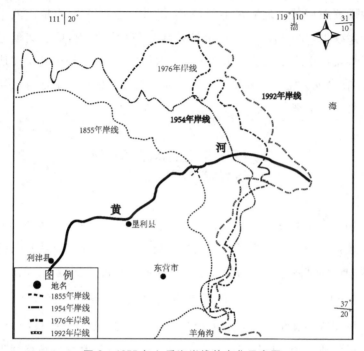

图 2　1855 年之后海岸线的变化示意图

资料来源：庞家珍、姜明星《黄河河口演变（Ⅱ）——（二）1855 年以来黄河三角洲流路变迁及海岸线变化及其他》，《海洋湖沼通报》2003 年第 4 期。

形图的高潮线。1976 年岸线是采用黄委会济南水文总站实测的 1∶10 000 黄河口滨海区水深图。1992 年岸线是采用黄委会山东水文资源局及黄河口水文资源勘测局实测的 1∶10 000 黄河口滨海区水深图。这三次测图采用现代手段，较为准确可靠。"①"用这四条岸线比较、量算后发现，在行河岸段，海岸线迅速向前淤进，而不行河的岸段，由于风浪、海流等的侵袭，海岸线尚有所后退。"②这样从 1855 年至 1992 年的黄河口地区的海岸线的位置变迁就可以清晰地展示出来了。通过图可以看出 1855 年之后，海岸线还是向东北方向推移的，不过海岸线的后半部分却因人工修筑海塘等原因而有所后退。

---

①　庞家珍、姜明星《黄河河口演变（Ⅱ）——（二）1855 年以来黄河三角洲流路变迁及海岸线变化及其他》，《海洋湖沼通报》2003 年第 4 期。

②　同上。

（二）1855—1904年永阜盐场为黄河尾闾频繁冲决所毁

从咸丰五年黄河决口改道至光绪三十年利津县薄庄堤坝溃决，这一段时期海岸线仍然不断向东北方向淤进，但是这一时期的盐场滩池变化却与海岸线的变化没有多大关联。原因在于咸丰五年之后永阜场内的盐场滩池受到黄河频繁的决口所带来的破坏，呈现缩减之势，不仅没有随着海岸线的推移增加滩池数额，反而是伴随着黄河的频繁决口改道而走向消亡。下面将这一时间段的黄河尾闾决口改道详细信息摘录于下，由此可看出盐场破坏程度与黄河尾闾决口改道的密切关联。

表2 《利津县黄河志》1883—1895年黄河尾闾的决口与堵口

时间	汛别	岸别	地点	决口情况	堵口时间
1883年2月	凌汛	右岸	南岭、北岭、韩家垣、辛庄	沿河数十州，县因凌汛大涨，漫口林立，利津等处口门大者数百丈，小者亦数十丈	南岭、北岭当年四月堵住；其他的当年三月堵住
		左岸	左家庄		
1883年5月18日	伏汛	左岸	崔家庄、盐窝、十四户	在崔家庄处口门刷宽至二百余丈	十四户于次年2月堵口，其他不详
1883年9月	秋汛	左岸	四图、赵庄	霜降后黄流复涨，蒲台县四图等处（后归利津县）均被冲决。近海之樊家寨等数十庄被淹，死伤居民甚众	当年堵口
		右岸	许家沟		
1883年10月	秋汛	右岸	十四户、小李	因背河漏洞决口，淹望营乡70余村，溃水汇入徒骇河	次年二月堵合
1883年12月15、16日	凌汛	左岸	小李	连决6口，小口5处先后堵合，大口宽约40余丈	次年四月堵合
		右岸	卞家庄	连决4处，合计宽约70余丈	
1884年2月	凌汛	左岸	王家庄	1—5号坝决口，宽约150米	不详
1884年5月11日	伏汛	右岸	宁海	漫决数十丈	七月初十日，十四户当月堵合
		左岸	张家滩、十四户		
1884年7月13日	伏汛	右岸	卞家庄、张家庄	先后决口	不详
1885年5月	伏汛	左岸	三不赶	黄水围城	即月

续表

时间	汛别	岸别	地点	决口情况	堵口时间
1889年3月	凌汛	右岸	南岭、北岭、韩家垣	漫溢成口,河流东徙由毛丝坨入海	未堵
1891年6月	伏汛	右岸	路家庄	水由南旺河入海。利津东北乡、广饶北乡均被水灾。口门宽五百余丈	当年十月
1892年3月	凌汛	左岸	扈家滩		次年
1892年6月29日	伏汛	左岸	张家屋子	埝顶漫溢,冲刷塌陷三十余丈	当年7月
		右岸	彩家庄		
1895年6月12日	伏汛	左岸	吕家洼	漫溢成口,宽五、六十丈,水由正北入海	次年12月
1895年6月16日	伏汛	右岸	南岭	民修小埝坍塌过水刷成口门五十余丈	当年
		左岸	赵家菜园	大溜北趋,一夜间将堤顶塌尽决口	
1895年6月20日	伏汛	右岸	十六户		

资料来源:利津修防段编纂办公室编《利津县黄河志》(韩业深主编、张相农副主编,内部刊行),1986年,第17—19页。

1855年至1883年这一时期黄河尾闾决口的具体时间和破坏程度都已记载不全,唯一可从利津县志中找到决口的地点为姜家庄、扈家滩、大田、扬沟涯、阎家庄、张窝庄、孟家庄、韩家垣(3次)、辛庄(2次)、十六户、永阜、陈家庄、北岭(2次)、盐窝、北关、西滩、南岭等十七处地方。

由以上表格可以看出黄河尾闾决口的频繁程度,1883年决口多达五次,而且几乎每一年都会有决口记载,可谓是"无岁不决,无岁不数决",黄河每次决口带来的破坏力也很大,涉及的区域很广,其中某些产盐的重要地点是黄河淹没最严重的地方,比如盐窝、北岭、南岭、吕家洼、辛庄、十六户等。其中北岭的永阜村和盐窝、吕家洼等永阜场主要产盐中心,屡次遭受黄河决口带来的冲击,直接导致永阜场产盐量的衰落。

论历史时期利津县境内盐场位置变迁与海岸线的关系

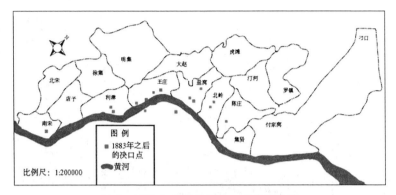

图3 1883年之后黄河决口点位置分布

底图来源：利津修防段编纂办公室编《利津县黄河志》(韩业深主编、张相农副主编,内部刊行),1986年。其中决溢地点中包括原属利津县版图的黄河右岸部分。

那么在黄河水的屡次决口之下,永阜场的滩池副数又经历了怎样的变化,是如何一步步走向衰落直至消亡的？根据文献史料的记载,绘制成如下表格,可以大概看出黄河与盐滩二者之间的关联。

表3 咸丰至光绪年间黄河决口改道与
永阜盐场滩池之灾情及存毁状况

时　间	地　点	被淹滩池	剩存滩池	灾情及堵复情况	资料来源
咸丰三年（1853）		269副		盐垣滩屋各有冲坍	《清盐法志》卷五三《滩池》
咸丰四年（1854）			160副		《利津县续志》卷一《舆地图第一》,第97页
咸丰五年（1855）	兰仪铜瓦厢			利津沿河村庄首次筑埝自卫	《利津县黄河志》,第21页
咸丰六年（1856）	兰仪铜瓦厢	34副		黄河改道穿运夺济直入渤海,利津盐运亦称便利,是时盐池减少,盐价增高,利津灶户获利更厚	《清盐法志》卷五十三《滩池》；《利津县续志》卷一《舆地图第一》,第98页
光绪六年（1880）		轻重共34副		永阜场滩池灶坝多有漫溢之处,陈家庄、信字垣等处决口,均经次第兴修	《清盐法志》卷五三《滩池》

297

续表

时 间	地 点	被淹滩池	剩存滩池	灾情及堵复情况	资料来源
光绪八年（1882）	利津桃园			利津县顶冲黄溜沿河村庄及永阜场盐池灶坝被水多处	《利津县黄河志》，第23页
光绪九年（1883）	南岭、北岭、韩家垣、辛庄、许家沟、卞家庄；左家庄、崔家庄、盐窝、十四户(2次)、四图、赵庄、小李(2次)	被淹小滩30余副，现据各滩户查明尚可修复大半	其余小滩50余副大滩30余副，均获保全	除崔家庄、盐窝不详，其余都已堵口	《利津县志》卷十，第350页；《利津县黄河志》，第17页
光绪十五年（1889）	韩家垣、南岭、北岭		余60多副（河东盐池全被淹没）		《利津县续志》卷一，舆地图第一，第98页；《利津文史资料》第3辑，第6页
光绪二十一年（1894）	吕家洼	河西盐池多被淹	仅余60副		《利津县续志》卷一，舆地图第一，第98页
光绪二十二年（1895）	吕家洼	160余副，决口后冲坏90余副，又续淹30余副	其余副渐次波及，存7副		《清盐法志》，卷五三《滩池》
光绪三十年（1904）	薄庄	永阜场场再次受害，致使利津县所有盐池淹没无存	自此70多年没有盐业生产，永阜场盐大使即于次年归并寿光之王官场	堤顶陡蛰漫溢，口门宽三百余丈。漫水入徒骇河由老鸦嘴入海	《利津文史资料》第3辑，第6—7页

由以上资料整理的表格中可以看出，咸丰五年之后黄河尾闾决口改道频繁并不断破坏永阜场滩池，以至于利津县境内盐业生产走向萧条之路。永阜场的滩池由康熙十六年的446副，伴随着黄河每一次的决口盐滩数额相应减少，1895年之后黄河的决口泛滥非但没有减轻，反而更频繁了。几乎是无岁不决，无岁不数决。主要表现为水患发生的频率高，时间上具有连续性，一年之内就可以发生多次水灾；决口点

集中并分布范围广。由此可以看出盐场的兴衰与黄河的密切关联。"1894—1896年,清光绪二十年至二十二年,黄河三次决口,山东盐区最大的永阜盐场被冲,损失惨重,原西运60州县的盐斤改由官台、富国两场济运。1896年该场再次被冲,滩池仅存7副。光绪三十年(1904年),黄河于利津县薄庄决口,水由徒骇河入海,附近所有盐池淹没无存,永阜盐场于次年并入寿光县王官场。"①

除了黄河频繁的决口改道所带来的灾难之外,还有两个原因导致永阜场的衰落。第一,永阜盐场、滩池所处的地理位置临海,但是远离居民住宅区,修筑堤防劳民伤财,这样的话就提高了救助的成本,同时也降低了政府救助的决心,"惟现查铁门关灶坝以下直至海口,一百数十里,弥望芦苇,向无人烟,筑堤于漫水之中无从下手,费巨工艰,自毋庸议……又原奏保护利津县城一节,广寿等请就沿东南一带河岸,坚筑石堤,以卫城基,或于顶溜处所作挑水坝数道,以资保障"②。因此,人口稠密的利津县城得到更好的救助。第二,是1895年中国的洋务运动彻底失败,中日甲午战争失败被迫签订《马关条约》,政府应对外患,在黄河尾闾决口带来的灾难面前就更是财力不足,资金投入更少甚至最后放弃修整盐场,这样永阜场的衰败直至最后走向消亡就成为必然的趋势。

(三) 原利津县盐场滩池渐垦为良田

黄河的决口改道使得产盐之处均被黄河水冲走,被水稀释后的盐分降低,土壤可以种植农作物,之前产盐的永阜场滩池也慢慢地变成了一片沃土,逐渐成为居民垦荒种植的地方,"光绪八年六月,利津县南北领子决口,海滩灶场淹没多处,逾年合龙地被河淤。灶地之外亦有堪种之田,芦苇深处始有垦户出入"③。"光绪中叶,芦苇深处渐有垦户出入。官府出面迁民安垦,在盐窝设垦务分局,办理丈放土地之事。利津、沾化、广饶、寿光等县之贫民纷纷前来垦殖,罗镇、六合、四扣、义

---

① 山东省盐务局编志办公室编《山东省盐业志》(征求意见稿),1990年,第20页。
② 光绪《利津县志》卷十《利津文征(第一)》,第341页。
③ 《利津县续志》,第24页。

和一带几无旷土。"①光绪三十年利津薄庄决口后,利津县境内的所有盐池淹没无存,盐业生产陷于停顿,农业生产开始兴盛并逐渐取代盐业生产,利津县的产业结构也逐渐发生变化,即由产盐、运盐、卖盐的产业结构转变为第一产业结构——农业的生产。《利津县续志》记载"光绪三十一年,外来垦户渐多,垦务日渐发展,遂于利津县盐窝镇设立垦务分局,别为仁、义、礼、智、信五路一并清丈"②。闻名于世的永阜盐场最终毁于黄河尾闾决口泛滥之中,后来政府将永阜场裁并入寿光县的王官场,利津地区在此后的近半个世纪几乎停止了盐业生产。

三、结　　论

根据以上论述,大体可以得出如下结论:

(1) 黄河造陆与海岸线的淤进方面:海岸线的东北方向移动与黄河在利津县境内的造陆活动密切相关。黄河咸丰五年决口改道由利津县入海,由东南方向改由东北方向入海,黄河从中上游带来的泥沙也会于此淤积,而流经利津县境的泥沙对海岸线的塑造起着至关重要的作用,进而也影响到历史时期各个阶段利津县内海岸线相对位置及其与盐场滩池的位置关系。

(2) 盐场滩池空间分布与海岸线变迁的密切关联:盐场滩池的位置变化大体上与海岸线的位置移动呈正相关,即都向东北方向移动。以历史时期的海岸线和盐场滩池作为两条主线,大致梳理一下历史时期几个阶段二者位置的相对变化。首先是先秦时期海岸线集中于明集乡南望参、利津县城一线的时候,此时的产盐地区主要有谢家灶、杨家灶、孔家灶等分布于海岸线以西的位置;唐代海岸线大致到达盐窝、北岭一线的时候,利津县所在区域的斗口淀是当时产盐之处,这与后来的丰国盐场密切相关;宋代海岸线继续向东推移,利津县作为滨州下辖产盐的四务之一;金代海岸线在利津县铁门关一线的时候,产盐

---

① 《利津文史资料》第5辑,第15页。
② 《利津县续志》,第99页。

处即为后来丰国场之前身(丰国场正式设立于至元二十六年);元代利津县三大盐场正式出现于文献记载之中,产盐机构的设置渐趋完善;明代弘治年间海岸线继续向东北方向推移,海岸线稳定在罗家屋子、老爷庙、郭家局子一线,利津县境内的盐滩数额增多,产盐兴盛,主要表现为丰国场铁门关产盐运盐的兴盛;康熙十六年宁海场、丰国场裁并进入永阜场之后,一个新的更大规模的永阜场成立了,雍正二年,永阜场下辖盐滩随着海岸线的推进而向东北方向推进。嘉庆十四年,永阜场下辖盐滩继续向东北方向推进。雍正年间直至咸丰五年永阜场内盐场滩池的变化,尤其是大清河东岸的盐滩呈明显的带状分布,正是与海岸线的轨迹大致重合。总之,盐场滩池在康熙十六年之前表现为盐滩数量的增多和位置的推移;康熙十六年之后则表现为盐滩数量基本不变,位置继续伴随海岸线而推移。

(3) 咸丰五年黄河决口改道之后,盐场滩池的逐渐缩减:咸丰五年黄河决口改道,盐场开始逐渐受到黄河的破坏,产盐之处不再跟随海岸线的位置移动而向东北方向移动了,而是伴随着黄河尾闾决口改道,盐场滩池副数呈现出缩减之势。永阜场盐滩从康熙十六年时的446副直至光绪二十二年仅存7副,光绪三十年薄庄堤坝溃决,利津县从此停止盐业的生产,永阜场盐业生产走向衰落。 .

导师评论:

  蒋宜兰同学这篇论文的选题,最初一方面出于她本人是山东东营人,便于利用寒暑期前往实地调研;另一方面,学界关于历史时期的盐场分布与盐业生产,区域性的尤其是微观区域的实证研究仍有待进一步深入,历史时期黄河下游的河道变动频繁,流向几经变迁,曾为黄河尾闾所在的利津县境从盐业的角度来看更为特殊县域,故而鼓励她选择利津县这一县域作为研究对象,考察其历史时期的盐场设置沿革与位置分布变迁。前一部分内容此前已整理发表于《海洋文明研究》第三辑。东部沿海地区的海盐生产与海岸线的变迁有着十分密切的关系,海岸线的变迁与否则取决于河口冲刷与淤积动力条件的对比,河流入海口的流向的摆动会迅速影响到沿海地区盐业的生产与盐场位置的变迁。虽然由于作者学力粗浅、文笔疏嫩，文章仍然有不足的地方，但大体揭示了这一县域内的盐场位置分布与海岸线的变迁以及黄河河道变迁之间的关系，可以在一定程度上体现历史地理研究中自然、经济与人文各要素相互联动、蔚为整体的区域性与综合性，是以为记。

民国时期菱湖地方社会与"粮渔桑"农业生态平衡

王梦佳(导师：吴俊范教授)

摘　要：民国时期，以粮、渔、桑为主的农业生产是菱湖地区的重要经济来源，其发展受地方社会因素影响。该地区的农业发展在乡村精英推动、乡村产权维系、市场需求促使等社会机制驱动下，逐步发展为带有浓厚经济色彩的"粮渔桑"并重的农业结构；另一方面，生产技术进步、公司化生产和交通运输发展等因素，亦影响民众生计选择，改变民众对水、土等自然资源的利用。农民、渔民在水资源的争夺过程中，逐渐意识到对环境的过度利用会引起经济利益损失，从而在地方精英干预下，对利用自然的行为加以限制，形成"生态利益自觉"的意识，即在"利益-环境"系统内显现对农业生态的认识，在利益制约下达成农业生态平衡。

关键词：民国时期；菱湖；粮渔桑；农业生态；乡村精英；空间分布

所谓农业生态，即由农业自然环境和社会环境复合而成的生态系统。菱湖地区地势低洼平坦，土壤肥沃，水资源丰富，在这种自然环境基础上，民众因地制宜，长期经营，形成"粮渔桑"经营模式，此为其农业自然环境。然农业生态的运行与调控，既要遵循自然生态系统的原理，又受社会经济发展需求的影响。民国时期社会经济环境要素的介入，使菱湖地区农业生物与非生物环境间相互作用，形成社会、经济、自然复合生态系统。这样复杂的农业生态系统，在民国时期是以何种力量推动的呢？这样的推动对农业生态系统又将带来何种影响？本文利用丰富的民国时期报刊资料，以农业生态学和历史地理学相结合视角，复原民国时期菱湖地区农业生产驱动机制与农业生态环境，并分析民国政府、地方精英、普通民众间对水资源利用的不同立场，从而更好把握人类活动与自然环境间的关系。

一、农业生产的驱动因素

（一）市场导向与农业经济发展

特定区域内的社会、科技、文化和经济等要素综合形成一定的经济活动区域，区域经济中实力强大的中心，会影响到区域的周边地区。近代上海开埠后，因其优越的地理位置、较大的经济规模等因素，成为长江下游区域的经济中心。在此影响下，周边部分市镇逐渐融入以上海为中心的区域经济体系[①]。而湖州的农村经济也正是基于上海经济辐射开始向近代转型，形成繁荣的区域经济。

菱湖地区，因自然环境的适宜，而形成"素以桑蚕、养鱼为活"的农业生产形态[②]。抗战前，菱湖地区桑蚕业发展兴旺，"每届新丝登场，乡船泊于河埠，拥挤异常"[③]。随着国际市场巨大的需求以及对外贸易新局面的形成，湖丝大量销往海外市场。而渔业亦是菱湖经济发展主力，民国时期菱湖在采运、培育鱼苗技术上独树一帜，它与安徽芜湖的三官殿、江苏武进的芙蓉圩，并称华东三大鱼种产地。菱湖鱼种历来供应江、浙、沪、赣、皖、闽等省市。抗战前，台湾年需鱼种约 160 万尾，也主要取之菱湖[④]。

然市场导向所带来的也不尽是正面影响，由于受世界经济危机的影响，菱湖丝业发展至 20 世纪 20 年代末亦进入衰落时期。1929 年前

---

① 戴鞍钢《上海开埠与江南城镇格局演变》，《历史教学》（下半月刊）2014 年第 6 期。
② 沈水邨《关于菱湖蚕事桑业问题案》，《湖社社员大会特刊》第十三届，1937 年，第 202—203 页。
③ 《外埠金融及商情：湖州——市面情形》，《钱业月报》第 1 卷第 5 期，1921 年，第 150 页。
④ 余剑雄《原吴兴县恢复和发展渔业生产的几个片段》，湖州市政协文史资料委员会编《湖州文史》第 14 辑，1996 年，第 102 页。

后的国际市场萧条,整个国际大背景下丝价低迷。而江南丝织业又引入品质较劣且价格低廉的人造丝,致湖丝价格暴跌,湖州丝业生产日益萎靡,销路日疲;加之税收等层层剥削,农民苦不堪言。

战争对菱湖地区的农产品市场打击更是致命。渔业方面,原本大量销往上海的池塘养鱼,因"战事影响,交通阻塞"①,以至于大量河鱼无法运沪,"人民经济拮据"②。不仅与外界市场沟通受阻,本地市场亦遭到破坏,农业生产基本停滞。当时的报刊有记载菱湖在战时之情况如下:

> 菱湖,原是我重游的旧地……但西栅市镇屡经敌机肆虐,登陆烧杀后,繁盛所在,已是一片焦土。现在商民们多临时搭建起一间一间的草房,于风声鹤唳之情况下,勉为其生计。东栅受祸较轻,房屋依然,而开业情况已减,仅有早市和晚市,日中,日间只有茶肆小摊,还留点人影。③

历经兵燹,菱湖到处是断垣残壁、瓦砾之场,战争带来的还有社会治安的混乱。由于农业生产的萎缩与民众购买力的锐减,致使商业经济一落千丈④。经济衰退致使流寇四起,当时菱湖区北乡,有渔民费鼎新,战前养鱼起家,颇有积蓄,忽然被突来绑匪四人,先行抢刮,后将费某架去⑤。混乱的社会治安无法为农业发展提供稳定条件。

由此来看,市场需求与菱湖地区农业经济发展密切相关,近代经济体系促使该地区的农业经济快速发展,亦受经济危机和时局变迁的扰动,最终为地方社会精英力量的渗入奠定条件。

(二)乡村水土资源的归属权演变

土地是农民生存之本,然民国时期大部分土地所有权逐渐集中在田主手中,农民只具有不完全的土地使用权。以吴兴为例,自从遭遇太

---

① 《菱湖鱼户来沪接洽运输》,《社会日报》1937年12月17日第4版。
② 《菱湖沦陷后之近况(四)》,《东方日报》1938年3月16日第2版。
③ 詹昭容《菱湖行——浙西回忆录》,《胜利》第27期,1939年,第15—16页。
④ 姚志卫《章荣初建设菱湖始末》,湖州市政协文史资料委员会编《湖州文史》第16辑,1997年3月,第214页。
⑤ 《菱湖渔民被匪绑去》,《水产月刊》复刊第1卷第5期,1946年,第79页。

平天国战争后,该地区田亩大多荒芜,后召集客民来湖开垦①。至战后,农民入不敷出,土地产权逐渐外移,大量自耕者变为佃农;因地价低贱,农民的土地多为大田主兼并。据1935年经济调查,菱湖镇农民有田者约占23%,其余的地权均归大田主所有,而大田主再将土地租与佃农和半自耕农耕种。这些田主中,田地多者每户达数千亩,普通者亦有五六百亩②。如此集中的地权,即便是在浙江其他各县中,也是较为罕见。

吴兴农民因桑蚕业的经济价值而对其尤为重视。种桑所需土地较少,若按照土地数量来算,十分之九植桑者为贫农,但若根据收入为标准,则有中农甚至富农。因此菱湖地区桑地在农业用地中所占比例较大。在"民国十年前后,蚕桑产销最盛之时,蚕桑与种稻比重相比较,蚕桑收入占七成,种稻占收入三成"③。

除蚕桑及稻作外,嘉湖一带河流纷歧,鱼荡众多,菱湖一带居民多兼营养鱼。所谓鱼荡,即养鱼的浅水湖。民国时期菱湖的鱼荡一般归邻近田地的官僚、大商家、大地主私人所有,客民向荡主租赁鱼荡,每年按亩缴租,这种生产关系被称为佃主与渔佃户。

表1　菱湖地区官僚、大商家占有鱼荡统计

性　质	地点	名　　字	职　位	使用方式
官僚	菱湖	沈金鉴	浙江省长	租与就地坟亲
官僚	前邱	吴家(代表:吴用、吴康)	明末做官至民国	租与就地坟亲
官僚	竹墩	沈家(代表:沈仲甫、沈瑞鳞)	明末做官至民国	租与就地坟亲
官僚	荻港	章家(代表:章宗元、章宗祥)	代代有官	租与就地坟亲
官僚	菱湖	孙家	榜眼	租与就地坟亲
官僚	菱湖	王家	状元	租与就地坟亲

---

① 张根福、冯贤亮、岳钦韬《太湖流域人口与生态环境的变迁及社会影响研究》(1851—2005),复旦大学出版社,2014年,第62—66页。
② 建设委员会经济调查所统计课《中国经济志·浙江省吴兴、长兴》,建设委员会经济调查所,1935年,第32,16—17页。
③ 中国经济统计研究所《吴兴农村经济》,《民国时期社会调查丛编·二编·乡村经济卷》(上),2014年,第750页。

续表

性 质	地点	名 字	职 位	使用方式
大商家	菱湖	唐广丰	大丝商	购良荡放租护坟
大商家	菱湖	杨万丰	大丝商	购良荡放租护坟
大商家	菱湖	钱宏顺	大丝商	购良荡放租护坟

资料来源：邱寿铭《记吴兴县近六十年来荡鱼业生产发展和销售概况》，载湖州市人民政府地方志办公室编《湖州民国史料类纂与研究》（个人遗作"邱寿铭专辑"），沈阳出版社，2015年，第146—153页。

由统计结果来看，官僚乡绅与大商家所占鱼荡众多，且并非自己经营，多租与他人。官僚乡绅以一定共同利益为纽带维系其宗族关系，比如竹墩沈氏，为典型的近世绅族，始于元代，盛于明清，其家族形体一直绵延至今，无论是纵向绵亘的生命力还是横向施展的能量皆十分惊人。其家族维持的方式中，族产是运行和发展的经济基础，如祭祀所需费用，通过设立祭产收取①。菱湖的孙氏，在其《墓祭规约》中，也有提到祭产管理，即本族所有的地荡租息，由专人管理，向各家收取。由此可见在世家大族手中的地、荡资源，多是由大地主自家使用②。而大商家所购良荡多用于收租。

当然，鱼荡的所有权并非固定不变。随着资本向乡村渗透，一些破落乡绅资产被收购。如此一来，民国时期没落的旧官僚将荡产卖与地主商人，商人又通过资产经营，获得更多的资产，投入到新的兼并中。如1917年吴兴县沈茂山因经济拮据，将地、荡卖与他人③。如菱湖之南的沈云斋，继承父业养鱼，积累资金后，收购就近良荡数十片，甚至菱湖沿乡良荡也被购买，成为南乡之大地主④。此后，又与地方精英章荣初交好，最终由商人一跃崛起成为占据一方的势力。

---

① 周扬波《从士族到绅族：唐以后吴兴沈氏宗族的变迁》，浙江大学出版社，2009年，第310页。
② 费成康《中国的家法族规》，上海社会科学院出版社，2016年，第279页。
③ 湖州市博物馆《吴兴县沈茂山所立田地买卖契》，1917年。
④ 邱寿铭《记吴兴县近六十年来荡鱼业生产发展和销售概况》，湖州市人民政府地方志办公室编《湖州民国史料类纂与研究》（个人遗作"邱寿铭专辑"），沈阳出版社，2015年，第148页。

综上而言，民国时期菱湖乡村的农田、鱼荡等土地所有权，大多仍集中在大官僚、大商家手中。清政府虽已覆灭，但由科举制和宗族制所建立的秩序规范，仍然对乡村秩序存在有效的控制功能。随着资本渗入农村，资产阶级大地主与地方乡绅逐渐联合，成为民国时期农业生产、农业经济发展的重要影响者。

（三）乡绅与团体：舆情推动农业建设

冯贤亮教授在研究太湖平原的城乡变迁时提出乡绅主导的乡村社会是维系传统中国发展的重要基础①。至民国时期，乡绅仍是地方社会主干力量。经过辛亥革命、五四运动等社会剧烈变动，各种新思想的激荡，使菱湖部分乡贤、精英联合起来，形成团体组织，并充分利用报纸、杂志等发表自己的诉求，以实际行动推动社会建设，在税费征收、市场开拓、战后重建等多方面影响着农业发展。

菱湖地区的渔业发展离不开当地乡绅及社会团体利用舆论途径给予的支持。20世纪初，为了应对战争造成的中国渔业衰落之势，陈公博于1932年就任实业部长后出台渔业发展计划②。计划的实现需要大量经费，因此，政府决定征收"渔业建设费"。对此，渔民、鱼行、渔商持不同态度。对渔民而言，"窥池荡蓄鱼，既纳相当之赋税，又费巨大之资本，利微本厚，何能重负，不得以除"③。而鱼行认为渔民捕之于海，渔商运销于市，鱼行售出之货，大半由渔商运输而来，建设费应由渔商扣取④。在重重苛捐下，1 300余户蓄鱼农民于9月18日联名呈文，呼请行政院、实业部抚恤民间，准予免除⑤。并致函《湖州月刊》代为发声。湖社委员会主任委员陈其采等代为请命，分别致电国民政府行政院、实业部，陈述湖属渔民之艰难和增税之不合理。对此陈公博回复："现据吴兴代表声称湖太苏征收分处，不恤民艰，到处苛

---

① 冯贤亮《太湖平原的环境刻画与城乡变迁》(1368—1912)，上海人民出版社，2008年，第402—404页。
② 《实业部计划整理渔业》，《申报》1932年12月4日第7版。
③ 《本社呼请撤销湖属渔业建设费之经过》，《湖州月刊》第5卷第5—6期，1933年。
④ 《渔商继起反对征费》，《申报》1933年4月4日第10版。
⑤ 《本社呼请撤销湖属渔业建设费之经过》，《湖州月刊》第5卷第5—6期，1933年。

扰,形同厘卡,应请迅电江浙区渔业改进委员会,先行制止勒征,以免酿成事态。"施行撤销菱湖、南浔等处厘卡,为湖属"渔业建设费"的废除奠下基础。11月21日,行政院召开第135次会议,会议中决出6项议案①,其中第六项即为:"奉实业部命令,限本月底结束,建设费亦定即日停止征收。"②至此,在地方社会力量的发声下,"湖属渔业建设费"停止征收。

另一方面,地方经营者如章荣初、潘润生等提出恢复受世界市场萧条、战争破坏的农副业。他们认为"改良蚕桑,推销丝绸,固属要问,而提倡农业副产,实为刻不容缓之事"。并提出主要办法:(1)筹设农业试验场;(2)酌派留学生,专心农业种植与畜牧;(3)商请各级中学,添设农科,培养农业专门人才③。同时,社会各界提倡购买国货丝绸,以扶持桑蚕业④。在战后菱湖重建方面,章荣初提出培育桑树树苗,供菱湖区各乡恢复桑园所用⑤。在施家桥青树农场,开荒地四百余亩,用作桑苗场;同时提倡精细化的害虫治理;渔业方面则提出本区鱼苗自产,开辟外荡养鱼,并使用机械加工渔业产品等⑥。这些乡绅、团体不仅提出措施,而且还筹集资金将其实施,这在一定程度上推动了民国时期菱湖地区的农业现代化发展。

民国时期菱湖地方乡绅的社会控制力、社会团体的新闻报纸宣传力,与政府解决矛盾的能力形成鲜明对比。地方精英、报刊媒体等为社会群众发声,更凸显民国政府的无力。随着社会层面的呼吁,以及国民政府本身政治力量的缺失,其所扶持的农业发展措施,因缺乏民

---

① 《关于我国水产业之新闻:行政院会议通过停办渔业局及停征渔业建设费》,《水产学报》第1卷第3期,1933年,第125—126页。
② 《渔业机关停止进行:渔业局、改进会、收收处等均停顿》,《申报》1933年11月23日第9版。
③ 虞仲咸《请求提倡农业副产以期复兴湖州案》,《湖社社员大会特刊》第10届,1934年,第123—124页。
④ 《湖社函请各界提倡国产丝绸》,《申报》1932年6月22日第11版。
⑤ 徐商寿《章荣初及其菱湖建设》(菱湖专访),《南浔周报》1947年第4期,第5—6页。
⑥ 《乡土重建的一个实验——记实践中的菱湖建设》,1948年9月,湖州市档案馆,档案号:313-7-33。

众意识形态的认同而显得软弱,最终民国政府的国家权威在地方精英所代表的民众利益诉求中不断被解构。

二、"粮渔桑"并重的农业生产

(一)农业精细化生产起步

所谓精细化农业生产,是与粗放式经营相对立的生产形态。现代意义上的精细农业是指依靠现代信息技术,根据田间土壤肥力、农作物生产水平以及气候影响来调整灌溉水量和施肥量等,从而实现低投入高产出的经济效益最大化的生产方式。事实上,农业生产相比旧有方式发生较大改进,亦可称之为精细化生产。因此,从农业发展的延续来看,可将民国时期的农业发展作为精细化起步阶段。

菱湖的农作物栽培在民国时期得到推广改良。为了改良农业,1934年,菱湖镇、袁家汇等对麦稻事业做详细调查,结果显示菱湖镇基本不种麦,有稻田20万亩,主要种植中稻、晚稻,耕地中多施肥,每10亩田用8斤豆饼肥料,袁家汇亦是如此情况。然菱湖地区稻作收获并不足用,需靠长兴之米和无锡之面[1]。之后菱湖水稻种植又在抗战中受到摧毁。在菱湖重建过程中,1946年,章荣初邀请金陵大学农业经济系应廉耕教授赴菱湖等处考察农业,应教授提出:"每市亩水田在水利工具方面,一次永久性的投资二万元,肥料方面每年投资一万五千元。"[2]即以改良灌溉排水工具与增施肥料措施来改进农业。在随后的重建实践中,修筑圩堤及水利成为主要工程,菱湖修筑堤围二十八条,受益田达两万余亩[3]。可见菱湖地区对农业种植生产中对水、肥的重视与改良。

菱湖渔业的精细化发展则表现在对鱼苗的选择与培育上呈现"精养池塘"式生产的特征。其鱼苗多于九江一带购得,长江流域鱼苗产

---

[1] 何庆云、熊同和《吴兴稻麦事业之调查》,《浙江省建设月刊》第8卷第6期,1934年,第1—25页。
[2] 《增加浙西米产量》,《申报》1946年7月30日第2版。
[3] 徐商寿《章荣初及其菱湖建设》(菱湖专访),《南浔周报》1947年第4期,第5—6页。

地甚广,多集中在江苏、安徽、江西、湖南、湖北等省①。所购鱼苗有青鱼、草鱼、鲢鱼、鲤鱼、鳊鱼等。鱼苗通过活水船运回菱湖,置于鱼池中,鱼池面积大者一二百亩,小者数十亩;深浅一般约为一至二丈左右;若是做鱼苗池,则仅五至六尺的深浅,池底较平,有注、排水口各一个②,养鱼池中必须保持清洁,放养前一至二回,先清扫处理。在炎热天气或者激增大雨天,更注重对鱼病的防治,以减少鱼苗死亡率。这进一步体现了渔业"精养鱼塘"的生产方式。

鱼饲料的选择以天然饵料为主,辅之以少许人工饲料。饲料方面先使用萍沙、豆浆,饲养半个月以后,用板萍、豆渣、糖渣、嫩草,以及碎之螺丝、蚬子等饲养。鱼苗并非菱湖一处专卖,常州芙蓉圩以及芜湖等地的鱼苗商也用活水船收容运售,然"该地产的鱼苗体色低劣,其价格也较低",其鱼苗成色并不能与菱湖相比。除鱼种外,菱湖地区的成鱼养殖池的深度在一丈到两丈深,且三四年清理一回。主要食用的草类有鞭子草、藻菜、浮江草、稗草、燕毛草、地金子草、蒿草,以及螺壳、蚬子、豆饼等。天然饵料带来鱼塘淤泥,仍可用于桑地施肥,因此鱼池周边的堤岸沿旧有传统多植桑树。

桑蚕业的精细化发展体现在丝质的改良和采用机器"公司化"生产。日趋下降的出口量促使蚕桑从业者对丝质进行改良,丝质改良的主要突破口在于与广东地区的蚕种杂交。另一方面,大力筹办缫丝厂,以期推动桑蚕业的发展,比如菱湖镇建设理事会会长潘公展,为谋求复兴丝织业,组织乡绅章荣初等,筹款组建菱湖缫丝公司,建造新式厂房,装置最新回转式缫丝车450部,足以见其生产规模与技术的进步③。除此之外,对于蚕桑的病虫防护也十分重视,菱湖地区的桑树病虫一般多为桑螟、桑蟥、野虫等,采用巴豆乳剂治理④。

---

① 兴亚院华中联络部《菱湖水产养殖业的调查》,《民国时期经济调查资料汇编三编》第17册,2016年。
② 洪滨《菱湖养鱼业调查》,《水产月刊》复刊第1卷第2期,1946年,第45—54、54页。
③ 《潘公展章荣初等组成菱湖缫丝公司》,《征信新闻》(上海)第636期,1948年,第3页。
④ 刘在琦《吴兴·德清桑树害虫防治记(附表)、指导防治经过》,《浙江农业》第61—64期,1946年,第4—9页。

综上所述,这一时期菱湖地区农业、渔业、桑业都朝更为精细的方向发展。这个精细化生产的起步阶段表现在水稻品种的改良推广、"精养池塘"的投入、"公司化"的蚕桑生产等一系列行为。

(二)农业产品的社会经济互动

由于菱湖地区水网密布,因此船对其居民而言,不仅是生活方式的选择,更是生存手段的载体。明清时期运输以小船只为主,至民国时期,随着交通航船技术的发展,在菱湖与上海、杭州、嘉兴等地的互动中,内河航运成为重要交通线的组成部分。因此,以内河航运为媒介,嘉、沪、杭与菱湖地区经济互动关系尤为密切。探究内河航运在近代上海与菱湖地区互动之中的重要性,及其对菱湖地区农业发展的推动,有利于洞悉该时期的农业发展态势。

菱湖地区的地势与水网条件使得此地区水陆交通极便,因此船便成为该地区的主要运输工具。航线的开辟对粮、渔、桑产品的流通具有重要作用。活水船是菱湖运送活鱼的专用船,尤其是 20 世纪 30 年代,菱湖地区共有大小活水船五百余艘,每年 1—3 月,平均每日有 60—80 艘活水船将活鱼运往上海。除了专运鱼类的活水船之外,还发展有便利的班船航线,运送蚕桑产品。现将经过菱湖的重要航线统计列表如下①:

表 2　经菱湖地区重要航线表(1935)

航线名称	起止地址	经过地名
湖杭线	湖州至杭州	袁家汇、荻港、菱湖、双林、新市、塘楼
湖武线	湖州至武康	袁家汇、荻港
湖乌线	湖州至乌镇	袁家汇、双林
湖嘉线	湖州至嘉兴	袁家汇、荻港、双林、乌镇、双桥埠

资料来源:《1935 年经菱湖地区重要航线表》,据建设委员会经济调查所统计课编《中国经济志·浙江省吴兴、长兴》筛选整理。

---

① 建设委员会经济调查所统计课编《中国经济志·浙江省吴兴、长兴》,建设委员会经济调查所,1935 年,第 32、16—17 页。

从以上航线来看，菱湖地区的航线主要是往东部及东南方向。究其原因，东部上海、杭州等地区经济更为发达，市场需求较大。当然，这些地区也靠近海，有海洋捕捞渔业的产品提供，但菱湖地区的渔业之繁荣，甚至甲于东南地区[①]。渔业产品作为具有时效性的消费品，需要及时运往消费地，轮船是当时最合适的选择。菱湖渔业、桑蚕产品为了大量运输至沪市，特设招商、内河、正昌、立兴、利兴、源通等轮船公司[②]。货物运输一般以航船居多，其主要原因便是航船运费更为低廉。

各种船类交通不仅作为沟通菱湖地区与周边各埠的交通工具，也带动菱湖农业经济发展。据阿尔弗雷德·韦伯的区域经济理论，区域经济中心的形成，需良好的交通条件。自生丝成为对外贸易的重要出口商品，湖丝就成为外销主要产品，利润颇丰。交通工具的日益完善，以水陆联运，借助上海重要的外贸输出地位，便于菱湖商品的流通，同时也带动周边农村经济，形成较高层次的市场范围。

三、环境平衡：民众生计纷争与
生态利益自觉

通过探讨菱湖地区农业生产精细化的驱动机制，以及在此驱动下的精细化农业生产形态，可看出影响该地区农业生态环境变化的因素是比较复杂的，包括社会环境和自然环境两方面。自然环境影响民众生计选择，菱湖地区湖荡、河道港汊众多，为当地民众提供物产资源；而市场需求下地方精英的推动也进一步促进农业生产精细化发展，民众从自然环境中索取资源愈发强烈的行为，必将反作用于自然环境。因此，民国时期的农业生产对生态环境有着重要影响。

（一）农、渔纷争：农田水利与鱼簖

位于太湖南岸的菱湖地区，具有太湖南岸的一般特征，即桑蚕业发达。但具体到菱湖地区内部，又与整个太湖南岸的整体特征存在一

[①] 洪滨《菱湖养鱼业调查》，《水产月刊》复刊第1卷第2期，1946年，第45—54、54页。
[②] 《内河五轮公司转运菱湖河鱼》，《申报》1935年11月26日第9版。

定差异。桑蚕作为太湖南岸农村的主要经济来源，在洪璞的研究来看，遭遇风险易倾家荡产，不足以支撑农民生计。农民生活中需要先解决温饱，而后才会步入农业经济道路。据洪璞在《明代以来太湖南岸乡村的经济与社会变迁》中统计，太湖以南其他农村的农民没有完全脱离粮食生产而全然转向桑蚕[1]。但在菱湖地区，蚕丝生产因其产量既丰收获又速，已经由副业跃为主业地位，该区其他作物，比如水稻、小麦、大豆、排油菜等，据记载只不过是乡间少数的圩田和桑园的间作。这些间作的收获不足以供给本地区粮食需求，需向外埠购买补充；购买粮食需要资金，而本地的经济来源主要为养鱼和植桑，如此情况下，更是推动了养鱼、植桑的发展。鉴于水土资源总量的限制，转向渔业、桑业的生产，则必然与农业种植产生矛盾。

菱湖地区的渔民主要有登陆渔民和船居渔民。登陆渔民属于早期渔民，主要是沿苕溪岸边搭盖茅棚和瓦屋居住，有船只和捕鱼工具，人口较多，生活稳定。比如下昂，其西面就是东苕溪，从埭溪到碧浪湖，这段区域内，河道纵横，桥梁较少，深湾孤墩较多，渔民居住村落有陆家坟、漾里、漾潭里、翟家汇、渔船墩、百家漾、渔船庄、大盘河、杨树梗等，菱湖、荻港和长超、千金一带更多[2]。除此之外，还有居住在渔船上的渔民，他们在岸上没有定所，以船为家，生活和生产均在船上，生活不稳定。

菱湖渔民所获渔产，或在菱湖周围贩卖，或销往上海市场。因交通的发展和沪市消费需求，上海、杭州等周边地区成为菱湖渔产品主要销售地。这种销售有散卖的，比如菱湖的渔民就常常从水路自行摇船至朱家角，将水产送货给施记等几家鱼行，他们卖掉鱼后，也要逛街买些日用品[3]。亦有通过鱼行或渔业公司进行的交易。渔民在鱼荡养鱼需要建成竹箔拦鱼，即将竹子插在水中，将水阻隔成塘，阻挡鱼类从而方便捕捉，此即为鱼簖。其水面上仅仅露个头，有的呈"之"字形，有

---

[1] 洪璞《明代以来太湖南岸乡村的经济与社会变迁——以吴江县为中心》，中华书局，2005年，第57页。

[2] 邱寿铭《记吴兴县近六十年来渔民的生活状况》，《湖州民国史料类纂与研究》（个人遗作"邱寿铭专辑"），第157页。

[3] 钱昌萍《商镇市景》，上海三联书店，2007年，第90页。

的呈"凹"字形,围住河泊的一隅。当过往的鱼儿不知不觉游入其中,如同落入陷阱,这时划着小船进去捕捞,犹如瓮中捉鳖。

然而渔民在水面设置鱼籪,却与农业水利产生矛盾,致使渔民与农民屡起争执。究其原因,首先鱼籪是阻碍河流宣泄的重要原因,如菱湖镇安澜桥河道为苕水经流重要通道,但渔民沿河流等多处建船坞房屋石塥,侵占河面一丈之多,北岸沿河一带也有新建房屋侵占河面一丈有余,以至于河身日渐狭窄,流量阻滞①。除了渔民建筑占用水面,更严重者企图通过占用河道设立养鱼公司。比如在菱湖东栅市河之南浜村、马家村、赵家湾等处十余里的四面支流,尽被层层密布筑籪养鱼,水流被阻碍;还有记载杨垂青等人将菱湖东栅外直至乌林庙等河面,围以竹籪,发起养鱼公司②。养鱼公司模式推动渔业发展,但却影响了农田水利。

政府也认识到此问题并试图解决,于1926年曾令浙西十五县查明河道鱼籪情况,并定法立限拆除浙西各河道鱼籪,以防阻碍水流,淤塞河道,贻害农田水利③。但实际操作中却困难诸多,渔民并不执行,甚至社会地位较高的乡绅,比如菱湖孙家,直接上报浙江省政府主席,提出孙家等漾并不妨碍水利,请求暂缓取缔④。后浙西鱼籪取消之事也不了了之。

但渔民养鱼与农民农田水利之事并未得到妥善的解决,至1931年后,此矛盾又浮出水面。当时水利议事会颁布规则,要求浙西余杭、吴兴、嘉兴、嘉善、平湖、桐乡、崇德等十一县查明鱼籪位置,以决定鱼籪之废存⑤。在颁布取缔浙西鱼籪规则后,渔民与农民各持理由,时起

---

① 蒋玉麟、陈邦彦、夏超《呈请令催督拆吴兴城市河暨菱湖安澜桥沿河等处新建船坞房屋石塥以重水利文》,《浙西水利议事会年刊》第4—6期,1929年,第356—357页。

② 蒋玉麟、陈邦彦、夏超《呈报吴兴菱湖镇东栅市河暨南浜村等处筑籪养鱼阻遏水流议请饬县严限拔除文》,《浙西水利议事会年刊》第4—6期,1929年,第355—356页。

③ 蒋玉麟、陈邦彦、夏超《呈请严令取缔浙西各河道鱼籪查明拆除以畅水文》,《浙西水利议事会年刊》第4—6期,1929年,第324—325页。

④ 张难先《批吴兴县陈鹿苹等代电为钱山西孙家等漾鱼籪并不妨碍水利暂缓取缔由》,《浙江省政府公报》第1373期,1931年,第17页。

⑤ 《工作概况:一阅月之农矿渔牧——饬查浙西鱼籪地点》,《浙江省建设月刊》第6卷第10期,1933年,第46—47页。

争执。农民借此机会欺诈,诉讼不休;渔民以此关系生计,拒绝照章执行拆除。水利局面对此种情形,最终在地方社会的争端中做出让步,将农田水利和渔民生计相兼顾,对阻碍农业水利的鱼簖,征收一定费用,用于河道疏浚,以发展农业水利[1],以此达成生态的暂时平衡。

纵观民国时期渔、农两大产业关于养鱼水面与农田水利间的矛盾纷争,不难发现,尽管二者因资源需求而存在冲突,但这种冲突仍在可以调控的范围内。在乡绅、政府的调解下能够共存共生,并在生态环境、农业生产、社会经济间寻求到平衡点,即从部分影响农田水利的渔业生产中征收费用,用于河道疏浚。

(二)利益自觉:农业生态环境平衡

在社会利益驱动下,人们利用自然资源的过程中,逐渐认识到某些行为会对自然环境带来一定的影响[2]。而这种对自然环境的改变可能会对自身经济利益带来损失,因而对利用自然的行为加以限制,此为"生态利益自觉",即在"利益—环境"系统内显现对农业生态的认识,这种认识带来的是"粮渔桑"农业生态环境的相对平衡。

植桑是蚕桑产业的上游端,而桑园是蚕桑产业的基础,杭嘉湖地区是浙江地区的蚕桑重区。湖州则以植湖桑品种为主,湖桑属鲁桑系,树干直立,枝条粗长,叶大有光泽,分青皮湖桑、黄皮湖桑、红皮湖桑等,主要特性耐湿耐旱[3]。因菱湖西部接近山地,天目山之水奔流而来,山水较多。至山水泛滥之时,泛水急聚于西部,池塘进排水等易受水流冲击,或堤坝不稳被冲毁,不利于桑树的生长,因而东部桑树种植多于西部。

民国五年(1916)由军事委员会军令部测绘的地图(图1)可以对以上分析做验证。该图测绘于民国五年,此时桑蚕业生产处于较为繁盛时期,桑园连成片。除此之外,其分布还受市场影响,即桑蚕产品的主

---

[1] 《这一月:水利要闻:取缔浙西鱼簖》,《浙江省建设月刊》第9卷第7期,1936年,第18—19页。
[2] 陈涛《从"生态自发"到"生态利益自觉"——农村精英的生态实践及其社会效应》,《社会科学辑刊》2012年第2期。
[3] 章楷《中国古代栽桑技术史料研究》,农业出版社,1982年,第4页。

民国时期菱湖地方社会与"粮渔桑"农业生态平衡

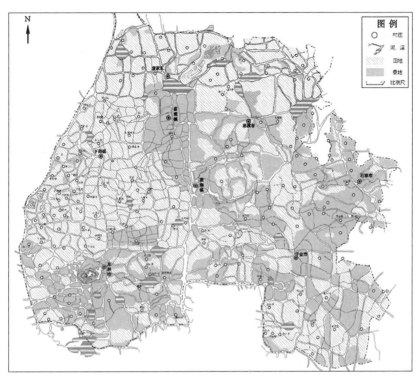

图1　菱湖地区田、桑、水分布图(1916年)

1.据浙江古籍出版社2013年出版的《浙江民国地形图》中,军事委员会军令部第四厅制的民国《菱湖镇》五万分之一图改绘;该图于民国五年测绘,六年六月制版,二十八年八月复制,三十四年七月印刷;2.该图包含村庄、河流以及田地、桑地的分布信息。

要市场在上海,则生产的中心也逐渐向东偏移。事实上,据洪璞研究,表明蚕桑及产品的生产重心确实在向东线偏移。菱湖地区西部村庄更密集,而东则较为稀疏,造成此现象的主要原因是水网格局不同,西部靠近东苕溪和山地,水流湍急,水网更为破碎化,圩田偏小。

除了在经济效益的驱动下利用自然环境外,民国时期在地方精英的带动下也有一定的"生态利益自觉",从而对环境加以维护。而这种生态自觉是基于追求自身利益的基础上[①]。比如菱湖地区的农业生态

---

① 陈涛《从"生态自发"到"生态利益自觉"——农村精英的生态实践及其社会效应》,《社会科学辑刊》2012年第2期。

系统里,除了种粮、养鱼、植桑,还有种菱。菱湖区中种菱最发达的区域,荻港乡算得第一,农家在每年的三月间,把上年所留菱种,撒到河荡里,或把菱种放到竹筒内,浸入河中,也有的是上年度的菱种自然坠落下去的。到了四月间,菱农多于河荡中,取新生的菱毛卖给各农家栽植。一般而言,在河荡中养鱼与种菱是不冲突的,但草鱼的放养则为本地人所不许,因河面皆种菱,倘若养草鱼,那么荡内的菱将被鱼所食,损失甚大,故外荡公河以内,取缔草鱼之养殖。这种为了维护荡内菱、水草的生长,而限制草鱼放养的行为,即因利益冲突对生态概念有了早期的行为改变。除此之外,关于农民与渔民间因为渔民设置鱼簖在水面养鱼的行为,一方面触动农民的农田水利利益,另一方面影响河流水利的疏通,因而民国时期曾提出取消鱼簖。这种行为亦是在"生态利益自觉"效应下维持水网的活水周流,对水环境的保护。

四、结　　语

相比民国以前菱湖地区因优越自然环境,产生养鱼植桑农业副业,民国时期桑蚕、渔业逐渐进入农业主业地位,其主要原因是社会经济环境如市场利益、乡绅地主等的驱动,因而这一时期的农业结构主要特征是"粮渔桑"并重。

民国时期菱湖地区的"粮渔桑"农业生产实现了精细化发展。水、土权多把持在官僚、乡绅、商人手中,因土地、湖荡可以用于买卖,致使资源集中在大商人手中,利于大规模生产。而地方社会的乡绅如章荣初,团体组织如湖社等,通过舆论促进菱湖地区稻作的改良推广及水利兴修,渔业、桑蚕业的"公司化"经营,为粮、渔、桑农业发展做出积极推动。此外,近代交通的发展,使菱湖的农产品可以销往全国甚至远销海外成为可能。正是公司制的农业经营方式出现、农业技术的改进、轮船等交通运输方式的发展,使农业的市场化与专业化色彩增强。

在社会经济环境的影响下,菱湖地区农业结构间矛盾频发,并蔓延至农业生态环境中。因距东苕溪之远近、鱼池之价格、桑树之习性等相关要素的影响,菱湖地区形成的桑基鱼塘系统在中西部更为显著,而东部则主要表现为连片桑园。另一方面,渔业、桑蚕业地位的提升,与稻作的争端频发。具体表现在对自然资源的分配,渔民在外荡捕鱼或池塘养鱼,阻断农业水利;或桑地种植占用粮食作物,使本区水稻、小麦、大豆等粮食作物只能成为间作物。不管是渔民阻断河流养鱼,抑或是农民多种植桑柘,究其根本原因,仍是社会经济利益的驱动。从国家的治理逻辑来看,因国民政府缺乏对底层社会的控制力,无法达到对农业生产的实质影响,最终只能在地方社会精英的作用下尽力寻求调和。幸而这一时期农业与渔桑副业的矛盾仍在可以控制范围内,为了利益的追求,使对自然资源的利用可以相互牵制,达到经济与生态的平衡点。

(本文为吴俊范教授主持国家社会科学基金项目"近百年太湖流域的水环境变化与民众生计适应研究"〔16BZS022〕中期成果之一)

导师评语:

本文为历史地理学 2016 级硕士研究生王梦佳学位论文的部分内容。学位论文题目是《菱湖地区"粮渔桑"农业生态变迁研究(1912—1990)》,在学位论文答辩会上被评为本专业优秀论文。

本文以历史地理学的人地关系视角,展现民国时期菱湖地区农业生态样貌及其与地方社会的链接关系。环境与社会的关系是历史地理学长期关注的主题,但如何细致、准确地呈现二者之间丝丝入扣的互动关系,如何揭示不同地理环境下人地关系的实质与历史变化,并为未来自然资源日趋紧张的局势下人类社会的健康发展提供有益经验,却一直是一个充满挑战性的问题。在这方面,学者一般立足于不同区域进行研究,成果不可谓不丰。本文选取的是江南水乡核心的一个小区域"菱湖",对其 20 世纪上半期以水环境为中心的"粮渔桑"生态结构及社会环境进行呈现,可为江南生态环境史研究提供微观的个案参考,因为鱼米蚕桑经济在江南历史上是具有典型意义的经济模式,这种模式如何运作、与区域环境之间的和谐性等问题,值得深入探讨。

本文研究区域虽小,却需要历史、地理、经济、农业、水利、生物、土壤等多方面的理论知识和实证性的资料,更需要对知识和资料的科学理解和重构,在这方面,作者还需要不断努力。

宋元以来严州府城形态研究

赵 界（导师：钟翀教授）

一、研究方法与图文资料简述

单纯依靠零散、笼统的文字记载，很难将宋元以来严州府城形态的演变进行直观的展示与分析，故采用城市历史形态的空间复原方法无疑是最为有效的。这一思路就是运用城市早期的大比例尺实测地图，结合丰富的历史文献资料，复原获取古代城市某一时间断面的空间平面图，由此进行直观细致的平面分析。

严州之名于北宋宣和三年（1121）始定，时建德县为其附郭，当年此城缩建12里2步罗城[①]，后几经修缮，但形制未变，咸淳间升府，以为京师门户，元至元间城墙毁于战火，后于至正二十一年（1361），由朱元璋的属将李文忠重筑8里23步罗城，此后一直沿用至民国初期。五六百年来城池历大小近三十次修缮，但城池位置、城墙走向，均无大变化，且城池内部形态的变化过程也清晰可见。由此可推测城内地物的明确发展脉络，且使得在讨论宋元以降严州府城形态的过程中，能够有一个相对稳定的物理空间平台，其基层管理组织的演变也有迹可循，即宋代的"厢""坊"—明代的"坊""都""图"—清代的"庄"。

资料分析是本文研究严州古城的基础工作，明确传统资料及传统舆图的状况与性质，有利于在不同时间断面上清晰展示该城空间格局

---

① 〔宋〕陈公亮修《淳熙严州图经》卷一《城社》："……刁衎《大厅记》云：'陈晟筑罗城，按《旧经》：周回十九里，高二丈五尺，阔二丈五尺。'"台湾成文出版社，《中国方志丛书》本，1983年，第43页。又据《新唐书》卷一八六《周宝传》载："（中和）三年，……柳超自常熟至睦州，刺史韦诸杀之。四年，余杭镇使陈晟攻诸，诸以州授晟。"中华书局，第5416页。

的发展。

地图资料方面,除《景定严州新定续志》外,其余方志中均有对城市内部进行描绘的传统舆图,不过,虽然这些地图中对城墙、水道、建筑等有所描绘,但其位置颇为写意,变形严重,在进行图上复原时只能作为参考;此外,民国八年修成《建德县志》卷首有(建德)《九十丈开方图》[1],此图采用计里画方法绘制,图中方格边长代表实际距离九十丈,作为大比例实测地图,其对于民国城内街巷及巷名的记载较详,同时结合1986年《建德县志》及《地名志》对旧街道改造的记载可以完整、准确地标出城内旧巷之名称,故本文以此图为工作底图。

现存历代地方志是研究严州府城形态的主要文献资料。其中最早当属有"现存最早的一部尚有地图的图经"之称的《淳熙严州图经》,此志附有《建德府内外城图》与《子城图》,详细描绘宋末元初时严州城内街巷、建筑物等主要地物的相对位置,为复原南宋严州城提供有力支撑[2]。此外,宋代另有《景定严州新定续志》,此志记载多为《淳熙图经》之补充,但也为了解南宋严州城内地物的流变提供重要依据。

明代方志之中,最早对城内基层管理组织记载的是刊行于弘治六年(1493)的《严州府志》,此志对城内地物相对位置有精确记录,不论是对城内具体地物的定位,还是对府城平面格局的复原,都是关键性史料;之后万历年间严州府两度修志,分别为万历六年(1578)《严州府志》与万历四十二年(1614)《续修严州府志》(下文以《年号+县志或府志》简称),此两志存在继承关系。就对本研究而言,《万历续志》价值更高,此志除对万历前志进行更新外,还留存了当时严州府城的整体布局和城内街巷等地物的珍贵记载,是复原当时该城平面格局的最重要依据。

入清以后,严州府附郭建德县始有县志留存,城内地物多见记载,其间虽有府志,然于本研究而言参考价值不高。现存最早县志为康熙二十三年(1684)刊《建德县志》,此志上承万历府志,下启乾隆、道光等

---

[1] 绘者为吴中俊,可惜志中并未记载其人生平,故暂将此图绘制时间定为民国八年(1919)。

[2] 经笔者考订,《淳熙严州图经》所附《建德府内外城图》及《子城图》并非原本所附,实经后人修订。

府县志,其中内容对厘清由明至清城内基层管理组织变迁有极大帮助;此后,方志修纂频繁,现今留存方志亦不在少数,主要包括乾隆《严州府志》、光绪《严州府志》、乾隆《建德县志》、道光《建德县志》、光绪《建德县志》等,各志中散落诸多关于清代"坊""图""庄"的内容,也是研究清代府城形态的关键史料。

此外,民国八年编纂的《建德县志》,也是本文所借鉴的重要史料。不仅卷首有上述民国县城实测图——"九十丈开方图",同时卷尾所附教育公产及慈善公产,对地块的编号及所在位置、所属上层管理组织有详细记载,对探讨古代基层管理组织形式演变起到非常重要的支撑作用。

笔者通过对史料的研读,发现自宋以来,严州城的演变有着明晰的线索。因此,基于史料时代越近留存量越丰富的特点,本文对该城形态研究采用上溯法,即首先复原清代府城平面格局,然后基于清代的复原图上溯推演明,甚至宋元时期的严州城。下面笔者先以清中后期诸方志中舆图及文字记载为参考,复原出清代中后期严州府城的平面格局图(图1,具体复原考证详见后文)。

二、清代严州府城内的"庄"

清前期在浙江省施行"顺庄法","庄"作为清代推行的一种基层管理组织,对于地方行政架构与基层社会研究具有较大价值。严州府城相关空间记载较为丰富,因此,笔者拟通过实地调查及大比例平面图的图上复原,直观展现清代中后期城内"庄"的实态与基层管理组织具体面貌,并准确还原雍正时期严州府城内"庄"的平面格局,同时对府城内"庄"的嬗变与基本职能做出评价。

按《康熙县志》载"康熙十年奉文均田,三千亩为一图,今归并编户五十三里"[①]。文中所谓"康熙十年奉文均田"即清初在江南施行的均

---

① 《康熙县志》卷一《方舆志·沿革》,文中所提"五十三里",按此处上下文意、同志卷二《乡都》所列全县四十里五十三图名称,以及明弘治以来诸府县志之中关于建德县四十里长期不变的记录,笔者考虑应为"五十三图"之误。

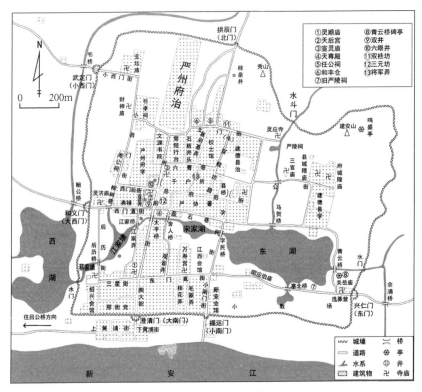

图 1　清代严州府城街巷复原图

田均役制,均田就是将一里一甲所属田亩数额大体均平,解决里甲大小差异悬殊问题,均役即里甲正役与杂役按里甲组织均摊。此法虽在一定程度上缓和了赋役不均,但并未解决里甲制下赋役征收的弊端①。这一政策的后果从《乾隆县志》如下记载来看,该项最初行之有效的做法在运行不久之后即已弊病丛生:

> 前朝查丈,一时虽若扰民,迨鱼鳞号册既定,遂为百年之利。惟是五年编审,十年大造,零星小户,田无归著,司事者因将余数分派各户,此有重税、漏税之所由来也,积久弊多。于是有昔富今贫之户田去粮存,莫可究诘。国朝康熙十年大造,立为直脚细号,

---

① 刘彦波《清代前期赋役制度的变革与地方基层组织的变迁》,《湖北大学学报(哲学社会科学版)》2006年第3期。

按号查田,按田查主,逐一归户,漏税始清。久之,册籍复淆。①

到了雍正年间,以保甲人户的统计为手段,以人户住居村落为基本把握对象的顺庄法推行于浙江全省,各地多以原有"图"的地域为限,经程度不一的调整,实现了对辖境村落更为细化的控制。建德县的情况也类似,《乾隆县志》提及:

> 乡有里,都有图,别以土地定为成规,所以齐不齐也……分二十一都,共五十三图,每图十甲,每甲十户……每年轮一甲,催粮当差,其山地基塘不派差亦不限额……于十年大造之期,合县公议另分儒、宦专图以处绅士,照例免差。其在民图者,一体当差,而子户遂各立的,名为实户。又因禁革里长,通行滚单。于雍正六年,前督院李公卫,奏行顺庄法,民称便,于是通行顺庄。②

该志卷四《经略》又载:"建德县自县治至一都为买犊乡,里三,卖剑里、息肩里、丰稔里,共十六图,坊八图、宦二图、儒六图,今顺十庄,儒、宦图产顺归各庄。"城内名为"坊"之"图"和其他宦、儒所居之"图"就被重新编排为"庄",由此可见在严州府城内,庄是承袭图而来并有所变化的,其基本职能依然还是承担赋役的征派,并且此后史料记载中也体现出了"庄"的承袭。

在复原清府城整体平面形态基础上,通过对现存清到民国方志的整理爬梳,便能准确复原清代严州府城内"庄"的分布。清代方志中最早有关"庄"的信息出现在乾隆十九年《建德县志》:

> 顺庄,城乡共分四十五庄,每庄各领小村,今详载于左。在城十二庄:福善庄,辑睦庄,纯孝庄,字民庄,昼锦庄,宣化庄,富春庄,亲仁庄,里仁庄,仓前庄,富寿庄,黄浦庄。③

此则材料不仅对严州府附郭建德县的庄总数有记载,同时也将城

---

① 〔清〕王宾等修,应广德等撰《(乾隆)建德县志》卷二《食货》,《中国方志丛书》据乾隆十九年刊本影印,台北:成文出版社,1983年,第101页。
② 前揭《(乾隆)建德县志》卷四《经略》,第225—227页。
③ 前揭《(乾隆)建德县志》卷四《经略》,第248页。

属庄的数量名称进行罗列；此外，《道光县志》中记录了各庄的庄编保字，为考证清代府城中"庄"的具体范围提供了有力佐证。

另外，《(民国)建德县志》中，除对当时建德县城进行实测绘图之外，在城内地物的介绍、保甲字号的记录方面也有不少分辨率较高的记载，特别是在卷四《疆域志》中对于各"庄"相对位置的具体描述，成为笔者复原清代"庄"的主要依据。因此，下面将以乾隆、道光、民国三种《建德县志》内的资料记载为基础，参考其他方志，对清代严州府城的"庄"进行复原。

按《乾隆县志》载：清雍正七年浙江推行"顺庄法"，严州府附郭建德县下编定为四十五庄，其中府城外计三十三庄，城属十二庄：福善、辑睦、纯孝、字民、昼锦、宣化、富春、亲仁、里仁、仓前、富寿、黄浦（在府城南澄清门外大堤，此作城属庄），这是本文主要考察的对象。但清以来诸方志并未见有关这些"庄"在城中分布的任何说明，因此必须另寻城内十二庄划分依据的线索。

为此，笔者首先对比清以来各种方志，发现城内十二庄的名称未曾发生变化，故推测庄的建置在雍正设定之后至民国实施村里制期间一直较为稳定。所以，在清前期相关资料不足的情况下，可运用民国史料上溯反推来开展清代"庄"的空间复原。循此思路，发现在《民国县志》卷四《疆域志》中以路线描述的形式记载了城属各庄的大体方位以及标志性地物：

> 按在城十二庄：由省至县进东门为富春庄，昔之选募营也，俗称小教场，旧严陵祠在焉。向南为小南门，新安会馆在焉，馆之隔街为富寿庄。径西至大南门，西为辑睦庄，古之邢衢党在焉……又西为绍兴会馆。沿绍兴会馆北上，经后历桥为里仁庄，即宋江公望故里，所谓大西门也，隔街而北为县立高等小学。又北为纯孝庄，省立第九学校在焉，校后为节孝祠，出小西门必取道于此，由节孝祠而东为县公署。署东为仓前庄，县之小北门也，梁任昉祠在焉，旧杭严道在其偏东。极东为福善庄，古千峰榭在此，晋羊祜居之，向南偏北而下为落元里，明之公街后也，三元商辂诞于此。再下为

字民庄,即富春旧治,省立甲种林校在焉,第九师校亦在此。庄右为昼锦庄,即古之将军署,三元坊在其西偏。又西为宣化庄,天上宫在焉。毗东为亲仁庄,警察所在焉。由所至磊石巷口,南弯,越太平桥而半道㡯直出大南门为黄浦庄,黄浦庄或云即古黄婆厘,来往商船水道必出于此。①

这则材料同前文《康熙县志》所记内容有相似之处,不同的是,此文不仅详于地物,而且是沿一条行走路线对沿途所经民国初年城属各庄的相对位置及标志性地物进行了详细记述,由此上溯,是进行清代府城内"庄"复原工作的主要依据(下文中称其为"民国庄分布路线描述")。

从以上这段材料可大致推定清代城内各庄的位置关系与部分"庄"的范围。

表1 据"民国庄分布路线描述"推断的各庄相对位置表

庄 名	东 至	南 至	西 至	北 至
富春庄	东城墙	南城墙	富寿庄	字民庄
富寿庄	富春庄	南城墙	辑睦庄	亲仁庄
辑睦庄	富寿庄	南城墙	西城墙	里仁庄
里仁庄	宣化庄	辑睦庄	西城墙	纯孝庄
纯孝庄	仓前庄	里仁庄	西城墙	北城墙
仓前庄	福善庄	字民庄	纯孝庄	北城墙
福善庄	东城墙	字民庄	仓前庄	北城墙
字民庄	东城墙	富春庄	昼锦庄	仓前庄
昼锦庄	字民庄	亲仁庄	宣化庄	(未描述)
宣化庄	亲仁庄	(未描述)	(未描述)	纯孝庄
亲仁庄	(未描述)	富寿庄	宣化庄	昼锦庄
黄浦庄	(未描述)	新安江	(未描述)	南城墙

---

① 〔民国〕夏日璈等修,王韧等撰《(民国)建德县志》卷四《疆域·国保》,台北:成文出版社,《中国方志丛书》影印1919年铅印本,第55页。

不过,凭此记述尚不足以明确各庄具体边界,但至少可以推断,各庄的界线多以街巷或河道为界。比如,路线描述中提及富春庄向南为小南门,至新安会馆隔街为富寿庄,由此可知富春、富寿两庄必以小南门街为界;又如,辑睦庄北上经后历桥为里仁庄,可知江家塘与蔡家塘连通河道为两庄之界;再如,宣化庄毗东为亲仁庄,太平桥所在府前街为两庄界线等。

通过以上方法可大致推定多数城内庄的平面分布格局,不过这样的推定还需要得到进一步的验证。笔者发现,当时府城内这十二个庄,每庄各有"庄编保字"用以表现其所对应之保甲,有关雍正之后城内"庄"的"庄编保字",在《道光县志》卷二《乡都》有所记载:

> 国朝康熙十年大造直脚细号。雍正七年复行顺庄,凡各庄之田地山塘基,俱以千字文字号挨次编订。详注鱼鳞户册,法至精也,旧志不载,今特查明注出,使后之阅志者知庄编保字,字列某庄可一目了然。**纯孝庄** 一保天字 **富寿庄** 二保地字 **富春庄** 二保地字 **亲仁庄** 二保地字 三保元字 **福善庄** 三保元字 四保黄字 **字民庄** 三保元字 二保地字 **昼锦庄** 四保黄字 **宣化庄** 五保宇字 一保天字 **里仁庄** 五保宇字 **辑睦庄** 六保宙字 **仓前庄** 四保黄字 右三保日字 **黄浦庄** 二保荒字。①

而在方志里可以见到大量有关城内田地山塘等具体地块的保甲字号记录,如"江家桥,在太平桥西,坐落五保宇字八十七号,计税十一亩六分六厘,向系江家旧业"②。"二保地字三百四十附号青云桥北口,大陆官地三分,不附号湖地约一亩五分,土名字民坊"③。虽然多数庄编保字不能与庄做出唯一特定,但一个庄编保字一般对应一个或数个庄,并且此类记录之中的小地名也有助于具体位点的确定,结合以上两方面线索,就可确定此处例举的"江家桥"与"青云桥北口"地块分别

---

① 〔清〕周兴峄等修,严可均等撰《(道光)建德县志》卷二《疆域志》,台北:成文出版社,《中国方志丛书》影印清道光八年(1828)刊本,第152—154页。
② 前揭《(道光)建德县志》卷二《疆域志》,第202页。
③ 前揭《(道光)建德县志》卷七《学校志·学地》,第490页。

属于"里仁庄"和"字民庄"。此类记录的大量位点信息,将有助于分析获取确切的各庄分界与分布状况。循此思路汇集整理相关地块信息制成下表。

表 2 《道光县志》所载地块保甲字号表

土名(地块名)	保甲字号	田数(亩)	《道光县志》中的出处
江家桥	五保宇字第 87 号	11.66	卷二《疆域志》,第 202 页
蔡家塘	六保宙字第 42 号	5.433	卷二《疆域志》,第 203 页
字民坊	二保地字第 340 号 (青云桥北口)	0.3(大陆官地)	卷七《学校志》,第 490 页
富春坊	二保地字第 359 号 (青云桥碑亭)	0.3(官基)	卷七《学校志》,第 491 页
庙　东	三保元字第 307 号	1.12(官地)	卷七《学校志》,第 491 页
学　东	三保元字第 312 号	1.12(民地)	同上
坝　北	三保元字第 319 号	2.77(民地)	同上
学　东	三保元字第 226 号	0.7(民田)	同上
	——自 307 号至此,系本学书役收租供土地祠香火		
学　东	三保元字	0.117(民地)	卷七《学校志》,第 491 页
学　前	三保元字第 329 号	0.922(官地)	卷七《学校志》,第 492 页
	三保元字第 330 号	0.44(公占官地)	同上
	三保元字第 331 号	1.12(公占官地)	同上
	三保元字第 332 号	3.832(公占官地)	同上
	三保元字第 333 号	1.31(公占民塘)	同上
	三保元字第 334 号	3.143(公占官地)	同上
学　基	三保元字第 338 号	19.52(公占民基)	卷七《学校志》,第 493 页
学　东	三保元字第 340 号	0.4(民塘)	同上
	三保元字第 341 号	1.776(民地)	同上
城隍山脚	三保元字第 342 号	3.22(民地)	同上
	三保元字第 343 号	1.425(民地)	同上
钟楼脚	三保元字第 344 号	2.7(民地)	同上
	三保元字第 345 号	1.57(山成地)	卷七《学校志》,第 494 页

续表

土名(地块名)	保甲字号	田数(亩)	《道光县志》中的出处
钟楼	三保元字第346号	0.25(公占钟楼基)	同上
大观亭	三保元字第347号	0.41(公占大观亭基)	同上
建安山	三保元字第348号	23.5(山)	同上
	三保元字第349号	32.499(山)	同上
	三保元字第350号	3.533(山成地)	同上
	三保元字第351号	3.19(山成地)	同上
	三保元字第352号	1.92(山成地)	同上
	三保元字第353号	1.58(山成地)	同上
	三保元字第354号	1.826(山成地)	卷七《学校志》,第495页
书屋后	三保元字第355号	2.535(山成地)	同上
	三保元字第356号	1.04(山成地)	同上
	三保元字第357号	1.32(山成地)	同上
	三保元字第358号	5.36(山成地)	同上
檀树后	三保元字第359号	1.657(山成地)	同上
建安山	三保元字第360号	2.38(山成地)	同上
——以上田地基塘在字民庄县学户			
百步阶下	右三保日字第930号	0.863(田)	卷七《学校志》,第543页
广济庙东	右三保日字第931号	2.473(田)	同上
	右三保日字第940号	1.397(田)	同上
	右三保日字第941号	0.133(田)	同上
小南门（徽州会馆）	二保地字第239号		卷十六《艺文志》,第1396页
	二保地字第240号		同上
大南门	六保宙字第221等号		同上
大西门	五保宇字第110等号		同上
长巷口	二保地字第51、53号		卷二十一《杂记》,第1639页
半道祺	五保宇字第12号		同上

此类地块之保甲字号,在民国县志中亦可见丰富的记录,部分摘录如下表。

表3 《民国县志》所载地块保甲字号表

地 名	保甲字号	田数（亩）	位 置	《民国县志》中的出处
江家塘	五保宇字第87号	11.66	太平桥西	卷二《地理》，第36页
蔡家塘	六保宙字第42号	5.4	后历桥西	同上
汪顺隆	三保元字第110号	0.1	科甲坊基	卷六《建筑》，第133页
明德堂	三保元字第112号	0.08	科甲坊基	同上
烟 铺	六保宙字第164号	0.0563	辑睦坊	同上

由于地块的明确性与高分辨率，加之保甲字号与庄的对应性，综合以上材料就可以进一步考证"庄"的具体界线。

（1）富春庄。

由"民国庄分布路线描述"可知，清代富春庄，其南界与东界当为城墙，西界隔小南门街相对是富寿庄（有新安会馆可作地标依据）。关于西界，还可引《道光县志》卷十六《艺文志·重开小南门记》载："二保地字二百三十九号、二百四十号，俱土名小南门，……按号勘丈，即城根徽州会馆地址。"（表2）徽州会馆即新安会馆，故可确认富春庄西以小南门街为界，且自道光至民国时期一直未变。

富春庄的北界，《道光县志》卷七《学校志·学地》载："二保地字三百四十附号青云桥北口大路官地三分，不附号湖地约一亩五分土名字民坊"，同卷又载"二保地字三百五十号青云碑亭，官基三分土名富春坊"，"县儒学跨东湖为青云桥，桥南口迤东为青云桥碑亭"（图1）。至于青云桥，同书卷三《营建志·津梁》载"在县学前，跨凌东湖"。由此可知，青云桥跨东湖，而桥北塊属字民坊，南塊根据青云碑亭坐落可以确定属富春坊，字民坊、富春坊从名称上推测当即字民庄、富春庄，由此得出两庄之界应在青云桥附近。因此，富春庄的北界当以东湖为界，另，上述《民国县志》的"民国庄分布路线描述"中有"旧严陵祠"在富春庄的记述，旧严陵祠位置即图1中⑦，这也为富春庄北以东湖与字民庄为界提供了佐证。

（2）富寿庄与辑睦庄。

根据上述富春庄的分析，可知富寿庄的东界即富春庄西界——小南门街,南界在南城墙无疑,至于西界,尚需做一分析。根据"民国庄分布路线描述"中"(富寿庄)径西至大南门,西为辑睦庄",又表四可见"二保地字"第11、15号属富寿庄且土名俱为"澄清门内","六保宙字"第146号属辑睦庄,土名亦为"澄清门内",由此可知澄清门(即大南门)附近为富寿、辑睦两庄分界之所在。而《民国县志》又载:"在城十二庄,惟街东之亲仁、富寿两庄,街西之宣化、辑睦两庄稍见繁富。"①则此街当为自府治通往大南门的"大街"(即图1中以三星街口为界,北为正大街即府前街,南为南大街)。因此,可以明确富寿、辑睦两庄是以"大街"南段即南大街为界的。

富寿庄的北界,《民国县志》载"二保地字"第111号名"亲仁坊",当属亲仁庄;又《乾隆县志》载:"亲仁坊,在府东街。"②府东街即图1中的东门直街,亲仁坊当为街口牌坊,故推断富寿庄北界为东门直街。

综上所述,故富寿庄四界为:东至字民街,南至南城墙,北至东门直街,西界为南大街。

清代辑睦庄东界为富寿庄西界,即南大街。由表1可知,辑睦庄南界为南城墙,西界为西城墙,仅余北界尚不确定。按"民国庄分布路线描述"记载,邢衙党、绍兴会馆皆在辑睦庄(图1),且"(辑睦庄)经后历桥为里仁庄",可知辑睦庄北界应在后历桥附近;又《道光县志》载"蔡家塘,在后历桥西,坐落六保宙字四十二号"(表2、图1),蔡家塘属"六保宙字",此系城西南隅唯一对应辑睦庄的编保字号,故蔡家塘属辑睦庄。另《万历府志》载"灵顺庙,在澄清门内辑睦坊北"③。灵顺庙位于三星街与南大街交汇处西北角(图1),即三星街以上已不属于辑睦庄。所以推断由澄清门进入,沿南大街北上至三星街口,西转入三星街达后历街,北上至后历桥西折至城墙,此线以西以南皆为辑睦庄。

(3)里仁庄。

清代里仁庄承袭明里仁坊而来,里仁坊为明代严州府城内实体坊

---

① 前揭《(民国)建德县志》卷四《疆域·村庄表》,第79页。
② 前揭《(乾隆)建德县志》卷三《营建志·坊表》,第189页。
③ 〔明〕杨守仁修,徐楚纂《(万历)严州府志》卷五《经略志三·祠墓》,《日本藏中国罕见地方志丛刊》据万历六年刊本影印本,书目文献出版社,1991年,第108页。

区之一,《万历府志》载:"里仁坊,在府治西南,宋谏议大夫江公望所居,因以名。"①又《光绪府志》载:"江公望宅,在府治西南里仁坊。"②按表1,里仁庄位于辑睦庄北,其南界为辑睦庄北界,即蔡家塘与三星街,西界为西城墙及后历桥以南的后历街南段,又在"一保天字"与"五保宇字"之中均有土名"柳树巷"者,从相对位置上看,柳树巷应为里仁庄与纯孝庄界线,故柳树巷亦为里仁庄西界。

那么里仁庄东界与北界如何?《民国县志》载"江家塘:在太平桥西,坐落五保宇字八十七号,系江公望旧业"(表3),且江家塘西过后历桥与蔡家塘连,东出江家桥经半道碶过太平桥、舍人桥与宋家湖连。《道光县志》亦载:"江家桥,在太平桥西,坐落五保宇字八十七号。"(表2)江家塘与江家桥同属"五保宇字",且江家塘为江家旧业,故推断两者俱属里仁庄。又同为"五保宇字"的土名"太平桥上""太平桥下"俱在宣化庄内(图2),所以推测里仁庄东界当为江家桥所在的江家弄,以此弄与宣化庄为界。

至于北界,据"民国庄分布路线描述"所载"隔街(西门直街)北为县立高等小学",县立高等小学,即图1中西门直街北典铺附近,且表2中有"府学前"属里仁庄,柳树巷为里仁庄与纯孝庄界,故部分西门直街与西门后街即里仁庄北界之所在(图2)。

(4)宣化庄与纯孝庄。

宣化庄东至府前街,西至江家弄,南至三星街,此三者据上已知。其北界尚需斟酌。"民国庄分布路线描述"言:"又西为宣化庄,天上宫在焉。"天上宫即清天后宫,《道光县志》卷八《秩祀志·寺院庙观》载:"天上宫,在城内三元坊南正街西,旧名天后庙。"并且此志中的《建德县城图》亦标识有天后宫(参见图1中②),位于西门直街、西门后街之间,府前街西侧。同样在《道光县志》卷十二《人物·义行》有另一记载:"明,马景福性笃,……于纯孝庄凿六眼井以供汲取。"从图1可见六眼井、天上宫隔西门后街而望,故此可以确定,西门后街为宣化庄之

---

① 前揭《(万历)严州府志》卷三《经略志一·坊表》,第67页。
② 〔清〕吴士进修、吴世荣增修《(光绪)严州府志》卷四《封域下·古迹》,台北:成文出版社,《中国方志丛书》影印光绪九年(1883)重刊本,第74页。

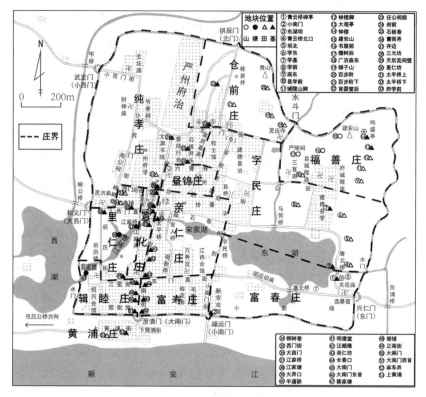

图 2 清代严州府城内"庄"复原图

北界,亦是纯孝庄之南界。

按"民国庄分布路线描述",纯孝庄南界为宣化庄与里仁庄北界,其西界、北界俱为城墙(表1)。但东界尚需探讨。首先,按《民国县志》卷四《疆域·故迹》载"署(建德县公署)东为仓前庄",又有"严州府治,明初移置纯孝庄,即今之县公署",推断清严州府治东墙为纯孝庄之部分东界,然此志中亦载"纯孝庄,一保天字,第三百三十三号,土名曹衙弄;第五十二号,土名石板巷"。笔者推测曹衙弄为六曹巷(图1),石板巷即石板井头(图1)。且在"民国庄分布路线描述"中记载第九师校在字民庄,"浙江省第九师范学校,在石板井边,以清校士馆改建"①,那么字民庄与纯孝庄界线即首府基弄(图1)。由此可判断纯孝庄东界包括

① 前揭《(民国)建德县志》卷六《建筑志》,第112页。

三段：府治东界、首府基弄、部分府前街(图2)。

(5) 仓前庄与福善庄。

雍正七年，严州府城内推行顺庄，初顺十庄，并无仓前庄。按上述，清代仓前庄西界为纯孝庄东界即严州府治东墙，北界、南界与东界尚未确定。从图1中可以发现，仓前庄部分东界为城墙，按《道光县志》，其庄编保字有"四保黄字"与"右三保日字"两种，表二和表四中可见"右三保日字"含"广济庙东"与"百步阶"地块(图2)，该保字唯一对应于仓前庄；又有"秀山：在城北门内，……依山筑城，山背在城外，缘城上下名百步阶"①，根据百步阶所属推断秀山亦在仓前庄。据"民国庄分布路线描述"，仓前庄东为福善庄，落元里在其中，且"三一寺，在旧府城隍庙西落元里"②，三一寺即图2中三官庙，故推测仓前庄东界即自水斗门入东湖之水道；另"存留仓，在县后仓前庄"③，县即建德县治(图1)，同时"四保黄字"的任公祠前属仓前庄(图2)，由此可推断仓前庄南界为县治之后即北门街。但有一点需强调，据《民国县志》记载，有"北门外""乌龙庙""张巧坞"等城外地块属于仓前庄，由此可见仓前庄北界有可能越过城墙。

极东为福善庄，其西与仓前庄接，且部分西界即为仓前庄东界，东、北皆为城墙。按"民国庄分布路线描述"记载"(福善庄)明之公街后也"，所谓公街，笔者推测为建德县学与城隍庙之间街道，且"(福善庄)再下为字民庄"，又有"三保元字"312号民地土名"学东"、329号官地土名"学前"、338号公占民基土名"学基"等田地均系字民庄"县学户"(表2、图2)，学即建德县学，故福善庄南以公街至东城墙而与字民庄分界。按前述福善庄与仓前庄之界为水道，那么推测福善庄与字民庄的界线应为一脉相承的同一水道，故将福善庄西界定在自水斗门入东湖水道上。

(6) 字民庄、昼锦庄与亲仁庄。

字民庄，承袭字民坊而来，字民坊自宋以来即为严州府城内实体

---

① 前揭《(道光)建德县志》卷二《疆域志·山水》，第169页。
② 前揭《(民国)建德县志》卷六《建筑志·寺》，第120页。
③ 前揭《(民国)建德县志》卷八《食货·公仓》，第195页。

坊区,《淳熙严州图经》卷一《坊市》载"字民坊,旧名申正,在左厢建德县前",《万历府志》载"建德县,在府治东南四百五十步字民坊"①,至清代改坊为庄,历千年而名未改,至今当地人依然有习惯称之为字民坊。按前述,字民庄东界为两段,一为东城墙,一为与福善庄之间水道。南以东湖为界,与富春庄接。北以北门街为界,与仓前庄接,以公街为界,与福善庄接。西界为纯孝庄东界,即首府基弄。不过,字民庄西界并非仅为首府基弄。这是因为在清代各方志中,均有记载"字民桥,在县治南,字民坊内"②,由前述富春庄之北界可知字民桥以北为字民庄。按"民国庄分布路线描述",警察所在亲仁庄,又据"建德县警察所,在磊石巷,即清严协署"的记载③(图1),可确定字民庄西界南段为字民街北段。而且,同样在"民国庄分布路线描述"中载字民庄右为昼锦庄,古将军署在内,古将军署即图三千户所,中有将军弄(图1中⑬),故字民庄中段西界为昼锦庄东界,即今日之双桂坊路南段。

根据以上各庄四界的框定,昼锦庄四界亦已明了。其东,以今之双桂坊路南段为界与字民庄连,北界为六曹巷,西以府前街为界与纯孝庄接,又据上文清"严协署"在亲仁庄,所以其南界为亲仁庄之北界,即总府后街。前述亲仁庄与宣化庄,一在府前街东,一在府前街西。亲仁庄北界与昼锦庄南界相同,为总府后街。东以字民街为界,与富春庄、字民庄接。南界为富寿庄之北界即东门直街。这样,昼锦庄、字民庄及亲仁庄范围均已确定(图2)。

(7) 黄浦庄。

清代黄浦庄与仓前庄并非初设。黄浦庄前身为城南堤④,其基本

---

① 前揭《(万历)严州府志》卷三《经略志一》,第57页。
② 前揭《(乾隆)建德县志》卷三《营建志》,第133页。
③ 前揭《(民国)建德县志》卷六《建筑志》,第110页。
④ 前揭《(万历)严州府志》卷二《方舆志·山川》(第207页):"城南隉,在城南澄清门外,知府朱暄募舟人运巨石,砌长堤,东抵兴仁门,西抵税课司,为堤三级,广逾四丈,袤数百丈,坚□平坦,障□波,便往来郡人,至今德之",第26页;《道光县志》亦载:"南堤,南临江,北负城。旧有路,为洪水冲塌,近逼城郭,地势倾欹,行者患之。明成化十一年,知府朱暄募舟人运石筑堤以御水患,且便行者。东抵兴仁门,西抵税课司,为堤三级,广逾四丈,袤数百丈,郡人德之,今为黄浦街。"

街市结构至迟在明中叶已形成,"出南门外,沿城而下则为'下黄浦',沿城而上则为'上黄浦',有前、后两街。惟是徽人杂处,舟车往来,生意凑集,亦称闹市。"①清代设黄浦庄,属城区十二庄之一,但是唯一的城墙外之庄。出大南门东西两侧各有石阶往下,往西为黄浦街(上黄浦),往东为大南门码头(下黄浦)。黄浦庄在府城南城墙与新安江间,其东至小南门,西至吕公桥,是清严州府最大的码头街市。

通过以上对清代"庄"平面格局的复原作业,以及图 2 中山、塘、田、基的分布情况,可以发现:清代严州府城内各"庄"之间不仅界线明确,并且存在着显著的差异性。城内西北隅以仓前、福善、字民等庄为主,主要分布的是山地和田地,城内西南隅以里仁、宣化、亲仁、辑睦、富寿等庄为主,主要分布的是"基"(主要包括民居以及店铺的地块)、"塘"类地物,出现此现象的主要原因当然有自然地理条件的影响,城西北为山地,有建安山、秀山、东山,城西南隅包括蔡家塘、江家塘,但社会经济背景亦不可忽略,如以府前街为中心,街道两旁分布的主要是"基"类地物,特别是靠近澄清门所在主街两旁店铺鳞次栉比,如明德堂、汪顺隆、烟铺等,这与澄清门外为黄浦庄,临近新安江,水运交通发达不无关系;而城内除以上各庄外,纯孝、昼锦、富春三庄区域表现为明显的空白,此非不存在具体地物,而是并未详细记载,推测应是这三庄内地块特殊性的原因,如富春庄为军队驻扎之地,纯孝、昼锦两庄为行政衙署分布集中地,且前言"国朝康熙十年大造,立为直脚细号,按号查田,按田查主,逐一归户,漏税始清",很明显这三个庄的主要地块应是官属之地,故未予以详细记载。由此可以推断,清代严州府城内的"庄"存在明显的功能差别。

按《乾隆县志》卷四《经略》载:"建德县自县治至一都为买犊乡,里三,卖剑里、息肩里、丰稔里,共十六图,坊八图,宦二图,儒六图,今顺十庄,儒、宦图产顺归各庄。"由此可见,在"顺庄法"推行之际,城内名"坊"之"图"和其他宦、儒所居之"图"被重新编排为"庄",显然严州府城内的

---

① 〔明〕吕昌期修,俞炳然纂《(万历)续修严州府志》卷三《经略志·街道》,《日本藏中国罕见地方志丛刊》据日本东洋文库藏明万历四十二年(1614)抄本影印,第 76 页。

庄是承袭图而来并有所变化的,其基本职能依然还是承担赋役的征派。

三、明代严州府城内的基层管理组织

明初城市基层管理组织在一定程度上承袭宋元旧制,《明太祖实录》载"明初,沿元之旧制,……洪武十四年诏天下编赋役黄册,……在城曰坊,近城曰厢,乡都曰里,里编为一册,册首总为一图",在全国推行里甲制度。由此可见,在明初的国家政策层面上,里、坊、厢、图为同一级别的基层管理组织。那么,具体到严州府城,其实际情况又是怎么样的呢?

为了解严州府城内的基层组织,必须先对该城在明代的整体平面格局有所认识。前文已提及现存明严州方志三种,即《弘治府志》《万历府志》《万历续修府志》,其中《万历续志》还留存了对当时严州府城的整体布局和城内街巷等地物的珍贵记载,成为复原当时该城平面格局的重要依据:

> 按严陵为东南孔道,奚止称富春江上帆樯鳞次之为纷扰哉。即舍舟而陆,由富春驿前登岸而西,直入东门,又直至南门灵顺庙前,向北则一直大街达府,向南出南门渡江可至金衢诸郡,沿城而西则过吕公桥至建昌山,沿江可以至淳遂寿,由淳而上可以达徽、宁。向北过太平桥至磊石巷,折而西行直出大西门,过西山岭,取道山中,亦可达淳遂寿三邑,此尤捷于江行者。又由府前而西,则至玄妙观前,出小西门过演武场,渐入西过,登乌龙岭而桐庐、分水可至也,此皆昼夜通行之路,倘遇洪水泛滥,挽舟逆水为艰,则是通衢所必由者,然舆马应付,近称疲甚,故惟单车就道易为力耳。由府前东转,则上至和丰仓,出北门而止于乌龙山之麓。东转直行则至杭严兵巡道前,至水斗门,亦可至城隍庙、建德县学前。由府前直下而东,则进六曹巷口,而至察院,亦可以至建德县。又由府前直下至三元坊,转东至千户所前而止建德县,转西则至严州府学前,亦可达大西门,又直下至磊石巷,东转过马货桥

至城隍庙，亦可由东湖坝上出东门，转西直出大西门，此皆大街
也。若东有仓前中街、西街，有双桂坊，有洛县，西有大树巷、后历
桥达南城，而至东城为军营，虽系小路，然迤逦交错，俱可达大街。
出南门外，沿城而下则为下黄浦，沿城而上则为上黄浦，有前、后
两街，惟是徽人杂处，舟车往来，生意凑集，亦称闹市。惟太平桥
下为半道洪，最为城中卑下之地，洪水一发，实先被灾。①

根据这段记述，叠次上溯城内街巷水道与衙署祠庙等地物，绘制明万历四十二年复原地图（图3）。对比复原图与民国实测图，可以发现严州府城自晚明直至近代，不仅城墙轮廓保持不变，而且其城市内部的平面格局也维持了令人惊异的稳定，充分反映了近代化之前江南地方都市在历史形态上的安定性。

图的起源或可追溯到南宋的鱼鳞图册，在元代已成为我国乡村基层一级行政组织的名称②。上一章提到清代的"图"可上溯明初都图制。前文也曾提到，明洪武十四年，诏天下编赋役黄册，推行里甲制度，《明太祖实录》言："每里编为一册，册之首总为一图。"由此观之，在洪武年间初定里甲制之际，"里"作为一级基层管理组织单位，因每里编册，册首有图，故也称"图"。顾炎武《日知录》曾引《嘉定县志》云："图，即里也，不曰里而曰图者，以每里册籍首列一图，故名曰图，是矣。"③不过，由明初至清雍正顺庄的三百余年间，在江浙地区各县"图"的变化是相当显著的。

明初的里与图一一对应，里甲以一百一十户为标准，而图指的是每里一百一十户所拥有的土地，《弘治府志》载"建德县附郭，国朝改县属严州府治，编户八十六里"④。但随着时间推移，各里的人口增减与

---

① 前揭《续修严州府志》卷三《经略志·街道》，第76页。原抄本有缺字，今据《康熙县志》补。
② 何朝晖《明代县政研究》第二章第四节"基层组织"，北京大学出版社，2006年，第62页。
③〔清〕顾炎武《日知录》卷二二《图》，浙江古籍出版社，2013年，第1282页。
④〔明〕李德恢纂修《（弘治）严州府志》卷一《沿革》，《上海图书馆藏稀见地方志丛刊》据弘治六年修嘉靖间刻本影印本，国家图书馆出版社，2011年，第35页。

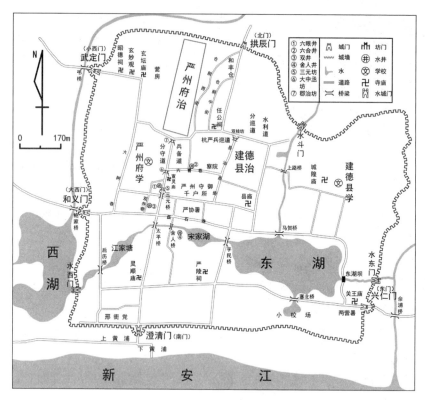

图 3 明万历四十二年严州府城复原图

流动，其所拥有土地亦不断流转，要保持黄册制度下里甲区划的稳定几乎是不可能的，因此里甲与都图之间对应关系逐渐遭到破坏。明永乐以后，江南地区的里甲与都图即已出现疏离，里甲重在户口编审，都图重在画地分界①。

以严州府而言，至迟到明中叶，里甲制已逐渐为都图制所取代，《弘治府志》卷五《乡里都图附》载"买犊乡在县附郭，旧辖里三，今辖在城并一都，图十有一，卖剑里、息奸里、丰稔里，在城辖图七，一都辖图四"，《万历府志》亦有相同记载②。由此观之，严州府城内"图"与"里"发展到明中后期已非一一对应，且县之下的管理以"图"为基本单位。

---

① 徐茂明《明清时期江南社会基层组织演变述论》，《社会科学》2003 年第 4 期。
② 前揭《(万历)严州府志》卷四《乡都》，第 92 页。

表现在府城所在的买犊乡,弘治或更早之前辖三里,今辖府城与一都,其中在城辖七图,一都辖四图。而就建德全县来说,《弘治府志》卷五《乡里都图附》载全县编户四十里计一百一十八图,不仅里数从洪武间的八十六减少到四十,而且图的数量远多于里,此后《万历府志》《万历续志》皆有类似的里、图数量差异的记载,可以推测明中叶以后建德县的乡—都—图三级基层管理组织架构已经逐渐取代了乡—里两级制。

清顺治三年(1646)严州归清之初,基层管理组织沿袭明制,然至康熙十年"大造图册"之后,府城内的"图"又出现新的变化。《康熙县志》载:"自县治至一都为买犊乡,里三、卖剑里、息奸里、丰稔里,共十六图,坊八图、宦二图、儒六图。"①仅从买犊乡一乡来看,图的数量由明代十一图增加到了十六图,并且针对图本身的类型又进行了细化区分,买犊乡十六图分成坊、宦、儒三类,究其原因,按《乾隆县志》所载:"后因富者上言,绅士渐多,贫者无力,苦乐不均。于十年大造之期,合县公议另分儒、宦专图以处绅士,照例免差。其在民图者,一体当差,而子户遂各立的,名为实户。"②很明显,这一时期的"图"已经带有社会阶层的属性(当然,这种阶层属性是由聚居民众的身份所赋予的),在一定程度上标志所居民众是否承担徭役。不过,与图相比较,里的数量却未发生变化,仍为三里;而从建德全县来看,康熙十年均田均役制的施行也使严州府城内的"图"发生了变化,《康熙县志》卷二《营建志·乡都》载:"自县治至一都为买犊乡,里三、卖剑里、息奸里、丰稔里,共十六图,坊八图、宦二图、儒六图。"仅从买犊乡来看,"均田"之后,图的数量由明代十一图增加到了十六图,其原因正如前述《乾隆县志》卷四《经略》所言:"十年大造之期,合县公议另分儒、宦专图以处绅士,照例免差"——即在原先坊八图之上,另设宦、儒两类免差之图所造成的。此后《康熙县志》所载康熙二十二年

---

① 〔清〕戚延裔修,马天选等纂《(康熙)建德县志》卷二《营建志·乡都》,《稀见中国地方志汇刊》第14册,据康熙二十二年刻本影印,第1086页。
② 前揭《(乾隆)建德县志》卷四《经略志》,第226页。

(1683)建德全县计四十里、五十三图,仅十二年间,里与图的数量又发生了不小的变动。

不过,与图相比较,买犊乡下辖里的数量却未发生变化,仍为三里;而从明清以来建德县里、图数量的变化亦可明确,明初至清施行顺庄法之前,建德县的图、里联系不断弱化,到清初之际,长期固化的里制已不能适应社会发展(可能已退化为空间方位的标识),而图的作用则愈加活跃、突出,已不再局限于划区分界的作用,还取代了里的赋役征派职能,成为赋役征派的基本单位。以买犊乡而言,包括在城和一都,图的数量从明中后期弘治万历以来的十一个(在城七、一都四)增加到了康熙十年后的十六个(坊八、宦二、儒六),并成为雍正"庄"的划分基础。

总而言之,明中叶至清初间,建德县的图、里联系不断弱化,尤其到清代,图的地位更加重要,不再仅仅局限于划区分界的作用,甚至还取代了里的赋役征派职能,成为赋役征派的主体。在府城中,雍正六年(1728)推行顺庄法之时按"坊八图、宦二图、儒六图,今顺十庄,儒、宦图产顺归各庄"的编排方式,即可知庄是由图演化而来的。那么庄与图的对应关系是怎样的?以下笔者试论证之。

根据《道光县志》所载,涉及城内的"庄保字号"共有七个(其中右三保日字部分延伸到城外北郊),虽然这些"庄保字号"的直接来源系康熙十年"大造"地籍图册之时编制的"直脚细号"(详前文),但考虑到明中后期弘治、万历方志所云"在城辖图七",其数量正与"庄保字号"相同,此种数量上的一致绝非偶然,因此,笔者推测城内七个"庄保字号"的原型与渊源,可能至迟应上溯明弘治以来城内七个"图"的地籍编制。也就是说,雍正六年"顺庄"之前,虽然"庄"尚未出现,但构成"庄保字号"的地籍编排形式已然存在,故推测雍正顺庄之后的"庄保字号",在此前是以"图"的编制为基础形成地块单位——或可称之为"图保字号"。那么,这些继承了明中后期城内"图"的格局的"图保字号",在明确其与清雍正顺庄法之后形成的"庄"之间关系的同时,利用《道光县志》所载"庄"与"庄保字号"的对应关系,并在前文复原清代

"庄"平面格局与采集"庄编保字"基础上,便可复原获得明至清"顺庄法"之前的"图保字号"复原图(图4)。

图4 清雍正"庄""庄保字号"与明至清初"图保字号"关系示意图

注：同阴影线表示七个"庄保字号"(即"图保字号")的大致范围,每一"图保字号"应对应于一个"图"。

对比图2中的"庄"与图4中的"庄保字号",可知两者并非单纯的对应关系,既有像六保宙字与辑睦庄、一保天字与纯孝庄那样完全或大部对应的情况,也有如五保宇字与里仁、宣化两个庄大致对应的情况,还有二保地字、三保元字、四保黄字那样地跨三庄的"庄保字号"。考虑到"庄保字号"承袭"图保字号"而来,"图保字号"反映的是明中叶城内七个图的空间分布,因此,此种"庄"与"庄保字号"在空间分布上的关系,则反映出上文提及清代以来城内分裂增殖的"图"(即《康熙县志》所载在城与一都的十一图增殖为十六图)及其继承者——雍正顺庄法之后的"庄",在具体的编排上,既有完全或近乎完全地承袭代表早期城内基层管理组织——明中叶以来"图"的倾向,也有重新分割编排原先"图"的情况,而这也从侧面佐证了"庄"是在明代设置的"图"的基础上变化而来的这一点。

四、明代严州府城内的"坊"

而以图 4 为参考背景,查阅《弘治府志》等明志记载,可以发现除了"乡""都""里""图"外,方志中还提到了城内的"坊",诸如"严州守御千户所,在府治东南二百五十步善政坊内"[1],"建德县,在府治东南四百五十步字民坊"[2],"本府建德县社学三:其一在府治西,一在城富寿坊,一在东关"[3]等记述,显示严州府城内的"坊"应指一定的空间范围,那么明代中后期的"坊"是否依然指代"在城之里"?

坊,或称里坊制度,曾是我国古代的城市基层管理组织的基本单位。就严州府城而言,据南宋《淳熙严州图经》载,城内以府前正街(今府前街)为界分为左、右两厢,该志还记载城内有十九个坊[4];《景定严州新定续志》续载城内所增六坊,计二十五坊[5]。这两种文献中记载的"坊",从文本上看已有两种格式:其一如"亲仁坊,在左厢东巷",所指可能是以城内某一街巷围护形成的一块街区,即厢坊制中的"坊区"[6];另一如"育英坊,旧名秀士,在右厢州学前,今改",应为单体的牌坊。

---

[1] 前揭《(弘治)严州府志》卷六《守御》,第 481 页。
[2] 前揭《(万历)严州府志》卷三《经略》,第 57 页。
[3] 前揭《(万历)严州府志》卷三《经略》,第 64 页。
[4] 前揭《淳熙严州图经》卷一《坊市》,第 58—60 页。
[5] 〔宋〕郑瑶、方仁荣《景定严州新定续志》卷一《坊市》,《中国方志丛书》本,台北:成文出版社,1983 年,第 35—37 页。
[6] 关于南宋严州府城的厢坊制,《淳熙严州图经》卷首所附《建德府内外城图》中可见城内左、右厢的明确标示,《景定严州新定续志》卷五《孝行记》载宋末"何崇源:居买犊乡右厢列字井安泰坊","蒋德定:居买犊乡左厢寒字井醋坊巷"条,虽然"井"的区划与性质不甚明了,但至少可以印证直至南宋末年,厢、坊作为城内居住管理单位是可以明确的。

但两者数量究竟多少却并未详细说明,一时难以遽断。不过,如果追查这些宋"坊"在明代三种府志中的记录情况,即可发现《弘治府志》将《景定续志》记载的二十五坊"照单全收",而《万历府志》则有所减少,到《万历续志》卷三《坊表》之中,则仅收录了十一个宋"坊"(即善政、亲仁、富寿、辑睦、富春、字民、双桂、福善、里仁、纯孝、宣化),并且这十一个坊在该条目之中不仅予以集中记录,并且在文本表述上也与其他明代所建牌坊之"坊"全然不同,反映了这些宋代以来记录下来的坊,可能仍然具有指示城中居住区域——即宋代以来厢坊制中"坊区"的功能。为进一步了解《万历续志》中这十一个宋坊的情况,兹将该志以及另外两种明代府志以及清初《康熙县志》中有关这些坊内地物的描述汇集制成表4。

表 4 万历《续修严州府志》所载宋"坊"

坊 名	位置描述	明及清初方志中相关地物描述
双桂坊	在县治西街,旧名仕义,宋元丰八年改今名	双桂桥、军器局、桂泉井
亲仁坊	在府前善政坊南东街,直字民坊	登云坊、保丰院、磊石巷、严协署
富寿坊	在府前亲仁坊下东街,直联桂坊,旧名易俗	社学、旧税课司
辑睦坊	在府前安泰坊下西街,直传芳坊,旧名黄浦	传芳坊
富春坊	在府东兴仁门内,宋时名望云,又名朝京	
福善坊	在府治东偏九十五步	福善桥
里仁坊	在府治西南,宋谏议大夫江公望所居	
字民坊	在县治前,旧名申政,宋咸淳中因御制字民铭改今名	建德县治、字民桥、县义学
宣化坊	在府前正街,景泰六年知府刘纲建	双井、双井巷
善政坊	在府前三元桥下东街,旧名崇仁,宋淳熙中改惠政	严州守御千户所
纯孝坊	在府治西北玄妙观前,旧名集贤	安乐坊、严州府治、六眼井

同时,结合《淳熙严州图经》所附《建德府内外城图》等图上的标示,以及笔者的实地调查,绘制成以下《明万历城内十一宋"坊"分布图》(图5)。

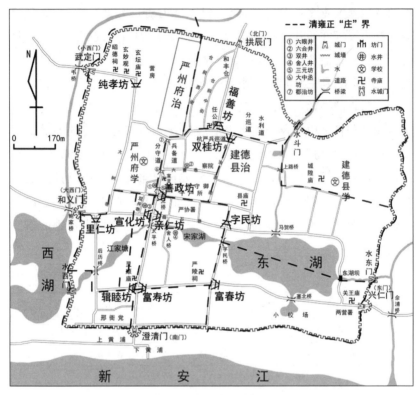

图5 明万历城内十一宋"坊"与清雍正"庄"分布图

虽说这十一坊在南宋《建德府内外城图》中也显示为街口的牌坊形象,但从图上看,这十一个坊均位于城内各干线道路的路口,有的甚至是在两条主要街道的十字路口两相对立,反映这些坊具有较强的道路或者说是街区的标识功能。不过,根据上节研究,至迟在明中叶以后,里甲制下的严州府城之中以"图"为基层管理组织的基本单位,所以明及清初的此类宋"坊",可能主要还是非正式的或者说传统上具有的指示"街巷"或"街区"的功能。如《康熙县志》卷二《营建志·公署》记载:"乡绅士民公议置买亲仁坊磊石巷生员邓敏仁房屋一座,改造协镇衙门。"而在表二中,诸如登云坊在亲仁坊内、传芳坊在辑睦坊内、安乐坊在纯孝坊内这样的记载,也可印证后者的"坊"是指代街巷或街区的。此外,在方志资料中还发现除宋"坊"外,明代新建的"坊"也有个别可以指示街巷或街区，如"文魁坊，在府前东偏昼锦坊内"①，这个昼锦坊不见于宋志记载（不过尚不能否认是宋"坊"改名而来这一点）。

当然，明代方志中记载的城内之"坊"，其绝大多数并非作为标示街区之用，如《万历续志》所载严州府城内的"坊"，除宋代遗留下来的十一坊之外，其余的七十二座绝大多数在其建立之初即可明确是为了表人事、旌节孝、榜科举而建的牌坊，这也是明代以来江南地区城市建坊的主流。

不过，值得留意的是，前文所提清雍正"顺庄法"在城内设置的十一个庄（城外的黄浦庄除外），从庄的数量与名称来看，恰与《万历续志》所记十一个宋"坊"有着很高的匹配度——二者数量均为十一，名称上有九个是完全相同的。若再以二者的空间分布来看，则更能看出二者的传承关系——清之昼锦庄大约相当于宋至明之双桂、善政两坊之和，而宋至明之福善坊，可能相当于清之福善、仓前两庄之地，至于其他的庄，大体都能与宋明之坊建立起对应关系来。

由此可以明确，明代严州府城内的"坊"大致可以分为两种类型，其一是承袭自宋之"坊"，此类"坊"至明万历四十二年续修府志之际仅存十一个，但恰是这十一"坊"继承了部分宋代"坊"指代街巷或街区的功能；而另一类则是明代新建之"坊"，这部分"坊"在明代方志记录中占绝大多数，其功能为用以旌表，其建筑是单体的牌坊，不过这其中又有少数逐渐发挥了表厥宅里的功能，如明代中期的昼锦坊已经取代双桂坊用以指示街巷了。

五、宋元时期严州府城内的基层管理组织

宋元时期"坊"的演变是城市史研究的重要课题，其变化也是学界所谓"唐宋变革"的一个主要表现。前文已对宋元以来严州府城平面形态诸要素进行复原，通过详查史志、舆图以及近代大比例实测地图，

---

① 前揭《(弘治)严州府志》卷二《坊乡》，第 354 页。

可以发现中观尺度下,自宋元以来城内街道格局、土地利用方式变化甚微,这就使得我们运用历史城市形态学的方法考证复原和研究宋代严州城的基层管理组织的空间平面形态成为可能。

就宋代严州城而言,有罗城与子城两重城墙,而城内厢坊之制并不仅仅体现在罗城之内,子城之内亦有"厢"与"坊"。相对于罗城而言,子城由于规模较小,又无近代大比例尺实测地图相对照,要将其平面形态格局完全复原到现代地图上,难度着实不小,但若只探讨其平面格局,则以图经所附《子城图》之图幅足堪一用。

按《景定续志》记载,宋咸淳时,子城内部郡治建筑结构有以下非常翔实的描述:

> 郡治在子城正北,宣和中知州周格重建……设厅之北为坐啸,又北为黄堂(旧名凝香),又北为正堂,曰秀岐(旧名省心,今侯钱可则以近郊献双穗麦,因更此名)。潇洒楼在正堂北(旧名紫翠),其下为思范堂,堂之北为月台,燕堂在治事厅之北,又北为绿荫,东为东斋。高风堂在治事厅之东,又东北为植贤亭,为松月亭,堂北有柏石,刻"寿柏"二字,识其古也。千峰榭在高风堂之北,凭子城为之,其东为环翠亭;松关在千峰榭之下,由松关而北为荷池,池之东为潺湲阁,西为木兰舟(旧名荷池)。读书堂自为一区,在木兰舟之西,旧为北园,淳祐己酉知州赵孟传改建。拟兰阁在潺湲阁之东,掬泉为流觞曲水(旧名流羽),其东北为酿泉。锦窠亭在酿泉之南(旧名采岐),知州吴燊改今名。桂馆在潇洒园池之西,杏园桃李庄又在其西。面山阁自为一区,在锦窠亭之东,其下为赋梅堂(旧名黄堂),知州季镛易今名,而以黄堂扁于设厅之北,于义为称潇洒园池,郡圃之总会也(旧名后乐)。射圃在潇洒园池之南为堂曰正己。东溪在射圃之南,亭曰银潢左界(旧名飞练),又南为翔蛟。①

---

① 〔宋〕郑瑶、方仁荣《景定严州新定续志》卷一《郡治》,《宋元方志丛刊》据渐西村舍版影印,中华书局,1990年,第4355页。

此外，嘉靖《浙江通志》亦有载："严州府治，在樊家山之巅，旧在子城北，唐武德间置严州治，宋改建德军治；建炎初，寇毁；宣和中知州周格重建；南渡后升建德府治；元改严州府治，至正末兵毁。本朝洪武初，改筑郡城，徙今所。"①此所谓严州府治，在樊家山之巅，即是宋代郡治，案《弘治府志》："樊家山，在府治北一里，山麓有蟹黄泉，自东山至秀山、建安山、樊家山皆为乌龙山支脉所结，而缭入郡城者也，因改筑城垣，今在城外。"②此亦可以证明宋代子城北界在明代罗城之外。

在明确子城四至之后，可以展开对子城内厢、坊的探究。在子城中存在两坊，其一曰观画坊，出现在子城图中，位于遂安军门内东偏，手诏亭下方。其次曰依运坊，出现在内外城图中，其位置与观画坊同。考虑到同一位置出现两个不同的坊名，笔者查检史料找出个中缘由，但史料对于这两坊全无记载，阅《子城图》发现在"建德府"门西偏，颁春亭之上，有明显的留白现象，其覆盖于街道上方，与子城图中观画坊

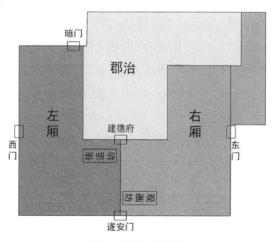

图6 子城内厢坊图

---

① 嘉靖《浙江通志》卷十五《建置志》第二之三，《天一阁藏明代方志选刊续编》第24—26册据明嘉靖刻本影印，第771页。
② 前揭《(弘治)严州府志》卷二《山镇》，第67页。

同,故推测,此留白处即为依运坊,此两坊为子城内仅有之两坊。此外,子城内亦有两厢,按《淳熙图经》记载:"子城周回三里,南即遂安军门,东西门在授官厅之两厢,北门在州宅西偏"①,且图经所言,东西门在两厢,所以可以确定,此处授官厅应指子城,加之"依运坊""观画坊"的位置,可以推测子城内以遂安军门直入建德府门一条直街为界分为左右两厢,每厢内有一坊。

从上图中可以看到,子城内被分为三个部分,两厢(因并未记载其名,暂以左、右厢代指)及郡治,而每厢内俱有一坊,由于史料不足,对于厢与坊的关系尚不能推定,单就坊的标识方式与厢、坊的数量而言,子城内的两坊应该分别是两厢内的街道,也即是厢下辖坊。

罗城内的坊与厢的记载相对较多,《淳熙图经》与《景定续志》中对罗城内的坊与厢均有记载,不同的是,续志中仅对旧志中所载坊的变化进行描述,或续增,或改名,考虑到前文已经推定《建德府内外城图》所示年代,故笔者欲将咸淳元年史料中所记载建德府城内坊的情况列于下表。单以表中记述来说,建德府罗城内有两厢,分别为左厢和右厢,计二十五坊,且从字里行间亦可略窥其性质,如甘棠坊,在右厢,直甘棠楼;朝京坊,旧名景云,在左厢,直望云门等,此类明显以坊额指代街道;再如陵仙坊、状元坊等,因事而立,起旌表教化之用;另外如清净坊、迁善坊、桂华坊等,立于道观、祠庙之前,则体现出其"识道里、视观瞻"的作用。

表5 宋建德府城内的坊

坊　名	原　　注
政惠坊	旧名崇仁,在左领军门前东街
善教坊	旧名崇化,在右领军门前西街
亲仁坊	在左厢东巷
安泰坊	旧名郊河,在右厢直安泰门,今改

---

① 〔宋〕陈公亮修,刘文富纂《淳熙严州图经》卷一《城社》,《宋元方志丛刊》据渐西村舍版影印,中华书局,1990年,第4287页。

续表

坊　名	原　注
物阜坊	旧名易俗,在左厢下市,今改
辑睦坊	旧名黄浦,在右厢市,今改
留梦坊	旧名棠阴,在左厢定川安流门两间,今改
甘棠坊	在右厢直甘棠楼
朝京坊	旧名景云,在左厢直望云门
建安坊	在左厢建安山下
字民坊	旧名申政,在左厢建德县前
双桂坊	旧名任义,在左厢建德县西
福善坊	在左厢子城东,直嘉贶门,今创名
陵仙坊	在右厢子城北,相传为康希仙飞升处,今创名
里仁坊	在右厢后历,故谏议大夫江公望所居,江自立名
和平坊	在右厢和平门内
纯孝坊	旧名集贤,在右厢子城西
英达坊	旧名秀士,在右厢州学前,今改
兴贤坊	在新贡院之街南,淳熙丙午岁创建
宣化坊	在谯楼外西
桂华坊	在梓潼殿西
状元坊	在军门外,淳祐庚戌知州赵汝历以方逢辰为大对第一,故表之
清净坊	在天庆观东
迁善坊	在兜率寺前
安乐坊	在纯孝坊内

注：表中粗体字为《淳熙严州图经》文；细体字为《景定严州续志》文。

将表中内容与《建德府内外城图》作对比,可以发现,府城西北隅聚集了众多的文化机构,如天庆观、州学、省福寺、能仁寺等等,而在这些机构之间,也可以看到诸如兴贤坊、英达坊、桂华坊等坊额的标识,这些牌坊,均立于机构之前,起到一种表厥宅里的作用；而其余诸坊,或立在街头巷尾,道路交汇处,如安泰坊、辑睦坊等,或立于衙署门前,如字民坊、宣化坊等。此外,材料中还出现坊中有坊的现象,如安乐坊,在纯孝坊内,图中"安状坊"即为"安乐坊"之误,从图中可以看到,纯孝坊为子城西,南北向一街道,安乐坊为东西向街道,后者便立于两街道交叉处,如此便在志中记作在纯孝坊内,这也体现了宋代基层管理组织中"以坊统巷""坊中有坊"的观点。

在前文复原了宋代严州平面形态诸要素的基础上,将以上有关地物复原到近代大比例尺实测地图上:

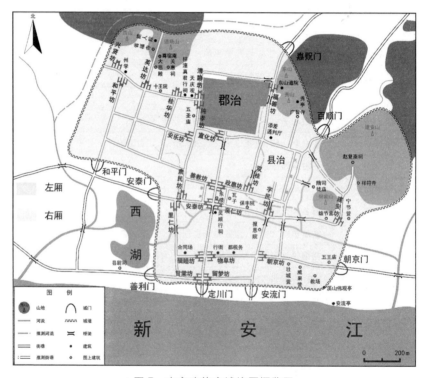

图7　南宋建德府城坊厢概览图

通过史料所记载的信息与《建德府内外城图》上的信息,将各坊具体落实到城池"九十丈开方图"之上,作出以上复原图。从图中可以看出,罗城内以郡治前正街为界,分为两厢,按文字记载,东侧为左厢,西侧为右厢,其中各包含一定数目的坊,形成厢内有坊的格局。

不同于以上"厢"与"坊",建德府城内似乎还存在着"井"这样的基层管理组织形式。《景定续志》中载:

>何崇源,居买犊乡右厢列字井安泰坊,母蒋氏年八十四岁,昨于景定四年七月,抱患沉重,何崇源于右股割肉煮粥饲母,即愈,又于咸淳五年七月,其母再疾,何崇源复行割股,母病随愈。本县审实躬亲存问,申府支给,仍永免户役。

>蒋德定,居买犊乡左厢寒字井醋坊巷,母吴氏年七十,于咸淳六年九月抱患沉重,蒋德定就右股割肉煮粥饲母,即愈。本县审实躬亲存问,申府支给,仍永免户役。①

按文中记载,两人事迹俱在咸淳后发生,从续志修订的时间考虑,这两条信息是可信的,所以对于其中乡、厢、坊、井、巷需要审慎地对待。

首先,对于"乡"的问题。材料中"左厢""右厢"俱于买犊乡辖下,前文已经提及,罗城内分为左右两厢,由此可见,罗城范围是买犊乡辖下,那么买犊乡是否还包含其他范围?《图经》载"买犊乡,管里三,卖剑里、息奸里、丰稔里"②,这段记述一直到民国县志中亦有留存,然描述有所变化,《弘治府志》言"买犊乡,在县附郭,旧辖里三,今辖在城并一都,图十有一,卖剑里、息奸里、丰稔里,在城辖图七,一都辖图四"③,前文对明代在城及一都的内容也略有提及,总结来说,买犊乡为在城乡,宋代买犊乡的范围有且仅有罗城大小。关于"厢"的问题,在上一节中已经有所赘述,这里就不再展开。

最主要在于"井"的问题。两则材料都将井列于厢之下,坊(巷)之上,由此可以推测,井似乎不是类似于坊、巷这种以街巷为主包含两侧的基层管理组织,而更像是更大区域范围内的一层基层管理组织。以"列字井,安泰坊"为例,安泰坊,前文已经提及,在右厢直安泰门,既然一条街道通往城门,那么可想而知,此街并非一般小街小巷,而是人流、物流繁忙的主要街道,却辖属于"井"一级基层管理单位,可以推测,作为基层管理单位的井,其辖属范围必不为小。

"井"这一词,在中国基层行政中出现很早,一直都有所谓"乡井"

---

① 前揭《景定严州新定续志》卷五《孝行记》,中华书局《宋元方志丛刊》本,第4392页。
② 前揭《淳熙严州图经》卷二《乡里》,中华书局《宋元方志丛刊》本,第4318页。
③ 前揭《(弘治)严州府志》卷五《乡里都图附》,第362页。

"市井"的称呼,市井之称最早源于《史记·平准书》:"然市井之子孙亦不得仕官为吏"①,此之"市井"应当是指参与贸易的商人,然其他解释也并不罕见,这里的"井"作为一种城市内部基层管理单位,隶属于乡、厢是没有问题的。对于前缀文字,来亚文在其硕士论文《南宋两浙西路福州及城市行政区划研究——以嘉兴、湖州城的乡、厢、界、坊为中心》中认为"列字井、寒字井之名,应该以千字文为序,故当亦有'天字井''地字井''玄字井''黄字井'等等,'列'字为第 15 字,'寒'字为第 17 字,则城中所分之井应该不少于 17 个"②,对于此种观点,笔者部分赞同,以千字文为序,对"井"进行编号,这是中国古代编排次序一种常见的手段,但若仅以"列"字列于千字文的第 15 位,"寒"字列于千字文的第 17 位,便推定井之数量有 17,未免太过武断。

从主观角度来说,"井"能包含一条主街,那么它的数量与街道的差别会很大,然目前来看,府城内坊有 25,而井竟然不少于 17 个,显然是不合情理的;从客观角度上来说,大多情况下,作者在以千字文编序时,会刻意跳过若干字,其原因或为避讳,或为其他需要,所以即使"寒"字列在第 17 位,也并不能确定"井"的数目不少于 17。然而可以肯定的是,"井"作为府城内一种基层管理单位与"厢""坊"等的作用有一定的相似性。

此外,对于元代建德路城内部平面格局及其基层管理组织的研究,囿于史料,加以笔者学识有限,不足以单列一节进行考订,查明代史料所载,对于元代城内具体情况亦很少提及,多数情况下以"元末兵燹"等词结束介绍,通过这种方式,也可以约略推断出元代城市内部情况相较宋代变化不大,故窃以为以宋末时代为时间节点,复原出的平面形态格局和基层管理组织布局对元代城内情况也具有很好的阐释作用。

总的来说,在宋代以来仅存的两部方志特别是《淳熙严州图经》及

---

① 《史记·平准书》,中华书局,1959 年,第 1418 页。
② 来亚文《南宋两浙西路福州及城市行政区划研究——以嘉兴、湖州城的乡、厢、界、坊为中心》,上海师范大学硕士学位论文,第 66 页。

其附图的帮助下,经过仔细地梳理,我们能够基本把握宋元时期严州城内平面形态格局的基本情况。同时也帮助我们理清了宋元时期城内基层管理组织的架构,即乡—厢—井—坊(巷)的组织架构。

六、余　　论

本文通过历史地理溯源法对宋元以来严州府城平面形态诸要素进行了细致的考证与复原,明确了宋元以来严州府城平面形态的演变过程,对宋元以来城内基层管理组织的演化有了深入的了解,针对严州一城而言,笔者得出以下几点结论:

其一,以往学界在探讨城市平面形态时,往往把目光聚焦在罗城区域内,对于子城内部的平面形态格局和基层管理组织则缺乏关注,通过本文的研究可知,宋代严州有三重城墙,即罗城、子城与牙城;子城之内亦有基本的行政管理组织,即"厢""坊"。

其二,学界一般认为,"唐宋变革"时期封闭的坊制遭到破坏,坊失去了划定封闭区域的坊墙,留下的坊额仅仅作为"识道里,视观瞻"之用。然而事实并非如此,虽然失去了代表明确界线的坊墙,但原坊区所遗留的故有的空间观念在人们心中根深蒂固,在之后对城内基层管理组织划分时,也会充分考虑这些因素,同时其固着性也在建筑中随着时间不断地累积,一如宋代的坊到明代的坊、图,甚至是清代的庄,无一不具有坊所带来的内在推动力。

导师评语:

本文为上海师范大学人文学院历史地理专业 2018 届硕士生赵界的同名硕士论文之选萃,是一篇关于江南山谷小城严州(今浙江建德市梅城镇)城市历史形态变迁的专题研究。作者通过全面的相关史料整理与城市历史形态学的溯源复原论证方法,以清代严州府城内在"顺庄法"下的编"庄"重建为起点,详细复原出了明、清两代的城内街巷及基层管理分区,并在此基础上,进一步观察宋、元时期严州城内基层管理组织形态的变化,初步得出了南宋"坊"作为基层管理组织的功能开始弱化、明代"图"与清代"庄"的划定受宋代"坊"的影响、宋代严州城市管理应呈现乡—厢—井—坊(巷)的组织架构演变模式等结论。

本文集中探讨了宋元以来严州府城等平面格局及城内基层行政组织的格局与变化,其结论对于学界通行的城市史地理论来说颇具创新之处。论文选题处于当今城市史地研究前沿,材料运用丰富、系统,论述逻辑性较强,图史互证得当,图表准确细致。文中的一些论证与认识,如运用"庄编保字""地块保甲字号"对于清代城内"庄"的格局复原与上溯推论、对宋本《淳熙严州图经》的资料批判等,展现出作者的缜密思维与观点创新。论文的内容与结论将为我国城市史地研究积累个案材料,对深入探讨古代城市内部结构等研究提供具有启发的素材。

本文主体部分曾在《江南社会历史评论》2017年第10期、《都市文化研究》第17辑上刊载,本次发表又做了修改。

近年来,我国城市史学界对古代城市基层组织的研究逐渐成为热点,其中,对唐宋以来城市中的"坊"的研究尤为学界所重视,不过,虽然相关研究已经有一定的数量与规模,但对于此类城市基层组织的长期变迁,囿于缺乏纵向研究与典型实证研究的积累,至今尚未形成统一认知。有鉴于此,本文选择地处三江交汇之地的浙东严州城为研究对象,运用文献考证、实地调查以及大比例尺平面图复原等方法,对严州城内的基层组织进行长时段纵向分析,以期能够为古代城市基层组织研究提供一个比较详细的比较案例。

"年年刷卷作故纸"
——明代海盐县永安湖水利困境与地方社会探析

杨 茜(导师:钱杭)

摘 要:水利不仅关乎农业生产的展开,作为一项公共工程,亦能够呈现基层社会的组织方式和管理模式。滨山靠海的永安湖是海盐县澉浦镇中最重要的水源地,但有明一代几乎一直处于失治状态。明初之后,官府因现实困难与利益选择,始终未能组织起针对性的开浚工程,镇中士绅多次尝试推动,均只是小修小补。永安湖的水利困境,为了解明代江南水利工作运行的多样性和包括士绅在内的基层社会管理的差异性,提供了一个很好的参照。

关键词:永安湖;水利;士绅;地方社会

一、引 言

江南水利的重要性,是明清时代的共识。围绕太湖的水利工作,有上游常、湖、镇三府的溇港疏浚开源,和下游苏、松、嘉三府的"三江入海"。相对而言,明王朝对太湖之水如何宣泄入海更为重视,以挖掘(疏浚)排水沟渠为主的水利工程,在从太湖到大海的一百公里以上的广大区域内进行,如王朝前期针对吴淞江、白茆港的大规模疏浚治理。然而到晚明时,国家对于太湖平原的水利不再如以往那样重视,内忧外患的局面也使王朝没有能力进行大规模的水利建设,故江南除了两三处由"强力"知县组织的水利工程外,大部分地区出现一种

"不讲水利"的荒怠局面①。桐乡人张履祥在清初时便说"农田水利之政,百年不讲"②。这是明王朝从重视江南水利到水利荒废的大趋势。

聚焦于小流域内的水利工作,情况可能不尽相同。嘉兴府海盐县澉浦镇,滨山靠海,地势高阜,以镇西永安湖为重要水源地。而该湖的浚治失序,几乎伴随了整个明王朝。明初以降,一次次地方呈请与执行未遂的记录,保留在从澉浦镇到海盐县以至嘉兴府的史志中③。王朝政府对僻远小流域水利工程选择性轻视,同时乡绅等地方力量也未能有良好的对接。永安湖的浚治工作,长期停留在一纸空文的层面。

二、澉浦镇环境与永安湖水系

澉浦镇,地处浙江北部沿海,明代属嘉兴府海盐县,曾是对外贸易、海外交通的重要港口市镇。澉浦建镇,始于唐代开元五年,苏州刺史张廷上奏置镇,设有镇将。至宋代,又置镇官监税,兼管鲍郎盐场盐务。因地理位置的便利,南宋时澉浦已是海外贸易重镇,番货毕集④。元初,此地还设市舶司。又有记载称"至元、皇庆间,宣慰(使)杨耐翁居此,以己资广构房,招集海商番舶皆萃于浦"⑤,澉浦镇遂人烟极盛,并与当时著名的海外贸易港口青龙镇并称,所谓"华亭则有青龙镇,海盐则有澉浦镇"。也就是说,澉浦由最初的沿海驻军要塞,因海外贸易的发展而演变成沿海重要港口⑥。

---

① 详参[日]川胜守《明代江南水利政策的发展》,载《明清史国际学术讨论会论文集》,天津人民出版社,1982年。
② [清]张履祥《杨园先生全集》卷四〇《备忘二》,陈祖武点校,中华书局,2002年,第1114页。
③ 嘉靖《续澉水志》、道光《澉水新志》以及天启《海盐县图经》、光绪《海盐县志》、光绪《嘉兴府志》中均有收录。
④ 天启《海盐县图经》卷六《食货篇第二之下·课程(附市舶)》,明天启刻本,《四库全书存目丛书》史部第208册,齐鲁书社,1996年,第442页。
⑤ 弘治《嘉兴府志》卷一七《海盐县·乡都》,明弘治刻本,《四库全书存目丛书》史部第179册,第259页。
⑥ 可参考陈学文《明清时期乍浦、澉浦二市镇的社会经济结构》,载氏著《明清时期杭嘉湖市镇史研究》,群言出版社,1993年,第214—230页。

入明以后，江浙沿海广设卫所以备倭，朝廷置官军把守，严禁百姓下海，海外贸易遂绝，澉浦镇也随之衰落，所谓"利源既绝，往迹俱非，不见异物，亦无外慕"①。及至晚明，除基本的稻作生产外，澉浦镇民间生业中还有很重要的一项，即家庭纺织业，尤其以苎布的纺织为主。这跟晚明海盐县大部分地区以蚕桑为副业的情形略有不同。朱国祯便观察到："盐邑素不习于蚕，近三四十年中蚕利始兴，今则桑柘遍野，无人不习蚕矣"，但是"澉浦俗善绩苎，更以织苎布为业，然地实不产苎，市之他方，布亦大不精，非贵人所御也"②。

澉浦镇虽然地处"江南水乡"的大区域中，但境内却"山多而水少"，与真正的"水乡"地貌环境并不尽相同："嘉禾阖境水多山少，而山皆聚于澉浦。"③澉浦一带有大大小小几十座山峰，居民错居于山湾沃土之中。山多水少、地势趋高的环境，使得澉浦镇农业生产所面临的不是水乡常见的排涝问题，而是干旱："澉地高阜，不通下河，水无活源，十年九旱，往往灾患，不能备书。"④因此，灌溉和蓄水显得十分重要。明清官民都普遍认识到，镇中多山，地势高，不能溯流而上，"宜疏浚深通以资潴蓄"，而"正本清源之论"，即是需要时时挑浚永安湖和与之连通的澉浦城濠，从而"踞高处以蓄水，则樽节宣泄似无难于溥逮也"⑤。从海盐县整体水利形势来说，亦是如此："海盐东南地势最高，水易就下，如永安湖、澉浦城濠、白洋河之淤淀者，宜挑复之，各邑浜港之涩流者，宜劝农民以时疏掘为潴蓄计，斯旱可以备。"⑥

永安湖位于澉浦镇西南部的谭仙岭下，"环湖皆山，孟姥瀑诸水分注之，中有长堤，划湖为两，周望惟南一角山不尽遮。海水正与湖

---

① 〔明〕董毂《续澉水志》卷一《地理纪·沿革》，民国二十五年铅印《澉水志汇编》本，《中国地方志集成·乡镇志专辑》第20册，上海书店出版社，1992年，第537页。
② 天启《海盐县图经》卷四《方域篇第一之四·八之县风土记》，第397页。
③ 〔明〕董毂《续澉水志》卷一《地理纪·山川》，第538页。
④ 〔明〕董毂《续澉水志》卷八《祥异》，第557页。
⑤ 〔清〕王凤生纂修、梁恭辰重校《浙西水利备考》"海盐县水道图说"，光绪四年重印本，《中国方志丛书》华中地方第481号，台湾成文出版社，1983年，第267页。
⑥ 〔清〕王凤生纂修、梁恭辰重校《浙西水利备考》"嘉兴府水道总说"，《中国方志丛书》华中地方第481号，第233页。

平,滩沙晶荧,愈复益其漾汻"①。湖面积不大,元代文献记载"周回十二里"②。明代前期勘测,湖约 3 700 余亩③。20 世纪 50 年代,湖只余 1 680 余亩④。

察其地势,永安湖原本是钱塘江口的一个海湾,由于泥沙淤积和海平面下降,逐渐成为潟湖。但确切成湖年代已难考。2005 年所修《南北湖志》引用两段材料并进行了推测:2002 年编《金山卫春秋》中收录一张汉初所绘会稽郡海盐县全境地域图,其县界说明中道"南临澉浦关",可见此时澉浦已成陆。东晋成帝年间,逢苏峻之乱,干宝族人"徙居于澉湖",载于《干氏宗谱》中。澉湖,也许即指代澉浦和永安湖雏形。后经隋唐以来的开发,湖周土地已变为农田,但终因下游田地缺水灌溉,约于吴越王钱镠时废掉湖旁之田,储诸山之水,堤之为湖,用以灌溉下游土地⑤。细查宋以后的澉浦地方文献,多语焉不详,只记载了此湖"原以民田为湖,潴水灌溉"⑥。

将永安湖与周围农田以及东边的澉浦城河连接起来的,是一纵四横的"中河"与若干的堰闸:

> 永安湖,源自谭仙岭、高阳、盐台诸山,注汇为湖。湖水自闸下注于中河,中河形如十字,一纵四横,以孙家堰、六里堰截水,而东有老人堰通澉。城濠西有上、下、转水三闸流注下河,皆因时启闭,以灌近湖田八千三百余亩。至澉浦则南受长墙、青山诸水流入城濠,萦回交互,与中河水会。又西行出日晖桥,出六里堰傍之转水闸至张公桥,入下河;东至滚水坝止,漫为长川坝,计长十里。⑦

具体分段来看,中河,自永安湖闸口而下,东过吴越王庙分为二

---

① 光绪《海盐县志》卷五《舆地考二·山水》,清光绪三年蔚文书院刻本,《中国地方志集成·浙江府县志辑》第 21 册,上海书店出版社,1993 年,第 588 页。
② 〔明〕董穀《续澉水志》卷九《艺文纪·文》"永安湖记",第 566 页。
③ 〔明〕董穀《续澉水志》卷八《杂记·公移》"军民利便呈",第 554 页。
④ 南北湖志编纂委员会编《南北湖志》,中华书局,2005 年,第 33 页。
⑤ 南北湖志编纂委员会编《南北湖志》,第 32 页。
⑥ 〔明〕董穀《续澉水志》卷九《艺文纪·文》"永安湖记",第 566 页。
⑦ 〔清〕王凤生纂修、梁恭辰重校《浙西水利备考》"海盐县水道图说",第 262—263 页。

支,一支向西北流去,自王家桥至孙家堰止,一支向东南过八字桥,经三十字河至张老人闸止。又两处支浜在西门外者至油车堰止,在南门外者至颜家堰止。统计河港浜溇凡五千九百七十九丈五尺,阔狭不等。澉浦城的"护城河"即濠河,亦名城河,地势略高,从城西日晖桥流出,向西至六里堰止,这段河道称"上河"或"六里河"。六里堰外流向北边之河称"下河"。上河因从"势居上流"的濠河流出,地势高于下河,故设六里堰遏上河之水向北流入下河,保障周围农田灌溉。但如遇雨水过多时,则开启六里堰南面的转水闸,泄水入下河。上、下河统称"长河"。城东则有"新河",起自裘家坝,下至长川坝止①。

永安湖通过上述一系列水闸控制放水,"湖东际石砌斗门木板为闸,以时启闭。每遇天旱,开闸放水,下流灌救田苗。或天雨连绵,湖水涨溢,却有东南葛母山下古置浑水闸,放泄入海"②。

受永安湖灌溉的农田分布在澉浦、澉墅和石帆三个村落,即城濠周边的城河田、永安湖下的湖田,以及长墙山湾处的山田(石帆村临海,受海潮影响,后渐渐陷没于海)③。这一范围涵盖了澉浦镇农田的绝大部分。

三、明代湖堰失治

永安湖处于山海之间,由潟湖而淡水化后,主要以周围谭仙岭、高阳山等诸山之水为源,泥沙冲积日多,且湖水"本不甚深",仅一点五米左右,故"世代滋久,陂堤圮坏,水莳淤塞,殆有日涸之虞"④。湖泊疏浚需定期进行。

明初,朱元璋立国之际重视农田水利的建设,洪武二十七年"遣国

---

① 〔清〕方溶纂修、万亚兰补遗《澉水新志》卷一《地理门·水》,民国二十五年铅印《澉水志汇编》本,《中国地方志集成·乡镇志专辑》第20册,第581页。
② 〔明〕董榖《续澉水志》卷八《杂记·公移》"结堪永安湖责税",第554页。
③ 〔清〕方溶纂修、万亚兰补遗《澉水新志》卷九《人品门·孝义》,第619页。
④ 〔清〕吴懋政《永安湖德政碑记》,载〔清〕方溶纂修、万亚兰补遗《澉水新志》卷四《水利门》,第592页。

子监生及人材分诣天下郡县,督吏民修治水利",命"凡陂塘湖堰可潴蓄以备旱熯、宣泄以防霖潦者,皆宜因其地势修治之"①。在这样的大局势下,全国范围内很多农田水利得到修治②。澉浦镇永安湖在这时也得到开挑疏浚,使得南北两湖"各深五尺,四时不旱,田禾有收。本境居民二千四百余户,俱得安生"③。

此后,随时间推移,永安湖不断地淤积和被破坏,却一直得不到妥善的清淤与开浚。当地的粮、塘、里、老,以及澉浦千户所多次呈请,但即便得到了朝廷的批准,也无法落实和推行。下面即按时间顺序,列陈有明一代永安湖"屡经申请,竟未能疏浚"的过程。

洪武开浚之后,几十年间,永安湖日渐淤塞。正统十年时,海盐县县丞龚潮达申奏,请求疏浚永安湖,以及县内的茶市院河、新泾河、陶泾塘河等,不久便得工部字三百七十一号批准。朝廷派官员实地踏勘后,命下浙江布政司,要求征发人夫两万名(一说一万八千名)开浚永安湖及海盐县内其他河道④。但最终"未蒙起夫",无法动工,田禾愈加荒旱。

天顺三年,永安湖淤积更加严重,"河港浜溇俱各淤塞浅窄,遍生墅草,遇旱俱如平地,湖底与田仿佛高低"。海盐县主簿与地方里老经过一番勘合,指出:"本湖通行三千七百四十二亩,中有官塘行路一条,古分南北二湖,南湖计有一千三百三十三亩,北湖计有二千四百一十亩,二湖周围俱系山海。北湖口原有古闸一座,樽节水利,遇旱起开放水,闸下四散河港,车荫官民屯田八千三百余亩。"而如今湖泊淤积,湖底抬高,造成"无水车戽,似此荒多熟少,连年亏欠税粮,民食不给,流移逃窜,即今止有三百余户。见在地广人稀,兼且连年旱灾以致税粮拖欠,俱是见户陪赔,人民困苦,官府被累"⑤。

---

① 《明太祖实录》卷二三四"洪武二十七年八月乙亥"条。
② 《明史》卷八八《河渠志六》,中华书局,1974年,第2145页。
③ 〔明〕董榖《续澉水志》卷八《杂记·公移》"军民利便呈",第554页。
④ 〔明〕吴道南《吴文恪公文集》卷十《郡国水利》,明崇祯吴之京刻本,《四库禁毁书丛刊》集部第31册,北京出版社,1997年,第429页。
⑤ 〔明〕董榖《续澉水志》卷八《杂记·公移》"军民利便呈",第554页。

于是,澉浦镇和海盐县提出疏浚方案:"本湖南北二处俱各平浅,闸下通湖河港高如湖底,如蒙查照原奏勘合事理起夫,将闸下河港浜溇急当先浚,通接六里堰下河港接开北接,开掘之际,倘有雨水不常,先将闸下河浜沥去水浆,庶不失误工程。以后方开南湖。"①这可以看作是一种妥协。在整体开浚永安湖无法实现的情况下,当地百姓提出先行疏浚湖闸下淤积的河港浜溇,若得以完成,再循序疏浚长堤以南的南湖。

此外,永安湖的淤积,还牵及驻扎在此的澉浦千户所。明初卫所建设时,海盐县设有海宁卫,下辖澉浦千户所和乍浦千户所。澉浦千户所的屯田由一个百户领之,骑军一百一十二名,派种田地一十三顷七十六亩②。灌溉环境的变差,也使得千户所的屯田受到影响。

这一次的呈请,同样得到朝廷的批准,当时踏勘所得:"南湖一千三百三十三亩,每亩用夫五名,共夫六千六百六十五名,开深五尺,计工二个月可完。北湖二千四百一十亩,每亩用夫五名,共夫一万二千五十名,开深五尺,计工二个月可完。闸下河港浜溇,量计五千九百七十九丈五尺,阔狭不等,每丈用夫一名,共该夫五千九百七十九名,开深五尺,计工二个月可完。"浙江左、右布政使,以及分巡副使等高官,亲临视察,所征发的嘉兴府七县的人夫两万名也抵达永安湖之南湖,准备开挑,但恰逢冬月雨雪连绵,不能施工,随后便不了了之③。

接着到成化年间,湖泊情况更加不堪:"北湖并闸口及近闸近田河道,反再高浅,未经挑浚。其南湖里深外高,难以并放通河,似此不得灌济,即今连年荒旱。"成化八年,澉浦百姓继续申请疏浚。朝廷命海盐县与澉浦千户所各派官员一名,联合当地粮长、耆老等,亲自前往永安湖踏勘,验看湖泊淤积状况,调查以往开浚与否,并计算"长阔丈数,斟酌合用人工",要求"除完固深通外,凡有壅塞损坏应修者,就与丈量多寡,斟酌工程,少者着令派取本处料物即便趁时修理完备,其工程浩

---

① 〔明〕董毂《续澉水志》卷八《杂记·公移》"军民利便呈",第554页。
② 天启《海盐县图经》卷七《戍海篇第三》,第460页。
③ 〔明〕董毂《续澉水志》卷八《杂记·公移》"军民利便呈",第555页。

大,卒难成者,亦要督令上紧修理。如果本处人力物料不敷备由作急开报以凭定夺,务俾河道疏通,圩岸高厚,水利兴举,不为后患"①。

与此同时,当地百姓还指出永安湖私自放水的情形:

> 湖有南北二处,各置闸口,以时开放荫田。缘因无人看守,又经年远,闸座灰石坍损,致被近其闸坝豪顽大户之家,贪图小利,不思田粮为重,恃势无时,黉夜将湖闸并六里堰、转水河闸并各坝偷开,张捕虾鱼。遇其夏秋无水车救,以致连年荒旱。粮草无征,区民缺食。②

面对豪顽大户的干碍,朝廷一方面安排六里堰附近民人朱敬看守闸坝,并配合粮长、圩长、治水老人,及时报告坍损情况,并在夏秋用水之季定期开闸灌田,期望可以杜绝势豪大户张网捕鱼、偷泄水利的情况③。另一方面还赋予了澉浦千户所"禁治豪势"的职责:

> 至日逐一看视,中间有被豪强之人侵占、干碍水利者,即拘该管官吏旗甲人等,从公审勘是实,取具明白,供给就令退出改正。若或恃强不服者,指实呈报如是,委官人等扶同。容隐并挟私妄害平人,及因时科扰朦胧、作弊怠慢误事者,挐发通行参问,不恕。④

尽管有帖文一次次地呈报和下发,但浚湖工程再一次停歇,并未见执行与成效。

正德十一年,由澉浦千户所再次提出开浚之事,范围包括永安湖以及六里河延续至镇中常积仓的河道:

> 本所城池设立澉浦镇,地方旧有水门一座,通流城中,以滋灌汲,直抵常积仓前,运粮上纳最便,商货亦通。后被淤塞,栅门朽烂,前该官军虑恐盗入,私将顽石填塞,自此一遇水涝,则淹没军营,一遇火灾,则无水救济。运粮者脚价烦难,伞卖者肩挑困苦,

---

① 〔明〕董穀《续澉水志》卷八《杂记·公移》"军民利便呈",第555—556页。
② 〔明〕董穀《续澉水志》卷八《杂记·公移》"军民利便呈",第556页。
③ 〔明〕董穀《续澉水志》卷八《杂记·公移》"军民利便呈",第556页。
④ 〔明〕董穀《续澉水志》卷八《杂记·公移》"军民利便呈",第555—556页。

以致军储久缺,士卒逃亡。近年以来,十分狼狈。

及有永安一湖,灌溉田亩,钱粮动以千数,今被浮沙四塞,浅与田平,未秋先竭,十年九旱。民食既匮,国课亦亏,官民两失其利。此地方之患,已非一日,及今不为处置,必致流移殆尽,贻累官府,为害非细。

呈乞自六里堰疏浚,以致绕城,开通水门,以复故道。永安湖则量度旧迹,务令深广,庶可救一方之生灵,贻万年之永惠。①

澉浦城中曾有一条"市河",古为运河,自东南的长墙山横穿镇区抵达六里堰,又向南流入永安湖,当时实乃澉浦镇河流孔道。但明初以来,河道堰塞,夷为民居,仅于西城处设一水门,通向镇中的常积仓,供运粮用②。据千户所所言,水门至常积仓的一段河道,因自然淤塞和人为填塞,水流不通,影响镇中排涝、防火,尤其给运粮造成极大的负担。千户所掌印千户杨玭为将"市河"与永安湖所需开浚的事宜一并上报,后经过勘实丈量,估算合计费用等步骤后,再一次地没有执行。

嘉靖年间,澉浦军、民又有三次呈请,最终还是无成:

嘉靖三年大旱,军、民、耆老、陈缙陈绅等将情告所,备申察院,批府行所,姑俟秋成,民力稍裕,查照施行,竟亦停歇。
嘉靖七年大旱,耆老汤沐告府,行县勘实回答,竟亦停歇。
嘉靖九年军余胡瓒,为众建言,被责几死,竟亦无成。③

嘉靖朝之后,未再有申浚的公移保留,也许是出于史料的阙失,也有可能是澉浦地方再未上奏浚湖的要求。并且,从实际情况来看,直到清代康熙、乾隆年间,才由官府组织,进行了整体的浚湖工程。因此,与明代中前期相似,整个晚明,永安湖的疏浚事业都没有达成,亦不见官府层级的规划,永安湖湖堰失治状态一直持续着。不过澉浦地方士人并没有放弃,展开了一些基于地方力量的小修小补工作。

---

① 〔明〕董穀《续澉水志》卷八《杂记·公移》"澉浦千户所申文",第556页。
② 〔明〕董穀《续澉水志》卷一《地理纪·山川》,第538—539页。
③ 〔明〕董穀《续澉水志》卷九《艺文纪·文》"与吴南溪先生论水利书",第567—568页。

四、澉浦士绅的努力

生活于明末清初的澉浦镇人钱汝霖（又称何商隐），在康熙十年回顾地方士人对疏浚永安湖所做的努力时曾言及："浚湖之议，始自敬先、方川、虚斋、南溪、萝石、两湖诸先生，去今岁二百余年，迄今无成事。"①

这里列举的"萝石"，即董沄，字复宗，澉浦镇人，少年时便慷慨慕义，年长工诗，与当时的名士沈周、孙一元交游，放浪山水之间。年近七十，听王阳明讲学，心向往之，执意拜师，成就一段佳话。他的儿子董毅，是正德十一年举人，曾任湖广汉阳县知县，撰有《续澉水志》，对镇中水利也多有关心，曾叹息水利问题"乡先达图之百有余年而不遂"②。南溪，即吴昂，字德翼，海盐人，弘治十八年进士，历官南京刑部主事、福建参政右布政等职，是澉浦镇的大乡绅③。敬先，是镇中文人刘俨的字，刘俨博学善诗文，有古道热肠，后以布衣身份崇祀乡贤④。总而言之，从明中叶开始，澉浦、海盐的乡绅、文士（不仅仅有上述列举到的人物）一直在为永安湖的水利工程谋划和努力着。

董沄写给吴昂的一封信中，叙述了明初洪武年间以来，永安湖历次呈请疏浚失败的过程，痛言"年年刷卷只作故纸，奈之何哉？"故恳请官位颇高的大乡绅吴昂出来主导浚湖大业："窃惟先生于此一十八年之间，虽于当道屡尝言之，终以宦辙四方，有志未究。今则解组于家，优游绿野，克终初议，兹非其时耶。矧先生名耸天下，心切颠连，有闻必举，有举必成。……且幸今岁天雨及时，成熟在迩，水可放泄，夫可起拨，但图之在早，持之在坚耳。先生其有意乎？"⑤这是希望以吴昂的

---

① 〔清〕钱汝霖《澉湖种树说》，载《紫云先生遗稿》，不分卷，抄本。
② 天启《海盐县图经》卷十四《人物篇第五·儒林》，第584页。〔明〕董毅《与邓文岩别驾书》《又与杨秋泉参核书》，《碧里后集达存》下，明刻本，《中国古籍珍本丛刊·天津图书馆卷》第60册，国家图书馆出版社，2013年，第668—670页。
③ 万历《嘉兴府志》卷十九《乡贤二·海盐县》，万历二十八年刊本，台北：成文出版社，1983年，第1164页。
④ 天启《海盐县图经》卷十四《人物篇第五·流寓》，第599页。
⑤ 〔明〕董毅《续澉水志》卷九《艺文纪·文》"与吴南溪先生论水利书"，第567—568页。

地位、威望与资源影响官府,推动疏浚的进行。

相对而言,由地方有力阶层推动而进行的最有成效的一次水利工程,是万历年间对六里堰的修治。澉浦镇的地势高于北面的县城和嘉兴等地,因此地处上河与下河之间的"六里堰",主要作用在于遏制地势较高的上河之水流入北面的下河,从而保障上河的水量以灌溉两岸农田,是澉浦镇的"灌田、堤防之所"和"水利要防"。先是万历二十一年时,以镇中的生员钱鲁南、布衣善士朱文才为主导,初步加固增厚了年久废弛的六里堰。但上下河地势悬殊、灌溉不便的问题仍然存在,于是三年后,澉浦士绅再次发动修治工程:

> 侍御许星石公,独念湖闸虽修,而两湖城濠之水,去用里堰实其巨防,首出金钱,因具所以,状于邑父母李侯,并以董其事者进。侍御为地方计虑深且切矣。侯乃召朱善士,与之约曰:"澉之民不忧涝而忧旱,旱则水不足灌而荒歉,因之流离,啼呼十常八九,谁为父母而令致是?尔其善体吾意,悉力为之谋,所以不朽斯坝。"旋捐俸钱,并榜其意于坝旁,以怂恿士民之乐施者。朱善士雅好兴举,地方废坠,而又重以侯之激劝,真不难捐发肤以从之。于是日久营度,经计久远,为之纠工伐石。①

县令李侯"激劝"的"善士"朱文才,乃一介布衣,但精通水利技术,且家资雄厚,在澉浦的水利事业中扮演着很重要的角色。经过他的设计,六里堰下"甃小沟于深底,创设瀛洞,蔽之以门。遇旱则开,引下河之水以灌上河之田",且"深广转水闸令其□减浮水,永无破盂漏卮之患"。这一巧妙的方案,可以引导地势较低的下河之水流入上河,在一定程度上缓解了干旱及上河水不足时两岸农田的灌溉问题。工程耗时两个月,由曾任贵州道御史的澉浦镇乡绅许闻造首倡,统共花费若千缗,大半来自县令李当泰、乡绅许闻造和镇中士民的个人捐助,剩下的均由朱文才资助。同时县令李侯还蠲免永安湖中的茭草税,作为以

---

① 光绪《海盐县志》卷六《舆地考三·水利》,第 621 页。

后疏浚六里堰的经费①。

此外,鉴于浚湖事业中最大的难题——经费从何出,澉浦的士人也提出过一些"开源"的办法。嘉靖年间编纂《续澉水志》的董榖,在志书中表露了通过"种树"获利的想法:

> 如茶、如竹、如桐、如漆、如桃、如栗、银杏、杨梅皆可树之以获利而不植之,顾独种松,十年一伐以为薪。人生能几伐哉?而子孙果能相继树乎?无怪乎山之童也,归咎税重,愚之乎见哉。②

前述钱汝霖,更是明确表达了"浚湖莫若种植",并撰文进行了更为详细的阐释:

> 澉湖浚淤固是百年之利,但工巨费艰,猝难集事。……倘得贤邑侯下令高山种松,山麓平衍、村落近便处,植果木,以多寡课勤惰,春秋暇日,屈驱从亲临视,赏其勤而罚其惰。三年五年,花实长茂,十年有成矣。澉两面距海,其西面有山处,计之不下若千里,不下若千户,皆令栽竹、茶、枣、栗、橘、柚、杨梅,家课数十树,树息数百钱,岁可出金钱数百千两。十年之后,家各殷足,方且自谋久远。不待上之人多方区画,而浚湖之策虑无不屡陈于牍,输金输力之恐后矣。
>
> 故欲救荒,莫若浚湖,欲浚湖莫若种植。……今止须十年,不役众力,不烦征敛,坐而视其有成,便而且速,无以过之。③

钱汝霖是明末清初澉浦当地重要的文人,与浙西许多文人、隐士如吕留良、张履祥、陈确等有着密切的交往。明末以来,有"小西湖"之誉的永安湖是他们结社、交游的重要地点。经历过晚明浚湖难成局面的钱汝霖,认为澉浦镇地方浇漓,百姓穷苦,因此,永安湖的浚湖之费无所出,而若鼓励百姓种植竹、茶和果树,这些经济作物既可以很快地进入商品流通来使百姓致富,又可以课税用以修治湖堰。

---

① 光绪《海盐县志》卷六《舆地考三·水利》,第622页。
② 〔明〕董榖《续澉水志》卷一《地理纪·山川》,第538页。
③ 〔清〕钱汝霖《澉湖种树说》,载《紫云先生遗稿》,不分卷,抄本。

但这一一厢情愿的设计并未见到实施。永安湖淤塞的状况,一直持续着。清初,海宁人查慎行便言及,原本一分为二的永安湖,现在多称南湖,因为如今"北湖为葑田矣"①。

可以说,有明一代的大部分时期,关系着澉浦水利灌溉之要的永安湖,一直没有得到恰当的疏浚与治理。无论是朝廷的行政命令,还是省、府、县各级官府和卫所的推动,均难以落实、执行。地方上的有力阶层,如乡绅、士子、富户等,在万历以后也尝试着谋划,并出资出力,但最终也只是有个别河道的小规模疏通和闸堰修治工作得以实现。

五、水利困境与现实

澉浦镇文人董沄自陈,造成永安湖长久以来湖堰失治的原因有四:

> 一则地方僻处海角,府县隔远,上司不到,危苦之状不能上闻。
> 二则吏胥之弊,非钱不行,而地方公务,钱何从出。
> 三则间有数辈奸黠、细民侵占填塞,深惧显露,多方阴阻。
> 四则粮塘里老,明知疏浚于己有益,但惧供给,因小失大,见当身役,含糊禀歇,及至交替,便望举行,逐年延捱,以此堕误。殊不知图大事者不惜小费矧。②

董沄的分析揭示了一部分原因。

永安湖偏处海盐县一隅,是一个独立性的地域水库,并不关涉整个太湖流域的水利通塞。并且海盐县相对于更靠近太湖的嘉兴府其他州县,处于太湖平原治水的边缘地带。就灌溉而言,明清浙西一带,以杭州的西湖和余杭县的南湖为最要③。因此,永安湖水利兴废所受到王朝的重视程度自然较低。

---

① 〔清〕查慎行《得树楼杂钞》卷十一,《丛书集成续编》子部第92册,上海书店出版社,1994年,第253页。
② 〔明〕董毂《续澉水志》卷九《艺文纪·文》"与吴南溪先生论水利书",第567—568页。
③ 郑肇经《中国水利史》第六章《灌溉》,商务印书馆,1993年,第248—250页。

就整体区域形势来说，明王朝对于海盐县海塘修筑的重视远高于对内部水利的整治。当时的官僚士大夫多言及此地海塘的重要性："东南惟海事为重，海盐海塘之设，所以御潮汐之往来，捍波涛之啮蚀，斯塘一圮，民为垫溺，所系甚大也。"①且海盐县直接面向杭州湾，处于苏南和浙西地区抵御海潮的第一线，关涉江南诸府的安危："海盐地势逼临大海，两山拥夹，故潮汐独异于他处，全赖海塘为之捍御。顷者风潮异常，将石塘冲坍大半，土塘尽坍，田禾湮没，庐舍漂流，设若风潮再作，径从坍口深入内河，则无海盐。无嘉兴而杭、湖、苏、松诸郡均被其患。"②澉浦镇在海盐县最南部，靠海的"长墙、秦驻以至雅山滨海一带要害之处，又其藩篱怒潮冲激，吞天沃地"，筑塘防潮的形势严峻③。

事实上，海盐县所属的浙西海塘，一直是历代王朝为抗御海潮危害、保障江南地区经济发展所兴筑的重要公共工程。据统计，以明代而言，较大规模的修筑工程就有五次。规模稍小者，如海盐、平湖两县的海塘共修筑过二十一次。且在明末，海塘由原本的土塘改为更加坚固的石塘，即所谓的"捍海石塘"④。明代浙西海塘的兴筑，有王朝持续性的重视，在赋役结构中，也占有一定的地位，其修筑经费有岁征的海塘夫银作为保障。从弘治年间开始，嘉兴府的海塘之役，"每岁均徭，阖郡计银七千两"⑤。而从明代中期开始，内河、湖泊水利的经费就已经逐渐从单纯的国家拨款转为地方自筹和民间集资⑥。"地方公务，钱何从出"，成为地方水利事业中的一个关键性问题。钱汝霖和董穀设想的"澉湖种树说"也正是针对这一问题。

---

① 〔明〕屠勋《屠康僖公集·重修海塘记》，收入〔明〕陈子龙等选辑《皇明经世文编》卷八九，明崇祯平露堂刻本，《续修四库全书》第1661册，上海古籍出版社，2002年，第198页。

② 〔清〕方观承等修，查祥等纂《两浙海塘通志》卷二《列代兴修上·全修海塘记》，清乾隆刻本，《续修四库全书》第851册，上海古籍出版社，2002年，第425页。

③ 〔明〕董穀《瀛阳细柳序》，《碧里后集达存》上，《中国古籍珍本丛刊·天津图书馆卷》第60册，第633页。

④ 马湘泳《江浙海塘与太湖地区经济发展》，《中国农史》1987年第3期，第42页。

⑤ 天启《海盐县图经》卷八《隄海篇》，第477页。

⑥ 潘清《明代太湖流域水利建设的阶段及其特点》，《中国农史》1997年第2期。

为了筹措经费,实现镇中各处的水利修治,澉浦地方也尝试争取过其他机会。万历五年,便借海盐县海塘修筑的机会,用浚河之土筑海塘和挪借海塘余剩银的方式,开浚和整修了澉浦城东往秦驻山的一段河道。此次申请,最初由百户官余滕蛟代表澉浦千户所提出,后经浙江巡抚常熟人徐栻奏请成功。当时,徐栻刚组织完成了海塘的又一次修筑,随即上疏言道:

> 海盐县秦驻山南,至澉浦所地方,原有河一带,在土塘之内。旧连县治,商旅辐辏,田亩岁收,称为沃土。近皆淤塞坍塌,舟楫不通,赤地遍野,原设澉浦税课局,因而裁废,旱干无备,粮运艰苦。乙亥海溢之变,澉浦军民被灾尤甚。以石塘一带外无拥护,内无分泄故也。臣时营度海塘,亲履其地,见田卢荒废,闾里萧条,目击流离,所不忍言。迨塘工告竣,一方军民呈词恳切,诚可怜悯。若将此河因其旧迹,再为开通,即以浚河之土筑塘,则该所至该县,内河上塘一体,高厚深广,联结巩固,纵有异潮之来,不能冲突,而田畴得灌溉之资,一水相通,粮运直达,贻惠军民,实为无穷矣。①

朝廷批复,同意"动支海塘余剩银开浚"。工程与永安湖无关,而是位于澉浦镇东北,从秦驻山附近的石鼓桥经常川铺、黄泥寨,到澉浦东关外的城濠河为止,共长二千二百二十五丈七尺,通计用银三千六百一十九两,征调民力与千户所军兵共同参与,工费由海塘余剩银支持②。

然而深究这段河道的开浚为何得以施行,并能够挪借海塘银,则可以发现:其一,这段河道与澉浦千户所的漕粮运输有关,事关王朝最重视的赋税征收;其二,徐栻将此河道看作分泄海潮之水的通道,与整体的海塘事业联结了起来。这两点直接关乎王朝利益,也许才是浚河能够执行的重要原因。

---

① 天启《海盐县图经》卷五《食货篇第二之上·田土》,第407页。
② 天启《海盐县图经》卷八《堤海篇第四》,第481页。

此次浚河中,即使有了巡抚的掌控、海塘银的支持,工程仍然受到当地居民的抵抗。据称澉浦镇"人尽怨之",使得提出此议的百户官余滕蛟"不能安于家,匿避江右以免"。这恰反映了董沄所言的"粮塘里老,明知疏浚于己有益,但惧供给,因小失大,见当身役,含糊禀歇",也即水利工程对民间的需索所带来的消极影响。现实中,水利施工"必资乎财力,而财力必取之民间。凡遇工程一概科敛,则未免府县派之里甲,里甲派之细民,骚动乡村,鲜有不怨"[1]。尤其在晚明,江南水利已经基本形成了除"干河支港,工力浩大者,官为处置兴工外,至于田间水道,应该民力自尽"[2]的惯例,基层社会河湖、圩岸的治理中,"坐索塘长""鞭挞闾阎之穷民"也变为常态[3]。民间的消极应对甚至不配合,大多缘于此。

正统和天顺年间两次浚湖计划中,拨发劳役人夫均以嘉兴府七县为范围,跨县境的工作协调与统筹,必然带有更多的障碍,影响工程的施行。

在湖泊变迁过程中,除自然淤积外,"盗湖"行为,往往是造成湖泊淤塞、面积变小,并引发纠纷的重要人为原因。明代"与水争田"的现象屡见不鲜,弘治年间,工部提督水利郎中臧麟题奏:"苏州等府县蓄水湖塘,多被势家侵占,闭塞水利。"[4]清人钱泳在《履园丛话》中专辟"水学",总结"水害"的形成逻辑:"始则张捕鱼虾,决破堤岸,而取鱼虾之利。继则遍放菱芦,以引沙土,而享菱芦之利。既而沙土渐积,乃挑筑成田,而享稼穑之利。既而衣食丰足,造为房屋,而享安居之利。既而筑土为坟,植以松楸,而享风水之利。湖之淤塞,浦之不通,皆由于此。"[5]地方官府则见机税课,纷纷"以升科为事,寸滩毕税,水道举为区

---

[1] 〔明〕张国维《吴中水利全书》卷十四《吴𡵹条上水利事宜疏》(正德十三年),《景印文渊阁四库全书》第578册,台湾商务印书馆,1986年,第430页。

[2] 〔明〕林应训《修筑河圩以备旱涝以重农务事文移》,载〔明〕徐光启《农政全书校注》卷十四,石声汉校注,上海古籍出版社,1979年,第345—349页。

[3] 〔明〕张国维《吴中水利全书》卷十四《凌云翼请设水利台臣疏》(嘉靖四十五年),《景印文渊阁四库全书》第578册,第447页。

[4] 《明孝宗实录》卷二〇五"弘治十六年十一月癸巳"条。

[5] 〔清〕钱泳《履园丛话》卷四《水学》"水害",张伟点校,中华书局,1979年,第99页。

亩,则积侵"①。再如处于大运河沿线、为运河提供水源补给的丹阳练湖,很早即被当地大户侵占大面积水面,佃湖成田。此后,"佃田人家,私放湖水,冀免潦没,而利于种作也",还有渔户私开涵洞、设水门,张网捕鱼。于是"湖遂岁岁涸,湖岁岁涸,则运河无可以济"②。

面对频频出现的侵占湖泊现象,明王朝也曾在法律层面作出反应:"苏松常镇杭嘉湖七府,苏州、镇江等卫所地方,系官湖塘荡泊,多被奸顽之徒占为己业,或盗卖势豪,及有盗决故决堤防等项情弊,事发勘问明白,依律议拟,审有力照例发落。其湖塘应比拟者,仍明具招由,奏请定夺。"③但是,"湖佃"牵及地方大户和官府税收等多层面的复杂利益,常常是"守令狃近利而忽远图,纵令势豪周围告佃成田"④,故而向来难以彻底清理和解决,所以侵湖"遂为故常"。

董沄指出"数辈奸黠、细民侵占填塞,深惧显露,多方阴阻",可见永安湖"盗湖"亦是猖獗。目前能看到的最早的一份因大户围田而造成的纠纷,发生在元初。澉浦镇的守镇军官王招讨围湖造田,侵湖三百八十亩,并欺瞒官府,用"抱佃送纳官粮三十八石"的代价,将湖田纳入自己名下。十几年后,守镇官又在湖田南缘安置石闸,控制永安湖水的排灌。本应于春季湖水升涨之际储水备旱的永安湖,为了防止淹没围垦出的湖田,被人为放水入海。及至夏季干旱,周围的广大农田亟须灌溉,守镇官又关闭堰坝,不容湖水下泄流通,湖区农田灌溉不足,百姓深受其害,"陪纳官粮,并老小口食不给,典妻卖子,流离死亡"⑤。在百姓的申告下,元成宗大德九年,浙江行省平章政事会同

---

① 嘉庆《直隶太仓州志》卷二十《水利下》"治水议",清嘉庆七年刻本,《续修四库全书》史部第697册,第318页。
② 〔明〕姜宝《姜凤阿集·漕河议》,载〔明〕陈子龙等选辑《皇明经世文编》卷三八三,明崇祯平露堂刻本,《续修四库全书》第1661册,第16页。相关研究可参考〔日〕森田明《明末清初における練湖の盗湖問題》,载〔日〕小野和子编《明清時代の政治と社會》,京都大学人文社会科学研究所,1983年。
③ 转引自黄彰健《明代律例汇编》卷三十《工律二·河防》"盗决河防",台湾"中研院"历史语言研究所,1983年,第1020页。
④ 光绪《丹阳县志》卷三《水利》,清光绪十一年鸣凤书院刻本,《中国地方志集成·江苏府县志辑》第31册,江苏古籍出版社,1998年,第39页。
⑤ 〔明〕董穀《续澉水志》卷八《杂记·公移》"结堪永安湖责税",第554页。

行都水监、当地官员，亲临纠恶，下令疏浚为湖，开除元立佃米，终使永安湖恢复原貌①。

明代侵湖的现象仍然继续着。如上文所述，明成化年间，有"豪顽大户"私自放水，张捕鱼虾，致使夏秋灌溉不足。嘉靖九年，千户所军余胡瓒"为众建言"，请求浚湖，却"被责几死"，可以想见侵湖豪户的阻拦与势力。同样，在清代，康熙年间海盐县令向邑人问乡邦利弊，钱汝霖以"首浚永安湖"应对，于是钱汝霖在海盐县县令的支持下，倡导开浚永安湖。然而浚湖工程刚开始，便有人以"开湖事构害"，钱家遂破②。时人言此事："开湖一役，善愿难成，凶徒横噬，家产日落。"③其幕后构害的"凶徒"，非侵湖渔利的权势豪户莫属。清乾隆二十四年，又有宦家陈氏，借口风水，将原本堰水用的孙家堰改闸泄水，致使灌溉不足，农田被旱。此后民讼不断，官府却无力掌控，拖延了十年之久才解决，恢复了孙家堰的堰水功能④。所以说，地方社会的河湖水利常常是"非不欲疏浚也，制于豪右，卒不能成"⑤。

而且，永安湖中野生有许多白莲、红蓼、青苹、紫菀等植物⑥，生长起来本身即会导致淤积与阻塞。据万历二十一年海盐县令曾蠛免永安湖中的茭草税，作为以后疏浚六里堰的经费的情形来看，湖中植物已经升科收税。因此，尽管侵湖渔利会使湖泊淤塞，但从官府增加税赋的角度而言，也极有可能并不希望浚湖并铲除植物。

澉浦镇的经济结构，也导致永安湖水利在澉浦镇内部面临着一定程度的忽视。首先，晚明时，完全依托于市场交易的苎布生产已经成为一项重要的生业。纺织所入，与农田收益共同承担了百姓的日常生

---

① 〔明〕董穀《续澉水志》卷九《艺文纪·文》"永安湖记"，第565—566页。
② 〔清〕钱聚仁编《紫云先生年谱》，清光绪民间刻印本，《北京图书馆藏珍本年谱丛刊》第73册，北京图书馆出版社，1999年，第611页。
③ 佚名《紫云先生家难略述情节》，载《钱紫云遗著遗事》，抄本。
④ 程熙元《澉水补录》"艺文"《湖田行颂韩邑侯》，民国二十五年铅印《澉水志汇编》本，《中国地方志集成·乡镇志专辑》第20册，第717页。
⑤ 可参见冯贤亮《明清江南圩涨土地的占夺与州县行政》，《浙江学刊》2014年第4期。
⑥ 光绪《海盐县志》卷五《舆地考二·山水》，第588页。

计与输官缴赋费用①。手工纺织业与灌溉无关,在"不惟田作"的经济模式下,百姓疏浚河湖以利农田的意愿与积极性必然有所降低。其次,澉浦镇设有鲍郎盐场,以生产与销售海盐为业。东南沿海盐户靠海吃海,与永安湖的灌溉没有直接的利害关系。盐户对于其水利兴废并不在意,甚至还会进行破坏,如清康熙年间,部分盐户为了"运盐载薪之便",糊弄官府,私自开闸放水补充运盐所经的河道,致使澉浦城濠河缺水,澉浦城无水道为恃,周边田亩焦枯,百姓无以缴赋②。

入清之后,永安湖的水利工作得到清代官员更多的重视,康熙、乾隆、光绪年间均有浚治,尤以乾隆三十五年为重要,不仅湖泊开挖,而且湖塘、堰闸、溇浜都得到治理,灌溉功能得以增强③。但疏浚与淤塞始终并行,道光初年时,海盐知县汪仲洋仍在面临永安湖淤积和灌溉困难的问题:"六十年来失水则,湖身渐高堤渐低,沟浍交流半淤塞,去年南乡苦旱干,湖田车戽亦艰难。"④20 世纪 50 年代,永安湖被改为灌蓄水库,筑库坝高程 8.5 米,蓄水 200 余万立方米,自流灌溉农田 3 300余亩。70 年代,长山河与澉六河挖掘工程完成后,澉浦一带河道与海盐县内所有河道及平原水网河道相通,上下河水位差亦消失,而且永安湖蓄水灌溉作用最终由澉六河替代⑤。如今的永安湖更多地执行风景区功能,水利困境也终于消失。

六、余　　论

可以说,除了明初洪武年间的疏浚外,永安湖水利荒怠的局面几乎贯穿了整个明王朝。即使在还重视水利的明代前期,且朝廷已经拨

---

① 天启《海盐县图经》卷四《方域篇第一之四·八之县风土记》,第 397 页。
② 〔清〕方溶纂修、万亚兰补遗《澉水新志》卷四《水利门·给示》,第 590 页。
③ 〔清〕吴懋政《永安湖德政碑记》,载〔清〕方溶纂修、万亚兰补遗《澉水新志》卷四《水利门》,第 592—593 页。
④ 〔清〕汪仲洋《心知堂诗稿》卷十八堤海集下《永安湖歌寄朱笠渔秀才吴蓉渠孝廉》,清道光七年刻本,《续修四库全书》第 1502 册,第 108 页。
⑤ 澉浦镇志编纂领导小组《澉浦镇志》卷一《地理·水》,中华书局,2001 年,第 61—64 页。海盐县水利志编纂委员会编《海盐县水利志》,浙江人民出版社,2008 年,第 281 页。

发人夫的情况下，依然无法协调各方利益，推动水利工程在地方社会中执行。

一般而言，明清江南地域中，州县官府，以及士绅、粮里老人共同构成治理地方社会的力量。明代永安湖的案例中，从浙江布政司到海盐县、澉浦千户所的各级官府机构，与吴氏、董氏等乡绅，都已登场，但水利工程长期处于失序状态。一方面，官府因现实困难与利益，而选择性的执行力弱化，忽视永安湖水利工作。另一方面，地方士绅、富户虽然积极倡导水利工作，但均需直接或间接地求援于官府，希冀官方自上而下的主导。他们出资出力，包括带动地方官员"捐俸"资助，终究只是一种非常临时性和个体化的作为，仅能进行一些小修小补，并没有力量组织起大规模的工程。

澉浦士绅们支持或领导公共工程的作用与效力，并不理想。这与一贯印象中士绅在地方社会强大的影响力并不吻合，亦与清代中后期出现的以地方绅董、绅商为主力构成半官方的机构来管理、掌握水利工程，或者运作地方赈济等事务的模式，更不可同日而语①。

水利不治，固然有多方面的原因，明代官员和地方士人基于不同的层面，已提示出许多的思考。不同类型的地域和水体，水利兴废的情形、存在的问题，以及其与地方社会、国家的关系状态，有共性亦有差异。

本文讨论的澉浦镇永安湖，虽然地处号称水乡的江南三角洲，但微地貌却是靠海山地。湖泊本身乃是小区域内的灌溉水体，其水利事业中的地理、社会环境，与太湖核心流域内的河道疏浚以及塘浦圩田治理显然不同，它在有明一代的水利困境，为了解江南水利工作运行的多样性和包括士绅在内的基层社会管理的差异性，提供了一个很好的参照。

（原刊于《社会科学》2017年第2期，本次收录时略有修订）

---

① 可参见日本学者森田明《清代水利与区域社会》（雷国山译，山东画报出版社，2008年）一书的相关章节，以及法国学者魏丕信《18世纪中国的官僚制度与荒政》（徐建青译，江苏人民出版社，2003年）一书。

导师点评：

  作者以地处江南水乡边缘、属"靠海山地"的澉浦镇永安湖为例，紧扣该湖"有明一代几乎一直处于失治状态"的水利特征，深入分析导致这一结果的原因，再现了官民为摆脱永安湖水利困境付出的努力，为研究中国帝制时期江南水利样态的多样性，提供了一个成熟个案。全文结构严谨，资料翔实，显示了很好的专业素养。作者今后还可以继续考虑两个问题：既然"江南水利的重要性，是明清时代的共识"，为什么清初张履祥还会有"农田水利之政百年不讲"之叹？面对各类具体的利益关系，水利"共识"的人群主体、适用范围及坚定程度究竟该如何认定？通过细致研究各类个案展示的水利集团之内外"差序格局"，对上述"共识"本身之进一步深化，是可以期待的。

元代海运地名"万里长滩"考

林　宏（导师：钟翀）

摘　要：基于《混一疆理历代国都之图》等中文古地图与元明各种海运文献，进行综合分析后，可以对元代海运地名"万里长滩"作出详细考证，对《中国历史地图集》等前人观点进行修正。元代万里长滩的性质为海底浅滩，位于长江口北翼陆嘴顶端的料角嘴东侧，主体呈东西向，东端不超出东经122°20′。明清间长滩西侧与料角嘴涨连，演变为长江口北翼陆嘴边滩的主体部分。万里长滩主要是由长江泥沙沉积而成的，其初成年代应当在北宋中期东布洲涨连当时长江口北翼陆嘴之前。

关键词：元代；万里长滩；方位；性质；成因

一、前人研究中关于"万里长滩"及相关地物之位置考释与地图标注

元代大行漕粮海运，江南大都间先后有三条航路，海运初开的至元十九年至二十八年间（1282—1291），采用此前民间商船惯用的沿岸线路（本文中简称"元A"），关于其南段，《元史·食货志》记云：

> 初，海运之道，自平江刘家港入海，经扬州路通州海门县黄连沙头、万里长滩开洋，沿山屿而行，抵淮安路盐城县，历西海州、海宁府东海县、密州、胶州界，放灵山洋投东北，路多浅沙，行月余始抵成山。①（元A）

---

① 《元史》卷九三《食货一》"海运"，中华书局，1976年，第2365—2366页。

《元史》续记此后海道的两度改易(1292、1293年,本文中简称"元B""元C"),其中变化最大的正是长江口至山东半岛间的航路,改变后的航道离陆岸更远,较少受近岸沙浅影响,且可充分利用洋流,故大大缩减海运耗时,《元史》记云:

> 至元二十九年,朱清等言其路险恶,复开生道。自刘家港开洋,至撑脚沙转沙嘴,至三沙洋子江,过扁担沙大洪,又过万里长滩,放大洋至青水洋,又经黑水洋至成山……其道差为径直。(元B)

> 明年,千户殷明略又开新道,从刘家港入海,至崇明州三沙放洋,向东行,入黑水大洋,取成山转西至刘家岛……当舟行风信有时,自浙西至京师,不过旬日而已,视前二道为最便云。①(元C)

关于元代海运路线中经过的"万里长滩",前贤研究结论并不一致,此处需先作梳理,并对前人论证过程中的疏误做出必要的辨析。

最早具体探究元代海运路线的是章巽,在1957年发表的《元"海运"航路考》中,考订《元史》中记述的"元A"航路,在对黄连沙头、万里长滩的注释中称:"元时海门县以东的海岸线在今海岸线之西。黄连沙头和万里长滩均为海门县以东的浅沙,今均已和大陆涨连。黄连沙头当即《大元海运记》(卷下)之黄连沙嘴;又明人吴学俨等所编《地图综要》,通州东北方的海面尚有黄沙洋之名。郑若曾《郑开阳杂著》海道附录所说长滩,即万里长滩,位置即在海门县东北方;今海门县东北尚有长沙的地名(属如皋县)。"②

章巽认为"黄连沙头""万里长滩"均为"浅沙"之名,前者在元代海门县的东侧,后者在海门县东北方,并可据今日"长沙"地名确认其大致位置。章巽称"长沙"属如皋县实为误记,此今地名应在如东县③。另,章巽认为《地图综要》中的"黄沙洋"地名同黄连沙头相关,似也难

---

① 《元史》卷九三《食货一》"海运",第2366页。引文较中华书局点校本中标点略有修改,点校本作"三沙、洋子江","扁担沙、大洪"。
② 章巽《元"海运"航路考》,《地理学报》1957年第1期。
③ 今如东县境为20世纪40年代由原如皋县东境分设,1945年起正式称作"如东县"。

以信从。检"黄沙洋"之名出现于章巽所引明末成书的《地图综要》外卷之《万里海防全图》第八幅中①。比对可知,此图应是对郑若曾编撰之《筹海图编》(嘉靖四十年刻印)中七十二幅本《沿海山沙图》的粗率简绘,而《沿海山沙图》相较于郑若曾更早制作的十二幅彩绘本《万里海防图》,在图形上已有很大失真②,《地图综要》之图更是将《沿海山沙图》严重简化、扭曲。且即便是郑若曾之原图也仅可反映明代后期的地理知识,而《地图综要》简绘之图上的"黄沙洋"注记位于图上如皋县丰利场东北方、盐城县东南方③,也同章巽文中所述"海门县以东"的方位不符。

　　章巽文中绘有一幅《元朝海运主要航路图》,其中对元代海门县所在长江口北翼岸线的绘法不尽准确。据较晚近的历史地理学研究,元代时位于长江口北翼陆嘴尽头处的海门县之东侧岸线(其顶端称作"料角")的位置确较今日陆嘴尽头的启东市东端寅阳嘴偏内,但在经度方面偏西并不甚多,更主要的差别是元代海门南侧岸线在纬度方面较今日偏北(故当时长江口水域较今日更加宽阔)④。由此反观章巽所作图上,将元代海门县的位置绘得过于内偏,实线勾勒的元代江口北翼陆嘴岸线也较实际西偏过多。章巽图上并未具体标注黄连沙头和万里长滩的位置,但据其文字描述,认为两处"浅沙""今均已和大陆涨连"(应指已淤积成陆),因此,章巽所认定的黄连沙头与万里长沙的位置不会超出图上虚线勾勒的今岸线之范围,故可推知章巽认为它们距岸很近,且面积也不大。

---

①　朱国达、吴学俨等辑《地图综要》外卷,《四库禁毁书丛刊》,北京出版社,1997年。
②　参见曹婉如《郑若曾的万里海防图及其影响》,《中国古代地图集》明代卷,文物出版社,1995年。
③　《筹海图编》之《沿海山沙图》上,"黄沙洋"的标注紧贴在如皋县栟茶场所在岸线东侧的一条小河口外,似非为大片近海水域的海名。而在绘制精细的、据称保留了郑若曾嘉靖年间所绘十二幅详图原貌的万历三十二年(1604)徐必达题识《乾坤一统海防全图》上,则只在栟茶港东北侧岸边陆地上标有"黄沙港"地名,而不见"黄沙洋"的标注。另检嘉靖《两淮盐法志》书首之《通州分司总图》上,在丰利场(位于如皋县东境、掘港场西北)北方近岸,标注"黄沙洋",丰利场、栟茶场相邻(方志出版社,2010年)。
④　参见陈金渊《南通地区成陆过程的探索》,《历史地理》第三辑,上海人民出版社,1983年,第21—37页。

此外,章巽对"元B""元C"航路所驶经的外侧海域名也作出考释,指出元代海运航程所经过的"青水洋",当指北纬34°、东经122°附近一带,更外侧的"黑水洋"当指北纬36°—32°,东经123°以东一带,在所作图上标出两洋之名①。

章巽的研究影响很大,此后许多著作中承袭章文中对黄连沙头、万里长滩方位的认定②。也有一些说法与章巽近似,但不尽同。如称万里长滩在"江苏如东县东部,今部分为陆地"③,或称万里长滩在"今海门东南,已与长江三角洲涨连"④,或称万里长滩"当时为近岸浅海,现已成为江苏东部陆地"⑤,或称万里长滩在"今江苏启东以北"⑥,或称黄连沙在"今海门",万里长滩在"今启东"⑦,但均未阐述具体理由。高荣盛认为黄连沙头"在今江苏启东东部海中",万里长滩在"今江苏如东县东部,西南向呈长条形,后来部分形成陆地"⑧,其中关于方位的论述应是沿用章巽的说法,而对万里长滩走向、形状的新说却未给出明确解释,推测"西南向"的说法应是来自文内使用的《海道经》中关于途经万里长滩航路的描述(详下)。陈得芝撰写的《中国通史》元代部分中对万里长滩的描述基本类似高荣盛,却将高文的"如东县东部"改作"启东东部"⑨。贺晓昶在对江苏海岸外沙洲古地名的研究中也沿用章巽的说法,称"万里长滩可能与今如东县的长沙港(港

---

① 章巽关于青水洋、黑水洋范围的认定见于更早的《宋、元时代的海上交通——从公元第十世纪中期到十四世纪中期》(《地理知识》1956年2月)及《我国古代的海上交通》(新知识出版社,1956年)中。
② 如王育民《中国历史地理概论》,人民教育出版社,1987年,第418页。
③ 李天石、潘清主编《江苏通史·宋元卷》,凤凰出版社,2002年,第329页。
④ 王杰、李宝民、王莉著《航海史话》,社会科学文献出版社,2012年,第51页。
⑤ 王冠倬《中国古船图谱》,生活·读书·新知三联书店,2011年,第160页。
⑥ 周魁一等《中华文化通志·科学技术典·水利与交通志》,上海人民出版社,1998年,第244页。
⑦ 梁炳泉主编《南通市交通史》,上海人民出版社,1999年,第23页。
⑧ 高荣盛《元代海运试析》,《元史及北方民族史研究集刊》第七期,南京大学历史系元史研究室,1983年。
⑨ 白寿彝总主编、陈得芝撰写《中国通史》第8卷"中古·元时期",上册,上海人民出版社,1997年,第878页。

口)有关"①。另可注意,章巽在 1978 年撰写的文章中表述有所更改,"元时海门县在今启东县以东,黄连沙头和万里长滩都是浅沙,前者在此海门县东,后者在其东北",关于元代海门县的位置较旧作已有新的认识,或即接受了当时历史地理学的研究成果②。

  张忍顺对历史时期江苏海岸线及岸外沙洲有系列研究,其中也包括对"万里长滩"等地物的判断。在作于 1985 年的江苏省海岸线变迁研究中,描述今如东长沙镇一带,"这里的潮滩特别广阔,元代时已被称为万里长滩,历史悠久,但淤涨较慢",据之,则作者认为元代的"万里长滩"的性质为临近陆岸的潮滩,作者注明此处参考了前引章巽1957 年之文③,将"万里长滩"方位系于如东一带显系受到章巽启发,但对其性质的描述则是基于自然地理学概念的阐发。作于 1990 年的一篇专门讨论历史时期江苏岸外古沙洲演变的文章中④,张忍顺结合更多图文史料作进一步考证,论点又有改动,认为"黄连沙头""万里长滩"分别"为今如东县丰利东北部和长沙以东的沙洲"。其中黄连沙的位置可依据《弘治运司志》(盐法志)中所记属于如皋丰利场的"黄连荡"判定,认为元代的"黄连沙头"在明中叶已涨连为丰利场"海滩上的一片草荡"。又认为明初《海道经》中的"长滩沙"即"万里长滩的近岸部分",并依据明嘉靖时郑若曾之《郑开阳杂著》中对海运道的叙述,认为其中提及的"胡椒沙""是长滩的近岸部分。长滩,即万里长滩,是指今如东县东北海中的一群向海伸延很远的暗沙群"。张忍顺还对元明时期其他古沙洲的位置作出判断,绘成《元明时期江苏海岸线及岸外沙洲分布示意图》,图上的万里长滩(元)与长滩(明)由陆上的"长沙"

---

① 贺晓昶《江苏海岸外沙洲地名的历史变迁》,《中国历史地理论丛》1991 年第 4 期,第 216 页。
② 章巽《〈大元海运记〉之"漕运水程"及"记标指浅"》,原作于 1978 年,收入《章巽文集》,海洋出版社,1986 年,第 88 页。
③ 张忍顺《历史时期江苏海岸线的变迁》,《中国第四纪海岸线学术讨论会论文集》,海洋出版社,1985 年,第 143 页。
④ 张忍顺《历史时期的江苏岸外沙洲(五条沙)及其演变》,《历史地理》第八辑。此文又被收入新近出版的邹逸麟、张修桂主编,王守春副主编《中国历史自然地理》中,作为此书第十五章第四节的内容,略有改动,科学出版社,2013 年,第 555—562 页。

地名一带呈东—西向向东伸出,面积并不甚大,而元代的"黄连沙头"则平行地位于"万里长滩"南侧,距离很近。

需要指出的是,张忍顺文中的一些论证可以商榷,如在考证明代沙洲分布时使用了郑若曾《郑开阳杂著》中的《万里海防图》(文中记作"海防一览图")[①],此图实摹自前述十二幅彩绘详本《万里海防图》,但因受图幅限制,轮廓变形、注记讹误之处甚多,故实难用作历史地理复原之坚实依据[②],如张忍顺认作明沙(同暗沙相对)的所谓"淦沙"之"淦"字注记,实际是对彩绘详图中"沙涂"二字的错误转写。而张忍顺前述以明代地名对黄连沙头位置所作判断也显得牵强,且他将"黄连沙头""万里长滩"均明确认作今如东县岸外的沙洲,其地元代属于如皋县,则同《元史》"经扬州路通州海门县黄连沙头、万里长滩开洋"的记载相抵触。

《中国历史地图集》元代图中的地名标注则有很大差别。图上在海门县所处北翼陆嘴尽头"料角"东侧近海标注"黄连沙头",而将"万里长滩"作纵向标注,沿着今苏北海岸线布列于缘岸海中,南起图上如皋县掘港场东侧、北至图上盐城县东侧,延展很长,整整纵跨图上一个纬度,据之,绘图者应是认为此纬度范围内的元代近岸浅滩体系可统称为"万里长滩",与章巽提出的观点差别很大。此外,图上"青水洋"的注记绘在较"万里长滩"标注更偏北的北纬34°至35°之间,经度约当121°40′左右,"黑水洋"注记在其东侧,纬度相当,经度则约偏东一度[③],也同章巽的说法有一定差别,其中"青水洋"方位的标注可能同前引《元史》文句中对"元B"航路中"万里长滩"与"青水洋"相互关系的叙述相关。

此后也有一些著作沿袭了《中国历史地图集》上的标注。如杨维增在对明人宋应星《天工开物》之"海舟"条中提及的"万里长滩"作注解时即称其为"长江口以北至元代河南行省(今江苏省)黄海沿岸浅水

---

① 〔明〕郑若曾《郑开阳杂著》卷八,《文渊阁四库全书》史部第584册。
② 参见曹婉如《郑若曾的万里海防图及其影响》。
③ 谭其骧主编《中国历史地图集》第七册"元·明时期",元代河南江北行省图(至顺元年)(1330)。

海域",并写明参考了《中国历史地图集》①。潘吉星的《天工开物》注释中也称"万里长滩"为"从长江口北行的一带浅水海域"②。王文楚在较晚近的研究中则将其位置记作"今如东至盐城沿海海岸"③。日本学者宫纪子在研究《混一疆理历代国都之图》的专著中曾绘有一幅"连接江南与大都的海路与运河"图④,其中对元代长江口至山东半岛海岸线及"万里长滩"等相关地名的标注基本参照了《中国历史地图集》,而所绘元代三条海运路线的走向也同章巽所绘之图有异,推测两图的差别主要是由对万里长滩方位的不同认定造成的,因《元史》中描述"元 B"航路有"又过万里长滩,放大洋至青水洋"之语,故宫纪子将至元二十九年航路沿图上"万里长滩"向北延伸许多后方才东转。丁一在研究耶鲁藏清代航海图时也曾绘制《明清海运的苏北段航线对比》图⑤,丁文中将今日地理学对苏北沿岸沙浅地貌的术语"辐射状沙脊群"用来指称元代的"万里长滩"⑥,在图上对"万里长滩"的标注位置类似《中国历史地图集》,均覆盖较大面积,但其北半部距岸稍远。此外,图上还标出一些明初《海道经》之《海道指南图》中出现的"桃花斑水""官绿水"等海域名。

要之,前人研究中关于"万里长滩"及"黄连沙头""青水洋"等相关地物方位及形态的叙述差异较多,总体上看,前人观点可归纳为两类,前者以章巽为代表,认为"万里长滩"面积较小,后者以《中国历史地图集》为发端,认为"万里长滩"绵延甚广。本文将在更全面地搜集、解读古地图及文献史料的基础上,尝试对此问题作出更为系统的考述,作出更准确的推断。

---

① 杨维增编著《天工开物新注研究》,江西科学技术出版社,1987年,第202页。
② 潘吉星《天工开物校注及研究》,巴蜀社,1989年,第488页。
③ 王文楚《两宋和高丽海上航路初探》,《浙东文化》2001年第1期,第5页。
④ [日]宫纪子《モンゴル帝国が生んだ世界図》,日本经济新闻出版社,2007年,第43页。
⑤ 丁一《耶鲁藏清代航海图北洋部分考释及其航线研究》,《历史地理》第二十五辑。此图海岸线是依据《中国历史地图集》第七册"元·明时期",明代南京(南直隶)图上(万历十年1582)绘制。
⑥ 丁一在文中称参考了前引贺晓昶之文而作此论述,实则贺文中并未将"万里长滩"与"辐射沙脊群"等同,而只是将之认作元代苏北沿岸众多沙洲中的一条。

二、《混一疆理历代国都之图》上的绘法

元代海运路线上的"万里长滩"应同《混一疆理历代国都之图》上绘出的"万里长沙"相关,"黄连沙头"也可在此图上觅得踪迹。

成图于建文四年的朝鲜人绘《混一疆理历代国都之图》之主体部分取材于元代李泽民之《声教广被图》与天台僧清濬之《广轮疆理图》("混一疆理图")①。据今日学者调查,在日本与韩国现存有八种大型"混一图",其中京都龙谷大学藏《混一疆理历代国都之图》、岛原市本光寺藏《混一疆理历代国都之图》、熊本市本妙寺藏《大明国地图》、天理大学图书馆藏《大明国图》等四幅图可归为一组,东京宫内厅书陵部藏、京都大学杉山正明个人收藏、京都妙心寺麟祥院藏、韩国仁村文化纪念馆等处收藏的题名均为《混一历代国都疆理之图》的四幅"混一图"可归为另一组②。前人研究已指出,第二组诸图实则为明中叶成图的杨子器跋舆地图的摹绘本③,仅描绘明朝疆域与朝鲜半岛,中亚以西并未表现,第一组四幅才是真正的"世界地图",可较完整地展现建文四年朝鲜原图的面貌。据李孝聪的分析,龙谷大学、本妙寺及天理大学所藏三幅"混一图"可能摹自同一母本,而本光寺藏本在日本的位置、阿拉伯半岛的形式等部分有不同绘法,可能是参考了其他较晚近材料而作的摹本④。

《混一疆理历代国都之图》上在中国大陆东侧海域的中北部绘有大量沙、岛图案,大多集中于长江口迤北至山东半岛南侧海域中,这是

---

① 杨晓春《〈混一疆理历代国都之图〉相关诸图间的关系——以文字资料为中心的初步研究》,载刘迎胜主编《〈大明混一图〉与〈混一疆理图〉研究——中古时代后期东亚的寰宇图与世界地理知识》,凤凰出版社,2010年,第76—99页。

② [日]金田章裕《混一疆理歴代国都之図の系譜をめぐる一視角》,载[日]藤井讓治、杉山正明、金田章裕编《大地の肖像:絵図・地が語る世界》,京都大学学術出版会,2007年,第449—454页。李孝聪《传世15—17世纪绘制的中文世界图之蠡测》,载《〈大明混一图〉与〈混一疆理图〉研究》,第164—184页。

③ 杨子器跋舆地图约成图于正德七年至八年(1512—1513),参见郑锡煌《杨子器跋舆地图及其图式符号》,载《中国古代地图集》明代卷,第62—64页。

④ 李孝聪《传世15—17世纪绘制的中文世界图之蠡测》,载《〈大明混一图〉与〈混一疆理图〉研究》,第167页。

对元代海运路线沿线沙浅、岛屿的生动而夸张的展现,其中多在椭圆轮廓内标写沙浅注记(集中分布于苏北岸外东方),在方形轮廓内标写山岛注记(集中分布于山东半岛南方),体例较为严整,但也有个别例外,可能是画工笔误造成。其中标写诸沙的椭圆轮廓大小基本相仿,可知作者并无意展现诸沙之实际面积,只是聊记其名而已①。另需说明,图上绘出的沙浅图形可能并非全是出露水面的沙岛(明沙),也应包括隐伏水底、阻碍航船的水下地貌(暗沙,详见下文)。宫纪子对"混一图"的研究专著中登载本光寺藏本上涉及海运道的中国大陆东部海域较清晰图像②,龙谷大学图书馆则公布该馆所藏图之高清图像,可对两个摹本中相关问题稍加比对③。总体上看,本光寺藏本相较于龙谷大学藏本,在绘制上要粗略一些,线条、涂色均不如后者严整,字迹也不如后者工整。高荣盛曾根据本光寺藏本整理了图上的海道所经地名④,但进一步比对可知,本光寺藏本同龙谷大学藏本中对沙岛本身的

---

① 可附带指出,观察另一幅著名的"世界地图"明初《大明混一图》上,可见在中国东部海域的位置上绘出系列山岛,以青绿色的象形图案表示,图上另有少数大面积圆形图案表现的沙洲,如在南流的黄河口外南、北各一处,但对沙洲的注记明显不如《混一疆理历代国都之图》上那般细致,对长江、黄河二口间陆岸外侧沙洲并无具体描绘。因目前仅以《中国古代地图集》中登载的《大明混一图》不甚清晰的部分图片,且其上地名注记均覆以满文贴条,需待将来仔细读后,才可对此图所绘东部海域山岛情形作准确描述。若作笼统比较,杨子器跋舆地图上对中国东侧山岛的表现更接近于《大明混一图》,皆更重视山岛而忽略沙洲,山岛也用青绿色山形符号表示,但更抽象,除山岛符号外,中国东部沿海仅有崇明、香山、"左中、中中"(即明代设此二所的舟山岛)等岛屿,用近圆形轮廓绘出,或表示设有行政建制的岛屿。杨子器跋舆地图同样未特意展现海运道路沿线的沙洲。
② 宫纪子《モンゴル帝国が生んだ世界図》一书所收《本光寺図中所示海路》图,第43页。
③ 宫纪子书中另登载本妙寺所藏摹本之涉及海路部分图像,但仅截取淮河口以北部分,故无法用以讨论本节内容。宫纪子前揭书,第46页。但从见读的这部分图像看,本妙寺藏摹本较为粗略,线条散乱,且未如前引两摹本那样对海陆分别着色,海中绝大多数沙洲、山岛均用椭圆形轮廓绘出,失却原图较严整体例,此外,图上不少洲岛仅绘轮廓,但未标名,此图或为一未完成之摹稿。但如李孝聪在前揭文中业已指出的,此图关于元代海运有三处写于方框内的注记,"至元二十八年海道路"标在近黄河口处海中,另有两处"至元二十年海道路"标在更东侧的海域中(所见宫纪子书中图像上最东侧的注记漫漶不清)。而龙谷大学与本光寺图上皆仅有一处"至元三十年海道路"的标注,位于山东半岛东端南侧海中,天理大学藏本上则有三处标注,与本妙寺图一致。
④ 高荣盛《〈混一图〉海上地名杂识》,载《〈大明混一图〉与〈混一疆理图〉研究》,第8—14页。

绘制也有所差别，如本文关注的长江口外一带即是如此。

两幅图上，长江江口段并未展宽，江口南翼在常熟州注记一带大幅转折，转折处标注福山，在江口北翼，通州的位置较常熟州偏内些，通州旁注附郭静海县，静海东侧标有海门县，海门之东陆嘴尽头标注的"米州"应即"料角"之误，可能是朝鲜绘工转写时致误。在"米州"与"福山"这组相对标记的东南方海域中，绘有一个沙岛，但两图有所差异，龙谷大学藏图上此岛标作"杨子江口"，而本光寺藏图上，则在此沙上同时有两个注记，且沙形绘得更长（可能是注记较多之故），左侧标作"汤子江口"，显即"杨子江口"误写，右侧另标"黄家沙"。据此可知，《混一疆理历代国都之图》所依据的元代绘图者的认识中，扬子江江流止于北翼尖端之"料角"及南翼转折处的常熟州福山镇之间，此外便是大海，故标注"杨子江口"，而黄家沙正位于江口处。

上文所引《元史》所记"元A"路线中的"黄连沙头"，当即可同本光寺藏本图上的"黄家沙"相对应，则黄家沙应为当时海门料角外距离北翼陆嘴最近的沙岛，"黄连沙头"则当为黄家沙边缘浅滩尽处。

比较两藏本对杨子江口外其他沙岛的绘法，两者名目大致相符，仅有绘图位置上的细微差别。此据更精致的龙谷大学藏本为主略述之，在"杨子江口"东侧及东南一带，绘有七个洲岛图形，其中"杨子江口"东南方的施家沙与满谷沙距离西北—东南向斜下的南翼岸线最近，后者接近图上绘出的刘家港之港口①（刘家港在元代昆山州与嘉定州交界处），在"施家沙"的东侧，有"西沙"与"东沙"，更北侧则为"三沙""崇明州""姚刘沙"，这些注记为元代新设置的崇明州所辖的主要沙洲名目②。在图上"杨子江口"注记的东北方向，西对北翼尽头"米

---

① 龙谷大学图书馆网站登载图片上"刘家"下方一字不甚清晰，似非"港"字，待进一步辨识。

② 高荣盛受到本光寺藏本自身错误的影响，将施家沙录为旋家沙。此外，高文中所录诸沙方位与原图不尽符合，称上述崇明等沙为由西向东列为一排，易使未见原图之读者误解，高荣盛《〈混一图〉海上地名杂识》，第10页。另需指出，图上所列地名并不完全同当时实际沙岛形势吻合，如崇明城建于姚刘沙之上，而姚刘沙与东沙当时已经涨连为一体，元代制图者"一沙一岛"的分立绘法可能包含更多示意性成分。而且，图上绘出的沙岛也并非当时崇明所辖沙岛的全数，只是择要绘之。

州"注记,有两个沙岛,左侧为"扁誓沙"(应是"扁担沙"之误,即前引"元B"航路上"扁担沙大洪"所在位置),右侧为"万里长沙",更北方处有三个沙岛,自左至右分别注为"角沙""外料沙""半洋沙"。而在本光寺藏本上,名目一致,但"半洋沙"的位置偏低,与"万里长沙"同处一排。这五个沙岛名目中,"角沙""外料沙"显然同"料角"之名相关[①],应是北翼陆嘴外略偏东北侧的沙洲或浅滩,但不会与料角相距过远。"万里长沙"则应当同前引《元史》文中的"万里长滩"相对应。

上述五沙更北侧,另有从南流黄河口一带向东延伸出的一长列沙岛地名,自黄河口处的"黄沙"起,分别为"三角沙""血沙""小鱼沙""枯沙""步沙""黄潭沙""扁誓沙(应是'扁担沙'之误)",另有标注"十二沙"的沙岛符号,位于"三角沙"偏东南侧。

《混一疆理历代国都之图》上的绘法提示我们,应可对《元史》中所记"万里长滩"及相关地物的相对方位作进一步考订。"万里长滩"的方位应当就在元代江口北翼陆嘴顶端的料角外不远处,且面积当并不太大,而并非如前述《中国历史地图集》一系的绘法那样为苏北中南部沿海沙浅带的统称。覆检前引《元史》中对"元A"航路的叙述,至元十九年起初开的海运路线"海门县黄连沙头、万里长滩开洋",说明这一带只是进入海洋的起点,此后尚需经历"沿山屿而行"旅程,方抵淮安路盐城县,"开洋"后的航程实与"万里长滩"无关,故《中国历史地图集》的绘法不确。若依据《混一疆理历代国都之图》的绘法,将"黄连沙头""万里长滩"均定位于海门县所辖料角的附近,也更符合《元史》中对二者方位的记述。此外,还可注意图上两者的位置关系,黄连沙头(黄家沙)应位于万里长滩的西南侧,《中国历史地图集》的标注同样不确切。

三、对元明海运文献的细读

《混一疆理历代国都之图》对元代海运路线有着生动展现,但古代

---

① 高荣盛将外料沙误录为外科沙。

舆图受测绘技术、时人地理知识及观念的多重影响,毕竟只能提供大致方位,欲就"万里长滩"等地物作较准确定位,尚需对元明时期海运文献作进一步详细解读。

(一)《大元海运记》的记载及《海道经》卷首对元代航路的简要追述

明初官修《元史》中对运道的记述源于对元代官修《经世大典》之《海运门》的摘抄,《经世大典》已佚,现可见清人胡敬自《永乐大典》辑出的《大元海运记》二卷①,差可见得《经世大典》原貌。《大元海运记》卷下有"漕运水程"一节,其中对至元十九年创开海运时的路线记载("元A")与《元史》基本一致,但关于此后两度改易的海运水程,则较《元史》详细许多。由于至元十九年时最初的水程采用沿岸航线,因多沙浅,航程艰缓,不久之后漕船改行新航路:

> 至元二十九年(1292),朱清等建言此路险恶,踏开生路。自刘家港开洋,遇东南疾风,一日可至撑脚沙。彼有浅沙,日行,夜治守,伺西南便风,转过沙嘴,一日到于三沙洋子江。再遇西南风色,一日至扁担沙大洪抛泊,来朝探洪行驾,一日可过万里长滩,透沙才方开放大洋。先得西南顺风,一昼夜约行一千余里,到青水洋,得值东南风,三昼夜至黑水洋,望见沿津岛大山,再得东南风,一日夜可至成山……②

章巽另指出,据《海道经》中的记载,则此新航路的开辟时间可提早两年,溯至至元二十七年(1290)③,检明初《海道经》卷首简要追述元代海运的相关文字记为:

> 至元二十七年,朱万户躬请长兴李福四朝奉押运指引,自扬

---

① 《大元海运记》,《续修四库全书》史部第835册,上海古籍出版社,2002年。元代《皇朝经世大典》修成于至顺二年(1331),参见章巽《〈大元海运记〉之"漕运水程"及"记标指浅"》。

② 《大元海运记》卷下,第514页。"沿津岛"亦作"延真岛"或"元真岛",在山东文登县南,章巽前揭文,第93页。《混一疆理历代国都之图》山东半岛岛头下方绘有"延津岛",与文字相符。

③ 章巽《元"海运"航路考》,《地理学报》1957年第1期。

> 子江开洋,落潮往东北行驶,出离长滩,至白水、绿水,径至黑水大洋……①

但这条航路使用不久后(1293)航道又变,《大元海运记》称,

> 明年又以粮船自刘家港开洋,过黄连沙,转西行使,至胶西投东北取成山,亦为不便,即委千户殷明略踏开生路,自刘家港开洋,至崇明州三沙放洋,望东行使,入黑水大洋……②

这条新路"至今为便,皆用此道",此后成为元代海运的固定线路。但须指出的是,引文中"过黄连沙,转西行使,至胶西投东北取成山,亦为不便"一句似描述的是海运初开时的近岸路线,因为如前所引,"元B"航线已直接驶往山东半岛顶端的成山,而非半岛南侧中部的胶西,此句不知为何阑入此处,或为转抄过程中致误。

前贤研究业已指出,白水洋(未出现于元代海运文献中)、青水洋及黑水洋依水色判分,呈纵向带状,分别为东海中离岸由近至远的海域名称③。"元C"航路中,由崇明州三沙直接东行入黑水洋,可更好地利用东海深处的黑潮暖流,缩短日程④,此航路已同"万里长滩"无关。

而一度短暂使用的第二条"元B"航路涉及"万里长滩"(即上引

---

① 《海道经》,载《海疆文献初编·沿海形势及海防》第一辑第三册,第58页。朱万户即朱清,李福四的这次航行可能是试探性质。

② 《大元海运记》卷下,第515页。关于这次改道开创者之姓名,《崇明县志》中有不同记载,历代县志中均记作"殷明",如《(光绪)重修崇明县志》便辩驳《元史》记载云:"邑志'殷明'见'杂志',表亦列名,又沈廷扬疏内引'殷明'亦无'略'字,或者土著称先得其实欤?"《(光绪)重修崇明县志》,《上海府县旧志丛书·崇明县卷》,上海古籍出版社,2011年,第1229页。

③ 白水洋、黄水洋、黑水洋等名称可见于北宋晚期徽宗朝徐兢之《宣和奉使高丽图经》卷三四"海道一"。徐兢一行由明州出发驶往高丽,路线同本文所述元明海运不同,所述各"洋"当同样依据水色区分,但范围可能与元人认知有所区别。其中"白水洋"的解释为"其源出靺鞨,故作白色",似白水洋呈一由极北海域向南连贯延伸的带状水体。"黄水洋"条目中称:"黄水洋即沙尾也。其水浑浊且浅,舟人云:'其沙自西南而来,横于洋中千余里,即黄河入海之处。'"使团返程时甚至在此处遇险,徐兢特别记云:"故舟人每以过沙尾为难,当数用铅锤试其深浅,不可不谨也",书中黄水洋当专指南流的黄河口外一带海域(北宋晚期黄河虽未固定南流,但分流河道已向今日黄海中输送大量泥沙)。关于"黑水洋",则称"黑水洋即北海洋也",并极力描述其中浪涛之大、航程之艰。〔宋〕徐兢《宣和奉使高丽图经》,朴庆辉标注,吉林文史出版社,1986年,第73—74页。

④ 章巽《元"海运"航路考》,《地理学报》1957年第1期。

《海道经》中的"长滩"),驶过万里长滩,抵达没有沙浅困扰的"开放大洋",但因离岸较近,此处尚属白水洋,再向东北行驶,依次驶入青(绿)水洋、黑水洋中。前引《大元海运记》中称越过万里长滩(透沙)后,仍需再行"一千余里"(此数据只能看作约数)方至青水洋,则同万里长滩外侧相连的海域应即《海道经》所记的"白水洋"。

由具体航程则进一步可知,自海运起点刘家港驶抵"三沙扬子江",即崇明州所辖三沙(州治西北方的沙岛)一带的"扬子江"水域,或可倚靠沙洲湾泊,故为一节点,由此往东北,驶抵扁担沙大洪,为另一可泊船之节点①,此处"扁担沙"当可对应于"混一图"上绘在"万里长沙"左侧的沙洲符号。"万里长滩"则同扁担沙相邻,当位于海门料角以东的近岸沙浅带的最外侧。自三沙一带起,若风势顺利,两日可以驶离万里长滩,故其尽处当也距崇明三沙不远。

另需解说的是《大元海运记》中紧接着前引第三条海路概述的"皆用此道"一语后的一段文字,其中也可展现扁担沙与万里长滩的关系,"大洪"在扁担沙东南侧,万里长滩则应在扁担沙东侧:

> 风水险恶(按:文中分段为笔者添加,下同)。
>
> 至元十九年为始(笔者按:原文句首衍一"至"字),年例粮船聚于刘家港入海,由黄大郎嘴、白茆、撑脚、唐浦等处一带,东皆沙浅(笔者按:柯劭忞《新元史》引此文改作"……等处一带,率皆沙浅"②,核诸实地情形,当以"东"为佳),其洪道门却无千丈(笔者按:《新元史》引文改作"其洪道阔卸",不确切)长之潮,两向俱有白水,潮退,皆露沙地,候得西南风,顺过扁担沙东南大洪,过万里长滩,透深开放大洋,至青水洋内。
>
> 经陆家等沙,下接长山路。并西南盐城一带赵铁沙嘴及半洋沙、响沙、扁担沙等沙浅……③

---

① 高荣盛检得元人杜国英《匾担沙诗》,见于《永乐大典》卷五七七〇引《仪真志》,见高荣盛《元代海运试析》,载《元史及北方民族史研究集刊》第七期,第59页。
② 柯劭忞《新元史》卷七五,志第四十二,中国书店,1988年。
③ 《大元海运记》卷下,第515—516页。

下文则续记海运舟船在苏洲洋(指长江口南翼东侧近海)至舟山群岛一带、山东半岛等处可能遇到的水情险恶之地概况,之后详述各年具体遇险事例。据此判断,引文首句"风水险恶"应是段落标题。而"经陆家等沙"以下诸语,则应当同前文断开,是为同下续关于苏州洋、舟山等处叙述相连贯的对险恶之地的罗列。其中"陆家等沙"应即下引《海道经》中提及的位于海门县南侧岸线外的陆家沙、范家港沙、张家沙等(详见下文),而"长山"则是崇明东侧的佘山岛①,"长山路"则指由长江口驶往佘山的航路。因是罗列险要之地,故此处自"陆家等沙"以下文句并非是按照航路所经的顺序书写。且此段文字乃是统述至元十九年以降元代三种海路上所遇各种险地,"长山路"应是"元C"航路所经,"盐城一带"等沙则应是最早的"元A"沿岸航路所经,故非专指某条航路上的险地。

章巽在专论《大元海运记》的文章中就对此段原文做出错误理解,他未将"风水险恶"理解作段落标题,而是将之同前引"明年又以粮船自刘家港开洋"以下介绍"元C"航路的文句连缀,误以为"风水险恶"是对此航路的形容,又将"至元十九年为始"以降,包括"经陆家等沙"以下诸句连读,认为是对某条连贯航路的介绍,以致将"陆家等沙""盐城一带"沙浅等均认定为在青水洋内,又对接叙之"苏洲洋"作出曲解,添加按语道:"苏洲洋一般指长江口外一带之洋面,但此处之苏洲洋似更偏北,接近山东半岛以南洋面",更将原文中三沽、洋山、下八山、补陀山(应即长江口、杭州湾外诸山,补陀山即普陀山)曲解为胶州湾附近诸山②。张忍顺也作出类似的错误理解,将"至青水洋内"与"经陆家等沙"连读,认为陆家沙(张文注为"长江口外较远的沙洲")、盐城岸外的赵铁沙嘴、半洋沙、响沙、扁担沙等是介于万里长滩尽处与黑水洋之间的一组沙浅③,也影响到文中判读的准确性。

---

① 《(正德)崇明县志》卷一"山川":"蛇山,一名长山,在苏州洋,自县治东扬帆,西北顺风,半日余可到。"《上海府县旧志丛书·崇明县卷》,第 18 页。

② 章巽《〈大元海运记〉之"漕运水程"及"记标指浅"》,《章巽文集》,第 89—90 页。

③ 张忍顺《历史时期的江苏岸外沙洲(五条沙)及其演变》,《历史地理》第八辑,第 47—48 页。

(二)依据《海道经》所记明初航路解读长滩的方位及性质

元代开始的海运一直延续至明初,直至永乐十三年(1415)方才终止,今可见明人创作的《海道经》一卷,现存版本中最早者收录于嘉靖二十九年(1550)刻印的袁褧编《金声玉振集》内,章巽从文中记载推测《海道经》祖本的成书年代当在永乐九年至十三年(1411—1415)之间,此时尚为明初还在举办海运的时期①。高荣盛指出因文中有"宝船洪"一名,故成书上限在郑和下西洋前后,并推测此书主要内容可能源于水手口授②。《海道经》中对海运道有较《大元海运记》更细致的记载,虽然其记述的主体内容很可能是针对明初海道情形(原文对此问题并无详细说明),但因上距元代海运年代相近(离海运初开最多仅百余年),高荣盛认为《海道经》以刘家港为总出发点,"形成了自成系统的江海航道,从这个角度考察,可以明显看出元代海运与《海道经》所反映的航道的一致性,后者则是对有元一代海运和明初海运经验的总结性记录"③。故《海道经》确可对本文的分析有所帮助。

《海道经》叙自南京开洋的长江航路,其尾段,自常熟白茆港起,"北有狼山,望东北戳水,中有浅,北有洪,径到瞭角嘴"④,"洪"即指江海中的航道,瞭角嘴即料角嘴,为北岸南缘江洪的终点。此后又详细记录自刘家港开船驶出扬子江之航路:

> 刘家港开船,出扬子江,靠南岸径驶,候潮涨,沿西岸行驶,好风半日到白茆港。在江待之,潮平,带蓬橹摇,遇撑脚沙尖,转过崇明沙嘴,挑不了水,望正东行使无碍,南有未入沙、婆婆沙、三角沙,可须避之。扬子江内,北有双塔,开南有范家港沙滩,东南有张家沙滩,江口有陆家沙脚,可避。口外有暗沙一带,连至崇明洲

---

① 章巽《论〈海道经〉》,《章巽文集》,第95—97页。
② 高荣盛《关于〈海道经〉以及元明时期江海航业的几个问题》,载《元史及北方民族史研究集刊》第九期,1985年,第74页。对《海道经》的成书、明代其他史志对其所作摘引及相互关系等问题的讨论参见周运中《〈海道经〉源流考》,《海交史研究》2007年第1期。
③ 高荣盛《关于〈海道经〉以及元明时期江海航业的几个问题》,第75页。
④ 此处引文标点参照章巽《论〈海道经〉》附录中对《海道经》之"海道"篇的校订,但也略作修改。

沙,亦可避之。江北有瞭角嘴,瞭角嘴开洋,或正西、西南、西北风,待潮落,往正东或带北一字行使,戳水约半日,可过长滩,便是白水洋。

其中的"陆家沙脚"即同前引《大元海运记》中的陆家沙相关。文中记述由刘家港出发,向西驶抵常熟白茆港,再绕过崇明诸沙的西端(此处应指当时崇明洲所辖沙洲中最偏西者)渡江,由此东行(向下游行进),先后遇见两组沙洲,第一组为未入沙、婆婆沙、三角沙等,第二组为范家港沙、张家沙、陆家沙等,其中陆家沙位于最外侧,已在扬子江之"江口"。再往下游行驶,则可抵达"崇明洲沙"的北缘,此沙指州治所在的巨型沙洲(由姚刘沙、东沙合并组成)。瞭角嘴之东偏北方向(即落潮方向)与"长滩"相近,且若风、潮顺遂,半日便可驶过长滩,抵达白水洋。由此可知,长滩的位置当同瞭角嘴接近。上述引文应即反映了"元B"航路的起始部分。

《海道经》下文又云,

> 自转瞭角嘴,未过长滩,依针正北行使,早靠桃花斑水边,北有长滩沙、响沙、半洋沙、阴沙、冥沙,切可避之。

这段文字说明,瞭角嘴与其东稍偏北方向的"长滩"之间,当有一条可供船只转过瞭角嘴后、径直北驶的航道,由此北上,便可驶入"桃花斑水",桃花斑水应即对海面下多隐伏沙浅的近岸海域状况的形象称呼,在依据嘉靖间郑若曾原作十二幅详本《万里海防图》摹绘的万历三十三年(1605)徐必达识《乾坤一统海防全图》长卷上,就可在江口北翼尽头"廖角嘴"的东北方向海中见有"桃花斑水"的标注[①],可知此海域名沿用至明后期。文中桃花斑水北侧的"长滩沙"应是同"长沙"所指不同的另一处沙洲(若二者同指,则此处的叙述未免过于繁冗),响沙、半洋沙等名则可见于上引《大元海运记》所叙盐城附近沙名,结合前文,也可证明"长滩沙"与"长滩"无关,若"长滩"临近响沙等沙,则当距盐城不远,由瞭角嘴出发,是不可能在半日内驶过此处的。笔者推

---

① 徐必达识《乾坤一统海防全图》见《中国古代地图集》明代卷,第40—41页。

测,此处《海道经》所述路线与前引《大元海运记》"风水险恶"下插入的盐城一带条目可能均是对"元A"航路所遇水情的描写,海运初行时采取此线路,此后改行外海径路,但此条线路当仍为船工稔熟,因外海中风汛无常,此条海路可能仍被漕船或其他船只主动或被动地使用着。由此也可回过头,再重新理解《大元海运记》同《元史》中对初行"元A"航路的概括:"海门县黄连沙头、万里长滩开洋",此当即指由"万里长滩"西侧的海洪中开始北上的沿岸航路。

《海道经》又记由直沽返棹的路程,这正是前引《大元海运记》等文献所缺乏的。其中后半段自刘公岛南返的路线如下(这一长段文字中夹杂着多条南驶线路,为便于分析,笔者在各线路前添加序号):

①-1 刘岛开洋,望东挑北一字,转成山嘴,望正南行驶,好风一日一夜见绿水[①],好风一日一夜见黑水,好风一日一夜便见南洋绿水[②],好风两日一夜见白水,望南挑西一字行驶,好风一日,点竿累戳二丈,渐渐减作一丈五尺,水下有乱泥,约一二尺深,便是长滩,渐渐挑西收洪。

①-2 如水竿戳着硬沙,不是长沙地面,即便复回,望大东行驶,见绿水,望东行驶到白水,寻长沙,收三沙洪。

①-3 如收不着洪,即望东南行驶,日间看水黄绿色,浪花如茶末水,夜间看浪波如大星多,即是茶山。若船稍坐茶山,往西南一字,好风半潮,北见崇明沙,南见清浦墩,沿岸刘家港。

② 如在黑水洋正南挑西字多,必是高了,前有阴沙、半洋沙、响沙、拦头沙,即是瞭角嘴北,便复回往正东行驶,看水色风汛收三沙洪。如风不便,收不得洪,即挑东南行驶,看水色收宝山。

③ 如在黑水大洋挑东,多必是低了,可见隔界大山一座,便望正西挑南一字行使,好风一日一夜便见茶山,如不见隔界山,又不见茶山,见黑绿水多,便望正西行使,必见石龙山、孤礁山,复回望西南行使,见茶山收洪后住尽。

---

① 此处绿水指山东半岛南侧近岸水深较浅的水域。
② 此处指长江口外东北方的青水洋水域。

又载有一条自辽河口南返的线路,其中成山以南航段如下:

④-1 径至成山,收入南洋。望正南行驶三日三夜,径至桃花斑水边,望东行驶,见白水。带西二字,勤戳点竿,寻投长滩,一丈八尺渐渐减至一丈五尺,往西行,戳扬子江洪。

④-2 如寻不见洪内,望下驶,必见茶山,至茶山后水弱,船稍南面,坐茶山望西行驶,半潮便见崇明洲。如若顺风,一潮送至刘家港口内抛泊。

④-3 若船去回,须记桃花斑水北有半洋沙、响沙、阴沙,在洋内需要提防。

上述两段引文当为对明初海运路线的描述,因第一段引文中述及"宝山"及"清浦墩",均指永乐十年在长江口南岸堆筑的土山(据此也可对此本成书上限较章巽之说下延一年),"上建烽堠,昼则举烟,夜则明火",名为宝山①,又因筑于当时嘉定县东境清浦场,故名"清浦墩"。第二段引文描述的也正是明初辽东海运返回的路线。

其中线路①的行进方向似同前述"元 B"海运路线更加契合。对于南返船只而言,驶入白水洋之后,便需寻觅"长滩",以指示转入江口的线路,文中详细地描述了长滩一带的地貌情形,可知此处实为一片水下沙浅区域,自其东北方驶入,外缘水深二丈,内部深一丈五尺,水底为泥质,而入江之洪道起点位于"长滩"西侧,长滩主轴应是呈东西向伸展的,"长滩"横亘在从江口东北向驶出的航船面前,因元代明初海运使用之沙船船底平浅,吃水不深,很可能便是在"长滩"上方通过的。

从①-2可知,"长滩"与"长沙"的名称确实可以互用,而"长沙"西侧之入江航路当即崇明辖境之"三沙洪",应即相当于前引《大元海运记》同《元史》中的"三沙扬子江"。经由明初崇明县三沙北侧的航道进入江口。此句中所谓"如水竿戳着硬沙,不是长沙地面"当指南返船只

---

① 〔明〕明成祖《御制宝山碑记》,《江东志》卷二《营建志》,《上海乡镇旧志丛书》,上海社会科学院出版社,2006年,第28页。

误入长滩西北方向的沿岸沙浅区域,由水底地貌(硬沙)判断,可知并非长滩,而需掉头东行,再度驶往长滩附近,据此处文意,东行船只可能经历了白水(硬沙所在水域)—绿水—白水(长滩一带)的水程,若此处记载无误,则似可作如下分析,长滩位于向东突出的料角嘴更东侧,故位置偏东,误入"硬沙"水域的船只则可能已经深入江北沿岸相对内凹的地带,甚至可能是通州东北侧的马蹄形三余海湾内部,故向东行驶时,可能会遇到局部远离海岸的"绿水"水域①。

而①-3部分的文字则展现了另一条入江航路,行此路的南下船只在白水洋中越过长滩—三沙洪的航路东头,更向东南方前进,抵达茶山,茶山在长江口正东方向不远处,今日记作佘山,吴语中茶、佘音近。船只由茶山附近转向西南方行进,直接驶入崇明沙洲南缘同江口南翼北缘嘉定县之宝山间的水域,再沿着南翼继续驶往刘家港,这条入江"南线"并不见于前引描述元代海运的史籍,可能正是对明初航路的描写。由此条文献似也可进一步作出推论,江口北翼外长滩东端的延伸程度很可能并不会超出茶山北侧一线,只有如此,南行漕船才有可能绕过长滩东侧,直接行至茶山海域。

引文中标注②一句则描述从山东半岛南侧的黑水洋向西南行时,航路过于偏向正西方向(即文中"高了"),便会驶入阴沙、半洋沙、响沙、拦头沙一带,应即前文所引《大元海运记》中盐城东侧的沙浅海域,此处称作"瞭角嘴北",应是一种大致方位的表述,而非说明这些沙浅紧邻瞭角嘴。结合④-3"若船去回"以下一句,也可再度确认上述沙浅位于"桃花斑水"北方,桃花斑水的位置参见前文分析。若船只行抵半洋沙一带,需同①-2句中类似,向东行驶,再择取崇明南、北两路入江。③一句则描述自黑水洋行驶,航路过于偏向正东方向("低了"),则需

---

① 前文分析元代海路初开时采取过一条转过料角嘴、自"万里长滩"西侧直接经由江北沿岸海域行进的航路,但此处引文中,误入"硬沙"海域的漕船却需向东转至长滩东端才能入江,而非直接南下转料角嘴入江。对此问题似可做如下推测:一方面,长滩西侧与料角嘴间在一百余年间可能有沙浅涨起,航道状况可能变差;另一方面,元代运道改易之后,因改行深阔的外洋航路,漕船型号亦有变化,改用吃水更深的大型船只,这条内部航线可能也因此不敷使用。

迂曲绕行，由茶山驶进入江南路。引文④的航程也颇类似，④-1一句的航线接近①-2及②两句，亦有不同，似意在提醒船只甫一遇见桃花斑水，即可东转寻觅东侧"白水"海域中的长滩，其中水深数字同①-1句略有不同，可能因涉及长滩的不同部位（或由偏西侧直接转进长滩水域）。另可注意，文中由长滩向西行驶，所抵达的航道称作"扬子江洪"，其方位当与前述"三沙洪"类似。④-2一句中，"水弱"当指茶山一带因正对长江口，故含盐量较低，驾舟者会察觉浮力减小，由茶山至刘家港，有一潮之水程，中途则可向北方望见崇明沙洲。

（三）郑若曾《郑开阳杂著》中的规划性航路描述及据之对"长滩"方位的进一步推断

前文已述，章巽《元"海运"航路考》中曾提及郑若曾之《郑开阳杂著》卷九"海运图说"卷末的《海道附录》一文①，复查此文及相关文献，可得出与章巽文中不同的结论。《海道附录》文首简单回顾元代的三条海道路线，基本同于《元史》之文，但此后又叙两种海路，其一云：

> 国朝自刘家港开船，出崇明平安沙小洪放洋，东北行，经白棘沙、绿苔沙，入管家洪，直北至海门县界吕四场，转东过蓼角嘴，是横上，再北过胡椒沙，是大横，多阴沙，宜勤点水，所谓长滩也，望白水洋东北行，见官绿水，一日见黑绿水，正北行两日夜，是黑水洋，又两日夜见北洋绿水，又一日夜正北望显神山，半日见成山……

其二云：

> 若约略程次，随路趋避，则自刘家河起，经崇明，过蓼角嘴至大河营，约程三百余里，中有大安沙、县后沙，各沙嘴浅滩，宜避，自大河营经胡椒沙、黄沙洋、酣沙、奔茶场、吕家堡、斗龙江、淮河口至莺游山，约程六百余里，中有黄沙洋，一路阴沙，斗龙江口险潮，宜避……

两段文字实则展现不同海道，前者航路类似"元B"，后者绕行廖

---

① 〔明〕郑若曾《郑开阳杂著》卷九。

角嘴沿岸北上,则更接近"元A"航路。然而,这两条其实并非明初实际航路,郑若曾在此文末尾夹注云"以上系新开海道,非洪永时旧路",联系到当时情势,永乐间海运南北停摆后,自明中叶起,朝野便有恢复海运的呼声,郑若曾此处所记两条航路,只是借鉴前朝、国初海运故事,对尚未重开的海运事业所作的规划性航路而已①。细查文中所涉地名,崇明平安沙、大安沙、县后沙等均为明中叶才涨出的沙洲,也可证明两条航路的规划性性质。另可注意,同样为郑若曾所作的《江南经略》中,有一篇名为"明初太仓至北京海运古道(附录)"之文②,其中前半篇基本与《郑开阳杂著》之《海道附录》相同,但无《海道附录》末尾"辽运"一段,而后半篇"回程自直沽开洋"以下,则是从《海道经》中摘录的部分内容,因此此文实际上只有后半篇才大致符合篇名。

在郑若曾嘉靖年间所设想的第一条航道中,称绕过廖角嘴后,分别经过横上、胡椒沙、大横三处地名,而大横一带阴沙密布,需"勤点水"而驶过,便是"长滩"即万里长滩的所在,且长滩周边即为白水洋。而在第二条沿岸航道中,绕过廖角嘴后,则不涉及万里长滩。据之,也可符合前文对万里长滩方位的判断,在海门县所属的廖角嘴东侧③。

关于同长滩相关的大横等地名方位,还可以明清舆图详细证之。曾见一种晚明彩绘之《扬州府图说》,采用山水画象形技法绘制,图、说结合,十分精美,所见版本中卷首之序言不完整,故未知确切成书年代,推测约成于嘉靖后期至万历间,其中的海门县图,据陈金渊论证,应是反映正德九年(1514)西迁至余中场前的古海门县情况[元至正中(1350年左右)至正德九年间,海门县治位于礼安乡],故应是摹绘自某幅明代前期海门县舆图④。其中在海门县所在的江口北翼陆嘴之前端

---

① 关于明人重开海运的议论与实践,参见樊铧《政治决策与明代海运》,社会科学文献出版社,2009年。
② 〔明〕郑若曾《江南经略》卷三下。
③ 因为这只是郑若曾设想中的航路,他在此或许并未考虑到廖角嘴与长滩间是否可供当时漕船通行的问题。
④ 据"世界数字图书馆网站"展示美国国会图书馆藏本之高清图像。关于此图年代的论证,参见陈金渊原著、陈昃校补《南通成陆》,苏州大学出版社,2010年,第187、197、239—240页。

北缘，图上料角嘴注记西北侧有"二横口""一横口"的注记，可能即与"横上""大横"相关。另在康熙《崇明县志》的《现在四山封疆二嘴形胜图》上，江口北翼廖角嘴外绘有向外伸出的一组绵长浅滩，自南至北分别注为楞头、小横、大横，在图说上有云，

> 至廖角嘴出口便遇楞头，再南即为小横，再东为大横，一望浅滩，隐隐约二百余里，潮涨即没，潮退即现，舟触即胶，一胶辄毁，例用竹篙点测，行使甚难，亘古会哨，必出嘴遇楞转横，然后入黄沙洋深水，达莺游山门，进淮河口……①

此处图文也认为廖角嘴外略偏北处存在东西向的浅滩，名为"大横""小横"，当也同郑若曾所记"横上""大横"相关。

从此图绘法可以进一步推测，元代的万里长滩演变至清初，其西端已同廖角嘴陆岸涨连，旧日海底的万里长滩成为廖角嘴外绵长水下边滩的组成部分，旧时环绕廖角嘴的内部航路已明确湮废。

四、对元代至明初"万里长滩"及相关地物方位、性质的判定及对其成因的推测

综合上述分析，应可得出结论，"万里长滩"（万里长沙）为元代至明初时长江口北翼顶端料角嘴东侧略偏北处的一片水下泥质浅滩，其核心部位水深约为一丈五尺左右（此据《海道经》的数据，但文献中并无关于测量时潮位的信息）。就"元B"海运航路而言，它位于由长江口北翼陆嘴南侧"三沙洪""扬子江洪"航道朝东北方向驶入适宜航行的"青水洋"深水海域的必经之路上。万里长滩一带水深较浅，漕船由其上方谨慎通过，长滩附近的水域称作"白水洋"，再朝东北行则至"青

---

① 康熙《崇明县志》卷一"图说考"，《上海府县旧志丛书·崇明县卷》。文中楞头、小横、大横的相对方位是基于清初崇明县"江海辩"图示上故将江口南北两翼扭曲状的图示而书写的，实际上三条岸外浅滩应当呈自南至北的排列。关于"江海辩"图示的相关讨论，请参见笔者博士论文《中西长江口地理知识及地图绘制（10世纪中叶至20世纪初）》，复旦大学博士学位论文，2016年，第三章。

水洋"。

元代至明初"万里长滩"的范围,也可作出大致判断。万里长滩约呈东西走向,其纬度略高于当时海门县的料角嘴,而其最东端的经度则不会超过长江口外佘山一线的位置(东经122°20′)。元代初行海运时,"万里长滩"西端同料角嘴陆岸间存在一条适宜较小型平底漕船通行的沿岸航道,"黄连沙"(黄家沙)应是紧邻料角嘴东南方的一处沙洲,在"万里长滩"西南方,遥相呼应,"元A"航路上的漕船便是在"黄连沙头"与"万里长滩"之间穿过北上,开始艰难的沿岸航程。相较于《中国历史地图集》用"万里长滩"标注超大面积沿岸沙浅体系的做法,前人研究中章巽一系判定"万里长滩"范围较小的观点要更接近实情,经过本文系统考证,可知"万里长滩"的方位应较章巽等人的定位偏南,并可将之较确切地落实于新绘历史地图上。

在向东探出的江口北翼陆嘴迤北,沿着内凹的海岸外也分布着一些水下沙浅,偏南方的水域中(即"万里长滩"北侧),因为阳光照射隐伏沙浅所呈现出的色彩,便得到形象的"桃花斑水"之近岸海域名称。而更偏北处,在明代初叶的淮安府盐城县岸外,即桃花斑水海域以北,另有半洋沙、响沙、阴沙、扁担沙等沙浅,其中有些从名称上看可能系水底浅滩,如"阴沙""冥沙"等,同料角嘴东侧的"长滩"类似,但也有部分当已积涨成型,出露海面。

元代至明初,江口北翼陆嘴东方的"万里长滩"与苏北沿岸的半洋沙、响沙等沙洲群当为互相分离的两个沙浅体系,在成因上也有不同,前者主要应是长江泥沙在口外堆积而成,后者则主要是由黄河口下泄泥沙沿岸堆积而成。"万里长滩"的堆积物中当也包含黄海沿岸流带来的黄河泥沙,但考虑到当时江口北翼陆嘴以北、通州东北部尚有规模较大的马蹄形三余海湾存在,南下的泥沙应当首先沉积在此海湾一带沿岸及水底,黄河泥沙对"万里长滩"附近沙浅的沉积物供给则相对较少。进一步推测,料角嘴东侧的浅滩区域"万里长滩"的形成应可追溯至海门县所在陆地尚未涨连江口北翼而仅是长江口水域中之洲岛的时代(当时最主要的沙洲称作东布洲,东布洲涨接江口北翼陆地的时间约在北宋庆历、皇祐年间1041—1054)[①],当时"万里长滩"的物质来源有一大部分应是由行经东布洲北侧的长江江流尾闾输送而来的[②]。

元代时,万里长滩为江口北翼陆嘴东侧独立的海底浅滩,其西侧与料角嘴间存在航道,但此处不断淤积,至清初,万里长滩已明确同江口北翼陆嘴东向边滩连为一体。当代航海图上在启东东侧可见之大规模横向边滩的主体部分,便是由元代的万里长滩在复杂河口水文条件下逐步演变而来的。

(原刊于《中国历史地理论丛》2018年第3期)

Research on the Placename of Ocean Shipping Called "Wan Li Chang Tan" during the Yuan Dynasty

LIN Hong

Abstract: Based on *Hun Yi Jiang Li Li Dai Guo Du ZhiTu* and other Chinese ancient maps, and the different kinds of literatures about ocean shipping during the Yuan and Ming dynasty, by doing synthetically analysis, we can make clear the meaning of the placename "Wan Li Chang Tan"(万里长滩) first appeared in literatures about ocean shipping during the Yuan dynasty, and the opinions in the former researches such as *the Historical Atlas of China* can be corrected. In Yuan dynasty Wan Li Chang Tan was a shoal to the east of Liao Jiao Zui（料角嘴）which was on the east most of the northern shore of the Yangtze Estuary, the axe of it was east-

---

① 参见陈金渊《南通地区成陆过程的探索》,《历史地理》第三辑。
② 此时长江口北翼大致形势,参见《中国历史地图集》第五册"五代十国时期",吴、吴越、闽图(吴大和六年)(934)。

westward, and the east most edge of it is to the west of 122°20′E. During the Ming and Qing dynasty, Wan Li Chang Tan filled up to its west, and connected with Liao Jiao Zui, then it became main part of the underwater bank along the east most of the northern shore of the estuary. Wan Li Chang Tan was mainly shaped with the sediments from the Yangtze River. And the year of its originally shaped was earlier than mid-Song dynasty, when Dong Bu Zhou (东布洲) connected with the former north shore of the Yangtze Estuary.

Keywords: Yuan Dynasty; Wan Li Chang Tan; Location; Character; Shaping

黄河北徙与政权兴衰
——《河流、平原、政权：北宋中国的一出环境戏剧》述评

杨 霄（导师：钟翀）

讨论黄河变迁给人类带来的复杂影响是国内环境史研究的热点，也日益受到世界环境史学界的关注，近年来不断有外文研究专著问世[①]。张玲教授的新著《河流、平原、政权：北宋中国的一出环境戏剧》[②]于2016年由剑桥大学出版社出版，获得2017年度美国环境史学会颁发的乔治·帕金斯·马什奖（George Perkins Marsh Prize），在世界环境史学界引起广泛关注。这本书以公元1048年至1128年黄河北徙期间给河北平原带来的环境剧变为研究对象，立足于黄河、河北平原与北宋政府构成的环境综合体，探讨这一环境事件给河北和北宋政权带来的复杂影响及彼此之间的相互作用，并揭示出这一环境剧变的后果在之后近千年的时间里持续影响着当地的生态环境。全书注重细节描写和逻辑分析，生动描述了黄河北徙期间河北平原上人地关系的剧变，提出了"水利消耗模式"（hydraulic mode of consumption）的形成和运作机理，为黄河治理提供了历史借鉴，也为促进人地关系的和谐提供了思想动力。

[①] David A. Pietz, *The Yellow River: The Problem of Water in Modern China*, Harvard University Press, 2015; Micah S. Muscolino, *The Ecology of War in China: Henan Province, the Yellow River, and Beyond, 1938–1950*, Cambridge University Press, 2016.

[②] Ling Zhang, *The River, the Plain, and the State: An Environmental Drama in Northern Song China, 1048–1128*, Cambridge University Press, 2016.

一、新颖的研究视角

环境史研究的视角侧重于环境变迁对人类的影响,以及人类如何适应、反馈环境的改变。张玲通过大量的细节描写,刻画了黄河闯入河北平原给当地带来的环境剧变,以及这种剧变给人的生存带来的挑战,使读者仿佛置身于九百年前的河北平原,亲身体验着环境剧变给普通人的生活所带来的冲击。公元1048年前的河北曾是一个繁荣富庶并且相对独立的区域,普通河北人民的生活几乎不与黄河产生任何联系,但黄河突然北徙并在河北平原上游荡,极大地改变了当地人的生存方式。由于良田被冲毁,地势低洼的地方积水成为湖泊或湿地,洪水肆虐过的地方普遍存在土地的盐碱化问题,农业生产变得无以为继,人民不得不改变生存方式,或者成为流民。为了应对河北的环境灾难,保持当地的稳定,北宋政府付出了许多努力却收效甚微,反而逐渐陷入困境。张玲的研究不是孤立看待黄河的迁徙或者北宋政府的治河活动,而是立足于公元1048年后黄河与河北平原激烈碰撞形成的黄河-河北平原环境综合体,将这段时间内黄河与河北平原相互影响、错综复杂的关系表现得淋漓尽致,并在此基础之上探讨了黄河、河北平原与北宋政权之间的复杂互动,揭示了黄河北徙这一环境事件与北宋中后期出现的经济困难、党争加剧、军力衰退之间微妙的内在关联。

二、对黄河北徙的原因提出新的解释

张玲对北宋黄河北徙原因的解释是该书的创新之处,也是支撑全书论点的理论基础。历史地理学者在解释公元1048年黄河北徙的原因时,一般认为是"由于西汉以来一千多年黄河长期流经和泛滥于冀鲁交界地区,地面淤高,而南运河以西地区,地形最下,故河水自择其处决而北流"[①]。但张玲通过梳理1048年黄河北徙前的历史文献,指

---

① 邹逸麟、张修桂主编,王守春副主编《中国历史自然地理》,科学出版社,2013年,第219页。

出黄河有着向南泛溢进入河南的趋势，而不是北徙河北。她认为："没有历史或现代科学的证据能够证明黄河是以自然的方式由南改道的。相反，正是人类的力量——帝国政府采用了某些政策以及各种资源，阻止了河流继续在南方大地上的流淌。"由于当时黄河具有南泛的趋势，为了不使黄河危及河南，长期以来，人们在黄河南岸进行了大量整治水利的活动，而这实际上造成了黄河南堤较为坚实而北堤较为薄弱的情况。北宋政府在治理黄河时以保全位于河南的统治核心开封为首要目标，因而有意引导黄河向北泛滥进入河北平原。北宋政府采取这一政策既有文化上的考量，也有现实的需要。从文化上来讲，引导黄河北流通过河北平原入海的这一流路与《禹贡》中记载的黄河流向一致。对于以兵变取代后周的北宋来说，需要通过效仿圣王大禹治水的故事，恢复"九河"来昭示其政权的合法性。从现实上来讲，河北一直是相对独立的区域，潜藏着叛乱的根源，引导黄河北流可以削弱河北的实力。此外，在京东故道淤积严重、难以维持的情况下，为了保护河南的开封和运河，也只能引导黄河北去。当然，在1048年黄河北徙之后，北宋政府意识到这一事件带来的环境后果始料未及，为了缓解这一环境灾难，北宋政府进行了不懈的努力，却由此陷入了财政枯竭的深渊而不能自拔。这一现象也促使张玲对魏特夫"水利社会"学说进行反思，进而提出了"水利消耗模式"理论。

三、以"水利消耗模式"解释北宋的治河运动

卡尔·魏特夫认为生活在干旱和半干旱地区的人们只有通过治水和灌溉，才能克服供水不足和不调，保证农业生产顺利和有效地维持下去，这就导致水利社会的产生。而水利社会的建设、组织和征敛活动都趋向于把所有权力集中于中央政府并最终集中到统治它的君主手中[1]。张玲认为魏特夫的学说可概括为"水利生产模式"（hydraulic

---

[1] Karl A. Wittfogel, *Oriental despotism: a comparative study of total power*, Yale University Press, 1957, p.90.

mode of production），然而张玲在本书的研究实践中却发现魏特夫的学说基本不能用来解释公元1048至1128年黄河北徙期间，北宋政权对治理黄河付出的努力与收到的成效。北宋政权竭尽全力调动各种资源投入水利工程和维持河北的稳定，但这些努力非但没有使北宋的统治得到巩固，反而使北宋深陷党争加剧、财政枯竭、社会动荡、环境恶化、民生凋敝的深渊。根据这一研究实际，张玲强烈质疑魏特夫的"水利生产模式"理论，她提出了与之相反的"水利消耗模式"理论，这一理论至少在本书的研究案例中非常恰当地揭示了北宋政权在面对不可战胜的自然力时勉为其难，竭力维持，希望通过治理黄河，恢复其在河北的统治秩序，但最终遭到失败这一历史事实。"水利消耗模式"有助于我们从理论的高度把握北宋后期国家与水利之间的关系，这是张玲的一大贡献。

四、长时段视角下的黄河-河北环境综合体

张玲的研究对象是公元1048—1128年间黄河北徙期间河北的环境剧变，但她的研究时段并未局限于这八十年，而是对公元1048年之前的漫长历史时期里黄河与河北平原的演化关系以及公元1128年黄河离开河北之后近千年时间里持续发酵的环境影响均给予了充分的观照。在环境史研究中，只有具备这样的全局观，才能正确解读环境变迁的原因、过程与影响。虽然河北平原在1048年之前近千年时间里几乎与黄河没有任何交集，河北也实现了经济上的繁荣和军事上的强势，但从整个历史时期的黄河水系变迁来看，在全新世早期，华北平原上的卫（古清河）、漳河、滹沱河、沙河、唐河都是黄河的支流，乃至永定河、潮白河，甚至到渤海盆地，滦河、青龙河也是其支流[1]。在晚全新世以来华北地区至少有被称为《山经》河、《禹贡》河与《汉志》河的三条黄河故道[2]，张玲

---

[1] 吴忱、许清海、刘劲松《华北地貌新论》，科学出版社，2017年，第44页。
[2] 谭其骧《西汉以前的黄河下游河道》，《历史地理》创刊号，上海人民出版社，1981年，第48—64页。

在书中多次提到的自宋太祖开始北宋政权竭力想追随大禹的足迹以恢复的所谓"九河",其实就是历史上黄河在河北平原上的分流河道[①]。因此从历史的角度来看,黄河再次进入河北平原是河流演变的必然趋势。更进一步来说,黄淮海平原上的黄河故道,都有可能再次成为黄河下游的河道,历史随时可能重演,因此张玲也在结语中感叹,1938年的黄河花园口决口和1128年的杜充决河是那样的相似。她在全书结尾发出呼吁,当我们面临中国日益严峻的环境问题时,我们应当扪心自问:我们能否超越既有的观念和欲求,诚恳地正视以下两个问题:由我们当下的活动所引发的复杂的环境症结;以及本应引起我们关注,却始终被漠视的历史中的惨痛教训。

五、余　　论

这部以英文书写的中国区域环境史专著,为世界了解中国环境史研究打开了一扇窗户,对于增强中外环境史研究的交流具有重要的意义。张玲对北宋黄河北徙原因的解释,是这部著作的创新之处,也是支撑全书的理论依据,为我们研究黄河变迁提供了新的思路。她对于魏特夫"水利社会"学说中不合理成分的批评和修正,进而提出"水利消耗模式"理论,也有助于我们认识特定历史背景下的历史事实。但这部著作中也有部分内容值得进一步完善,例如全书用较大篇幅叙述北宋基本的历史事实和介绍华北的自然地理条件,对于专业读者来说略显冗长。作者对1048年前后地壳活动增加促使黄河改道的推测和河北北部因水体广布蚊虫大量滋生,导致生存环境恶化使当地人口稀少的推测,缺乏历史文献或自然科学证据的支撑。虽然存在一定缺憾,但总体而言,这部著作在理论和方法上都不乏创新之处,是一部难得的中国区域环境史佳作。

(本文原刊于《地理学报》2019年第3期,本次刊发又做了修订)

---

① 张淑萍、张修桂《〈禹贡〉九河分流地域范围新证——兼论古白洋淀的消亡过程》,《地理学报》1989年第1期,第86—93页。

图书在版编目(CIP)数据

中国历史地理评论/钟翀,林宏主编. —上海:复旦大学出版社,2022.3
ISBN 978-7-309-16001-7

Ⅰ.①中… Ⅱ.①钟…②林… Ⅲ.①历史地理—中国—文集 Ⅳ.①K928.6-53

中国版本图书馆 CIP 数据核字(2021)第 224488 号

中国历史地理评论
钟 翀 林 宏 主编
责任编辑/宋文涛

复旦大学出版社有限公司出版发行
上海市国权路 579 号 邮编:200433
网址: fupnet@fudanpress.com http://www.fudanpress.com
门市零售:86-21-65102580   团体订购:86-21-65104505
出版部电话:86-21-65642845
上海崇明裕安印刷厂

开本 787×960 1/16 印张 26 字数 350 千
2022 年 3 月第 1 版第 1 次印刷

ISBN 978-7-309-16001-7/K·771
定价:78.00 元

如有印装质量问题,请向复旦大学出版社有限公司出版部调换。
版权所有 侵权必究